# APRENDA COMO FAZER

* Perfil Profissiográfico Previdenciário — PPP
* Riscos Ambientais do Trabalho — RAT/FAP
* PPRA/NR-9 — PPRA-DA (INSS) — PPRA/NR-32
* PCMAT — PGR — LTCAT — Laudos Técnicos
* Custeio da Aposentadoria Especial — GFIP

1ª edição — 2001
2ª edição — 2001
3ª edição — 2002
4ª edição — 2004
5ª edição — 2007
6ª edição — 2010
7ª edição — 2011

## *Jaques Sherique*

Engenheiro Mecânico, pós-graduado em Engenharia de Segurança do Trabalho e curso de Especialização em Gerenciamento e Administração de Empresas Públicas. Participou dos seguintes cursos de especialização e treinamentos no exterior: "Safety Management Techniques", no National Safety Council, Chicago, USA; "Industrial Fire Protection", na Texas A&M University, Texas, USA; "Regional Professional Development Seminar", promovido pela American Society of Safety Engineers, Virgínia, USA; "Successfully Managing People", realizado na American Management Association, Nova York, USA; "Gestión en la empresa de la Seguridad y Salud en el Trabajo", organizado pelo Centro Internacional de Formação da OIT, Treinamento em Segurança Industrial na Reynolds Metal Company, nas unidades da Virgínia, Oregon, Washington, Arkansas e Nova York, USA, e na Alumínio Venezuelano S.A. e Alumínio do Caroni S.A., Venezuela. Gerente corporativo de empresas da Companhia Vale do Rio Doce, no período de 1979 a 1999. Diretor do Departamento Nacional de Segurança e Saúde do Trabalhador do Ministério do Trabalho, de 1991 a 1992, Membro do Conselho de Administração da Fundacentro. Personalidade dos anos de 1991, 1992 e 2000 no campo da Engenharia de Segurança e Medicina do Trabalho. Condecorado com a Distinção Internacional, pela Asociación Latinoamericana de Seguridad e Higiene en el Trabajo — ALASEHT, em 1993. Recebeu a comenda "Distinção Profissional 2001, da FENATEST/ABPA, Medalha Jubileu de Prata "Antônio Carlos Barbosa Teixeira", pelos 25 anos de serviços prestados à Engenharia de Segurança do Trabalho, da SOBES em novembro de 2003. Moção de Louvor da Assembleia Legislativa do Estado do Rio de Janeiro, pelo desempenho na defesa da Segurança do Trabalho e da Saúde, recebida no dia 30 de julho de 2004. Consultor Oficial da Organização Internacional do Trabalho — OIT, em 1991 e 1992. Consultor Técnico da FIESP/CIESP no período de 1993 a 1998. Presidente da Associação Brasileira para Prevenção de Acidentes — ABPA, de 1995 a 1999. Diretor Técnico de 1999 a 2001 e Presidente da ABPA-SP em 2001 e 2003. Professor convidado de diversos cursos de pós-graduação em Engenharia de Segurança e de Medicina do Trabalho da Universidade Gama Filho, Pontifícia Universidade Católica do Rio de Janeiro e Universidade Federal do Rio de Janeiro. Fundador da Comissão de Engenharia de Segurança do Trabalho do CREA-RJ, Membro da Comissão Permanente de Meio Ambiente e Coordenador do Grupo de Trabalho de Higiene Industrial da Associação Brasileira de Alumínio em 1984. Membro fundador da Comissão de Segurança do Trabalho em Mineração do Instituto Brasileiro de Mineração — IBRAM, em 1985, Membro convidado do CB-24 da ABNT, Coordenador da Comissão Temática sobre Segurança e Saúde do Trabalhador, representando o Ministério do Trabalho no Mercosul em 1992. Membro Titular do Conselho Diretor da Cruz Vermelha Brasileira em 1992. Membro Titular do Grupo de Trabalho responsável pelo Projeto n. 5 do Programa Brasileiro de Qualidade e Produtividade do Ministério do Trabalho e Emprego, responsável pela implantação de um modelo de Sistema de Gestão de Segurança e Saúde do Trabalho, Diretor-Presidente e Fundador da TOP WORK Serviços Profissionais de 1999 a 2000. Chefe da Divisão Técnica de Engenharia de Segurança do Clube de Engenharia nos anos de 1988 a 1990 e 1999 a 2001. Presidente da Sociedade de Engenharia de Segurança do Trabalho — SOBES-RJ para o período de 2001 a 2006 — RJ, Autor da Coluna "Fique por Dentro" e "Dicas de Segurança" da Revista CIPA, desde 1999, Vice-Presidente do CREA-RJ nos anos de 2002 a 2004, Orientador da Comissão de Engenharia de Segurança e Conselheiro Titular do CREA/RJ, Coordenador Nacional das Comissões de Engenharia de Segurança do Trabalho do Sistema CONFEA/CREA's, Coordenador Regional da MÚTUA — Caixa de Assistência dos Profissionais do CREA-RJ em 2005. Conselheiro Federal do CONFEA, eleito para o período de 2006 a 2008. Coordenador da Comissão de Assuntos Nacionais e Internacionais em 2006. Membro efetivo do Supervisory Board da "World Engineering Conference — 2008". Vice-Presidente do CONFEA eleito no ano de 2007. Coordenador de diversos PPRAs e Laudos Técnicos de Insalubridade e Periculosidade para empresas de grande porte nacionais e internacionais. Coordenador de Engenharia de Segurança do Trabalho da RHMED Saúde Ocupacional, Perito do Juízo da 73ª JCJ/RJ, Delegado oficial do Ministério do Trabalho, no "Congreso Nacional de Formación de Riesgos en Construcción", promovido pelo Instituto Nacional de Seguridad e Higiene en el Trabajo, Madrid em 1991, Delegado Oficial e Representante do Brasil no XIV Congresso da Ordem dos Engenheiros de Portugal e dos Países de Língua Portuguesa realizado em Coimbra — Portugal em 2002, Conferencista e Vice-Presidente da VI Jornada Latinas Americanas de Segurança e Higiene do Trabalho, Santiago do Chile, em 1987, Conferencista oficial no Seminário Internacional, "La Acción Institucional en Materia de Seguridad y Salud en el Trabajo", Quito, Equador, em 1991, Conferencista no I Encontro Ibero Americano de Riesgos do Trabalho, realizado pela Universidade de Salamanca e Fundación MAPFRE, Salamanca, Espanha, em 1991, Conferencista oficial do IX Congreso Interamericano de Prevención de Riesgos del Trabajo, São José, Costa Rica, em 1992, Conferencista do XXVI Congreso de Seguridad, Higiene y Medicina del Trabajo, promovido pelo Conselho Colombiano de Seguridad, Bogotá, Colômbia, em 1993, Conferencista da "X Jornada Latinoamericana de Segurança e Higiene do Trabalho", promovida pelo Conselho Nacional de Seguridad do Chile, Santiago, em 1995, Conferencista da "VII Jornada Nacional de Prevención de Riesgos de Accidentes y Salud Ocupacional", Conselho Nacional de Seguridad do Chile, Santiago em 1996, Palestrante oficial da "XI Jornadas Latinoamericanas de Segurança e Higiene do Trabalho", promovido pelo Instituto Uruguai de Seguridad, Montevideo, Uruguai em 1997, Palestrante Internacional do "Congress & Exposition Connections 97", promovido pelo National Safety Council, Chicago, USA em 1997, Palestrante

Internacional da "Annual Health & Safety Conference", promovida pela IAPA, Toronto, Canadá em 1998, Palestrante convidado e Chairman of the section do "2nd Health & Safety Seminary", Curaçao — Antilhas Holandesas em 1998, Conferencista da Palestra Magistral do XXXVIII Congreso Nacional e Internacional de Seguridad, promovido pela Asociación Mexicana de Higiene y Seguridad na Cidade do México em 2002. Palestrante da XXX UPADI — 2006 Conference, realizada na cidade de Atlanta, EUA, promovido pela Georgia Institute of Technology e pela União Panamericana de Associações de Engenharia. Representante do CONFEA no "Annual Civil Engineering Conference" realizado na cidade de Chicago, USA, em outubro de 2006. Delegado oficial da Exposição Internacional de Equipamentos de Segurança e Meio Ambiente, POLLUTEC 2007, Lion — França em dezembro de 2006. Representante do CONFEA no Grupo de Trabalho Tripartite de revisão da NR-4. Representante do CONFEA no 7º Fórum Social Mundial ocorrido na cidade de Nairóbi — Quênia em janeiro de 2007. Palestrante do 7º Congresso Internacional de Segurança do Trabalho realizado pela Ordem dos Engenheiros de Portugal e Organização Internacional do trabalho OIT realizado no Porto — Portugal em maio de 2007. **Membro da Missão Internacional para participar da 10ª Convenção Internacional das Indústrias Metal-mecânica e Metalúrgica, realizada em Havana — Cuba, no período de 8 a 12 de outubro de 2007.** Representante do CONFEA no XXXVI Congresso Anual da FEDEINDUSTRIA, realizado em Caracas — Venezuela no período de 1º a 3 de outubro de 2007. Delegado Oficial do CONFEA na Assembleia Geral da WFEO/FMOI e 4ª Reunião do IAB e Congresso Mundial sobre Infraestrutura nos Países em Desenvolvimento realizado em Nova Delhi — Índia no período de 11 a 16 de novembro de 2007. Membro de Comissão de Obras para a Construção da nova Sede do CONFEA em Brasília. Delegado oficial e Palestrante na Feira de Inovação Tecnológica do Conselho Econômico e Social da ONU, na Sede das Nações Unidas, na cidade de Nova Iorque — USA, em julho de 2008. Delegado oficial na Missão Representativa da III Cúpula de Biocombustíves de Houston — USA, ocorrida entre os dias 19 e 21 de outubro de 2008. Coordenador da Comissão de Articulação Institucional do Sistema — CAIS em 2008. Membro efetivo da Comissão Organizadora do "World Engineering Conference — 2008", realizado em Brasília em dezembro de 2008. Conselheiro Regional do CREA-RJ com mandato para o período de 2009 a 2011. Coordenador dos "I e II Congresso de Engenharia de Segurança do Trabalho", realizados pelo CREA-RJ, em 2005 e em 2009, Diretor do Clube de Engenharia para os anos de 2009 — 2011. Conselheiro da Federação Brasileira das Associações de Engenharia — FEBRAE. Coordenador da Comissão de Engenharia de Segurança do Trabalho da FEBRAE. Membro titular, representante da FEBRAE na Comissão Internacional de Engenharia de Segurança do Trabalho da União Pan-Americana de Entidades de Engenharia — UPADI. Conselheiro Representante do Plenário na Câmara Especializada em Engenharia de Segurança do Trabalho do CREA-RJ.

Coordenador Adjunto da Câmara Especializada em Engenharia Mecânica e Industrial do CREA-RJ. Coordenador da Comissão de Análise e Prevenção de Acidentes — CAPA do CREA-RJ para o exercício de 2010. Moção de Louvor da Câmara Municipal do Rio de Janeiro, pelo desenvolvimento da Engenharia de Segurança do Trabalho no Município do Rio de Janeiro, recebida no dia 27 de julho de 2009, por requerimento do Vereador, Dr. Paulo Pinheiro, Moção de Congratulações e Aplausos da Assembleia Legislativa do Estado do Rio de Janeiro, por seu trabalho na Segurança e na Saúde do Trabalhador, recebida no dia 14 de dezembro de 2009, Medalha Pedro Ernesto concedida pela Câmara Municipal do Rio de Janeiro, como prevencionista do ano de 2010.

JAQUES SHERIQUE

# APRENDA COMO FAZER

* Perfil Profissiográfico Previdenciário — PPP
* Riscos Ambientais do Trabalho — RAT/FAP
* PPRA/NR-9 — PPRA-DA (INSS) — PPRA/NR-32
* PCMAT — PGR — LTCAT — Laudos Técnicos
* Custeio da Aposentadoria Especial — GFIP

7ª edição

LTr 75

LTr®

**EDITORA LTDA.**



Rua Jaguaribe, 571
CEP 01224-001
São Paulo, SP — Brasil

Fone (11) 2167-1101

LTr 4326.0
Março, 2011

Visite nosso site
www.ltr.com.br

Dados Internacionais de Catalogação na Publicação (CIP)
(Câmara Brasileira do Livro, SP, Brasil)

Sherique, Jaques

Aprenda como fazer : Perfil Profissiográfico Previdenciário — PPP, Riscos Ambientais do Trabalho — RAT/FAP, PPRA/NR-9, PPRA-DA (INSS), PPRA/NR-32, PCMAT, PGR, LTCAT, laudos técnicos, Custeio da Aposentadoria Especial, GFIP / Jaques Sherique. — 7. ed. rev. e atual. — São Paulo : LTr, 2011.

Bibliografia.
ISBN 978-85-361-1702-7

1. Ambiente de trabalho 2. Aposentadoria especial 3. Direito do trabalho 4. Mapas de Riscos Ambientais 5. Profissões — Brasil 6. Programa de Condições e Meio Ambiente 7. Segurança do trabalho — Brasil I. Título.

10-12045 CDU-34:331.82

Índice para catálogo sistemático:
1. Condições ambientais : Programas :
Direito do trabalho 34:331.82

*Dedico este trabalho e todos os meus estudos sobre a Saúde e Segurança do trabalhador ao meu pai, Eliezer, que morreu precocemente no ano da minha formatura por motivo de doença profissional (siderose), nunca diagnosticada.*

*Agradeço à minha esposa, Hebe,*
*e aos meus filhos, Elie e Luciene,*
*pois eles sempre estiveram ao meu lado*
*nos momentos felizes ou amargos da minha vida,*
*fazendo-me conhecer em toda a sua plenitude*
*o sentido da palavra "família".*

*À Hebe e ao Elie,*
*pelas incansáveis revisões*
*do texto e sugestões, e especialmente*
*à Luciene, pela sua participação*
*ativa nesta ideia.*

## Sumário

# Apresentação

## *Pela melhoria das condições de trabalho no Brasil*

O Brasil vem passando, nos últimos anos, por um amplo processo de modernização, não só das forças produtivas, como também de sua legislação, que tenta acompanhar o ritmo vertiginoso das mudanças que o mundo globalizado vem impondo. O resultado é que o Brasil apresenta hoje uma das mais modernas legislações de segurança e saúde no trabalho, resultado do esforço conjunto do governo, dos trabalhadores e dos empresários.

A Fundacentro — Fundação Jorge Duprat Figueiredo de Segurança e Medicina do Trabalho, órgão do Ministério do Trabalho e Emprego, tem marcado de forma decisiva sua presença nesse processo, seja atuando diretamente nos ambientes de trabalho, seja fornecendo suporte técnico a acordos coletivos.

A participação da entidade foi expressiva em diversas negociações tripartites, envolvendo trabalhadores, empresários e governo, para a melhoria das condições de trabalho em atividades com altos índices de acidentes e doenças ocupacionais. Podemos destacar a participação na primeira convenção coletiva do País para prevenção de acidentes com máquinas injetoras de plástico, iniciativa que já conseguiu eliminar riscos de 80% das 15 mil máquinas injetoras atualmente em funcionamento no Estado de São Paulo. A entidade também subsidiou tecnicamente o acordo tripartite sobre o uso controlado do benzeno, substância cancerígena, presente em diversos setores da produção. A galvanoplastia foi outro setor em que o estudo realizado deu embasamento para a convenção coletiva da área, prevendo uma série de medidas para o controle de riscos nas empresas, de modo a beneficiar cerca de 10 mil trabalhadores no País. A proteção de máquinas foi outro foco de estudos que levaram as convenções coletivas para proteção de serras circulares de bancada, na indústria madeireira do Pará e no setor de padarias do Estado de São Paulo, a tornarem obrigatório o uso de dispositivos protetores.

A Fundacentro teve também participação ativa na implementação e revisão das Normas Regulamentadoras, em especial as que são abordadas neste livro: NR-9 — Programa de Prevenção de Riscos Ambientais, NR-15 — Atividades e Operações Insalubres, e NR-16 — Atividades e Operações Perigosas.

Dessa maneira, ao fornecer orientação técnica e prática para aplicação da atual legislação, este livro do engenheiro Jaques Sherique vem complementar nosso trabalho em prol da melhoria das condições de segurança, saúde e meio ambiente de trabalho no País.

Dividida em quatro capítulos, a obra dedica o primeiro ao tema "Demonstrações ambientais", abordando o conceito legal e os laudos específicos da NR-9, NR-15, NR-16, NR-17, NR-18 e NR-22, bem como o LTCAT, e o de perícias judiciais.

O segundo capítulo é específico sobre o "perfil profissiográfico": o que é, as exigências legais, penalidades e como elaborá-lo.

No terceiro capítulo, Sherique traz exclusivamente informações sobre atividades exercidas em condições especiais para preenchimento do formulário do PPP.

O capítulo final aborda o custeio da aposentadoria especial, explicando com detalhes como ocorre seu financiamento. Traz ainda o Regulamento da Previdência Social sobre o enquadramento na relação de atividades preponderantes.

Sherique, enfim, trata de modo claro como se aplicam as leis, auxiliando a todos os profissionais da área. Iniciativas como esta — que ajudam a fazer valer os avanços que nossa legislação tem registrado — merecem, portanto, todo o nosso apoio.

*José Gaspar Ferraz de Campos*
Diretor-Executivo da Fundacentro

# Prefácio da 7ª edição

Este trabalho destina-se à orientação básica dos profissionais da área de Segurança e Saúde do Trabalhador, fornecendo subsídios técnicos para a realização das Demonstrações Ambientais (PPRA-PCMAT-PGR), Laudos Técnicos, Perfil Profissiográfico Previdenciário e do preenchimento correto dos diversos formulários de informações sobre atividades com exposição a agentes agressivos, do Ministério da Previdência Social — MPS e do Instituto Nacional do Seguro Social — INSS.

A intenção de se publicar este trabalho surgiu em razão das diversas consultas e pedidos de informações que recebemos ao ministrarmos o Curso "Aprenda com Jaques Sherique como fazer Laudo Técnico, Perfil Profissiográfico, Preenchimento do Formulário DIRBEN-8030 e Custeio da Aposentadoria Especial", que venho realizando desde 1999.

Desde o dia 2.5.98, quando o Instituto Nacional do Seguro Social — INSS, órgão do Ministério da Previdência e Assistência Social — MPAS, através da sua Diretoria do Seguro Social — DSS, baixou a Ordem de Serviço n. 600, inúmeras foram as alterações da legislação na esfera previdenciária, obrigando todos os profissionais que lidam com o assunto a se atualizarem, para ter plenas condições de atender às novas regras referentes à concessão de Aposentadoria Especial, Comunicação dos Acidentes do Trabalho e pagamento correto das contribuições destinadas ao financiamento da seguridade social.

Esta 7ª edição, além de ter sido amplamente revisada, foi acrescida de novos modelos de PPRA/NR-9, PPRA/DA(INSS), PPRA/NR-32 — PCMAT — PGR — LTCAT, modelos de Laudos Técnicos Periciais, além do modelo atual de Perfil Profissiográfico Previdenciário — PPP, e da nova metodologia de custeio dos Riscos Ambientais do Trabalho — RAT (antigo Seguro Acidente do Trabalho — SAT), aferidos pelo Fator Acidentário Previdenciário — FAP, com base nos Nexos Técnicos — NTP/NTD/NTI e NTEP, levando-se em conta as recentes alterações ocorridas em diversos instrumentos legais.

Apresentamos ainda, nesta edição, diversos modelos de Análise Preliminar de Riscos — APR e das metodologias de análise e investigação de acidentes e da matriz de tolerabilidade de riscos.

*Jaques Sherique*

*"A gente não faz amigos, reconhece-os"*
*(Vinícius de Moraes)*

*"A água a tudo cede e a todos vence"*
*(Provérbio Popular)*

*"Há tantos burros mandando*
*em homens de inteligência*
*que às vezes fico pensando*
*que a burrice é uma Ciência"*
*(Rui Barbosa)*

*"Só se vê bem com o coração, o essencial é*
*invisível aos olhos"*
*(Antoine de Saint-Exupéry)*

*"Tantos eram os aleijados*
*perambulando pelas ruas,*
*desempregados e desesperados,*
*que mais pareciam um exército acabado*
*de regressar de uma guerra sangrenta"*

*(Engels, ao visitar em 1844*
*a cidade industrial de Manchester, na Inglaterra)*

# 1. Demonstrações Ambientais

## 1.1. Conceito legal

A Constituição da República Federativa do Brasil, promulgada em 5.10.88, no seu Título II, que trata dos Direitos e Garantias Fundamentais, Capítulo II dos Direitos Sociais, prevê no seu art. 7º que são direitos dos trabalhadores urbanos e rurais, além de outros que visem à melhoria de sua condição social (inciso XXIII), adicional de remuneração para as atividades penosas, insalubres ou perigosas, na forma da lei.

A Lei n. 6.514, de 22.12.77, que alterou o Capítulo V do Título II da Consolidação das Leis do Trabalho (CLT) relativo à Segurança e Medicina do Trabalho, na sua Seção XIII, que trata das atividades insalubres e perigosas, cita no art. 189 que serão consideradas atividades ou operações insalubres aquelas que, por sua natureza, condições ou método de trabalho, exponham os empregados a agentes nocivos à saúde, acima dos limites de tolerância fixados em razão da natureza, da intensidade do agente e do tempo de exposição aos seus efeitos.

No art. 191, esta mesma lei expõe que a eliminação ou a neutralização da insalubridade ocorrerão com a adoção de medidas que conservem o ambiente de trabalho dentro dos limites de tolerância e/ou com a utilização de equipamentos de proteção individual ao trabalhador que diminuam a intensidade do agente agressivo a limites de tolerância.

O art. 192 cita que o exercício de trabalho em condições insalubres acima dos limites de tolerância estabelecidos pelo Ministério do Trabalho assegura a percepção de adicional respectivamente de 40% (quarenta por cento), 20% (vinte por cento) e 10% (dez por cento) do salário mínimo da região, segundo se classifiquem nos graus máximo, médio ou mínimo.

O art. 193 considera atividades ou operações perigosas, na forma da regulamentação aprovada pelo Ministério do Trabalho, aquelas que, por sua natureza ou métodos de trabalho, impliquem o contato permanente com inflamáveis ou explosivos em condições de risco acentuado.

O § 1º desse mesmo artigo cita que o trabalho em condições de periculosidade assegura ao empregado um adicional de 30% (trinta por cento) sobre o salário, sem os acréscimos resultantes de gratificação, prêmios ou participação nos lucros da empresa.

Já o art. 194 dispõe que o direito do empregado ao adicional de insalubridade ou de periculosidade cessará com a eliminação do risco à sua saúde ou integridade física, nos termos desta seção e das normas expedidas pelo Ministério do Trabalho.

Finalmente chegamos ao ponto que pretendíamos, que é o art. 195, o qual define que a caracterização e a classificação da insalubridade e da periculosidade, segundo as normas do Ministério do Trabalho, far-se-ão pela perícia a cargo de Médico do Trabalho ou Engenheiro do Trabalho, registrados no Ministério do Trabalho.

Outra legislação de extrema importância para o nosso tema é a Portaria n. 3.214, de 8.6.78, que aprovou as Normas Regulamentadoras, e, especialmente para os nossos estudos, as seguintes:

— Norma Regulamentadora (NR-7), Programa de Controle Médico de Saúde Ocupacional — PCMSO;

— Norma Regulamentadora (NR-9), Programa de Prevenção de Riscos Ambientais — PPRA;

— Norma Regulamentadora (NR-15), Atividades e Operações Insalubres — LTI;

— Norma Regulamentadora (NR-16), Atividades e Operações Perigosas — LTP;

— Norma Regulamentadora (NR-17), Ergonomia — LTRE;

— Norma Regulamentadora (NR-18), Condições e Meio Ambiente de Trabalho na Indústria da Construção — PCMAT;

— Norma Regulamentadora (NR-22), Trabalhos Subterrâneos — PGR; e

— Norma Regulamentadora (NR-32), Segurança e Saúde no Trabalho em Serviços de Saúde.

Além das seguintes legislações de origem previdenciária e específicas, tais como:

• Lei n. 7.369, de 20.9.85, que institui salário adicional para os empregados do setor de energia elétrica, em condições de periculosidade;

• Lei n. 7.410, de 27.11.85, que dispõe sobre a especialização de Engenheiros e Arquitetos em Engenharia de Segurança do Trabalho;

• Decreto n. 93.412, de 14.10.86, que institui salário adicional para os empregados do setor de energia elétrica, em condições de periculosidade;

• Lei n. 8.212, de 24.7.91, que dispõe sobre a organização da Seguridade Social e institui Plano de Custeio;

• Lei n. 8.213, de 24.7.91, que dispõe sobre os Planos de Benefícios da Previdência Social;

• Lei n. 9.032, de 28.4.95, que altera dispositivos das Leis ns. 8.212 e 8.213, ambas de 24 de julho de 1991;

• Lei n. 9.528, de 10.12.97, que altera dispositivos das Leis ns. 8.212 e 8.213, ambas de 24 de julho de 1991;

• Lei n. 9.732, de 11.12.98, que altera dispositivos das Leis ns. 8.212 e 8.213, ambas de 24 de julho de 1991;

• Decreto n. 3.048, de 6.5.99, que aprova o Regulamento da Previdência Social;

• Portaria do MPAS n. 5.404, de 2.7.99, que define critérios para concessão de aposentadoria especial;

• Portaria do MTE n. 545, de 10.7.00, que alterou dispositivos da Norma Regulamentadora NR-16, que trata das Atividades e Operações Perigosas;

• Portaria SIT/DSST n. 26, de 2.8.00, que publicou o glossário para esclarecimentos de termos técnicos utilizados na regulamentação sobre periculosidade no transporte e armazenamento de líquidos inflamáveis acondicionados em pequenos volumes, constantes do item 4 do Anexo 2 da NR-16;

• Decreto n. 4.032, de 26.11.01, que altera dispositivos do Regulamento da Previdência Social;

• Decreto n. 4.079, de 9.1.02, que altera dispositivos do Regulamento da Previdência Social;

• Instrução Normativa n. 70, de 10.5.02, que trata no seu Capítulo XXI dos riscos ocupacionais;

• Portaria n. 48, de 25.3.03, do MTE/SIT, que estabelece normas técnicas de ensaios aplicáveis aos Equipamentos de Proteção Individual com o respectivo enquadramento no Anexo I da NR-6;

• Portaria n. 518, de 4.4.03, do MTE, que assegura ao empregado o adicional de periculosidade para as atividades e operações perigosas com radiações ionizantes ou substâncias radioativas;

• Lei n. 10.666, de 8.5.03, que dispõe sobre a concessão da aposentadoria especial ao cooperado de cooperativa de trabalho ou de produção e dá outras providências;

• Instrução Normativa INSS/DC n. 89, de 11.6.03, que dispõe sobre a contribuição para o financiamento da aposentadoria especial ao cooperado filiado a cooperativa de trabalho ou de produção e do adicional na retenção sobre serviços prestados mediante cessão de mão de obra ou empreitada;

• Decreto n. 4.827, de 3.9.03, que altera o art. 70 do Regulamento da Previdência Social, aprovado pelo Decreto n. 3.048, de 6.5.99;

• Decreto n. 4.862, de 21.10.03, que altera dispositivos do Regulamento da Previdência Social, aprovado pelo Decreto n. 3.048, de 6.5.99;

• Decreto n. 4.882, de 18.11.03, que altera dispositivos do Regulamento da Previdência Social, aprovado pelo Decreto n. 3.048, de 6.5.99;

• Resolução MPS n. 1.236, de 28.4.04. Aprova a proposta metodológica que trata da flexibilização das alíquotas de contribuição destinadas ao financiamento do benefício de aposentadoria especial e daqueles concedidos em razão do grau de incidência de incapacidade laborativa decorrente dos riscos ambientais do trabalho;

• Instrução Normativa MPS/SRP n. 3, de 14.7.05, publicada no DOU em 15.7.05, da Secretaria da Receita Previdenciária do Instituto Nacional do Seguro Social, que dispõe sobre normas gerais de tributação previdenciária e de arrecadação das contribuições sociais administradas pela Secretaria da Receita Previdenciária — SRP e dá outras providências;

• Resolução MPS n. 1.269, de 15.2.06. Resolve que o anexo da Resolução n. 1.236, de 2004, passa a vigorar com a redação dada pelo anexo a esta Resolução;

• Lei n. 11.430, de 26 de dezembro de 2006 — Art. 21-A: que define que a perícia médica do INSS considerará caracterizada a natureza acidentária da incapacidade quando constatar ocorrência de nexo técnico epidemiológico entre o trabalho e o agravo, decorrente da relação entre a atividade da empresa e a entidade mórbida motivadora da incapacidade elencada na Classificação Internacional de Doenças — CID, em conformidade com o que dispuser o regulamento;

• Instrução Normativa INSS/PRES n. 45, de 6 de agosto de 2010, publicada no DOU em 11.08.2010, que dispõe sobre a administração de informações dos segurados, o reconhecimento, a manutenção e a revisão de direitos dos beneficiários da Previdência Social e disciplina o processo administrativo previdenciário no âmbito do Instituto Nacional do Seguro Social — INSS, revogando Instrução Normativa INSS/PR n. 20, de 11.10.07, publicada no DOU em 11.10.07;

• Decreto n. 6.042, de 12 de fevereiro de 2007 — Altera o Regulamento da Previdência Social, aprovado pelo Decreto n. 3.048, de 6 de maio de 1999, disciplinando a aplicação, acompanhamento e avaliação do Fator Acidentário de Prevenção — FAP e do Nexo Técnico Epidemiológico, e dá outras providências;

• Decreto n. 6.257, de 19 de novembro de 2007 — Dá nova redação aos arts. 4º e 5º do Decreto n. 6.042/07;

• Instrução Normativa INSS/PRES n. 31, de 10 de setembro de 2008 — DOU de 11.9.2008 — Dispõe sobre procedimentos e rotinas referentes ao Nexo Técnico Previdenciário, e dá outras providências;

• Decreto n. 6.577, de 25 de setembro de 2008 — DOU de 26.9.08, que dá nova redação ao inciso III do art. 5º do Decreto n. 6.042, de 12 de fevereiro de 2007;

• Decreto n. 6.945, de 21 de agosto de 2009, publicado no DOU de 24.08.2009, que altera o Regulamento da Previdência Social, aprovado pelo Decreto n. 3.048, de 6 de maio de 1999, em conformidade com o disposto no art. 14 da Lei n. 11.774, de 17 de setembro de 2008, que trata da redução das alíquotas da Contribuição Previdenciária referidas nos incisos I e III do *caput* do art. 22 da Lei n. 8.212, de 24 de julho de 1991, em relação às empresas que prestam serviços de tecnologia da informação — TI e de tecnologia da informação e comunicação — TIC;

• Decreto n. 6.957, de 9 de setembro de 2009, publicado no DOU de 10.9.2009, que altera o Regulamento da Previdência Social, aprovado pelo Decreto n. 3.048, de 6 de maio de 1999, no tocante à aplicação, acompanhamento e avaliação do Fator Acidentário de Prevenção — FAP;

• Instrução Normativa RFB n. 971, de 13 de novembro de 2009, publicada no DOU de 17.11.2009, que dispõe sobre normas gerais de tributação previdenciária e de arrecadação das contribuições sociais destinadas à Previdência Social e as destinadas a outras entidades ou fundos, administradas pela Secretaria da Receita Federal do Brasil (RFB), alterada pela Instrução Normativa RFB n. 980, de 17 de dezembro de 2009;

• Decreto n. 7.126, de 3 de março de 2010, que altera o Regulamento da Previdência Social, aprovado pelo Decreto n. 3.048, de 6 de maio de 1999, no tocante ao procedimento de contestação do Fator Acidentário de Prevenção;

• Resolução CNPS n. 1.316, de 31 de maio de 2010, publicada no DOU em 14.6.2010, resolvendo que o anexo da Resolução MPS/CNPS n. 1.308, de 27 de maio de 2009, passa a vigorar com a nova redação aprovada pelo Plenário da 165ª Reunião Ordinária do CNPS, realizada em 31 de maio de 2010, anexa a esta Resolução.

## 1.2. Procedimentos técnicos de levantamento ambiental

Os procedimentos técnicos de levantamento ambiental, ressalvada disposição legal em contrário, deverão considerar:

I — a metodologia e os procedimentos de avaliação dos agentes nocivos estabelecidos pelas Normas de Higiene Ocupacional — NHO da FUNDACENTRO;

II — os limites de tolerância estabelecidos pela NR-15 do MTE.

Para o agente químico benzeno, também deverão ser observados a metodologia e os procedimentos de avaliação, dispostos nas Instruções Normativas MTE/SSST ns. 1 e 2, de 20 de dezembro de 1995.

As metodologias e procedimentos de avaliação não contemplados pelas NHO da FUNDACENTRO deverão estar definidos por órgão nacional ou internacional competente e a empresa deverá indicar quais as metodologias e os procedimentos adotados nas demonstrações ambientais de que trata o art. 161 da IN n. 20/07.

Deverão ser consideradas as normas referenciadas nesta atividade, vigentes à época da avaliação ambiental.

As metodologias e os procedimentos de avaliação que foram alterados pela IN n. 20/07 somente serão exigidos para as avaliações realizadas a partir de 1º de janeiro de 2004, sendo facultada à empresa a sua utilização antes desta data.

Será considerada a adoção de Equipamento de Proteção Coletiva — EPC, que elimine ou neutralize a nocividade, desde que asseguradas as condições de funcionamento do EPC ao longo do tempo, conforme especificação técnica do fabricante e respectivo plano de manutenção, estando estas devidamente registradas pela empresa.

Somente será considerada a adoção de Equipamento de Proteção Individual — EPI, em demonstrações ambientais emitidas a partir de 3 de dezembro de 1998, e desde que comprovadamente elimine ou neutralize a nocividade e desde que respeitado o disposto na NR-6 do MTE e assegurada e devidamente registrada pela empresa, no PPP, a observância:

I — da hierarquia estabelecida no item 9.3.5.4 da NR-9 do MTE (medidas de proteção coletiva, medidas de caráter administrativo ou de organização do trabalho e utilização de EPI, nesta ordem, admitindo-se a utilização de EPI somente em situações de inviabilidade técnica, insuficiência ou interinidade à implementação do EPC ou, ainda, em caráter complementar ou emergencial);

II — das condições de funcionamento e do uso ininterrupto do EPI ao longo do tempo, conforme especificação técnica do fabricante, ajustada às condições de campo;

III — do prazo de validade, conforme Certificado de Aprovação do MTE;

IV — da periodicidade de troca definida pelos programas ambientais, comprovada mediante recibo assinado pelo usuário em época própria;

V — da higienização.

*Veja esta Norma na íntegra no Apêndice (item 6.4)*

O nível de ruído (NPSE) a que o trabalhador esteve exposto deve ser analisado considerando a efetiva proteção obtida pelo uso de EPI, nas seguintes condições:

a) atividades exercidas até 09 de outubro de 2001, véspera da vigência da IN n. 57/01, a análise do enquadramento será efetuada atendendo às conclusões contidas no Laudo Técnico apresentado;

b) atividades exercidas a partir de 10 de outubro de 2001, até a publicação da IN n. 78/02, a análise do enquadramento será efetuada atendendo às conclusões contidas no Laudo Técnico apresentado, e o cálculo da atenuação do EPI será efetuado conforme fórmula abaixo:

NPSc = NPSa - (NRR x f - 7), onde:

NPSc = Nível de pressão sonora no ouvido em dB(A), com protetor;

NPSa = Nível de pressão sonora no ambiente em dB(A);

NRR = Nível de redução de ruído;

f = Fator de correção;

f = 0,75, para EPI tipo concha;

f = 0,50, para EPI tipo plugue de inserção tipo espuma moldável; e

f = 0,30, para EPI tipo plugue de inserção pré-moldado;

c) a análise para o enquadramento, a partir da edição da IN n. 78/02, deverá ser efetuada atendendo às conclusões do LTCAT apresentado à época, com base no cálculo da atenuação de ruído oferecida pelo EPI, utilizando-se o método longo de cálculo de atenuação ou, de modo opcional, o método que utiliza um número único que representa a atenuação do EPI (Noise Reduction Rating), fazendo-se uso, em ambos os casos, da curva de atenuação acústica do EPI obtida ou segundo a Norma ANSI (American National Standards Institute) S.12.6-1984 ou segundo a Norma ANSI S.12.6-1997 (método B).

O método longo consiste na confrontação dos níveis de pressão sonora (NPS) em dB(A) encontrados no ambiente de trabalho com os dados de literatura do EPI fornecido pelo fabricante, por bandas de frequência, desde 125 até 8000 Hertz. A fim de assegurar confiabilidade de 98%, devendo ser deduzidos 2 (dois) desvios — padrão de cada atenuação média do EPI em dB. A soma logarítmica dessas diferenças é a expressão do nível de pressão sonora total a que o indivíduo estará submetido após a colocação do referido EPI.

Na impossibilidade de uso do método longo, poderão ser aceitos pelo INSS os seguintes métodos simplificados:

1. Conforme Norma ANSI S.12.6-1997B — Fórmula com cálculo direto:

NPSc = NPSa - NRR (SF), onde:

NPSc = Nível de pressão sonora com proteção;

NPSa = Nível de pressão sonora do ambiente;

NRR (SF) = Nível de redução de ruído (*subject fit*).

2. Conforme a Norma ANSI S.12.6-1984 (NRR) — Fórmula com cálculo corrigido da seguinte forma:

NPSc = NPSa - (NRR x f), onde:

NPSc = Nível de pressão sonora no ouvido em dB(A), com protetor;

NPSa = Nível de pressão sonora no ambiente em dB(C);

f = Fator de correção;

f = 0,75, para EPI tipo concha;

f = 0,50, para EPI tipo plugue de inserção tipo espuma moldável; e

f = 0,30, para EPI tipo plugue de inserção pré-moldado.

Quadro Exemplificativo:

| Período | Enquadramento |
|---|---|
| Até 9.10.2001 | Laudo com conclusão |
| De 10.10.2001 até a 18.7.2002 | Norma ANSI S.12.6-1984 com correções (NRR) |
| De 18.7.2002 em diante | Método longo; Norma ANSI S.12.6 1984 (NRR); e Norma ANSI S.12.6-1997B (NRR-SF) |

A medição de ruído poderá ser de modo individual para cada trabalhador ou considerando grupos homogêneos de risco, devendo ser explicitada qual das alternativas foi considerada na medição.

Para ruídos (Nível de Pressão Sonora Elevado) contínuos, as mensurações deverão ser realizadas por meio de dosímetro ou medidor de pressão sonora em circuito de resposta lenta (*slow*) e compensação "A".

Para ruídos (Níveis de Pressão Sonora Elevados) de impacto, as medições deverão ser realizadas com medidor de nível de pressão sonora operando em circuito linear e circuito de resposta para impacto. No caso de não se dispor do equipamento supracitado, será aceita a leitura no circuito de resposta rápida (*fast*), e circuito de compensação "C". Os limites de tolerância são de 130 dB (linear) ou 120 dB(C), conforme o Anexo II da NR-15, observados critérios de habitualidade e permanência em toda a jornada de trabalho.

As aferições dos níveis de exposição ao agente ruído (Níveis de Pressão Sonora Elevados), referidas nos casos acima, deverão, necessariamente, ser obtidas por mensurações realizadas por equipamentos dos grupos de qualidade de "zero" a "dois" da classificação IEC 60.651 ou ANSI SI.4 de 1983, devendo ser descritos no Laudo Técnico a respectiva metodologia utilizada e o tipo do equipamento, conforme exigência contida no item 15.6 da NR-15 da Portaria n. 3.214/78.

A exposição ocupacional a ruído dará ensejo à aposentadoria especial quando os níveis de pressão sonora estiverem acima de oitenta dB (A), noventa dB (A) ou oitenta e cinco dB (A), conforme o caso, observado o seguinte:

I — até 5 de março de 1997, será efetuado o enquadramento quando a exposição for superior a oitenta dB(A), devendo ser informados os valores medidos;

II — a partir de 6 de março de 1997 e até 10 de outubro de 2001, será efetuado o enquadramento quando a exposição for superior a noventa dB(A), devendo ser informados os valores medidos;

III — a partir de 11 de outubro de 2001 e até 18 de novembro de 2003, será efetuado o enquadramento quando a exposição for superior a noventa dB(A), devendo ser anexado o histograma ou memória de cálculos;

IV — a partir de 19 de novembro de 2003, será efetuado o enquadramento quando o NEN se situar acima de oitenta e cinco dB(A) ou for ultrapassada a dose unitária, aplicando:

a) os limites de tolerância definidos no Quadro Anexo I da NR-15 do MTE;

b) as metodologias e os procedimentos definidos na NHO-1 da FUNDACENTRO.

A exposição ocupacional a temperaturas anormais, oriundas de fontes artificiais, dará ensejo à aposentadoria especial quando:

I — para o agente físico calor, forem ultrapassados os limites de tolerância definidos no Anexo 3 da NR-15 do Ministério do Trabalho e Emprego — MTE, sendo avaliado segundo as metodologias e os procedimentos adotados pelas NHO-6 da FUNDACENTRO para períodos trabalhados a partir de 18.11.03.

Considerando o disposto no item 2 do Quadro I do Anexo 3 da NR-15 do MTE e no art. 253 da CLT, os períodos de descanso são considerados tempo de serviço para todos os efeitos legais.

A exposição ocupacional a radiações ionizantes dará ensejo à aposentadoria especial quando forem ultrapassados os limites de tolerância estabelecidos no Anexo 5 da NR-15 do MTE.

Quando se tratar de exposição ao raio X em serviços de radiologia, deverão ser obedecidos a metodologia e os procedimentos de avaliação constantes na NHO-5 da FUNDACENTRO; para os demais casos, aqueles constantes na Resolução CNEN-NE-3.01.

A exposição ocupacional a vibrações localizadas ou no corpo inteiro dará ensejo à aposentadoria especial quando forem ultrapassados os limites de tolerância definidos pela Organização Internacional para Normalização — ISO, em suas Normas ISO n. 2.631 e ISO/DIS n. 5.349, respeitando-se as metodologias e os procedimentos de avaliação que elas autorizam.

A exposição ocupacional a agentes químicos e a poeiras minerais constantes do Anexo IV do RPS, aprovado pelo Decreto n. 3.048/99, dará ensejo à aposentadoria especial, devendo considerar os limites de tolerância definidos nos Anexos 11 e 12 da NR-15 do MTE, sendo avaliada segundo as metodologias e procedimentos adotados pelas NHO-2, NHO-3, NHO-4 e NHO-7 da FUNDACENTRO.

*Agentes Químicos*: O que determina o benefício é a presença do agente no processo produtivo e sua constatação no ambiente de trabalho em condições de causar dano à saúde ou à integridade física do trabalhador.

Para fins de reconhecimento como atividade especial, em razão da exposição a agentes químicos, considerado o RPS vigente à época dos períodos laborados, a avaliação deverá contemplar todas aquelas substâncias existentes no processo produtivo, devendo nestas avaliações ser:

I — anexadas as Demonstrações Ambientais;

II — anexados os certificados de análises das amostras fornecidas pelo laboratório responsável;

III — nas análises de leitura instantânea, tais certificados são substituídos pela conclusão do avaliador, em que deverão constar a metodologia e o tipo de instrumental utilizado com as correspondentes especificações técnicas, prazo de validade, o nome e assinatura do técnico avaliador.

Caso sejam utilizados métodos de amostragem de substâncias químicas de aspiração instantânea e leitura direta, deverão ser apresentadas a data do aparelho, a validade do "KIT" e a identificação do avaliador.

No caso de leitura indireta, deverá ser apresentado laudo do laboratório certificado, anexado à Demonstração Ambiental, devendo ser realizadas pelo menos duas amostragens, coletadas na zona respiratória do trabalhador.

Entre cada uma das amostras deverá ser observado o intervalo mínimo de vinte minutos (item 6 da NR-15 da Portaria n. 3.214/78 — Lei n. 6.514/77), sendo que os dados das amostragens deverão ser apresentados em tabelas com a respectiva média das concentrações e tempo de exposição projetada para toda a jornada de trabalho.

Em análises qualitativas do agente químico, o laudo correspondente deverá contemplar as fontes de informação, matérias-primas manipuladas no processo produtivo, bem como dados das fichas de identificação química dos mesmos, ficando à disposição da Previdência Social para consulta.

Para avaliação da exposição às poeiras respiráveis de sílica livre, manganês e amianto (asbesto) deverão ser adotados os critérios de medição por meio de aspiração contínua, utilizando bomba de vazão regulável, perfazendo a utilização de, no mínimo, duas amostras (cassetes) que possam cobrir toda a jornada de trabalho, sendo os limites de tolerância para Poeiras Minerais aqueles definidos na NR-15 da Portaria n. 3.214/78, devendo a coleta ser realizada na zona de respiração do trabalhador.

Na Demonstração Ambiental, deverão constar a metodologia empregada e os dados utilizados para os cálculos da concentração da poeira respirável, entre os quais devem ser explicitados as características da bomba de amostragem, a vazão utilizada, a quantidade de poeira coletada, o volume total e a percentagem de sílica livre contidos na poeira analisada.

Considera-se "zona respiratória" a região hemisférica com um raio de aproximadamente trinta centímetros das narinas do trabalhador.

Caso o agente químico não esteja relacionado nos Regulamentos da Previdência Social, nem contemplado no Anexo 11 da NR-15 da Portaria

n. 3.214/78, poderão ser *utilizados apenas como referencial* os respectivos Limites de Tolerância da ACGIH (American Conference of Governmental Industrial Higyenists), ou aqueles que venham a ser estabelecidos em negociação coletiva de trabalho, desde que mais rigorosos do que os critérios técnicos legais estabelecidos (NR-9, item 9.3.5.1).

A exposição ocupacional a agentes nocivos de natureza biológica infectocontagiosa, constantes do Anexo IV do RPS, aprovado pelo Decreto n. 3.048/99, dará ensejo à aposentadoria especial exclusivamente nas atividades previstas nesse Anexo.

Tratando-se de estabelecimentos de saúde, a aposentadoria especial ficará restrita aos segurados que trabalhem de modo permanente com pacientes portadores de doenças infectocontagiosas, segregados em áreas ou ambulatórios específicos, e aos que manuseiam exclusivamente materiais contaminados provenientes dessas áreas.

*Agentes Biológicos*: O que determina a concessão do benefício é a efetiva exposição aos agentes citados unicamente nas atividades relacionadas no Anexo IV do Decreto n. 3.048/99, nas formas de micro-organismos e parasitas infecciosos vivos e suas toxinas, tais como: Bactérias, Fungos, Parasitas, Bacilos, Vírus, etc.

O reconhecimento como atividade especial, em razão da exposição a agentes biológicos de natureza infectocontagiosa e em conformidade com o período de atividade, será determinado pela efetiva exposição do trabalhador aos agentes citados nos decretos respectivos, desde que cumulativamente:

I — os trabalhos executados estejam relacionados nos referidos anexos;

II — exista a exposição aos micro-organismos e parasitas infecciosos vivos de natureza infectocontagiosa e suas toxinas, de forma habitual e permanente;

III — a exposição ao citado agente seja prejudicial à saúde e à integridade física do trabalhador.

As atividades exercidas em estabelecimentos de saúde em contato habitual e permanente, não ocasional nem intermitente, exclusivamente com pacientes portadores de doenças infectocontagiosas ou com manuseio de materiais contaminados, provenientes dessas áreas, devem ser enquadradas nos respectivos Anexos dos RPS vigentes nos períodos laborados.

Entende-se como estabelecimento de saúde hospitais, laboratórios ou outros ambientes envolvidos no tratamento de doenças infecto-contagiosas.

*Associação de Agentes*: O reconhecimento de atividade como especial, em razão de associação de agentes, será determinado pela exposição aos agentes combinados exclusivamente nas tarefas especificadas, devendo ser analisado considerando os itens dos Anexos dos Regulamentos da Previdência Social, vigentes à época dos períodos laborados:

I — quinze anos: trabalhos de mineração subterrânea em frentes de produção — os trabalhadores envolvidos em perfuração em extração de minérios em operações de corte, furação, desmonte, perfurações de rochas, cortadores de rochas, carregadores, britadores, cavouqueiros e choqueiros ou em outras atividades correlatas exercidas nas frentes de extração em subsolo;

II — vinte anos: trabalhos permanentes no subsolo afastados das frentes de produção — motoristas, carregadores, condutores de vagonetas, carregadores de explosivos, encarregados de fogo, eletricistas, engatadores, bombeiros, madeireiros, e outros profissionais com atribuições permanentes em minas subsolo trabalhando em galerias, rampas, poços, depósitos, etc.;

III — vinte e cinco anos: trabalhos permanentes a céu aberto — corte, furação, desmonte, carregamento, britagem, classificação, carga e descarga de silos, transportadores de correias e teleférreos, moagem, calcinação, ensacamento e outras perfurações de rochas, cortadores de rochas, carregadores, britadores, cavouqueiros e choqueiros, ou outras atividades correlatas exercidas nas frentes de extração em superfície.

## 1.3. Aposentadoria especial — conceitos gerais

A aposentadoria especial, uma vez cumprida a carência exigida, será devida ao segurado empregado, trabalhador avulso e contribuinte individual, este somente quando cooperado filiado a cooperativa de trabalho ou de produção, que tenha trabalhado durante quinze, vinte ou vinte e cinco anos, conforme o caso, sujeito a condições especiais que prejudiquem a saúde ou a integridade física.

A concessão da aposentadoria especial dependerá de comprovação pelo segurado, perante o INSS, do tempo de trabalho permanente, não ocasional nem intermitente, exercido em condições especiais que prejudiquem a saúde ou a integridade física, durante o período mínimo fixado no *caput*.

O segurado deverá comprovar a efetiva exposição aos agentes nocivos químicos, físicos, biológicos ou associação de agentes prejudiciais à saúde ou à integridade física, pelo período equivalente ao exigido para a concessão do benefício.

O trabalho exercido em condições especiais que prejudiquem a saúde ou a integridade física, com exposição a agentes nocivos de modo permanente, não ocasional nem intermitente, está tutelado pela Previdência Social mediante concessão da aposentadoria especial, constituindo-se em fato gerador de contribuição previdenciária para custeio deste benefício.

São consideradas condições especiais que prejudicam a saúde ou a integridade física, conforme definido no Anexo IV do RPS, aprovado pelo Decreto n. 3.048/99, a exposição a agentes nocivos químicos, físicos ou biológicos e a exposição à associação desses agentes, em concentração ou intensidade e tempo de exposição que ultrapassem os limites de tolerância ou que, dependendo do agente, tornem a simples exposição em condição especial prejudicial à saúde.

Os agentes nocivos não arrolados no Anexo IV do RPS, aprovado pelo Decreto n. 3.048/99, não serão considerados para fins de concessão da aposentadoria especial.

As atividades constantes no Anexo IV do RPS, aprovado pelo Decreto n. 3.048/99, são exemplificativas, salvo para agentes biológicos.

O núcleo da hipótese de incidência tributária, objeto do direito à aposentadoria especial, é composto de:

I — nocividade, que no ambiente de trabalho é entendida como situação combinada ou não de substâncias, energias e demais fatores de riscos reconhecidos, capazes de trazer ou ocasionar danos à saúde ou à integridade física do trabalhador;

II — permanência, assim entendida como o trabalho não ocasional nem intermitente, durante quinze, vinte ou vinte cinco anos, no qual a exposição do empregado, do trabalhador avulso ou do cooperado ao agente nocivo seja indissociável da produção do bem ou da prestação do serviço, em decorrência da subordinação jurídica à qual se submete.

Para a apuração do disposto no inciso I, há que se considerar se o agente nocivo é:

I — apenas qualitativo, sendo a nocividade presumida e independente de mensuração, constatada pela simples presença do agente no ambiente de trabalho, conforme constante nos Anexos 6, 13, 13-A e 14 da Norma Regulamentadora n. 15 (NR-15) do Ministério do Trabalho e Emprego — MTE, e no Anexo IV do RPS, aprovado pelo Decreto n. 3.048/99, para os agentes iodo e níquel;

II — quantitativo, sendo a nocividade considerada pela ultrapassagem dos limites de tolerância ou doses, dispostos nos Anexos 1, 2, 3, 5, 8, 11 e 12 da NR-15 do MTE, por meio da mensuração da intensidade ou da concentração, consideradas no tempo efetivo da exposição no ambiente de trabalho.

Quanto ao disposto no inciso II, não quebra a permanência o exercício de função de supervisão, controle ou comando em geral ou outra atividade equivalente, desde que seja exclusivamente em ambientes de trabalho cuja nocividade tenha sido constatada.

As condições de trabalho, que dão ou não direito à aposentadoria especial, deverão ser comprovadas pelas demonstrações ambientais, que fazem parte das obrigações acessórias dispostas na legislação previdenciária e trabalhista.

As demonstrações ambientais constituem-se, entre outros, nos seguintes documentos:

I — Programa de Prevenção de Riscos Ambientais — PPRA;

II — Programa de Gerenciamento de Riscos — PGR;

III — Programa de Condições e Meio Ambiente de Trabalho na Indústria da Construção — PCMAT;

IV — Programa de Controle Médico de Saúde Ocupacional — PCMSO;

V — Laudo Técnico de Condições Ambientais do Trabalho — LTCAT;

VI — Perfil Profissiográfico Previdenciário — PPP;

VII — Comunicação de Acidente do Trabalho — CAT.

As informações constantes do CNIS serão observadas para fins do reconhecimento do direito à aposentadoria especial, nos termos do art. 19 e § 2º do art. 68, ambos do RPS, aprovado pelo Decreto n. 3.048/99.

Fica assegurada ao INSS a contraprova das informações referidas acima no caso de dúvida justificada, promovendo de ofício a alteração no CNIS, desde que comprovada mediante o devido processo administrativo.

As demonstrações ambientais de que trata o art. 158 da IN n. 20/07 deverão embasar o preenchimento da GFIP e do formulário para requerimento da aposentadoria especial, nos termos dos §§ 2º e 7º do art. 68 do RPS, aprovado pelo Decreto n. 3.048/99.

Presumem-se verdadeiras as informações prestadas pela empresa na GFIP, para a concessão ou não da aposentadoria especial, constituindo crime a prestação de informações falsas neste documento.

A empresa deverá apresentar, sempre que solicitadas pelo INSS, as demonstrações ambientais de que trata o art. 158 desta Instrução Normativa, para fins de verificação das informações.

Veja no Apêndice:

Modelo de Programa de Prevenção de Riscos Ambientais — PPRA/NR-9; PPRA/NR-32 e PPRA/DA(INSS) (item 6.5).

Diretrizes para Elaboração do Programa de Gerenciamento de Riscos — PGR (item 6.6).

Modelo para Elaboração do Programa de Condições e Meio Ambiente de Trabalho na Indústria da Construção — PCMAT (item 6.7)

Diretrizes para Elaboração do Programa de Controle Médico de Saúde Ocupacional — PCMSO (item 6.8)

Modelo de Laudo Técnico de Condições Ambientais do Trabalho — LTCAT (item 6.9).

Modelo de Programa de Conservação da Audição — PCA.

Veja no Capítulo 2 (item 2.4.9) o Modelo Oficial de Formulário de Perfil Profissiográfico Previdenciário — PPP.

## 1.4. Habilitação ao benefício

A partir de 29 de abril de 1995, data da publicação da Lei n. 9.032, de 28 de abril de 1995, o trabalhador que estiver exposto, de modo permanente, não ocasional nem intermitente, a condições especiais que prejudiquem a saúde ou a integridade física, durante quinze, vinte ou vinte e cinco anos, terá direito à concessão de aposentadoria especial nos termos do art. 57 da Lei n. 8.213, de 1991, observada a carência exigida.

Para instrução do requerimento da aposentadoria especial, deverão ser apresentados os seguintes documentos:

I — para períodos laborados até 28 de abril de 1995, será exigido do segurado o formulário para requerimento da aposentadoria especial e a CP ou a CTPS, bem como LTCAT, obrigatoriamente para o agente físico ruído;

II — para períodos laborados entre 29 de abril de 1995 e 13 de outubro de 1996, será exigido do segurado formulário para requerimento da aposentadoria especial, bem como LTCAT ou demais demonstrações ambientais, obrigatoriamente para o agente físico ruído;

III — para períodos laborados entre 14 de outubro de 1996 e 31 de dezembro de 2003, será exigido do segurado formulário para requerimento da aposentadoria especial, bem como LTCAT ou demais demonstrações ambientais, qualquer que seja o agente nocivo;

IV — para períodos laborados a partir de 1º de janeiro de 2004, o único documento exigido do segurado será o Perfil Profissiográfico Previdenciário — PPP.

Quando for apresentado o documento de que trata o 14 do art. 178 desta Instrução Normativa (Perfil Profissiográfico Previdenciário), contemplando também os períodos laborados até 31 de dezembro de 2003, serão dispensados os demais documentos referidos neste artigo.

Quando o enquadramento dos períodos laborados for devido apenas por categoria profissional, na forma do Anexo II dos Decretos ns. 53.831/64 e 83.080/79, e não se optando pela apresentação dos formulários de reconhecimento de períodos laborados em condições especiais vigentes à época, o PPP deverá ser emitido, preenchendo-se todos os campos pertinentes, excetuados os referentes à exposição a agentes nocivos (campo 15).

Poderão ser aceitos, em substituição ao LTCAT, ou ainda de forma complementar a este, os seguintes documentos:

I — laudos técnico-periciais emitidos por determinação da Justiça do Trabalho, em ações trabalhistas, acordos ou dissídios coletivos;

II — laudos emitidos pela Fundação Jorge Duprat Figueiredo de Segurança e Medicina do Trabalho (FUNDACENTRO);

III — laudos emitidos pelo MTE ou, ainda, pelas DRT;

IV — laudos individuais acompanhados de:

a) autorização escrita da empresa para efetuar o levantamento, quando o responsável técnico não for seu empregado;

b) cópia do documento de habilitação profissional do engenheiro de segurança do trabalho ou médico do trabalho, indicando sua especialidade;

c) nome e identificação do acompanhante da empresa, quando o responsável técnico não for seu empregado;

d) data e local da realização da perícia;

V — os programas PPRA, PGR, PCMAT e PCMSO, de que trata o art. 161 da Instrução Normativa n. 20/07.

Para o disposto no item acima, não será aceito:

I — laudo elaborado por solicitação do próprio segurado;

II — laudo relativo à atividade diversa, salvo quando efetuada no mesmo setor;

III — laudo relativo a equipamento ou setor similar;

IV — laudo realizado em localidade diversa daquela em que houve o exercício da atividade;

V — laudo de empresa diversa.

Na impossibilidade de apresentação de algum dos documentos obrigatórios mencionados neste artigo, o segurado poderá protocolizar junto ao INSS processo de JA, conforme estabelecido por capítulo próprio desta Instrução Normativa, observado que:

I — tratando-se de empresa legalmente extinta, para fins de comprovação da atividade exercida em condições especiais, será dispensada a apresentação do formulário para requerimento da aposentadoria especial;

II — para períodos anteriores a 28 de abril de 1995, a JA deverá ser instruída com base nas informações constantes da CP ou da CTPS em que conste a função exercida, verificada a correlação entre a atividade da empresa e a profissão do segurado, salvo nos casos de exposição a agentes nocivos passíveis de avaliação quantitativa;

III — a partir de 28 de abril de 1995, e em qualquer época, nos casos de exposição a agentes nocivos passíveis de avaliação quantitativa, a JA deverá ser instruída, obrigatoriamente, com laudo de avaliação ambiental, coletivo ou individual.

A empresa e o segurado deverão apresentar os originais ou cópias autênticas dos documentos previstos nesta Subseção.

Em se tratando de contribuinte individual, para comprovação do exercício de atividade até 28 de abril de 1995, aplica-se o disposto no § 2º do art. 161 da IN n. 20/07.

Consideram-se formulários para requerimento da aposentadoria especial os antigos formulários SB-40, DISES-BE 5235, DSS-8030 e DIRBEN 8030, segundo seus períodos de vigência, observando-se, para tanto, a data de emissão do documento.

Os formulários referenciados acima deixaram de ter eficácia para os períodos laborados a partir de 1º de janeiro de 2004, conforme disposto no § 14 do art. 178 da Instrução Normativa n. 20/07.

Mesmo após 1º.1.2004 serão aceitos os formulários citados acima, referentes a períodos laborados até 31.12.2003 quando emitidos até esta data, observando as normas de regência vigentes nas respectivas datas de emissão.

A partir de 29 de abril de 1995, a aposentadoria especial somente será concedida aos segurados empregados, trabalhadores avulsos e, a partir de 13 de dezembro de 2002, data da publicação da Medida Provisória — MP n. 83, de 12 de dezembro de 2002, também aos cooperados filiados à cooperativa de trabalho ou de produção.

Os demais segurados classificados como contribuinte individual não têm direito à aposentadoria especial.

São considerados períodos de trabalho sob condições especiais os períodos de descanso determinados pela legislação trabalhista, inclusive férias, os de afastamento decorrentes de gozo de benefícios de auxílio-doença ou aposentadoria por invalidez acidentários, bem como os de percepção de salário-maternidade, desde que, à data do afastamento, o segurado estivesse exercendo atividade considerada especial.

Os períodos de afastamento decorrentes de gozo de benefício por incapacidade de espécie não acidentária não serão considerados como sendo de trabalho sob condições especiais.

O direito à concessão de aposentadoria especial aos quinze e aos vinte anos, constatada a nocividade e a permanência nos termos do art. 157 da Instrução Normativa n. 20/07, aplica-se às seguintes situações:

I — quinze anos: trabalhos em mineração subterrânea, em frentes de produção, com exposição à associação de agentes físicos, químicos ou biológicos;

II — vinte anos:

a) trabalhos com exposição ao agente químico asbestos (amianto);

b) trabalhos em mineração subterrânea, afastados das frentes de produção, com exposição à associação de agentes físicos, químicos ou biológicos.

O direito à aposentadoria especial não fica prejudicado na hipótese de exercício de atividade em mais de um vínculo, com tempo de trabalho concomitante (comum e especial), desde que constatada a nocividade do agente e a permanência em, pelo menos, um dos vínculos nos termos do art. 160 desta Instrução Normativa.

A redução de jornada de trabalho por acordo, convenção coletiva de trabalho ou sentença normativa não descaracteriza a atividade exercida em condições especiais.

Qualquer que seja a data do requerimento dos benefícios previstos no Regime Geral da Previdência Social — RGPS, as atividades exercidas deverão ser analisadas, considerando no mínimo os elementos obrigatórios do art. 161 da Instrução Normativa n. 20/07, conforme quadro a seguir:

| Período Trabalhado | Enquadramento |
|---|---|
| Até 28.4.95 | Quadro Anexo ao Decreto n. 53.831, de 1964. Anexos I e II do RBPS, aprovado pelo Decreto n. 83.080, de 1979. Formulário; CP/CTPS; LTCAT, obrigatoriamente para o agente físico ruído. |
| De 29.4.95 a 13.10.96 | Código 1.0.0 do Quadro Anexo ao Decreto n. 53.831, de 1964. Anexo I do RBPS, aprovado pelo Decreto n. 83.080, de 1979. Formulário; LTCAT ou demais Demonstrações Ambientais, obrigatoriamente para o agente físico ruído. |
| De 14.10.96 a 5.3.97 | Código 1.0.0 do Quadro Anexo ao Decreto n. 53.831, de 1964. Anexo I do RBPS, aprovado pelo Decreto n. 83.080, de 1979. Formulário; LTCAT ou demais Demonstrações Ambientais, para todos os agentes nocivos. |

| Período Trabalhado | Enquadramento |
|---|---|
| De 6.3.97 a 31.12.98 | Anexo IV do RBPS, aprovado pelo Decreto n. 2.172, de 1997. Formulário; LTCAT ou demais Demonstrações Ambientais, para todos os agentes nocivos. |
| De 1º.1.99 a 6.5.99 | Anexo IV do RBPS, aprovado pelo Decreto n. 2.172, de 1997. Formulário; LTCAT ou demais Demonstrações Ambientais, para todos os agentes nocivos, que deverão ser confrontados com as informações relativas ao CNIS para homologação da contagem do tempo de serviço especial, nos termos do art. 19 e § 2º do art. 68 do RPS, com redação dada pelo Decreto n. 4.079, de 2002. |
| De 7.5.99 a 31.12.03 | Anexo IV do RPS, aprovado pelo Decreto n. 3.048, de 1999. Formulário; LTCAT ou demais Demonstrações Ambientais, para todos os agentes nocivos, que deverão ser confrontados com as informações relativas ao CNIS para homologação da contagem do tempo de serviço especial, nos termos do art. 19 e § 2º do art. 68 do RPS, com redação dada pelo Decreto n. 4.079, de 2002. |
| A partir de 1º.1.04 | Anexo IV do RPS, aprovado pelo Decreto n. 3.048, de 1999. Formulário, que deverá ser confrontado com as informações relativas ao CNIS para homologação da contagem do tempo de serviço especial, nos termos do art. 19 e § 2º do art. 68 do RPS, com redação dada pelo Decreto n. 4.079, de 2002. |

*Veja o Quadro Anexo ao Decreto n. 53.831, de 1964, e os Anexos I e II do RBPS, aprovado pelo Decreto n. 83.080, de 1979, no Capítulo 6. Apêndice, item 6.1 e item 6.2, respectivamente.*

As alterações trazidas pelo Decreto n. 4.882, de 18 de novembro de 2003, não geram efeitos retroativos em relação às alterações conceituais por ele introduzidas.

Na hipótese de atividades concomitantes sob condições especiais, no mesmo ou em outro vínculo empregatício, será considerada aquela que exigir menor tempo para a aposentadoria especial.

Quando for constatada divergência entre os registros constantes na CTPS ou CP e no Formulário, esta deverá ser esclarecida, por diligência prévia na empresa, a fim de verificar a evolução profissional do segurado, bem como os setores de trabalho, por meio de documentos contemporâneos aos períodos laborados.

Em caso de divergência entre o formulário e o CNIS ou entre estes e outros documentos ou evidências, o INSS deverá analisar a questão no processo administrativo, com adoção das medidas necessárias.

Serão consideradas evidências, de que trata o parágrafo anterior, entre outros, os indicadores epidemiológicos dos benefícios previdenciários cuja etiologia esteja relacionada com os agentes nocivos.

Reconhecido o tempo especial sem correspondência com as informações constantes no CNIS, prestadas por meio da Guia de Recolhimento do Fundo de Garantia por Tempo de Serviço e Informações à Previdência Social — GFIP, a unidade local da Secretaria da Receita Federal do Brasil será comunicada para providências a seu cargo.

Serão consideradas as atividades e os agentes arrolados em outros atos administrativos, decretos ou leis previdenciárias que determinem o enquadramento por atividade para fins de concessão de aposentadoria especial, exceto as circulares emitidas pelas então Regionais ou Superintendências Estaduais do INSS, que, de acordo com o Regimento Interno do INSS, não possuíam a competência necessária para expedi-las, ficando expressamente vedada a sua utilização.

Deverão ser observados os seguintes critérios para o enquadramento do tempo de serviço como especial nas categorias profissionais ou nas atividades abaixo relacionadas:

I — telefonista em qualquer tipo de estabelecimento:

a) o tempo de atividade de telefonista poderá ser enquadrado como especial no código 2.4.5 do quadro anexo ao Decreto n. 53.831, de 25 de março de 1964, até 28 de abril de 1995;

b) se completados os vinte e cinco anos, exclusivamente na atividade de telefonista, até 13 de outubro de 1996, poderá ser concedida a aposentadoria especial;

c) a partir de 14 de outubro de 1996, data da publicação da MP n. 1.523, de 11 de outubro de 1996, não será permitido o enquadramento em função da denominação profissional de telefonista.

II — guarda, vigia ou vigilante até 28 de abril de 1995:

a) entende-se por guarda, vigia ou vigilante o empregado que tenha sido contratado para garantir a segurança patrimonial, impedindo ou inibindo a ação criminosa em patrimônio das instituições financeiras e de outros estabelecimentos públicos ou privados, comerciais, industriais ou entidades sem fins lucrativos, bem como pessoa contratada por empresa especializada em prestação de serviços de segurança, vigilância e transporte de valores, para prestar serviço relativo a atividade de segurança privada a pessoa e a residências;

b) a atividade do guarda, vigia ou vigilante na condição de contribuinte individual não será considerada como especial;

c) em relação ao empregado em empresa prestadora de serviços de vigilância, além das outras informações necessárias à caracterização da atividade, deverá constar no formulário para requerimento da aposentadoria especial os locais e empresas onde o segurado esteve desempenhando a atividade;

III — professor: a partir da Emenda Constitucional n. 18, de 30 de junho de 1981, não é permitida a conversão do tempo de exercício de magistério para qualquer espécie de benefício, exceto se o segurado implementou todas as condições até 29 de junho de 1981, considerando que a Emenda Constitucional retirou esta categoria profissional do quadro anexo ao Decreto n. 53.831, de 1964, para incluí-la em legislação especial e específica, que passou a ser regida por legislação própria;

IV — para atividades, de modo permanente, com exposição aos agentes nocivos frio, eletricidade, radiações não ionizantes e umidade, o enquadramento somente será possível até 5 de março de 1997;

V — para atividades, de modo permanente, com exposição a agentes biológicos:

a) até 5 de março de 1997, o enquadramento poderá ser caracterizado, para trabalhadores expostos ao contato com doentes ou materiais infectocontagiantes, de assistência médica, odontológica, hospitalar ou outras atividades afins, independentemente da atividade ter sido exercida em estabelecimentos de saúde;

b) a partir de 6 de março de 1997, tratando-se de estabelecimentos de saúde, somente serão enquadradas as atividades exercidas em contato com pacientes portadores de doenças infectocontagiosas ou com manuseio de materiais contaminados, no código 3.0.1 do Anexo IV do RBPS, aprovado pelo Decreto n. 2.172, de 5 de março de 1997, ou do Anexo IV do RPS, aprovado pelo Decreto n. 3.048, de 1999;

c) as atividades de coleta, industrialização do lixo e trabalhos em galerias, fossas e tanques de esgoto, de modo permanente, poderão ser enquadradas no código 3.0.1 do Anexo IV do RPS, aprovado pelo Decreto n. 3.048, de 1999, mesmo que exercidas em períodos anteriores, desde que exista exposição a micro-organismos e parasitas infectocontagiosos vivos e suas toxinas;

§ 1º Também são considerados como tempo de serviço exercido em condições especiais:

I — funções de chefe, de gerente, de supervisor ou outra atividade equivalente;

II — os períodos em que o segurado exerceu as funções de servente, auxiliar ou ajudante, de qualquer das atividades constantes dos quadros anexos ao Decreto n. 53.831, de 1964, e ao Decreto n. 83.080, de 24 de janeiro de 1979, até 28 de abril de 1995: o enquadramento será possível desde que o trabalho, nessas funções, seja exercido nas mesmas condições e no mesmo ambiente em que trabalha o profissional abrangido por esses Decretos.

Existindo dúvidas com relação à atividade exercida ou com relação à efetiva exposição a agentes nocivos, de modo habitual e permanente, não ocasional nem intermitente, a partir das informações contidas no PPP e no LTCAT, quando estes forem exigidos, e se for o caso nos antigos formulários mencionados no art. 162 desta Instrução Normativa, quando esses forem apresentados pelo segurado, poderão ser solicitados pelo servidor do INSS esclarecimentos à empresa, relativos à atividade exercida pelo segurado, bem como solicitar a apresentação de outros registros existentes na empresa que venham a convalidar as informações prestadas.

O período em que o empregado esteve licenciado da atividade para exercer cargo de administração ou de representação sindical, exercido até 28 de abril de 1995, será computado como tempo de serviço especial, desde que, à data do afastamento, o segurado estivesse exercendo atividade considerada especial.

## 1.5. Programa de Prevenção de Riscos Ambientais — PPRA/NR-9, PPRA/NR-32 e PPRA/DA (INSS)

A elaboração desse tipo de programa visa a atender originalmente às exigências da NR-9, que trata dos Programas de Prevenção de Riscos Ambientais — PPRA, e, a partir de 1º de janeiro de 2004, passou a servir também como documento de Demonstração Ambiental para os efeitos da Legislação Previdenciária, especialmente para os processos de requerimento de Aposentadoria Especial e finalmente, a partir de 11 de novembro de 2005, data da publicação da Portaria MTE n. 485, que publicou a Norma Regulamentadora NR-32, para as medidas de proteção à Segurança e Saúde no trabalho em estabelecimentos de saúde.

As ações do PPRA devem ser desenvolvidas no âmbito de cada estabelecimento da empresa, sob a responsabilidade do empregador e com a participação dos trabalhadores, sendo a sua abrangência e profundidade dependentes das características dos riscos e das necessidades de controle.

O PPRA é parte integrante do conjunto mais amplo das iniciativas das empresas no campo da preservação da saúde e da integridade dos trabalhadores, devendo estar articulado com o disposto nas demais Normas Regulamentadoras, em especial com o Programa de Controle Médico de Saúde Ocupacional — PCMSO.

Na elaboração do Laudo Técnico de Avaliação dos Riscos Ambientais do Trabalho, devem ser considerados os riscos oriundos dos agentes físicos, químicos e biológicos existentes nos ambientes de trabalho, que, em função de sua natureza, concentração ou intensidade e tempo de exposição, são capazes de causar danos à saúde do trabalhador.

Devem ser considerados, durante as avaliações, os agentes físicos que se apresentam nas seguintes formas de energia:

- Ruído
- Vibração
- Pressões Anormais
- Temperaturas Extremas
- Radiações Ionizantes
- Radiações Não Ionizantes
- Infrassom
- Ultrassom

Os agentes químicos, compostos ou produtos que possam penetrar no organismo pela via respiratória, ou que pela natureza da atividade de exposição possam ter contato através da pele ou serem absorvidos pelo organismo por ingestão, conforme a seguir:

• Poeiras
• Fumos
• Névoas
• Neblina
• Gases
• Vapores

E os seguintes agentes biológicos, entre outros:

• Bactérias
• Fungos
• Bacilos
• Parasitas
• Protozoários
• Vírus

O reconhecimento dos riscos ambientais deverá conter os seguintes itens:

• A sua identificação;

• A determinação e localização das possíveis fontes geradoras;

• A identificação das possíveis trajetórias e dos meios de propagação dos agentes no ambiente de trabalho;

• A identificação das funções e determinação do número de trabalhadores expostos;

• A caracterização das atividades e do tipo de exposição;

• A obtenção de dados existentes na empresa indicativos de possível comprometimento da saúde decorrente do trabalho;

• Os possíveis danos à saúde relacionados aos riscos identificados, disponíveis na literatura técnica.

A avaliação quantitativa deverá ser realizada sempre que for necessário comprovar o controle da exposição ou a inexistência dos riscos identificados na etapa de reconhecimento, no dimensionamento da exposição dos trabalhadores, e como forma de subsidiar o equacionamento das medidas de controle.

No PPRA, devem-se sempre incluir as medidas de controle existentes, encontradas durante o levantamento de campo, e quando necessário essas medidas devem ser indicadas quanto a sua adoção para a eliminação, minimização ou controle dos riscos ambientais sempre que forem verificadas uma ou mais das seguintes situações:

- Identificação na fase de antecipação do risco potencial da saúde;
- Constatação, na fase de reconhecimento, de risco evidente à saúde;
- Quando os resultados das avaliações quantitativas da exposição dos trabalhadores excederem os valores dos limites previstos na NR-15, ou na ausência destes, os valores de limites de exposição ocupacional adotados pela ACGIH — American Conference of Governmental Industrial Hygienists, ou, ainda, aqueles que venham a ser estabelecidos em negociação coletiva de trabalho, desde que mais rigorosos do que os critérios técnicos legais estabelecidos;
- Quando, através do controle médico da saúde, ficar caracterizado o nexo causal entre danos observados na saúde dos trabalhadores e a situação de trabalho a que eles ficam expostos.

O estudo, desenvolvimento e implantação de medidas de proteção coletiva deverão obedecer à seguinte hierarquia:

- Medidas que eliminem ou reduzam a utilização ou a formação de agentes prejudiciais à saúde;
- Medidas que previnam a liberação ou disseminação desses agentes no ambiente de trabalho;
- Medidas que reduzam os riscos ou a concentração desses agentes no ambiente de trabalho.

Quando comprovada a inviabilidade técnica da adoção de medidas de proteção coletivas, ou quando estas não forem suficientes ou encontrarem-se em fase de estudo, planejamento ou implantação, deverão ser adotadas outras medidas na seguinte hierarquia:

- Medidas de caráter administrativo ou de organização do trabalho;
- Utilização de Equipamento de Proteção Individual — EPI.

Para o monitoramento da exposição dos trabalhadores e das medidas de controle, deve ser realizada uma avaliação sistemática e repetitiva da exposição a um dado risco, visando à introdução ou modificação das medidas de controle sempre que necessário.

Nível de ação é o valor acima do qual deverão ser iniciadas as medidas preventivas de forma a minimizar a probabilidade de que as exposições a agentes ambientais ultrapassem os limites de exposição tais como:

— Medições periódicas da exposição ocupacional;

— Treinamento dos trabalhadores;

— Acompanhamento médico com monitoramento biológico apropriado.

Os níveis adotados são aqueles previstos na NR-9.

a) Agentes Químicos: Metade dos limites de exposição ocupacionais adotados.

b) Ruído: Dose de 0,5 (50% de dose) do limite de tolerância previsto para a jornada de trabalho.

Deverá ser mantido pelo empregador ou instituição um registro de dados, estruturado de forma a constituir um histórico técnico e administrativo, sendo que os dados deverão ser mantidos por um período mínimo de 20 anos.

Segue no Apêndice o Item 6.5, padrão para elaboração do Programa de Prevenção de Riscos Ambientais — PPRA/NR-9, PPRA/NR-32 e PPRA/DA (INSS), que pode ser utilizado como modelo para a realização das Demonstrações Ambientais.

## 1.6. Laudo técnico de inspeção de atividades e operações insalubres e perigosas

A elaboração desse tipo de Laudo tem como finalidade atender às exigências da NR-15, que trata das atividades e operações insalubres, e da NR-16, que trata das atividades e operações perigosas, para a caracterização da insalubridade e/ou periculosidade previstas respectivamente nos arts. 189 e 193 da Lei n. 6.514, de 22.12.77.

Inicialmente, vamos tratar das atividades e operações insalubres.

### *1.6.1. Atividades e operações insalubres*

São consideradas atividades ou operações insalubres aquelas que se desenvolvem acima dos limites de tolerância previstos nos seguintes anexos:

• Anexo n. 1: Limites de tolerância para ruído contínuo ou intermitente;

• Anexo n. 2: Limites de tolerância para ruídos de impacto;

• Anexo n. 3: Limites de tolerância para exposição ao calor;

• Anexo n. 5: Radiações ionizantes;

• Anexo n. 11: Agentes químicos cuja insalubridade é caracterizada por limite de tolerância e inspeção no local de trabalho;

• Anexo n. 12: Limites de tolerância para poeiras minerais.

São também consideradas atividades ou operações insalubres aquelas que se desenvolvem nas atividades/operações mencionadas nos seguintes anexos:

• Anexo n. 6: Trabalho sob pressões hiperbáricas;

• Anexo n. 13: Agentes químicos;

• Anexo n. 14: Agentes biológicos.

Ou, ainda, aquelas atividades que venham a ser comprovadas através de Laudo de inspeção do local de trabalho, constante dos seguintes anexos:

• Anexo n. 7: Radiações não ionizantes;

• Anexo n. 8: Vibrações;

• Anexo n. 9: Frio;

• Anexo n. 10: Umidade.

Para fins de elaboração do Laudo Técnico, deve-se considerar como limite de tolerância a concentração ou intensidade máxima ou mínima, relacionada com a natureza e o tempo de exposição ao agente que não causará dano à saúde do trabalhador durante a sua vida laboral.

O exercício de trabalho em condições de insalubridade, de acordo com os anexos citados acima, assegura ao trabalhador a percepção de adicional incidente sobre o salário mínimo da região equivalente a:

• 40% (quarenta por cento) para insalubridade de grau máximo;

• 20% (vinte por cento) para insalubridade de grau médio;

• 10% (dez por cento) para insalubridade de grau mínimo.

No caso de incidência de mais de um fator de insalubridade, será apenas considerado o de grau mais elevado para efeito de acréscimo salarial, sendo vedada a percepção cumulativa.

A eliminação ou neutralização da insalubridade determinará a cessação do pagamento do adicional respectivo e ocorrerá com a adoção de medidas de ordem geral, que conservem o ambiente de trabalho dentro dos limites de tolerância, e/ou com a utilização de Equipamentos de Proteção Individual.

A comprovação da insalubridade dar-se-á pela emissão de Laudo Técnico elaborado por Engenheiro de Segurança do Trabalho ou Médico do Trabalho, devidamente habilitados.

O perito responsável pela elaboração do Laudo Técnico deverá obrigatoriamente descrever no corpo do Laudo a técnica e as aparelhagens utilizadas.

O Laudo Técnico de insalubridade deverá conter, no mínimo, os seguintes itens:

- Objetivos;
- Dados da Empresa;
- Dados do Empregado;
- Fundamentação Legal, Teórica e Critérios Adotados: mencionar as legislações em que se baseou o perito para a elaboração do Laudo, tanto pelo critério qualitativo quanto pelo critério quantitativo, além dos fundamentos teóricos e critérios adotados para a elaboração do Laudo;
- Instrumentos Utilizados: especificar no corpo do Laudo Técnico a relação dos equipamentos utilizados, informando marca, modelo, tipo, fabricante, data de calibração, dentre outros;
- Metodologia de Avaliação: descrever resumidamente no Laudo Técnico a metodologia utilizada para as avaliações;
- Descrição detalhada das máquinas, equipamentos, instrumentos e ferramentas mais utilizadas;
- Descrição das Atividades e Condições de Exposição: transcrever em detalhes as atividades desenvolvidas pelo empregado, os locais de trabalho e os respectivos agentes insalubres presentes;
- Avaliação dos Riscos por Área e Função: transcrever os dados e informações obtidos relativos aos locais de trabalho do empregado de forma clara e objetiva, informando os resultados das avaliações quantitativas, tempo de exposição, informações sobre as análises

químicas, áreas de risco, desenhos, tabelas, ou seja, tudo que for necessário para facilitar o entendimento e compreensão do Laudo;

• Enquadramento no Grau de Insalubridade: após a análise dos resultados das avaliações, e se encontrada a insalubridade, deve-se proceder a adaptação conforme tabela a seguir, enquadrando-se as atividades ou operações consideradas insalubres no respectivo anexo e identificando o percentual a ser recebido;

| Anexo | Atividades ou operações que exponham o trabalhador a | Percentual |
|---|---|---|
| 1 | Níveis de ruído contínuo ou intermitente superiores aos limites de tolerância fixados no Quadro constante do Anexo 1 e no item 6 do mesmo Anexo. | 20% |
| 2 | Níveis de ruído de impacto superiores aos limites de tolerância fixados nos itens 2 e 3 do Anexo 2. | 20% |
| 3 | Exposição ao calor com valores de IBUTG superiores aos limites de tolerância fixados nos Quadros 1 e 2. | 20% |
| 4 | Níveis de iluminamento (Revogado pela Portaria MTPS n. 3.751, de 23.11.1990). | — |
| 5 | Níveis de radiações ionizantes com radioatividade superior aos limites de tolerância fixados neste Anexo. | 40% |
| 6 | Ar comprimido. | 40% |
| 7 | Radiações consideradas insalubres em decorrência de inspeção realizada no local de trabalho. | 20% |
| 8 | Vibrações consideradas insalubres em decorrência de inspeção realizada no local de trabalho. | 20% |
| 9 | Frio considerado insalubre em decorrência de inspeção realizada no local de trabalho. | 20% |
| 10 | Umidade considerada insalubre em decorrência de inspeção realizada no local de trabalho. | 20% |
| 11 | Agentes químicos cujas concentrações sejam superiores aos limites de tolerância fixados no Quadro 1. | 10%, 20% e 40% |
| 12 | Poeiras minerais cujas concentrações sejam superiores aos limites de tolerância fixados neste Anexo. | 40% |

| Anexo | Atividades ou operações que exponham o trabalhador a | Percentual |
|---|---|---|
| 13 | Atividades ou operações, envolvendo agentes químicos, consideradas insalubres em decorrência de inspeção realizada no local de trabalho. | 10%, 20% e 40% |
| 14 | Agentes biológicos. | 20% e 40% |

- Conclusão objetiva: o perito deverá, nesta etapa, realizar as suas conclusões de forma clara e objetiva, informando se o empregado tem direito ao respectivo adicional e qual o seu percentual;
- Datar e assinar o Laudo.

*1.6.2. Atividades e operações perigosas*

São consideradas atividades e operações perigosas as constantes do Anexo 1, que trata das atividades e operações perigosas com explosivos, e do Anexo 2, que trata das atividades e operações perigosas com inflamáveis, da NR-16 — Atividades e Operações Perigosas, além das atividades constantes do quadro de atividades/área de risco do Decreto n. 93.412/86, para os empregados do setor de energia elétrica, em condições de periculosidade, que regulamentou a Lei n. 7.369, de 20.9.85, e as atividades e operações perigosas com radiações ionizantes ou substâncias radioativas previstas no Anexo da Portaria MTE n. 518, de 4.4.03.

O exercício de trabalho em condições de periculosidade assegura ao trabalhador a percepção de adicional de 30% (trinta por cento), incidente sobre o salário sem os acréscimos resultantes de gratificações, prêmios ou participação nos lucros da empresa.

O empregado poderá optar pelo adicional de insalubridade que porventura lhe seja devido.

São consideradas atividades ou operações perigosas: as executadas com explosivos sujeitos à degradação química ou autocatalítica ou, ainda, à ação de agentes exteriores, tais como: calor, umidade, faíscas, fogo, fenômenos sísmicos, choques e atritos, e as operações de transporte de inflamáveis líquidos ou gasosos liquefeitos, em qualquer vasilhame e a granel.

São excluídos deste enquadramento os transportes em pequenas quantidades, até o limite de 200 (duzentos) litros para os inflamáveis líquidos e 135 (cento e trinta e cinco) quilos para os inflamáveis gasosos liquefeitos.

A quantidade de inflamável contida nos tanques de consumo próprio dos veículos não será considerada para efeito de enquadramento em condições de periculosidade.

Considera-se líquido combustível, para efeito de enquadramento na NR-16, todo aquele que possua ponto de fulgor igual ou superior a 70 ºC (setenta graus centígrados) e inferior a 93,3 ºC (noventa e três graus e três décimos de graus centígrados).

São consideradas atividades ou operações perigosas as enumeradas no quadro a seguir.

| Atividades | Adicional de 30% |
|---|---|
| a. no armazenamento de explosivos. | Todos os trabalhadores nessa atividade ou que permaneçam na área de risco. |
| b. no transporte de explosivos. | Todos os trabalhadores nessa atividade. |
| c. na operação de escorva dos cartuchos de explosivos. | Todos os trabalhadores nessa atividade. |
| d. na operação de carregamento de explosivos. | Todos os trabalhadores nessa atividade. |
| e. na detonação. | Todos os trabalhadores nessa atividade. |
| f. na verificação de detonações falhadas. | Todos os trabalhadores nessa atividade. |
| g. na queima e destruição de explosivos deteriorados. | Todos os trabalhadores nessa atividade. |
| h. na operação de manuseio de explosivos. | Todos os trabalhadores nessa atividade. |

As áreas de risco previstas na NR-16 devem ser delimitadas sob responsabilidade dos empregados, sendo que todos os trabalhadores que permanecem na área de risco, no desempenho de atividades ligadas ao armazenamento de explosivos ou não, terão direito ao adicional de 30% (trinta por cento).

São consideradas atividades ou operações perigosas — conferindo aos trabalhadores que se dediquem a essas atividades ou operações, bem como àqueles que operem na área de risco, o adicional de 30% (trinta por cento) — as realizadas conforme o quadro abaixo:

| Atividades | Adicional de 30% |
|---|---|
| a. na produção, transporte, processamento e armazenagem de gás liquefeito. | Todos os trabalhadores nessas atividades ou que operam na área de risco. |
| b. no transporte e armazenagem de inflamáveis líquidos e gasosos liquefeitos e de vasilhames vazios não desgaseificados ou decantados. | Todos os trabalhadores da área de operação. |
| c. nos postos de reabastecimento de aeronaves. | Todos os trabalhadores da área de operação. |
| d. nos locais de carregamento de navios-tanques, vagões-tanques e caminhões-tanques e enchimento de vasilhames, com inflamáveis líquidos ou gasosos liquefeitos. | Todos os trabalhadores nessas atividades ou que operam na área de risco. |
| e. nos locais de descarga de navios-tanques, vagões-tanques e caminhões-tanques com inflamáveis líquidos ou gasosos liquefeitos ou de vasilhames vazios não desgaseificados ou decantados. | Todos os trabalhadores nessas atividades ou que operam na área de risco. |

| Atividades | Adicional de 30% |
|---|---|
| f. nos serviços de operações e manutenção de navios-tanques, vagões-tanques, caminhões-tanques, bombas e vasilhames com inflamáveis líquidos ou gasosos liquefeitos, ou vazios não desgaseificados ou decantados. | Todos os trabalhadores nessas atividades ou que operam na área de risco. |
| g. nas operações de desgaseificação, decantação e reparos de vasilhames não desgaseificados ou decantados. | Todos os trabalhadores nessas atividades ou que operam na área de risco. |
| h. nas operações de teste de aparelhos de consumo de gás e seus equipamentos. | Todos os trabalhadores nessas atividades ou que operam na área de risco. |
| i. no transporte de inflamáveis líquidos e gasosos liquefeitos. | Motorista e ajudante em caminhão-tanque. |
| j. no transporte de vasilhames (em caminhões de carga), contendo inflamável líquido, em quantidade total igual ou superior a 200 litros, quando não observado o disposto nos subitens 4.1 e 4.2 deste Anexo. | Motorista e ajudantes. |
| l. no transporte de vasilhames (em carreta ou caminhão de carga), contendo inflamável gasoso líquido, em quantidade total igual ou superior a 135 quilos. | Motorista e ajudantes. |
| m. na operação em postos de serviço e bombas de abastecimento de inflamáveis líquidos. | Operador de bomba e trabalhadores que operam na área de risco. |

Não caracterizam periculosidade, para fins de percepção de adicional:

O manuseio, a armazenagem e o transporte de líquidos inflamáveis em embalagens certificadas, simples, compostas ou combinadas, desde que obedecidos os limites consignados no Quadro a seguir, independentemente do número total de embalagens manuseadas, armazenadas ou transportadas, sempre que obedecidas as Normas Regulamentadoras do MTE, a Norma NBR 11564/91 da ABNT e as legislações sobre produtos perigosos relativas aos meios de transporte utilizados.

O manuseio, a armazenagem e o transporte de recipientes de até cinco litros, lacrados na fabricação, contendo líquidos inflamáveis, independentemente do número total de recipientes manuseados, armazenados ou transportados, sempre que obedecidas as Normas Regulamentadoras expedidas pelo MTE e a legislação sobre produtos perigosos relativa aos meios de transporte utilizados.

| CAPACIDADE MÁXIMA PARA EMBALAGENS DE LÍQUIDOS INFLAMÁVEIS | | | | |
|---|---|---|---|---|
| | Embalagem Combinada | | | |
| Embalagem Interna | Embalagem Externa | Grupo de Embalagens(*) I | Grupo de Embalagens(*) II | Grupo de Embalagens(*) III |
| Recipiente de **Vidro** com mais de 5 até 10 litros; **Plástico** com mais de 5 e até 30 litros; **Metal** com mais de 5 até 40 litros. | **Tambores de:** | | | |
| | Metal | 250 Kg | 400 Kg | 400 Kg |
| | Plástico | 250 Kg | 400 Kg | 400 Kg |
| | Madeira compensada | 250 Kg | 400 Kg | 400 Kg |
| | Fibra | 75 Kg | 400 Kg | 400 Kg |
| | Caixas | | | |
| | Aço ou alumínio | 250 Kg | 400 Kg | 400 Kg |
| | Madeira natural ou compensada | 150 Kg | 400 Kg | 400 Kg |
| | Madeira aglomerada | 75 Kg | 400 Kg | 400 Kg |
| | Papelão | 75 Kg | 400 Kg | 400 Kg |
| | Plástico flexível | 60 Kg | 60 Kg | 60 Kg |
| | Plástico rígido | 150 Kg | 400 Kg | 400 Kg |
| | **Bombonas** | | | |
| | Aço ou alumínio | 120 Kg | 120 Kg | 120 Kg |
| | Plástico | 120 Kg | 120 Kg | 12 Kg |

* Conforme definições NBR-11.564 — ABNT.

| Embalagens Simples | | | |
|---|---|---|---|
| | Grupo de Embalagens(*) I | Grupo de Embalagens(*) II | Grupo de Embalagens(*) III |
| **Tambores de:** | | | |
| Aço, tampa não removível | 250 L** | | |
| Aço, tampa removível | 250 L** | | |
| Alumínio, tampa não removível | 250 L** | | |
| Alumínio, tampa removível | 250 L** | 450 L | 450 L |
| Outros metais, tampa não removível | 250 L** | | |
| Outros metais, tampa removível | 250 L** | | |
| Plástico, tampa não removível | 250 L** | | |
| Plástico, tampa removível | 250 L** | | |
| **Bombonas:** | | | |
| Aço, tampa não removível | 60 L** | | |
| Aço, tampa removível | 60 L** | | |
| Alumínio, tampa não removível | 60 L** | | |
| Alumínio, tampa removível | 60 L** | 60 L | 60 L |
| Outros metais, tampa não removível | 60 L** | | |
| Outros metais, tampa removível | 60 L** | | |
| Plástico, tampa não removível | 60 L** | | |
| Plástico, tampa removível | 60 L** | | |

* Conforme definições NBR-11.564 — ABNT.
** Somente para substâncias com viscosidade maior que 200 $mm^2$/seg.

Segue abaixo o glossário para esclarecimentos de termos técnicos utilizados na regulamentação sobre periculosidade no transporte e armazenamento de líquidos inflamáveis acondicionados em pequenos volumes, constantes do item 4 do Anexo 2 da NR-16, da Portaria n. 545, de 10.7.00:

**Glossário**

*Bombonas*

Elementos de metal ou plástico, com seção retangular ou poligonal.

*Caixas*

Elementos com faces retangulares ou poligonais, feitas de metal, madeira, papelão, plástico flexível, plástico rígido, ou outros materiais compatíveis.

*Embalagens ou Embalagens Simples*

Recipientes ou quaisquer outros componentes ou materiais necessários para embalar, com a função de conter e proteger líquidos inflamáveis.

*Embalagens Combinadas*

Uma combinação de embalagens, consistindo em uma ou mais embalagens internas acondicionadas numa embalagem externa.

*Embalagens Compostas*

Consistem em uma embalagem externa e um recipiente interno, construídos de tal forma que o recipiente interno e a embalagem externa formam uma unidade que permanece integrada, que se enche, manuseia, armazena, transporta e esvazia como tal.

*Embalagens Certificadas*

São aquelas aprovadas nos ensaios e padrões de desempenho fixados para embalagens, da NBR 11564/91.

*Embalagens Externas*

São a proteção exterior de uma embalagem composta ou combinada, juntamente com quaisquer outros componentes necessários para conter e proteger recipientes ou embalagens.

*Embalagens Internas*

São as que para serem manuseadas, armazenadas ou transportadas necessitam de uma embalagem externa.

*Grupo de Embalagens*

Os líquidos inflamáveis classificam-se para fins de embalagens segundo 3 grupos, conforme o nível de risco:

- Grupo de Embalagens I — alto risco
- Grupo de Embalagens II — risco médio
- Grupo de Embalagens III — baixo risco

Para efeito de classificação de Grupo de Embalagens, segundo o risco, adotar-se-á a classificação descrita na tabela do item 4 — Relação de Produtos Perigosos, da Portaria n. 204, de 20.5.97, do Ministério dos Transportes.

*Lacrados*

Fechados, no processo de envasamento, de maneira estanque para que não venham a apresentar vazamentos nas condições normais de manuseio, armazenamento ou transporte, assim como decorrentes de variações de temperatura, umidade ou pressão ou sob os efeitos de choques e vibrações.

*Líquidos Inflamáveis*

Para os efeitos do adicional de periculosidade estão definidos na NR-20 — Portaria n. 3.214/78.

*Recipientes*

Elementos de contenção, com quaisquer meios de fechamento, destinados a receber e conter líquidos inflamáveis.

Exemplos: latas, garrafas, etc.

*Tambores*

Elementos cilíndricos de fundo plano ou convexo, feitos de metal, plástico, madeira, fibra ou outros materiais adequados. Esta definição inclui, também, outros formatos, excluídas bombonas. Por exemplo: redondo de bocal cintado ou em formato de balde.

São consideradas áreas de risco as previstas no quadro abaixo:

| Atividades | Área de Risco |
|---|---|
| a. poços de petróleo em produção de gás. | círculo com raio de 30 metros, no mínimo, com centro na boca do poço. |
| b. unidade de processamento das refinarias. | faixa de 30 metros de largura, no mínimo, contornando a área de operação. |
| c. outros locais de refinaria onde se realizam operações com inflamáveis em estado de volatilização ou possibilidade de volatilização decorrente de falha ou defeito dos sistemas de segurança e fechamento das válvulas. | faixa de 15 metros de largura, no mínimo, contornando a área de operação. |
| d. tanques de inflamáveis líquidos. | toda a bacia de segurança. |

| Atividades | Área de Risco |
|---|---|
| e. tanques elevados de inflamáveis gasosos. | círculo com raio de 3 metros com centro nos pontos de vazamento eventual (válvulas, registros, dispositivos de medição por escapamento, gaxetas). |
| f. carga e descarga de inflamáveis líquidos contidos em navios, chatas e batelões. | afastamento de 15 metros da beira do cais, durante operação, com extensão correspondente ao comprimento da embarcação. |
| g. abastecimento de aeronaves. | toda a área de operação. |
| h. enchimento de vagões-tanques e caminhões-tanques com inflamáveis líquidos. | círculo com raio de 15 metros com centro nas bocas de enchimento dos tanques. |
| i. enchimento de vagões-tanques e caminhões-tanques com inflamáveis gasosos liquefeitos. | círculo com raio de 7,5 metros com centros nos pontos de vazamento eventual (válvulas e registros). |
| j. enchimento de vasilhames com inflamáveis gasosos de enchimento. | círculo com raio de 15 metros com centro nos bicos liquefeitos. |
| l. enchimento de vasilhames com inflamáveis, líquidos em locais abertos. | círculo com raio de 7,5 metros com centro nos bicos de enchimento. |
| m. enchimento de vasilhames com inflamáveis, líquidos em recinto fechado. | toda a área interna do recinto. |
| n. manutenção de viaturas-tanques, bombas e vasilhames que contenham inflamável líquido. | local de operação, acrescido de faixa de 7,5 metros de largura em torno dos seus pontos externos. |
| o. desgaseificação, decantação e reparos de vasilhames não desgaseificados ou decantados, utilizados no transporte de inflamáveis. | local da operação, acrescido de faixa de 7,5 metros de largura em torno dos seus pontos externos. |
| p. testes em aparelhos de consumo de gás e seus equipamentos. | local da operação, acrescido de faixa de 7,5 metros de largura em torno dos seus pontos extremos. |
| q. abastecimento de inflamáveis. | toda a área de operação, abrangendo, no mínimo, círculo com raio de 7,5 metros com centro no ponto de abastecimento e o círculo com raio de 7,5 metros com centro na bomba de abastecimento da viatura e faixa de 7,5 metros de largura para ambos os lados da máquina. |

| Atividades | Área de Risco |
|---|---|
| r. armazenamento de vasilhames que contenham inflamáveis líquidos ou vazios não desgaseificados ou decantados, em locais abertos. | faixa de 3 metros de largura em torno dos seus pontos externos. |
| s. armazenamento de vasilhames que contenham inflamáveis líquidos ou vazios não desgaseificados ou decantados, em recinto fechado. | toda a área interna do recinto. |
| t. carga e descarga de vasilhames contendo inflamáveis líquidos ou vasilhames vazios não desgaseificados ou decantados, transportados por navios, chatas ou batelões. | afastamento de 3 metros da beira do cais, durante a operação, com extensão correspondente ao comprimento da embarcação. |

São atividades em condições de periculosidade de que trata a Lei n. 7.369, de 20.9.85, regulamentada pelo Decreto n. 93.412, de 14.10.86, aquelas relacionadas no quadro adiante.

É exclusivamente suscetível de gerar direito à percepção da remuneração adicional o exercício das atividades constantes do quadro anexo, desde que o empregado, independentemente do cargo, categoria ou ramo da empresa, permaneça habitualmente em área de risco, executando ou aguardando ordens, e em situação de exposição contínua, caso em que o pagamento do adicional incidirá sobre o salário da jornada de trabalho integral, ou ingresse de modo intermitente e habitual em área de risco, caso em que o adicional incidirá sobre o salário do tempo despendido pelo empregado na execução de atividade em condições de periculosidade ou do tempo à disposição do empregador.

O ingresso ou a permanência eventual em área de risco não geram direito ao adicional de periculosidade.

São equipamentos ou instalações elétricas em situação de risco aqueles cujo contato físico ou exposição aos efeitos da eletricidade possam resultar em incapacitação, invalidez permanente ou morte.

O fornecimento dos equipamentos de proteção pelo empregador ou a adoção de técnicas de proteção ao trabalhador eximirão a empresa do pagamento do adicional, salvo quando não for eliminado o risco resultante da atividade do trabalhador em condições de periculosidade.

O pagamento do adicional de periculosidade não desobriga o empregador de promover as medidas de proteção ao trabalhador destinadas à eliminação ou neutralização da periculosidade nem autoriza o empregado a desatendê-las.

Cessado o exercício da atividade ou eliminado o risco, o adicional de periculosidade poderá deixar de ser pago.

A caracterização do risco ou da sua eliminação far-se-á através de perícia realizada por Engenheiro de Segurança do Trabalho ou Médico do Trabalho devidamente habilitados.

| Atividades | Áreas de Risco |
|---|---|
| 1 — Atividades de construção, operação e Manutenção de redes e linhas aéreas de alta e baixa tensões integrantes de sistemas elétricos de potência, energizados ou com possibilidade de energização, acidental ou por falha operacional, incluindo:<br>1.1 — Montagem, instalação, substituição, conservação, reparos, ensaios e testes de: verificação, inspeção, levantamento, supervisão e fiscalização, fusíveis, condutores, para-raios, postes, torres, chaves, muflas, isoladores, transformadores, capacitores, medidores, reguladores de tensão, religadores seccionalizadores, carrier (onda portadora via linhas de transmissão), cruzetas, relé e braço de iluminação pública, aparelho de medição gráfica, bases de concreto ou alvenaria de torres, postes e estrutura de sustentação de redes e linhas aéreas e demais componentes das redes aéreas.<br>1.2 — Corte e poda de árvores.<br>1.3 — Ligações e cortes de consumidores.<br>1.4 — Manobras aéreas e subterrâneas de redes e linhas. | 1 — Estruturas, condutores, e equipamentos de linhas aéreas de transmissão, subtransmissão e distribuição, incluindo plataformas e cestos aéreos usados para execução dos trabalhos.<br>— Pátio e salas de operação de subestações.<br>— Cabinas de distribuição.<br>— Estruturas, condutores e equipamentos de redes de tração elétrica, incluindo escadas, plataforma e cestos aéreos usados para execução dos trabalhos. |

| Atividades | Áreas de Risco |
|---|---|
| 1.5 — Manobras em subestação.<br>1.6 — Testes de curto em linhas de transmissão.<br>1.7 — Manutenção de fontes de alimentação de sistemas de comunicação.<br>1.8 — Leitura em consumidores de alta-tensão.<br>1.9 — Aferição em equipamentos de medição.<br>1.10 — Medidas de resistências, lançamento e instalação de cabo contrapeso.<br>1.11 — Medidas de campo elétrico, radiointerferência e correntes induzidas.<br>1.12 — Testes elétricos em instalações de terceiros em faixas de linhas de transmissão (oleodutos, gasodutos, etc.).<br>1.13 — Pintura de estruturas e equipamentos.<br>1.14 — Verificação, inspeção, inclusive aérea, fiscalização, levantamento de dados e supervisão de serviços técnicos. | |
| 2 — Atividades de construção, operação e manutenção de redes e linhas subterrâneas de alta e baixa tensões integrantes de sistemas elétricos de potência, energizados ou desenergizados, mas com possibilidades de energização acidental ou por falha operacional, incluindo:<br>2.1 — Montagem, instalação, substituição, manutenção e reparos de: barramentos, transformadores, disjuntores, chaves e seccionadores, condensadores, chaves a óleo, transformadores | 2 — Valas, bancos de dutos, canaletas, condutores, recintos internos de caixas, poços de inspeção, câmaras, galerias, túneis, estrutura, terminais e áreas de superfície correspondentes.<br>— Áreas submersas em rios, lagos e mares. |

| Atividades | Áreas de Risco |
|---|---|
| para instrumentos, cabos subterrâneos e subaquáticos, painéis, circuitos elétricos, contatos, muflas e isoladores e demais componentes de redes subterrâneas.<br><br>2.2 — Construção civil, instalação, substituição e limpeza de: valas, bancos de dutos, dutos, condutos, canaletas, galerias, túneis, caixas ou poços de inspeção, câmaras.<br><br>2.3 — Medição, verificação, ensaios, testes, inspeção, fiscalização, levantamento de dados e supervisões de serviços técnicos. | |
| 3 — Atividades de inspeção, testes, ensaios, calibração, medição e reparos em equipamentos e materiais elétricos, eletrônicos, eletromecânicos e de segurança individual e coletiva em sistemas elétricos de potência de alta e baixa tensão. | 3 — Áreas das oficinas e laboratórios de teste de manutenção elétrica, eletrônica e eletromecânica onde são executados testes, ensaios, calibração e reparos de equipamentos energizados ou passíveis de energizamento acidental.<br><br>— Sala de controle e casas de máquinas de usinas e unidades geradoras.<br><br>— Pátios e salas de operação de subestações, inclusive consumidoras.<br><br>— Salas de ensaios elétricos de alta-tensão.<br><br>— Sala de controle dos centros de operações. |
| 4 — Atividades de construção, operação e manutenção das usinas, unidades geradoras, subestações e cabinas de distribuição em operações integrantes de sistemas de potência, energizado ou desenergizado com possibilidade de voltar a funcionar ou energizar-se acidentalmente ou por falha operacional, incluindo: | 4 — Pontos de medição e cabinas de distribuição, inclusive de consumidores.<br><br>— Salas de controle, casa de máquinas, barragens de usinas e unidades geradoras.<br><br>— Pátio e salas de operações de subestações, inclusive consumidoras. |

| Atividades | Áreas de Risco |
|---|---|
| 4.1 — Montagem, desmontagem, operação e conservação de: medidores, relés, chaves, disjuntores e religadores, caixas de controle, cabos de força, cabos de controle, barramentos, baterias e carregadores, transformadores, sistemas anti-incêndio e de resfriamento, bancos de capacitores, reatores, reguladores, equipamentos eletrônicos, eletrônicos, mecânicos e eletroeletrônicos, painéis, para-raios, áreas de circulação, estruturas-suporte e demais instalações e equipamentos elétricos.<br>4.2 — Construção de valas de dutos, canaletas, bases de equipamentos, estruturas, condutos e demais instalações.<br>4.3 — Serviços de limpeza, pintura e sinalização de instalações e equipamentos elétricos.<br>4.4 — Ensaios, testes, medições, supervisão, fiscalizações e levantamentos de circuitos e equipamentos elétricos, eletrônicos de telecomunicações e de telecontrole. | |
| 5 — Atividades de treinamento em equipamentos ou instalações energizadas ou desenergizadas, mas com possibilidade de energização acidental ou por falha operacional. | 5 — Todas as áreas descritas nos itens anteriores. |

Qualquer exposição do trabalhador às radiações ionizantes ou substâncias radioativas é potencialmente prejudicial a sua saúde e o presente estado da tecnologia nuclear não permite evitar, ou reduzir a zero, o risco em potencial oriundo de tais atividades, sob pena de impor à sociedade custo tão elevado que dificilmente as medidas para tanto se justificariam.

A Portaria n. 518, de 4.4.03, assegura ao empregado o adicional de periculosidade de que trata o § 1º do art. 193 da CLT, de acordo com o trabalho nas condições enunciadas no quadro abaixo, aprovado pela Comissão Nacional de Energia Nuclear.

## ATIVIDADES E OPERAÇÕES PERIGOSAS COM RADIAÇÕES IONIZANTES OU SUBSTÂNCIAS RADIOATIVAS

| Atividades | Áreas de Risco |
|---|---|
| 1 — Produção, utilização, processamento, transporte, guarda, estocagem e manuseio de materiais radioativos, selados e não selados, de estado físico e forma química quaisquer, naturais ou artificiais, incluindo: | — Minas e depósitos de materiais radioativos.<br>— Plantas-piloto e usinas de beneficiamento de minerais ativos, radioativos.<br>— Outras áreas sujeitas a risco potencial devido às radiações ionizantes. |
| 1.1 — Prospecção, mineração, operação, beneficiamento e processamento de minerais radioativos. | — Lixiviação de minerais radioativos para a produção de concentrados de urânio e tório.<br>— Purificação de concentrados e conversão em outras formas para uso como combustível nuclear. |
| 1.2 — Produção, transformação e tratamento de materiais nucleares para o ciclo do combustível nuclear. | — Produção de fluoretos de urânio para a produção de hexafluoreto e urânio metálico.<br>— Instalações para enriquecimento isotópico e reconversão.<br>— Fabricação do elemento combustível nuclear.<br>— Instalações para armazenamento dos elementos combustíveis usados. |
| 1.3 — Produção de radioisótopos para uso em medicina, agricultura, agropecuária, pesquisa científica e tecnológica. | — Instalações para o retratamento do combustível irradiado.<br>— Instalações para o tratamento e deposições, provisórias e finais, dos rejeitos radioativos naturais e artificiais.<br>— Laboratórios para a produção de radioisótopos e moléculas marcadas. |
| 1.4 — Produção de fontes radioativas. | — Instalações para tratamento do material radioativo e confecção de fontes. |

| Atividades | Áreas de Risco |
|---|---|
| 1.5 — Testes, ensaios e calibração de detectores e monitores de radiação com fontes de radiação.<br><br>1.6 — Descontaminação de superfícies, instrumentos, máquinas, ferramentas, utensílios de laboratório, vestimentas e de quaisquer outras áreas ou bens duráveis contaminados com material radioativo.<br><br>1.7 — Separação isotópica e processamento radioquímico.<br><br>1.8 — Manuseio, condicionamento, liberação, monitoração, estabilização, inspeção, retenção e deposição de rejeitos radioativos. | — Laboratórios de testes, ensaios e calibração de fontes, detectores e monitores de radiação, com fontes radioativas.<br><br>— Laboratórios de ensaios para materiais radioativos.<br><br>— Laboratórios de radioquímica.<br><br>— Laboratórios para descontaminação de peças e materiais radioativos.<br><br>— Coleta de rejeitos radioativos em instalações, prédios e áreas abertas.<br><br>— Lavanderia para roupas contaminadas.<br><br>— Transporte de materiais e rejeitos radioativos, condicionamento, estocagem e sua deposição.<br><br>— Instalações para tratamento, condicionamento, contenção, estabilização, estocagem e deposição de rejeitos radioativos.<br><br>— Instalações para retenção de rejeitos radioativos.<br><br>— Sítio de rejeitos.<br><br>— Instalações para estocagem de produtos radioativos para posterior aproveitamento. |
| 2 — Atividades de operação e manutenção de reatores nucleares, incluindo:<br><br>2.1 — Montagem, instalação, substituição e inspeção de elementos combustíveis.<br><br>2.2 — Manutenção de componentes integrantes do reator e dos sistemas hidráulicos mecânicos e elétricos, irradiados, contaminados ou situados em áreas de radiação. | — Edifícios de reatores.<br><br>— Edifícios de estocagem de combustível.<br><br>— Instalações de tratamento e estocagem de rejeitos radioativos.<br><br>— Instalações para tratamento de água de reatores e separação e contenção de produtos radioativos.<br><br>— Salas de operação de reatores.<br><br>— Salas de amostragem de efluentes radioativos. |

| Atividades | Áreas de Risco |
|---|---|
| 2.3 — Manuseio de amostras irradiadas.<br><br>2.4 — Experimentos utilizando canais de irradiação.<br><br>2.5 — Medição de radiação, levantamento de dados radiológicos e nucleares, ensaios, testes, inspeções, fiscalização e supervisão de trabalhos técnicos.<br><br>2.6 — Segregação, manuseio, tratamento, acondicionamento e armazenamento de rejeitos radioativos. | — Laboratórios de medidas de radiação.<br><br>— Outras áreas sujeitas a risco potencial às radiações ionizantes passíveis de serem atingidas por dispersão de produtos voláteis.<br><br>— Laboratórios semiquentes e quentes.<br><br>— Minas de urânio e tório.<br><br>— Depósitos de minerais radioativos e produtos do tratamento de minerais radioativos.<br><br>— Coletas de materiais e peças radioativas, materiais contaminados com radioisótopos e águas radioativas. |
| 3 — Atividades de operação e manutenção de aceleradores de partículas, incluindo: | — Áreas de irradiação de alvos. |
| 3.1 — Montagem, instalação, substituição e manutenção de componentes irradiados ou contaminados. | — Oficinas de manutenção de componentes irradiados ou contaminados.<br><br>— Salas de operação de aceleradores. |
| 3.2 — Processamento de alvos irradiados. | — Laboratórios para tratamento de alvos irradiados e separação de radioisótopos. |
| 3.3 — Experimentos com feixes de partículas. | — Laboratórios de testes com radiação e medidas nucleares. |
| 3.4 — Medição de radiação, levantamento de dados radiológicos e nucleares, testes, inspeções e supervisão de trabalhos técnicos. | — Áreas de tratamento e estocagem de rejeitos radioativos. |
| 3.5 — Segregação, manuseio, tratamento, acondicionamento e armazenamento de rejeitos radioativos. | — Laboratórios de processamento de alvos irradiados. |

| Atividades | Áreas de Risco |
|---|---|
| 4 — Atividades de operação com aparelhos de raios X, com irradiadores de radiação gama, radiação beta ou radiação de nêutrons, incluindo: | — Salas de irradiação e de operação de aparelhos de raios X e de irradiadores gama, beta ou nêutrons. |
| 4.1 — Diagnóstico médico e odontológico. | — Laboratórios de testes, ensaios e calibração com as fontes de radiação descritas. |
| 4.2 — Radioterapia. | — Manuseio de fontes. |
| 4.3 — Radiografia industrial, gamagrafia e neutronradiografia. | |
| 4.4 — Análise de materiais por difratometria. | — Manuseio do equipamento. |
| 4.5 — Testes, ensaios e calibração de detectores e monitores de radiação. | — Manuseio de fontes e amostras radioativas. |
| 4.6 — Irradiação de alimentos. | — Manuseio de fontes e instalações para a irradiação de alimentos. |
| 4.7 — Esterilização de instrumentos médico-hospitalares. | — Manuseio de fontes e instalações para a operação. |
| 4.8 — Irradiação de espécimes minerais e biológicos. | — Manuseio de amostras irradiadas. |
| 4.9 — Medição de radiação, levantamento de dados radiológicos, ensaios, testes, inspeções, fiscalização de trabalhos técnicos. | — Laboratórios de ensaios e calibração de fontes e materiais radioativos. |
| 5 — Atividades de medicina nuclear. | — Salas de diagnóstico e terapia com medicina nuclear. |
| 5.1 — Manuseio e aplicação de radioisótopos para diagnóstico médico e terapia. | — Enfermaria de pacientes, sob tratamento com radioisótopos.<br>— Enfermaria de pacientes contaminados com radioisótopos em observação e sob tratamento de descontaminação. |
| 5.2 — Manuseio de fontes seladas para aplicação em braquiterapia. | — Área de tratamento e estocagem de rejeitos radioativos. |
| 5.3 — Obtenção de dados biológicos de pacientes com radioisótopos incorporados. | — Manuseio de materiais biológicos contendo radioisótopos ou moléculas marcadas. |

| Atividades | Áreas de Risco |
|---|---|
| 5.4 — Segregação, manuseio, tratamento, acondicionamento e estocagem de rejeitos radioativos. | — Laboratórios para descontaminação e coleta de rejeitos radioativos. |
| 6 — Descomissionamento de instalações nucleares e radioativas, que inclui: | — Áreas de instalações nucleares e radioativas contaminadas e com rejeitos. |
| 6.1 — Todas as descontaminações radioativas inerentes. | — Depósitos provisórios e definitivos de rejeitos radioativos.<br>— Instalações para contenção de rejeitos radioativos. |
| 6.2 — Gerenciamento dos rejeitos radioativos existentes, ou seja: tratamento e acondicionamento dos rejeitos líquidos, sólidos, gasosos e aerossóis: transporte e deposição dos mesmos. | — Instalações para asfaltamento de rejeitos radioativos.<br>— Instalações para cimentação de rejeitos radioativos. |
| 7 — Descomissionamento de minas, moinhos e usinas de tratamento de minerais radioativos. | — Tratamento de rejeitos minerais.<br>— Repositório de rejeitos naturais (bacia de contenção de rádio e outros radioisótopos).<br>— Deposição de gangas e rejeitos de mineração. |

## 1.7. Evidenciação técnica das condições ambientais do trabalho

A partir da publicação da Instrução Normativa INSS/DC n. 99, de 5 de setembro de 2003, para as empresas obrigadas ao cumprimento das Normas Regulamentadoras do MTE, nos termos do item 1.1 da NR-1 do MTE, o LTCAT será substituído pelos programas de prevenção PPRA, PGR e PCMAT.

As demais empresas poderão optar pela implementação dos programas referidos no *caput*, em substituição ao LTCAT.

Os documentos referidos acima deverão ser atualizados pelo menos uma vez ao ano, quando da avaliação global, ou sempre que ocorrer qualquer alteração no ambiente de trabalho ou em sua organização, por força dos itens 9.2.1.1 da NR-9, 18.3.1.1 da NR-18 e da alínea *g* do item 22.3.7.1 e do item 22.3.7.1.3, todas do MTE.

As empresas desobrigadas ao cumprimento das NR do MTE, nos termos do item 1.1 da NR-1 do MTE, que não fizeram opção pelo PPRA, PGR ou PCMAT, deverão elaborar LTCAT, respeitada a seguinte estrutura:

I — reconhecimento dos fatores de riscos ambientais;

II — estabelecimento de prioridades e metas de avaliação e controle;

III — avaliação dos riscos e da exposição dos trabalhadores;

IV — especificação e implantação de medidas de controle e avaliação de sua eficácia;

V — monitoramento da exposição aos riscos;

VI — registro e divulgação dos dados;

VII — avaliação global do seu desenvolvimento, pelo menos uma vez ao ano ou sempre que ocorrer qualquer alteração no ambiente de trabalho ou em sua organização, contemplando a realização dos ajustes necessários e estabelecimento de novas metas e prioridades.

Para o cumprimento do inciso I, deve-se contemplar:

a) a identificação do fator de risco;

b) a determinação e localização das possíveis fontes geradoras;

c) a identificação das possíveis trajetórias e dos meios de propagação dos agentes no ambiente de trabalho;

d) a identificação das funções e determinação do número de trabalhadores expostos;

e) a caracterização das atividades e do tipo da exposição;

f) a obtenção de dados existentes na empresa, indicativos de possível comprometimento da saúde decorrente do trabalho;

g) os possíveis danos à saúde, relacionados aos riscos identificados, disponíveis na literatura técnica;

h) a descrição das medidas de controle já existentes.

Quando não forem identificados fatores de risco do inciso I, o LTCAT poderá resumir-se aos incisos I, VI e VII, declarando a ausência desses.

O LTCAT deverá ser assinado por engenheiro de segurança do trabalho, com o respectivo número da Anotação de Responsabilidade Técnica — ART junto ao Conselho Regional de Engenharia e Arquitetura — CREA ou por médico do trabalho, indicando os registros profissionais para ambos.

Considera-se o LTCAT atualizado aquele que corresponda às condições ambientais do período a que se refere, observado o disposto no parágrafo do art. 186 e inciso VII do art. 187 da Instrução Normativa n. 20/07.

São consideradas alterações no ambiente de trabalho ou em sua organização, entre outras, aquelas decorrentes de:

I — mudança de *layout*;

II — substituição de máquinas ou de equipamentos;

III — adoção ou alteração de tecnologia de proteção coletiva;

IV — alcance dos níveis de ação estabelecidos no subitem 9.3.6 da NR-9, aprovadas pela Portaria n. 3.214, de 1978, do MTE, se aplicável;

V — extinção do pagamento do adicional de insalubridade.

Os documentos de que tratam os arts. 186 e 187 da Instrução Normativa n. 20/07, emitidos em data anterior ou posterior ao exercício da atividade do segurado, poderão ser aceitos para garantir direito relativo ao enquadramento de tempo especial, após avaliação por parte do INSS.

Dos Laudos Técnicos emitidos a partir de 29.4.95, deverão constar os seguintes elementos:

— dados da empresa;

— setor de trabalho, descrição dos locais e dos serviços realizados em cada setor, com pormenorização do ambiente de trabalho e das funções, passo a passo, desenvolvidas pelo segurado;

— condições ambientais do local de trabalho;

— registro dos agentes nocivos, concentração, intensidade, tempo de exposição e metodologias utilizadas, conforme o caso;

— em se tratando de agentes químicos, deverá ser informado o nome da substância ativa, não sendo aceitas citações de nomes comerciais, devendo ser anexada a respectiva ficha toxicológica;

— duração do trabalho que expôs o trabalhador aos agentes nocivos;

— informação sobre a existência e aplicação efetiva de Equipamento de Proteção Individual (EPI), a partir de 14 de dezembro de 1998, ou Equipamento de Proteção Coletiva (EPC), a partir de 14 de outubro de 1996, que neutralizem ou atenuem os efeitos da nocividade dos agentes em relação aos limites de tolerância estabelecidos, devendo constar também:

a) se a utilização do EPC ou do EPI reduzir a nocividade do agente nocivo de modo a atenuar ou a neutralizar seus efeitos em relação aos limites de tolerância legais estabelecidos;

b) as especificações a respeito dos EPC e dos EPI utilizados, listando os Certificados de Aprovação (CA) e, respectivamente, os prazos de validade, a periodicidade das trocas e o controle de fornecimento aos trabalhadores;

c) a Perícia médica poderá exigir a apresentação do monitoramento biológico do segurado quando houver dúvidas quanto à real eficiência da proteção individual do trabalhador;

— métodos, técnica, aparelhagens e equipamentos utilizados para a elaboração do LTCAT;

— conclusão do médico do trabalho ou do engenheiro de segurança do trabalho responsável pela elaboração do laudo técnico, devendo conter informação clara e objetiva a respeito dos agentes nocivos, referente à potencialidade de causar prejuízo à saúde ou à integridade física do trabalhador;

— especificação se o signatário do laudo técnico é ou foi contratado da empresa, à época da confecção do laudo, ou, em caso negativo, se existe documentação formal de sua contratação como profissional autônomo para a subscrição do laudo;

— data e local da inspeção técnica da qual resultou o laudo técnico.

Os laudos técnico-periciais de datas anteriores ao exercício das atividades que atendam aos requisitos das normas da época em que foram realizados servirão de base para o enquadramento da atividade com exposição a agentes nocivos, desde que a empresa confirme, no formulário do PPP, que as condições atuais de trabalho (ambiente, agente nocivo e outras) permaneceram inalteradas desde que foram elaborados.

Os laudos técnico-periciais elaborados com base em levantamento ambiental, emitidos em datas posteriores ao exercício da atividade do segurado, deverão retratar fielmente as condições ambientais do local de trabalho, detalhando, além dos agentes nocivos existentes à época, as datas das alterações ou das mudanças das instalações físicas ou do *layout* daquele ambiente.

A simples informação da existência de EPI ou de EPC, por si só, não descaracteriza o enquadramento da atividade. No caso de indicação de uso de EPI, deve ser analisada também a efetiva utilização dos mesmos durante toda a jornada de trabalho, bem como analisadas as condições de conservação, higienização periódica e substituições a tempos regulares, na dependência da vida útil dos mesmos, cabendo à empresa explicitar essas informações no LTCAT/PPP.

Não caberá o enquadramento da atividade como especial se, independentemente da data de emissão, constar do Laudo Técnico, e a perícia do INSS acatar, que o uso do EPI ou de EPC atenua, reduz, neutraliza ou confere proteção eficaz ao trabalhador em relação à nocividade do agente, reduzindo seus efeitos a limites legais de tolerância.

Não haverá reconhecimento de atividade especial nos períodos em que houve a utilização de EPI, nas condições mencionadas no parágrafo anterior, ainda que a exigência de constar a informação sobre seu uso nos laudos técnicos tenha sido determinada a partir de 14 de dezembro de 1998, data da publicação da Lei n. 9.732, mesmo havendo a constatação de utilização em data anterior a essa.

Quando a empresa, o equipamento ou o setor não mais existirem, não será aceito laudo técnico-pericial de outra empresa, de outro equipamento ou de outro setor similar, também não será aceito laudo técnico realizado em localidade diversa daquela em que houve o exercício da atividade, inclusive na situação em que a empresa funciona em locais diferentes.

No caso de empregado de empresa prestadora de serviço, caberá a ela o preenchimento do formulário do PPP, devendo ser utilizado o laudo técnico-pericial da empresa onde os serviços foram prestados para corroboração das informações, desde que não haja dúvida quanto à prestação de serviço nas dependências da empresa contratante.

Na hipótese de dúvida quanto às informações contidas no Laudo Técnico e nos documentos que fundamentaram a sua elaboração, poderá ser efetuada diligência prévia pelo INSS, visando:

I — comparar dados documentais apresentados com a inspeção fática realizada na empresa; ou

II — corroborar os dados constantes no laudo com outros documentos em poder da empresa, para esclarecer os pontos obscuros.

Na situação acima, poderá ser solicitada à empresa cópia do laudo ou dos documentos mantidos em seu poder, em substituição à realização da diligência prévia.

A empresa que não mantiver LTCAT atualizado com referência aos agentes nocivos existentes no ambiente de trabalho de seus trabalhadores ou que emitir documentos em desacordo com o respectivo laudo estará sujeita à penalidade prevista no art. 133 da Lei n. 8.213, de 1991.

A atividade será considerada como especial se na conclusão do Laudo Técnico constar que o trabalhador está exposto aos agentes nocivos prejudiciais à saúde ou integridade física constantes no Anexo IV do Decreto n. 3.048/99, conforme abaixo.

### *1.7.1. Classificação dos Agentes Nocivos — Anexo IV do Decreto n. 3.048/99.*

## REGULAMENTO DA PREVIDÊNCIA SOCIAL
## ANEXO IV
## CLASSIFICAÇÃO DOS AGENTES NOCIVOS

| Código | Agente Nocivo | Tempo de Exposição |
|---|---|---|
| 1.0.0 | AGENTES QUÍMICOS<br>O que determina o direito ao benefício é a exposição do trabalhador ao agente nocivo presente no ambiente de trabalho e no processo produtivo, em nível de concentração superior aos limites de tolerância estabelecidos.<br>O rol de agentes nocivos é exaustivo, enquanto que as atividades listadas, nas quais pode haver a exposição, é exemplificativa. (*Redação dada pelo Decreto n. 3.265, de 29.11.99*). | |

| Código | Agente Nocivo | Tempo de Exposição |
|---|---|---|
| 1.0.1 | ARSÊNIO E SEUS COMPOSTOS<br>a) extração de arsênio e seus compostos tóxicos;<br>b) metalurgia de minérios arsenicais;<br>c) utilização de hidrogênio arseniado (arsina) em sínteses orgânicas e no processamento de componentes eletrônicos;<br>d) fabricação e preparação de tintas e lacas;<br>e) fabricação, preparação e aplicação de inseticidas, herbicidas, parasiticidas e raticidas com a utilização de compostos de arsênio;<br>f) produção de vidros, ligas de chumbo e medicamentos com a utilização de compostos de arsênio;<br>g) conservação e curtume de peles, tratamento e preservação da madeira com a utilização de compostos de arsênio. | 25 ANOS |
| 1.0.2 | ASBESTOS<br>a) extração, processamento e manipulação de rochas amiantíferas;<br>b) fabricação de guarnições para freios, embreagens e materiais isolantes contendo asbestos;<br>c) fabricação de produtos de fibrocimento;<br>d) mistura, cardagem, fiação e tecelagem de fibras de asbestos. | 20 ANOS |
| 1.0.3 | BENZENO E SEUS COMPOSTOS TÓXICOS<br>a) produção e processamento de benzeno;<br>b) utilização de benzeno como matéria-prima em sínteses orgânicas e na produção de derivados;<br>c) utilização de benzeno como insumo na extração de óleos vegetais e álcoois;<br>d) utilização de produtos que contenham benzeno, como colas, tintas, vernizes, produtos gráficos e solventes;<br>e) produção e utilização de clorobenzenos e derivados;<br>f) fabricação e vulcanização de artefatos de borracha;<br>g) fabricação e recauchutagem de pneumáticos. | 25 ANOS |

| Código | Agente Nocivo | Tempo de Exposição |
|---|---|---|
| 1.0.4 | BERÍLIO E SEUS COMPOSTOS TÓXICOS<br>a) extração, trituração e tratamento de berílio;<br>b) fabricação de compostos e ligas de berílio;<br>c) fabricação de tubos fluorescentes e de ampolas de raio X;<br>d) fabricação de queimadores e moderadores de reatores nucleares;<br>e) fabricação de vidros e porcelanas para isolantes térmicos;<br>f) utilização do berílio na indústria aeroespacial. | 25 ANOS |
| 1.0.5 | BROMO E SEUS COMPOSTOS TÓXICOS<br>a) fabricação e emprego do bromo e do ácido brômico. | 25 ANOS |
| 1.0.6 | CÁDMIO E SEUS COMPOSTOS TÓXICOS<br>a) extração, tratamento e preparação de ligas de cádmio;<br>b) fabricação de compostos de cádmio;<br>c) utilização de eletrodos de cádmio em soldas;<br>d) utilização de cádmio no revestimento eletrolítico de metais;<br>e) utilização de cádmio como pigmento e estabilizador na indústria do plástico;<br>f) fabricação de eletrodos de baterias alcalinas de níquel-cádmio. | 25 ANOS |
| 1.0.7 | CARVÃO MINERAL E SEUS DERIVADOS<br>a) extração, fabricação, beneficiamento e utilização de carvão mineral, piche, alcatrão, betume e breu;<br>b) extração, produção e utilização de óleos minerais e parafinas;<br>c) extração e utilização de antraceno e negro de fumo;<br>d) produção de coque. | 25 ANOS |

| Código | Agente Nocivo | Tempo de Exposição |
|---|---|---|
| 1.0.8 | CHUMBO E SEUS COMPOSTOS TÓXICOS<br>a) extração e processamento de minério de chumbo;<br>b) metalurgia e fabricação de ligas e compostos de chumbo;<br>c) fabricação e reformas de acumuladores elétricos;<br>d) fabricação e emprego de chumbo-tetraetila e chumbo--tetrametila;<br>e) fabricação de tintas, esmaltes e vernizes à base de compostos de chumbo;<br>f) pintura com pistola empregando tintas com pigmentos de chumbo;<br>g) fabricação de objetos e artefatos de chumbo e suas ligas;<br>h) vulcanização da borracha pelo litargírio ou outros compostos de chumbo;<br>i) utilização de chumbo em processos de soldagem;<br>j) fabricação de vidro, cristal e esmalte vitrificado;<br>l) fabricação de pérolas artificiais;<br>m) fabricação e utilização de aditivos à base de chumbo para a indústria de plásticos. | 25 ANOS |
| 1.0.9 | CLORO E SEUS COMPOSTOS TÓXICOS<br>a) fabricação e emprego de defensivos organoclorados;<br>b) fabricação e emprego de cloroetilaminas (mostardas nitrogenadas);<br>c) fabricação e manuseio de bifenis policlorados (PCB);<br>d) fabricação e emprego de cloreto de vinil como monômero na fabricação de policloreto de vinil (PVC) e outras resinas e como intermediário em produções químicas ou como solvente orgânico;<br>e) fabricação de policloroprene;<br>f) fabricação e emprego de clorofórmio (triclorometano) e de tetracloreto de carbono. | 25 ANOS |

| Código | Agente Nocivo | Tempo de Exposição |
|---|---|---|
| 1.0.10 | CROMO E SEUS COMPOSTOS TÓXICOS<br>a) fabricação, emprego industrial, manipulação de cromo, ácido crômico, cromatos e bicromatos;<br>b) fabricação de ligas de ferro-cromo;<br>c) revestimento eletrolítico de metais e polimento de superfícies cromadas;<br>d) pintura com pistola utilizando tintas com pigmentos de cromo;<br>e) soldagem de aço inoxidável. | 25 ANOS |
| 1.0.11 | DISSULFETO DE CARBONO<br>a) fabricação e utilização de dissulfeto de carbono;<br>b) fabricação de viscose e seda artificial (raiom);<br>c) fabricação e emprego de solventes, inseticidas e herbicidas contendo dissulfeto de carbono;<br>d) fabricação de vernizes, resinas, sais de amoníaco, de tetracloreto de carbono, de vidros óticos e produtos têxteis com uso de dissulfeto de carbono. | 25 ANOS |
| 1.0.12 | FÓSFORO E SEUS COMPOSTOS TÓXICOS<br>a) extração e preparação de fósforo branco e seus compostos;<br>b) fabricação e aplicação de produtos fosforados e organofosforados (sínteses orgânicas, fertilizantes e praguicidas);<br>c) fabricação de munições e armamentos explosivos. | 25 ANOS |
| 1.0.13 | IODO<br>a) fabricação e emprego industrial do iodo. | 25 ANOS |
| 1.0.14 | MANGANÊS E SEUS COMPOSTOS<br>a) extração e beneficiamento de minérios de manganês;<br>b) fabricação de ligas e compostos de manganês;<br>c) fabricação de pilhas secas e acumuladores;<br>d) preparação de permanganato de potássio e de corantes;<br>e) fabricação de vidros especiais e cerâmicas; | 25 ANOS |

| Código | Agente Nocivo | Tempo de Exposição |
| --- | --- | --- |
| | f) utilização de eletrodos contendo manganês;<br>g) fabricação de tintas e fertilizantes. | |
| 1.0.15 | MERCÚRIO E SEUS COMPOSTOS<br>a) extração e utilização de mercúrio e fabricação de seus compostos;<br>b) fabricação de espoletas com fulminato de mercúrio;<br>c) fabricação de tintas com pigmento contendo mercúrio;<br>d) fabricação e manutenção de aparelhos de medição e de laboratório;<br>e) fabricação de lâmpadas, válvulas eletrônicas e ampolas de raio X;<br>f) fabricação de minuterias, acumuladores e retificadores de corrente;<br>g) utilização como agente catalítico e de eletrólise;<br>h) douração, prateamento, bronzeamento e estanhagem de espelhos e metais;<br>i) curtimento e feltragem do couro e conservação da madeira;<br>j) recuperação do mercúrio;<br>l) amalgamação do zinco.<br>m) tratamento a quente de amálgamas de metais;<br>n) fabricação e aplicação de fungicidas. | 25 ANOS |
| 1.0.16 | NÍQUEL E SEUS COMPOSTOS TÓXICOS<br>a) extração e beneficiamento do níquel;<br>b) niquelagem de metais;<br>c) fabricação de acumuladores de níquel-cádmio. | 25 ANOS |
| 1.0.17 | PETRÓLEO, XISTO BETUMINOSO, GÁS NATURAL E SEUS DERIVADOS<br>a) extração, processamento, beneficiamento e atividades de manutenção realizadas em unidades de extração, plantas petrolíferas e petroquímicas; | 25 ANOS |

| Código | Agente Nocivo | Tempo de Exposição |
|---|---|---|
| | b) beneficiamento e aplicação de misturas asfálticas contendo hidrocarbonetos policíclicos. | |
| 1.0.18 | SÍLICA LIVRE<br>a) extração de minérios a céu aberto;<br>b) beneficiamento e tratamento de produtos minerais geradores de poeiras contendo sílica livre cristalizada;<br>c) tratamento, decapagem e limpeza de metais e fosqueamento de vidros com jatos de areia;<br>d) fabricação, processamento, aplicação e recuperação de materiais refratários;<br>e) fabricação de mós, rebolos e de pós e pastas para polimento;<br>f) fabricação de vidros e cerâmicas;<br>g) construção de túneis;<br>h) desbaste e corte a seco de materiais contendo sílica. | 25 ANOS |
| 1.0.19 | OUTRAS SUBSTÂNCIAS QUÍMICAS<br>GRUPO I — ESTIRENO; BUTADIENO-ESTIRENO; ACRILONITRILA; 1-3 BUTADIENO; CLOROPRENO; MERCAPTANOS, n-HEXANO, DIISOCIANATO DE TOLUENO (TDI); AMINAS AROMÁTICAS<br>a) fabricação e vulcanização de artefatos de borracha;<br>b) fabricação e recauchutagem de pneus.<br>GRUPO II — AMINAS AROMÁTICAS, AMINOBIFENILA, AURAMINA, AZATIOPRINA, BIS (CLORO METIL) ÉTER, 1-4 BUTANODIOL, DIMETANOSULFONATO (MILERAN), CICLOFOSFAMIDA, CLOROAMBUCIL, DIETILESTILBESTROL, ACRONITRILA, NITRONAFTILAMINA 4-DIMETIL-AMINOAZOBENZENO, BENZOPIRENO, BETA-PROPIOLACTONA, BISCLOROETILETER, BISCLOROMETIL, CLOROMETILETER, DIANIZIDINA, DICLOROBENZIDINA, DIETILSULFATO, DIMETILSULFATO, ETILENOAMINA, ETILENOTIUREIA, FENACETINA, IODETO DE METILA, ETILNITROSUREIAS, METILENO-ORTOCLOROANILINA (MOCA), NITROSAMINA, ORTOTOLUIDINA, OXIMETALONA, PROCARBAZINA, PROPANOSULTONA, 1-3-BUTADIENO, | 25 ANOS |

| Código | Agente Nocivo | Tempo de Exposição |
|---|---|---|
| | ÓXIDO DE ETILENO, ESTILBENZENO, DIISOCIANATO DE TOLUENO (TDI), CREOSOTO, 4-AMINODIFENIL, BENZIDINA, BETANAFTILAMINA, ESTIRENO, 1-CLORO-2, 4-NITRODIFENIL, 3-POXIPROPANO<br>a) manufatura de magenta (anilina e ortotoluidina);<br>b) fabricação de fibras sintéticas;<br>c) sínteses químicas;<br>d) fabricação da borracha e espumas;<br>e) fabricação de plásticos;<br>f) produção de medicamentos;<br>g) operações de preservação da madeira com creosoto;<br>h) esterilização de materiais cirúrgicos. | |
| 2.0.0 | AGENTES FÍSICOS<br>Exposição acima dos limites de tolerância especificados ou às atividades descritas. | |
| 2.0.1 | RUÍDO<br>a) exposição a Níveis de Exposição Normalizados (NEN) superiores a 85 dB(A) (NR). | 25 ANOS |
| 2.0.2 | VIBRAÇÕES<br>a) trabalhos com perfuratrizes e marteletes pneumáticos. | 25 ANOS |
| 2.0.3 | RADIAÇÕES IONIZANTES<br>a) extração e beneficiamento de minerais radioativos;<br>b) atividades em minerações com exposição ao radônio;<br>c) realização de manutenção e supervisão em unidades de extração, tratamento e beneficiamento de minerais radioativos com exposição às radiações ionizantes;<br>d) operações com reatores nucleares ou com fontes radioativas;<br>e) trabalhos realizados com exposição aos raios Alfa, Beta, Gama e X, aos nêutrons e às substâncias radioativas para fins industriais, terapêuticos e diagnósticos;<br>f) fabricação e manipulação de produtos radioativos; | 25 ANOS |

| Código | Agente Nocivo | Tempo de Exposição |
|---|---|---|
| | g) pesquisas e estudos com radiações ionizantes em laboratórios. | |
| 2.0.4 | TEMPERATURAS ANORMAIS<br>a) trabalhos com exposição ao calor acima dos limites de tolerância estabelecidos na NR-15, da Portaria n. 3.214/78. | 25 ANOS |
| 2.0.5 | PRESSÃO ATMOSFÉRICA ANORMAL<br>a) trabalhos em caixões ou câmaras hiperbáricas;<br>b) trabalhos em tubulões ou túneis sob ar comprimido;<br>c) operações de mergulho com o uso de escafandros ou outros equipamentos. | 25 ANOS |
| 3.0.0 | BIOLÓGICOS<br>Exposição aos agentes citados unicamente nas atividades relacionadas. | |
| 3.0.1 | MICRO-ORGANISMOS E PARASITAS INFECTOCONTAGIOSOS VIVOS E SUAS TOXINAS<br>a) trabalhos em estabelecimentos de saúde em contato com pacientes portadores de doenças infectocontagiosas ou com manuseio de materiais contaminados;<br>b) trabalhos com animais infectados para tratamento ou para o preparo de soro, vacinas e outros produtos;<br>c) trabalhos em laboratórios de autópsia, de anatomia e anátomo-histologia;<br>d) trabalho de exumação de corpos e manipulação de resíduos de animais deteriorados;<br>e) trabalhos em galerias, fossas e tanques de esgoto;<br>f) esvaziamento de biodigestores;<br>g) coleta e industrialização do lixo. | 25 ANOS |
| 4.0.0 | ASSOCIAÇÃO DE AGENTES<br>Nas associações de agentes que estejam acima do nível de tolerância, será considerado o enquadramento relativo ao que exigir menor tempo de exposição. | |

| Código | Agente Nocivo | Tempo de Exposição |
|---|---|---|
| 4.0.1 | FÍSICOS, QUÍMICOS E BIOLÓGICOS<br>a) mineração subterrânea cujas atividades sejam exercidas afastadas das frentes de produção. | 20 ANOS |
| 4.0.2 | FÍSICOS, QUÍMICOS E BIOLÓGICOS<br>a) trabalhos em atividades permanentes no subsolo de minerações subterrâneas em frente de produção. | 15 ANOS |

## 1.8. Laudo Técnico Pericial (Perícia Judicial)

O objetivo desse tipo de Laudo Técnico é atender às exigências de processos trabalhistas.

O Laudo Técnico é uma prova pericial, sendo que o perito é nomeado pelo Juiz de Direito, que na maioria dos casos será um Juiz do Trabalho.

O perito indicado pela Justiça é o perito oficial da demanda e deverá apresentar o Laudo Técnico por escrito dentro dos prazos legais estabelecidos pela Justiça.

Entretanto, as partes (reclamante e reclamada) poderão indicar os seus peritos assistentes, que também terão de atender aos seus compromissos conforme estabelecido nos autos pelo Juiz.

Para o desempenho das suas atividades, tanto o perito oficial como os peritos assistentes devem utilizar-se de todos os recursos e meios necessários, entrevistando testemunhas, colhendo informações nos locais de trabalho, analisando documentação das partes, instruindo o Laudo da forma mais clara possível e quando necessário anexar plantas dos locais de trabalho, desenhos explicativos e fotografias.

Havendo acordo quando da elaboração do Laudo Técnico, os peritos podem emitir um único Laudo, assinado também pelos peritos das partes.

Em caso contrário, quando não ocorrer entendimento entre os peritos, cada qual poderá elaborar o seu Laudo separadamente, expondo as razões em que se baseou para formalizar os seus entendimentos e os motivos de divergências com o Laudo Oficial.

Um Laudo Técnico Pericial para atender às exigências da Justiça do Trabalho deve conter no mínimo os seguintes itens:

• Introdução:

— Informações do Reclamante, contendo nome, matrícula, idade, carteira profissional, tempo de trabalho na função;

— Informações da Reclamada, contendo nome da empresa, endereço, atividade, nome do empregado da empresa que acompanhou a perícia e nome do assistente técnico, se houver;

— Histórico da Reclamação, devendo ser apresentado neste item um resumo do que se está reclamando;

— Data e hora da perícia;

• Descrição do Local Periciado:

— Apresentação de uma descrição geral do local periciado com fundamentação técnica e isenta de apreciações subjetivas;

— Informar detalhadamente as observações e avaliações quantitativas ou qualitativas realizadas;

— Apresentação da relação dos equipamentos de medição/avaliação utilizados e as metodologias e datas de calibração;

— Descrição detalhada das atividades operacionais, do processo de trabalho e do fluxograma de produção;

— Apresentação de gráficos e fotografias se necessário.

• Discussão:

— Apresentar as suas interpretações sobre as questões discutidas na perícia;

— Relacionar os dados e informações obtidos, analisando as suas consequências e oferecendo um breve diagnóstico da situação;

— Informar sobre a existência de CIPA, SESMT, PCMSO e PPRA na empresa;

— Indicar situações semelhantes ou que sejam consideradas importantes para o entendimento da questão que se discute.

• Tecnologia de Proteção:

— Informar sobre a existência de tecnologias de proteção, tanto individual como coletiva, ou da necessidade da sua adoção.

• Respostas aos Quesitos das Partes:

— Responder de forma clara e objetiva às perguntas do reclamante e, se for o caso da reclamada, sempre de maneira resumida e conclusiva;

— Responder a todos os quesitos, não deixando nenhum sem resposta;

— Não usar com muita frequência os termos "conforme item anterior", ao responder os quesitos.

• Conclusão da Perícia:

— Apresentar o resumo das avaliações feitas e realizar os enquadramentos necessários, conforme legislação utilizada, informando sempre qual foi o instrumento legal usado.

• Bibliografia:

— Informar a relação dos documentos, livros, apostilas, etc. que foram consultados.

## 1.9. Laudo Técnico para Análise da Eficiência de EPI

O principal objetivo desse tipo de Laudo Técnico é a realização de estudos para se analisar a eficácia dos diversos tipos de Equipamentos de Proteção Individual, requeridos para as atividades dos profissionais em relação ao seu setor de trabalho.

Durante o estudo deve-se, obrigatoriamente, identificar o nome comercial do produto, o nome do fabricante e o número do seu Certificado de Aprovação — CA, expedido pelo Ministério do Trabalho e Emprego — MTE, conforme estabelecido na Norma Regulamentadora NR-6.

O Laudo Técnico fornecerá dados que permitirão à empresa a correta adoção dos respectivos equipamentos de proteção individual, determinando qual será o equipamento mais adequado para cada tipo de atividade ou setor de trabalho da empresa.

O Laudo Técnico para atender às exigências legais deve conter no mínimo os seguintes itens:

• Objetivo;

• Introdução;

• Dados da empresa, contendo nome, endereço, atividade, número de empregados;

• Classificação das atividades: informar o número do Cadastro Nacional de Pessoa Jurídica — CNPJ; o número do Código da Classificação Nacional de Atividades Econômicas — CNAE; a atividade descrita e o respectivo grau de risco;

• Ambientes analisados: informar o nome e localização dos setores onde foram feitos os levantamentos, descrevendo detalhadamente as atividades operacionais, do processo de trabalho e do fluxograma de produção;

• Metodologia de trabalho: descrever a metodologia utilizada para a realização das medições e da análise da eficiência do equipamento, informando quais foram as normas em que foram baseadas as análises, os critérios e/ou parâmetros adotados;

• Apresentação da relação dos equipamentos de medição/avaliação utilizados, as metodologias e respectivas datas de calibração;

• Apresentação dos resultados: informar detalhadamente as avaliações quantitativas realizadas e quais foram os resultados obtidos com o uso e sem o uso dos equipamentos em cada um dos locais avaliados;

• Conclusão do Laudo: apresentar as suas análises e considerações sobre os resultados obtidos definindo se o equipamento utilizado durante os ensaios apresentou a eficiência necessária quando comparado aos Limites de Tolerância da Norma Regulamentadora NR-15 ou similar, concluindo de forma clara e objetiva se houve ou não a atenuação pretendida com o uso do referido equipamento;

Para o caso de avaliação do nível de ruído a que o trabalhador estiver exposto, deve ser analisado considerando o Nível de Redução de Ruído (NRR) obtido pelo uso do EPI, aplicando-se a seguinte fórmula:

NPSc = NPSa - (NRR x f - 7), sendo:

NPSc = Nível de pressão sonora no ouvido em dB(A), com protetor;

NPSa = Nível de pressão sonora no ambiente em dB(A);

f = Fator de correção;

f = 0,75, para EPI tipo concha;

f = 0,50, para EPI tipo plugue de inserção tipo espuma moldável; e

f = 0,30, para EPI tipo plugue de inserção pré-moldado.

Observações: Para o cálculo da atenuação de ruído oferecida pelo EPI, utilizando-se o método longo de cálculo de atenuação ou, de modo opcional, o método que utiliza um número único que representa a atenuação do EPI (Noise Reduction Rating), fazendo-se uso, em ambos os casos, da curva de atenuação acústica do EPI obtida ou segundo a Norma ANSI (American National Standards Institute) S.12.6-1984 ou segundo a Norma ANSI S.12.6-1997 (método B), conforme a seguir:

Pelo método longo, que consiste na confrontação dos níveis de pressão sonora — NPS — em dB(A) encontrados no ambiente de trabalho com os dados de bula do EPI fornecido pelo fabricante, por bandas de frequência, desde 125 até 8000 Hertz. A fim de assegurar confiabilidade de 98%, deverão ser deduzidos dois desvios — padrão de cada atenuação média do EPI em dB. A soma logarítmica dessas diferenças é a expressão do nível de pressão sonora total a que o indivíduo estará submetido após a colocação do referido EPI;

Na impossibilidade do uso do método longo, podem ser utilizados os seguintes métodos simplificados:

Conforme Norma ANSI S.12.6-1997B — Fórmula com cálculo direto:

NPSc = NPSa - NRR (SF), onde:

NPSc = Nível de pressão sonora com proteção;

NPSa = Nível de pressão sonora do ambiente;

NRR (SF) = Nível de redução de ruído (*subject fit*).

Conforme a Norma ANSI S.12.6-1984 (NRR) — fórmula com cálculo corrigido da seguinte forma:

NPSc = NPSa - (NRR x f), sendo:

NPSc = Nível de pressão sonora no ouvido em dB(A), com protetor;

NPSa = Nível de pressão sonora no ambiente em dB(C);

f = Fator de correção

f = 0,75, para EPI tipo concha;

f = 0,50, para EPI tipo plugue de inserção tipo espuma moldável; e

f = 0,30, para EPI tipo plugue de inserção pré-moldado.

Devemos também conhecer e adotar as recomendações do Programa de Proteção Respiratória da FUNDACENTRO, que apresenta as Recomendações, Seleção e uso de respiradores.

Esta publicação divulga práticas aceitáveis para usuários de respiradores; fornece informações e orientação sobre o modo apropriado de selecionar, usar e cuidar dos respiradores, além de conter os requisitos para o estabelecimento e melhoria de um Programa de Proteção Respiratória. As recomendações abrangem o uso de equipamento de proteção respiratória cuja finalidade é dar proteção contra a inalação de contaminantes nocivos do ar e contra a deficiência de oxigênio na atmosfera do ambiente de trabalho.

O conteúdo dos Anexos procura auxiliar a compreensão do texto principal e dar informações pormenorizadas de como cumprir alguns dos requisitos recomendados num programa de proteção respiratória.

A publicação é baseada na norma ANSI Z88.2-1992 — American National Standard For Respiratory Protection e no Code Federal Regulations, Title 29 1910.1001 Apendix C — Qualitative and Quantitative Fit Testing Procedures — Mandatory.

Em 11 de abril de 1994 o Ministério do Trabalho, através da Secretaria de Segurança e Saúde no Trabalho, publicou a Instrução Normativa n. 1, estabelecendo Regulamento Técnico sobre o uso de equipamentos para proteção respiratória, definindo os seguintes princípios:

O empregador deverá adotar um conjunto de medidas com a finalidade de adequar a utilização dos equipamentos de proteção respiratória — EPR, quando necessário para complementar as medidas de proteção coletiva implementadas, ou enquanto as mesmas estiverem sendo implantadas, com a finalidade de garantir uma completa proteção ao trabalhador contra os riscos existentes nos ambientes de trabalho.

As medidas previstas deverão observar os seguintes princípios:

I. o estabelecimento de procedimentos escritos abordando, no mínimo:

a) os critérios para a seleção dos equipamentos;

b) o uso adequado dos mesmos levando em conta o tipo de atividade e as características individuais do trabalhador;

c) a orientação ao trabalhador para deixar a área de risco por motivos relacionados ao equipamento;

II. a indicação do equipamento de acordo com os riscos aos quais o trabalhador está exposto;

III. a instrução e o treinamento do usuário sobre o uso e as limitações do EPR;

IV. o uso individual dos equipamentos, salvo em situações específicas, de acordo com a finalidade dos mesmos;

V. a guarda, a conservação e a higienização adequada;

VI. o monitoramento apropriado e periódico das áreas de trabalho e dos riscos ambientais a que estão expostos os trabalhadores;

VII. o fornecimento somente a pessoas fisicamente capacitadas a realizar suas tarefas utilizando os equipamentos;

VIII. o uso somente de respiradores aprovados e indicados para as condições em que os mesmos forem utilizados;

IX. a adoção da proteção respiratória individual após a avaliação prévia dos seguintes parâmetros:

a) características físicas do ambiente de trabalho;

b) necessidade de utilização de outros EPI;

c) demandas físicas específicas das atividades de que o usuário está encarregado;

d) tempo de uso em relação à jornada de trabalho;

e) características específicas de trabalho tendo em vista possibilidade da existência de atmosfera imediatamente perigosa à vida ou à saúde;

X. a realização de exame médico no candidato ao uso do EPR, quando por recomendação médica, levando em conta, dentre outras, as disposições do inciso anterior, sem prejuízo dos exames previstos na NR-7;

Para a adequada observância dos princípios previstos nesta norma, o empregador deverá seguir, além do disposto nas Normas Regulamentadoras de Segurança e Saúde no Trabalho, no que couber, as recomendações da Fundação Jorge Duprat Figueiredo de Segurança e Medicina do Trabalho — Fundacentro, contidas na publicação intitulada "Programa de Proteção Respiratória — Recomendações, Seleção e Uso de Respiradores" e também nas Normas Brasileiras, quando houver, expedidas no âmbito do Conselho Nacional de Metrologia, Normalização e Qualidade Industrial — CONMETRO.

A seleção das EPR deverá observar, dentre outros, os valores dos fatores de proteção — FP atribuídos contidos no Quadro I anexo à presente IN.

Em atmosferas contendo sílica e asbesto, além dos requisitos estabelecidos neste artigo, o empregador deverá observar, na seleção do respirador adequado, as indicações dos quadros II e III anexos à presente IN.

Os EPR somente poderão ser comercializados acompanhados de instruções impressas contendo, no mínimo, as seguintes informações:

I. a finalidade a que se destinam;

II. a proteção oferecida ao usuário;

III. as restrições ao seu uso;

IV. a sua vida útil;

V. orientação sobre guarda, conservação e higienização.

As instruções referidas neste artigo deverão acompanhar a menor unidade comercializada de equipamentos.

### QUADRO — FATORES DE PROTEÇÃO ATRIBUÍDOS PARA EPR (5)

| Tipo de respirador | Peça Semifacial (1) | Peça Facial Inteira |
|---|---|---|
| Purificador de ar | 10 | 100 |
| De adução de ar | | |
| — Máscara autônoma (2) (demanda) | 10 | 100 |
| — Linha de ar comprimido (demanda) | 10 | 100 |

| Tipo de respirador | Tipo de cobertura das vias respiratórias | | | |
|---|---|---|---|---|
| | Peça semifacial | Peça facial inteira | Capuz capacete | Sem vedação facial |
| Purificador de ar motorizado | 50 | 1000(3) | 1000 | 25 |
| De adução de ar: | | | | |
| Linha de ar comprimido | | | | |
| — De demanda com pressão positiva | 50 | 1000 | — | — |
| — Fluxo contínuo | 50 | 1000 | 1000 | 25 |
| Máscara autônoma (circuito aberto ou fechado) | | | | |
| — De demanda com pressão positiva | — | (4) | — | — |

NOTAS

1. Inclui a peça quarto facial, a peça semifacial filtrante e as peças semifaciais de elastômeros.
2. A máscara autônoma de demanda não deve ser usada para situações de emergência como incêndios.
3. Os fatores de proteção apresentados são de respiradores com filtros P3 ou sorbentes (cartuchos químicos pequenos ou grandes). Com filtros classe P2, deve-se usar fator de proteção atribuído 100 devido às limitações do filtro.
4. Em situações de emergência, onde as concentrações dos contaminantes possam ser estimadas, deve-se usar um fator de proteção atribuído não maior que 10.000.
5. O fator de proteção atribuído não é aplicável para respiradores de fuga.

QUADRO II — RECOMENDAÇÕES DE EPR PARA SÍLICA CRISTALIZADA

| CONCENTRAÇÃO AMBIENTAL | EQUIPAMENTO |
|---|---|
| Até 10 vezes o limite de tolerância | Respirador com peça semifacial ou peça semifacial filtrante<br>Filtros P1, P2 ou P3, de acordo com o diâmetro aerodinâmico das partículas (1) |
| Até 50 vezes o limite de tolerância | Respirador com peça facial inteira com Filtro P2 ou P3 (1)<br>Respirador motorizado com peça semifacial e filtro P2<br>Linha de ar fluxo contínuo e peça semifacial<br>Linha de ar de demanda e peça semifacial com pressão positiva |
| Até 100 vezes o limite de tolerância | Respirador com peça facial inteira com filtro P2 ou P3 (1)<br>Linha de ar de demanda com peça facial inteira<br>Máscara autônoma de demanda |
| Até 1000 vezes o limite de tolerância | Respirador motorizado com peça facial inteira e filtro P3<br>Capuz ou capacete motorizado e filtro P3<br>Linha de ar fluxo contínuo e peça facial inteira<br>Linha de ar de demanda e peça facial inteira com pressão positiva<br>Máscara autônoma de pressão positiva |
| Maior que 1000 vezes o limite de tolerância | Linha de ar de demanda e peça facial inteira com pressão positiva e cilindro de fuga<br>Máscara autônoma de pressão positiva |

NOTA

1. Para diâmetro aerodinâmico médio mássico maior ou igual a 2 micra pode-se usar filtros classe P1, P2 ou P3. Para diâmetro menor que 2 micra deve-se usar o de classe P3.

QUADRO III — RECOMENDAÇÕES DE EPI PARA ASBESTO

| | |
|---|---|
| Até 2 fibras/cm$^3$ | Respirador com peça semifacial com filtro P2 ou peça semifacial filtrante |
| Até 10 fibras/cm$^3$ | Respirador com peça semifacial com filtro P3<br>Respirador motorizado com peça semifacial e filtros P2<br>Linha de ar de demanda com peça semifacial e pressão positiva |
| Até 100 fibras/cm$^3$ | Respirador com peça facial inteira com filtro P3<br>Linha de ar de fluxo contínuo com peça facial inteira<br>Linha de ar de demanda<br>Máscara autônoma de demanda |
| Até 200 fibras/cm$^3$ | Respirador motorizado com peça facial inteira e filtro P3<br>Linha de ar fluxo contínuo com peça facial inteira<br>Linha de ar de demanda com peça facial inteira e pressão positiva<br>Capuz ou capacete motorizado com filtro P3<br>Linha de ar fluxo contínuo com capuz ou capacete |
| Maior que 200 fibras/cm$^3$ | Linha de ar fluxo contínuo com peça facial inteira e cilindro de escape<br>Linha de ar de demanda com peça facial inteira, pressão positiva e cilindro de escape<br>Máscara autônoma de demanda com pressão positiva |

• Bibliografia: informar a relação dos documentos, livros, apostilas, etc. que foram consultados;

• Local e data da realização dos levantamentos;

• Assinatura do Engenheiro de Segurança do Trabalho ou Médico do Trabalho responsável pelo Laudo.

Veja no Apêndice a íntegra do Programa de Proteção Respiratória — PPR (item 6.10).

## 1.10. Laudo Técnico de Riscos Ergonômicos

### *1.10.1. Introdução*

A palavra ergonomia é de origem grega e significa: Erg = trabalho + Nomo = lei.

Ergonomia é a reunião das leis que regem o trabalho, é uma ciência multidisciplinar (psicologia, fisiologia, biomecânica) que estuda as características do ser humano com a finalidade de adaptar as tarefas e as ferramentas de trabalho às suas capacidades e necessidades.

Se uma ferramenta de trabalho é ergonomicamente projetada, ela pode melhorar a postura, uma má ergonomia pode ameaçar a saúde e a segurança do trabalhador.

A ergonomia é capaz de dar sustentação positiva às formas modernas, de se administrar à produção de uma empresa, e capaz também de ajudar as empresa a diminuírem a incidência dos problemas, principalmente das lesões por esforços repetitivos e traumas acumulativos.

A adaptação em ergonomia sempre ocorre do trabalho para o homem. É muito mais fácil adaptar o trabalho ao homem porque a ergonomia parte do conhecimento do homem para desenvolver o projeto de trabalho. É fundamental ajustá-lo às capacidades e limitações humanas.

O resultado de um trabalho de ergonomia é gerado pelo estudo do homem levando-se em consideração as características psicológicas, a máquina, o ambiente, as comunicações existentes entre os elementos de um sistema, a transmissão de informações, o processamento, a tomada de decisões, a organização e as consequências do trabalho.

Esses aspectos definem os objetivos práticos da ergonomia, que são: segurança e bem-estar dos trabalhadores no seu relacionamento com os sistemas produtivos e a adaptação das condições de trabalho às características psicofisiológicas dos trabalhadores, de modo a proporcionar um máximo de conforto, segurança e desempenho eficiente.

As condições de trabalho incluem aspectos relacionados ao levantamento, transporte e descarga de matérias, organização do trabalho, mobiliário, postura corporal e *layout* do local de trabalho.

O transporte manual de carga designa todo transporte no qual o peso da carga é suportado inteiramente por um só trabalhador, compreendendo o levantamento e a deposição da carga.

Dentro do quadro geral de uma empresa, qualquer que seja o seu tamanho ou seu tipo de negócio, um papel importante está reservado ao *layout*. Toda vez que uma empresa se propõe a modificar sua oferta de produtos, lançar um novo produto ou muda sua estrutura organizacional, é quase certo que o *layout* dela passe por reestruturação.

Em português, *layout* quer dizer planta baixa. Fazer o *layout* de uma área qualquer é planejar e integrar os caminhos dos componentes de um produto ou serviço, a fim de obter o relacionamento mais eficiente e econômico entre o pessoal, equipamentos e materiais que se movimentam.

Logo, *layout* é o resultado final de um estudo sistemático que procura uma combinação de todas as instalações, materiais e pessoas que concorrem para a fabricação de um produto ou para a execução de um serviço, dentro de um espaço disponível.

Nesse sentido, o *layout* se constitui num dos elementos a serem trabalhados obrigatoriamente dentro das técnicas modernas de administração.

A boa condição do *layout* é fator importante para reduzir o número de acidentes no local de trabalho, como também o aumento da produtividade e consequentemente a elevação da competitividade. Assim como o aumento do conforto e eventuais reduções das lesões musculares. O conforto é essencial para o sucesso do trabalho com prazer.

O objetivo do *layout* é conceito importante para a ergonomia, pois através da sua elaboração acertada os trabalhadores correrão menos riscos a sua saúde no desempenho de suas funções. Os postos de trabalho devem ser apropriados ao homem, procurando melhorar a relação homem-trabalho.

— Postos Adequados — são os postos que oferecem aos seus usuários conforto, boa visualização, liberdade de movimentos, relação das dimensões do ambiente, da disposição dos maquinários e dos móveis com o tipo físico do usuário.

— Postos Inadequados — são os postos que oferecem aos seus usuários desconforto, fadiga, dificuldade de postura, relações de tamanho incompatíveis, etc.

*Desconforto de postura*

A postura do trabalhador ao realizar suas atividades deve ser a mais confortável possível, principalmente quando o trabalho é realizado por várias horas na mesma posição. A posição sentada representa um aspecto importante do desconforto de postura, na medida em que é mantida durante um longo tempo.

*Desconforto visual*

A fadiga visual deve-se à necessidade de ler em condições difíceis. Este esforço, seja maior ou menor, nem sempre está relacionado à existência de doenças visuais. Muitos sintomas de desconforto visual são devidos à má postura, à iluminação inadequada do posto de trabalho, à quantidade imprópria de iluminação ou má localização das fontes luminosas.

*Dez situações de esforço estático mais comuns no trabalho:*

1. trabalhar com o corpo fora do eixo vertical natural;
2. sustentar cargas pesadas com os membros superiores;
3. trabalhar rotineiramente equilibrando o corpo sobre um dos pés, enquanto o outro aperta um pedal;
4. trabalhar com os braços acima do nível dos ombros;
5. trabalhar com os braços abduzidos de forma sustentada (posição de asas abertas);
6. realizar esforço de manusear, levantar ou transportar cargas pesadas;
7. manter esforços estáticos de pequena intensidade, porém durante um grande período;
8. trabalhar sentado, porém sem utilizar apoio para o dorso, sustentando o tronco através do esforço estático dos músculos das costas;
9. trabalhar sem apoio para os antebraços, e tendo que sustentá-los pela ação dos músculos dos braços;
10. trabalhar em pé, parado.

Os erros mais comuns em relação ao trabalho com computadores são:

1. Má localização de fonte luminosa, o que provoca reflexos na tela do monitor ou no teclado;
2. Contraste entre a letra projetada na tela e o fundo;
3. Posicionamento inadequado de documentos;
4. Distâncias visuais mal estabelecidas entre o olho do digitador e a tela ou documento;
5. Utilização de materiais que provoquem reflexos.

O ideal seria estabelecer uma iluminação tecnicamente correta e manter a mínima diferença entre a distância olho/documento, olho/tela e olho/teclado.

Como esses aspectos nem sempre são levados muito a sério, com o decorrer do tempo ocorre a fadiga visual.

Alguns sintomas da fadiga visual são as dores nos olhos, a sensação de ardência e irritação, visão trocada, ofuscamento, visão dupla e dores de cabeça.

Esforço estático é o trabalho desenvolvido em posição parada, que leva à fadiga.

Fadiga é a diminuição do poder funcional dos órgãos, provocada, entre outros fatores, por excesso de trabalho.

### *1.10.2. Modelo de Laudo Técnico de Riscos Ergonômicos — LTRE*

Devem constar do Laudo Técnico de Riscos Ergonômicos — LTRE os itens relacionados na NR-17 e outros pertinentes ao ambiente de trabalho e não citados na norma.

Devem ainda fazer parte das medidas preventivas, além do apontamento dos riscos e das medidas corretivas, a divulgação através de cadernos informativos e materiais contendo orientações sobre postura, relaxamento, exercícios e ergonomia.

Inicialmente, deve-se definir o local de trabalho que se estará avaliando, por exemplo: Setor de Bateria de Caixas e de Atendimento/ Administradores.

A seguir, devem-se analisar e avaliar os seguintes itens:

1. Perfil dos trabalhadores

2. Levantamento, transporte e descarga individual de materiais

3. Mobiliário dos postos de trabalho

   3.1. Guichês, mesas ou plano de trabalho

   3.2. Cadeiras ou assentos

   3.3. Suporte para os pés

   3.4. Trabalho em pé

4. Equipamentos dos postos de trabalho

   4.1. Características

   4.2. Modo operatório

   4.3. Documentos

   4.4. Microcomputadores e terminais de vídeos

5. Condições ambientais de trabalho (avaliação qualitativa)

   5.1. Tipo de atividade

   5.2. Descrição do ambiente

   5.3. Nível de ruído (NBR 10152)

   5.4. Índice de temperatura

   5.5. Velocidade do ar

   5.6. Umidade relativa do ar

   5.7. Iluminação

   5.8. Equipamentos utilizados na avaliação

6. Organização do trabalho

   6.1. Jornada de trabalho

   6.2. Ritmo de trabalho

   6.3. Normas de produção

   6.4. Modo operatório

   6.5. Exigência de tempo

   6.6. Determinação do conteúdo de tempo

   6.7. Conteúdo das tarefas

   6.8. Sobrecarga de trabalho

   6.9. Sistema de avaliação de desempenho

7. Ambiente físico (*layout*)

8. Postura/posição de trabalho

9. Ginástica consciente

10. Conclusão

11. Recomendações/cronograma de ações

Exemplos de recomendações:

1. Providenciar manutenção dos rodízios e mecanismos de regulagem das cadeiras;

| Previsto: | |
|---|---|
| Realizado: | |

2. Providenciar a adaptação de apoios para os pés com no mínimo três regulagens;

| Previsto: | |
|---|---|
| Realizado: | |

3. Providenciar suportes para a leitura dos documentos;

| Previsto: | |
|---|---|
| Realizado: | |

4. Providenciar a substituição das lâmpadas queimadas e manutenção das luminárias da unidade.

| Previsto: | |
|---|---|
| Realizado: | |

12. Informar o nome do responsável pelo SESMET

13. Informar o nome do Técnico de Segurança do Trabalho

14. Informar o nome e matrícula do responsável pelo cumprimento das atribuições da NR-5

15. Informar o nome e matrícula do responsável pelo estabelecimento

16. Informar a localidade, UF, dia e mês do ano

17. Informar o nome do profissional, cargo, n. do registro do profissional

18. Assinatura do responsável pelo laudo.

### *1.10.3. Modelos de* check-list *para auxiliar na elaboração do Laudo Técnico de Riscos Ergonômicos*

*CHECK-LIST* **(Administrativo)**

Obs.: não é necessária identificação pessoal

Setor: ..................................................

| PERGUNTAS | SIM | NÃO |
|---|---|---|
| 1) Você considera o espaço de seu posto de trabalho adequado para você? | | |
| 2) Você considera a iluminação de seu local de trabalho adequada? | | |
| 3) Você considera o ruído no seu local de trabalho um fator de desconforto? | | |
| 4) Você pratica alguma atividade física mais que duas vezes por semana? | | |
| 5) O seu posto de trabalho tem regulagem de altura, distância ou outros? (cadeira/mesa/máquina) | | |
| 6) Você acha que os materiais de uso frequente estão dentro de sua área de alcance? (ou é necessário mover-se ou inclinar-se para pegá-los em posturas inadequadas?) | | |
| 7) Há pessoal suficiente para cobrir época de férias ou sobrecarga de trabalho? | | |
| 8) Há repetitividade frequente de algum tipo de movimento? | | |
| 9) Existem posições forçadas dos seus braços ou mãos? | | |
| 10) Seus pés permanecem apoiados no piso durante o trabalho? | | |
| 11) Existem pausas programadas ou pequenos intervalos entre uma operação e outra? | | |
| 12) Você faz horas extras rotineiramente? | | |
| 13) Você sente cansaço físico ou mental (*stress*) durante ou após o expediente? | | |
| 14) Você teve treinamentos ou tem conhecimentos sobre ergonomia ou posturas corretas a serem adotadas (coluna) no posto de trabalho? | | |

| PERGUNTAS | SIM | NÃO |
|---|---|---|
| 15) Sente algum tipo de dor ou incômodo antes ou após o expediente? | | |
| 15.1) Se sente dor ou incômodo, de que tipo? | | |
| Coluna ☐ Ombro/braço ☐ Punho/mão | | |
| Pernas ☐ Joelho ☐ Pés | | |
| Olhos ☐ Cabeça ☐ Dor muscular | | |
| 16) Como está seu relacionamento no trabalho com seus colegas? | | |
| Ótimo ☐ Muito bom ☐ Bom ☐ Regular ☐ Péssimo | | |
| 17) Como você se sente atualmente em relação à Empresa? | | |
| Ótimo ☐ Muito bom ☐ Bom ☐ Regular ☐ Péssimo | | |
| 18) Você tem alguma sugestão de mudança ou adequação em seu posto de trabalho ou sistema como ele é realizado, de modo que seu trabalho seja facilitado?................................................................................................ ................................................................................................ | | |

Caso não tenha espaço suficiente para comentários, utilize o verso da folha.

Obs.: este *check-list* é de uso exclusivo da análise ergonômica dos postos de trabalho.

## *CHECK-LIST* PARA ANÁLISE DAS CONDIÇÕES DE TRABALHO COM COMPUTADOR

**Setores:**

**Fotos:**

| 1. Avaliação da cadeira | |
|---|---|
| 1.1. Esforço muscular estático? | Não (0) Sim (1) |
| 1.2. Cadeira estofada? | Não (0) Sim (1) |
| 1.3. Altura regulável? | Não (0) Sim (1) |
| 1.4. Acionamento fácil da regulagem da altura? | Não (0) Sim (1) |

| | |
|---|---|
| 1.5. Os pés ficam bem apoiados no chão ou em suporte próprio? | Não (0) Sim (1) |
| 1.6. Largura da cadeira de dimensão correta? | Não (0) Sim (1) |
| 1.7. Assento na horizontal, não jogando o corpo do trabalhador para trás? | Não (0) Sim (1) |
| 1.8. Assento de forma plana? | Não (0) Sim (1) |
| 1.9. Borda anterior do assento arredondada? | Não (0) Sim (1) |
| 1.10. Apoio dorsal com regulagem da inclinação (seja através da regulagem própria, seja através de "mecanismo de amortecimento")? | Não (0) Sim (1) |
| 1.11. Apoio dorsal fornece suporte firme? | Não (0) Sim (1) |
| 1.12. Forma do apoio acompanhando as curvaturas normais da coluna? | Não (0) Sim (1) |
| 1.13. Regulagem da altura do apoio dorsal? | Não (0) Sim (1) |
| 1.14. Espaço para acomodação das nádegas? | Não (0) Sim (1) |
| 1.15. Giratória? | Não (0) Sim (1) |
| 1.16. Rodízios não muito duros nem muito leves? | Não (0) Sim (1) |
| 1.17. Os braços da cadeira prejudicam a aproximação do trabalhador até seu posto de trabalho? | Não (0) Sim (1) NA (1) |
| **2. Mesa de trabalho** | |
| 2.1. Altura apropriada? | Não (0) Sim (1) |
| 2.2. Dimensões apropriadas? | Não (0) Sim (1) |
| 2.3. Espaço para as pernas suficientemente alto? | Não (0) Sim (1) |
| 2.4. Espaço para as pernas suficientemente profundo? | Não (0) Sim (1) |
| 2.5. Espaço para as pernas suficientemente largo? | Não (0) Sim (1) |
| 2.6. Permite ajuste da altura da tela do vídeo? | Não (0) Sim (1) |
| 2.7. Este ajuste pode ser feito facilmente? | Não (0) Sim (1) |
| 2.8. O terminal de vídeo pode ser posicionado mais para a frente ou mais para trás? | Não (0) Sim (1) |
| 2.9. Este ajuste pode ser feito facilmente? | Não (0) Sim (1) |
| 2.10. É possível a movimentação lateral do terminal de vídeo? | Não (0) Sim (1) |
| 2.11. Este ajuste pode ser feito facilmente? | Não (0) Sim (1) |

| 3. Teclado e seu suporte | |
|---|---|
| 3.1. O teclado é descartável da unidade de vídeo? | Não (0) Sim (1) |
| 3.2. Em trabalhos de digitação, de processamento de texto, de informação via computador e/ou editoração eletrônica, o teclado tem seu próprio suporte? | Não (0) Sim (1) NA (1) |
| 3.3. A altura do suporte do teclado é regulável? | Não (0) Sim (1) |
| 3.4. A regulagem é feita facilmente? | Não (0) Sim (1) |
| 3.5. Suas dimensões são apropriadas, inclusive cabendo o mouse? | Não (0) Sim (1) NA (1) |
| 3.6. É possível mover o teclado mais para perto ou mais para longe do operador? | Não (0) Sim (1) |
| 3.7. O suporte é capaz de amortecer vibrações ou sons criados ao se digitar ou datilografar? | Não (0) Sim (1) |
| 3.8. O espaço para as pernas é suficientemente alto? | Não (0) Sim (1) |
| 3.9. O espaço para as pernas é suficiente em profundidade? | Não (0) Sim (1) |
| 3.10. O espaço para as pernas é suficiente em largura? | Não (0) Sim (1) |
| 3.11. Há suporte para o punho, ou a borda anterior da mesa é arredondada? | Não (0) Sim (1) |
| 3.12. O teclado é fino? | Não (0) Sim (1) |
| 3.13. O teclado é macio? | Não (0) Sim (1) |
| **4. Suporte para o documento-fonte** | |
| 4.1. Existe algum suporte especial para o documento-fonte? | Não (0) Sim (1) |
| 4.2. Sua altura, distância e ângulo podem ser ajustados? | Não (0) Sim (1) |
| 4.3. O ajuste é feito com facilidade? | Não (0) Sim (1) |
| 4.4. Ele previne vibrações? | Não (0) Sim (1) |
| 4.5. Ele possui o espaço suficiente para o tipo de documento de que normalmente o trabalhador faz uso? | Não (0) Sim (1) |
| 4.6. Ele permite que o usuário o coloque na posição mais próxima possível do ângulo de visão da tela e que possa ser usado nessa posição? | Não (0) Sim (1) |

| 5. Apoio para os pés | Não (0) Sim (1) |
|---|---|
| 5.1. Se o operador necessitar de um apoio para os pés, ele está disponível? | Não (0) Sim (1) |
| 5.2. Largura suficiente? | Não (0) Sim (1) |
| 5.3. Altura regulável? | Não (0) Sim (1) |
| 5.4. Ângulo ajustável? | Não (0) Sim (1) |
| 5.5. Pode ser movido para frente ou para trás do piso? | Não (0) Sim (1) |
| 5.6. Desliza facilmente no piso? | Não (0) Sim (1) |
| 6. Tela | |
| 6.1. O terminal de vídeo pode ser inclinado para cima e para baixo? | Não (0) Sim (1) |
| 6.2. Este ajuste pode ser feito facilmente? | Não (0) Sim (1) |
| 6.3. Caracteres de cor verde, âmbar, branco (sobre fundo escuro) ou preto (sobre fundo branco)? | Não (0) Sim (1) |
| 6.4. Há tremores na tela? | Não (0) Sim (1) |
| 6.5. Altura adequada do caractere? | Não (0) Sim (1) |
| 6.6. Bom contraste entre um caractere e outro? | Não (0) Sim (1) |
| 6.7. Espaço entre os caracteres de 20% a 50% da altura do caractere? | Não (0) Sim (1) |
| 6.8. Espaço entre duas linhas equivalente a 100-150% da altura de um caractere? | Não (0) Sim (1) |
| 6.9. É possível distinguir claramente entre X e K; O e Q; T e Y; S e 5; I e L; U e V; I e 1; 0 e 8? | Não (0) Sim (1) |
| 6.10. O cursor pode ser distinguido claramente de outros caracteres? | Não (0) Sim (1) |
| 6.11. Se estiver sendo usado filtro, os caracteres no terminal de vídeo estão definidos com precisão | Não (0) Sim (1) |
| 6.12. A luminância do caractere é ajustável? | Não (0) Sim (1) |
| 6.13. A imagem permanece claramente definida à luminância máxima? | Não (0) Sim (1) |
| 7. Iluminação do ambiente | |
| 7.1. Iluminação entre 450-550 lux? | Não (0) Sim (1) |
| 7.2. A visão do trabalhador está livre de reflexos? (ver tela, teclado, mesa, papéis, etc.) | Não (0) Sim (1) |

| | |
|---|---|
| 7.3. Estão todas as fontes de deslumbramento fora do campo de visão do operador? | Não (0) Sim (1) |
| 7.4. Estão os postos de trabalho posicionados de lado para as janelas? | Não (0) Sim (1) |
| 7.5. Caso contrário, as janelas têm persianas e cortinas? | Não (0) Sim (1) |
| 7.6. O brilho no chão é baixo? | Não (0) Sim (1) |
| 7.7. A legibilidade do documento é satisfatória? | Não (0) Sim (1) |
| **8. Gerais** | |
| 8.1. A distância entre a parte de trás de um terminal e o operador mais próximo é maior que 1,0 metro? | Não (0) Sim (1) |
| 8.2. O sistema de trabalho permite que o usuário alterne sua postura de modo a ficar em pé ocasionalmente? | Não (0) Sim (1) |
| 8.3. O clima é adequado? (temperatura efetiva entre 20-23 °C) | Não (0) Sim (1) |
| 8.4. O nível sonoro é apropriado? (menor que 65 dBA) | Não (0) Sim (1) |
| **9. Sistema de trabalho** | |
| 9.1. Caso o trabalho envolva o uso somente de computador, existe pausa bem estabelecida de 10 minutos a cada 50 minutos trabalhados? | Não (0) Sim (1) |
| 9.2. O número de toques por hora é menor que 8.000? | Não (0) Sim (1) |

NA: Não se aplica.

*Critério de Interpretação*

Em cada um dos itens pesquisados, e também para o total de itens deste *check-list,* considere:

- 91 a 100% dos pontos — condição ergonômica excelente;
- 71 a 90% dos pontos — boa condição ergonômica;
- 51 a 70% dos pontos — condição ergonomicamente razoável;
- 31 a 50% dos pontos — condição ergonomicamente ruim;
- Menos que 31% dos pontos — condição ergonomicamente péssima.

*CHECK-LIST* (Operacional)

Obs.: não é necessária identificação pessoal

Setor:___________________

| PERGUNTAS | SIM | NÃO |
|---|---|---|
| 1) Você considera o espaço de seu posto de trabalho adequado para você? | | |
| 2) Você considera a iluminação de seu local de trabalho adequada? | | |
| 2.1) Se não considera, explique por quê: | | |
| 3) Você considera o ruído no local de trabalho um fator de desconforto? | | |
| 3.1) Se há desconforto quanto ao ruído, identifique-o: | | |
| 4) Você considera a temperatura no seu posto de trabalho um fator de desconforto? | | |
| 4.1) Se considera, por quê? | | |
| 5) Seu posto de trabalho tem regulagem de altura, distância, outros? (cadeira/mesa/máquina) | | |
| 6) Você acha que os materiais ou ferramentas de uso frequente estão dentro de sua área de alcance? (é necessário mover-se ou inclinar-se para pegá-los?) | | |
| 7) Você acha que faz muita força muscular durante seu trabalho? | | |
| 8) Você acha que seu trabalho é repetitivo ou monótono? | | |
| 9) Você faz algum trabalho acima da linha média do ombro constantemente? | | |
| 10) Seu trabalho tem flexibilidade postural? | | |
| 11) Existem pausas programadas ou pequenos intervalos entre uma operação e outra? | | |
| 12) Você faz horas extras rotineiramente? | | |
| 13) Você sente cansaço durante ou após o expediente? | | |
| 13.1) Se sente, qual a frequência? | | |
| 14) Aparentemente, suas mãos fazem muita força no trabalho? | | |

| PERGUNTAS | SIM | NÃO |
|---|---|---|
| 15) Você acha que, atualmente, em seu setor de trabalho, existem pessoas que de alguma maneira são improdutivas, sobrecarregando o trabalho dos demais? | | |
| 16) Você acha que há pessoal suficiente para cobrir épocas de férias ou sobrecargas de trabalho? | | |
| 17) Você realiza algum controle alimentar para manter o peso ou por algum outro motivo? | | |
| 17.1) Se há o controle, identifique-o: | | |
| 18) Já lhe ocorreu algum tipo de acidente de trabalho? | | |
| 19) Você tem alguma atividade extra trabalho? (estudo, esporte, lazer, trabalhos domésticos, outros) | | |
| 20) Pratica alguma atividade física mais que duas vezes por semana? | | |
| 20.1) Se pratica, qual? | | |
| 21) Sente algum tipo de dor ou incômodo antes ou após o expediente? | | |
| 21.1) Se sente dor ou incômodo, de que tipo? | | |

| Coluna | | Ombro/braço | | Punho/mão | |
|---|---|---|---|---|---|
| Pernas | | Joelho | | Pés | |
| Olhos | | Cabeça | | Dor muscular | |

Outros: ____________________

22) Como está seu relacionamento no trabalho com seus colegas?

| Ótimo | | Muito bom | | Bom | | Regular | | Péssimo | |
|---|---|---|---|---|---|---|---|---|---|

23) Como está seu relacionamento no trabalho com sua chefia direta?

| Ótimo | | Muito bom | | Bom | | Regular | | Péssimo | |
|---|---|---|---|---|---|---|---|---|---|

24) Como você se sente atualmente em relação à Empresa?

| Ótimo | | Muito bom | | Bom | | Regular | | Péssimo | |
|---|---|---|---|---|---|---|---|---|---|

25) Pessoalmente, o que é um fator de desconforto relevante atualmente?

| |
|---|
| a. Relacionamentos pessoais ............... ( ) |
| b. Problemas financeiros ...................... ( ) |
| c. Problemas afetivos .......................... ( ) |
| d. Problemas na empresa .................... ( ) |
| e. Insegurança ....................................... ( ) |
| f. Outros ................................................ ( ) |
| g. Nenhum .............................................. ( ) |

26) Você tem alguma sugestão de mudança ou adequação em seu posto de trabalho ou sistema como ele é realizado, de modo que seu trabalho seja facilitado?

..........................................................................................................................

..........................................................................................................................

..........................................................................................................................

## *CHECK-LIST* (Geral)

Função:

Setor:

N. de trabalhadores:

| PERGUNTAS | SIM | NÃO |
|---|---|---|
| 1) O espaço do posto de trabalho é adequado para o trabalhador? | | |
| 2) A iluminação do local de trabalho está adequada? | | |
| 2.1) Há iluminação suplementar? | | |
| 2.2) Há iluminação natural? Como? | | |
| 2.3) Há iluminação artificial? Qual? | | |
| 3) O ruído no local de trabalho é um fator de desconforto? | | |
| 4) O calor no local de trabalho é um fator de desconforto? | | |
| 5) A velocidade do vento no local de trabalho é um fator de desconforto? | | |
| 6) O posto de trabalho tem regulagem de altura, distância ou outros?<br>Cadeira<br>Mesa<br>Máquina | | |
| 7) O mobiliário atende as normas de Ergonomia? Por quê? | | |
| 8) Quais materiais de uso frequente estão dentro da área de alcance? (ou é necessário mover-se ou inclinar-se para pegá-los em posturas inadequadas?) ______________ | | |
| 9) Há utilização de força muscular durante a execução do trabalho? | | |
| 10) Há movimentação de carga? Como é efetuada? | | |

11) Sugestão de mudança ou adequação em seu posto de trabalho ou sistema como ele é realizado, de modo que seu trabalho seja facilitado?

..........................................................................................................

..........................................................................................................

..........................................................................................................

Relatório geral:

| Função/N. de trabalhadores | Local de trabalho | Situação Ergonômica Inadequada | Gravidade A-M-B |
|---|---|---|---|
| | | | |
| | | | |
| | | | |
| | | | |
| | | | |
| | | | |
| | | | |
| | | | |
| | | | |
| | | | |

Comentários:

.....................................................................................................

.....................................................................................................

.....................................................................................................

.....................................................................................................

.....................................................................................................

## 2. Perfil Profissiográfico Previdenciário

### 2.1. Exigências legais

O Perfil Profissiográfico — PP foi instituído pela Medida Provisória n. 1.523, de 11.10.96, posteriormente convertida na Lei n. 9.528, de 10.12.97, que, em seu art. 58, § 4º, estabelece que "a empresa deverá elaborar e manter atualizado perfil profissiográfico abrangendo as atividades desenvolvidas pelo trabalhador e fornecer a este, quando da rescisão do contrato de trabalho, cópia autêntica desse documento".

A Ordem de Serviço n. 600, de 2.6.98, expedida pela Diretoria do Seguro Social do INSS/MPAS, no item 2, que tratava da comprovação do exercício de atividade especial, subitem 2.1.3, apresentou pela primeira vez a referência sobre o Perfil Profissiográfico.

O Decreto n. 3.048, de 6.5.99, que aprovou o Regulamento da Previdência Social, foi alterado pelo Decreto n. 4.032, de 26.11.01, mantendo no seu art. 68, § 6º, que a empresa deverá elaborar e manter atualizado Perfil Profissiográfico Previdenciário, abrangendo as atividades desenvolvidas pelo trabalhador e fornecer a este, quando da rescisão do contrato de trabalho, cópia autêntica deste documento, sob pena de multa prevista no art. 283 desse mesmo Decreto.

Verifica-se que o Decreto n. 3.048/99, que foi editado posteriormente à Ordem de Serviço n. 600/98, procurou incorporar na íntegra a exigência que já estava prevista naquele instrumento legal, conferindo, desta forma, ao Perfil Profissiográfico *status* de exigência legal e obrigatória, passível de penalidades pecuniárias por parte de empresa.

A Instrução Normativa do INSS n. 49, de 3.5.01, que revogou a Ordem de Serviço n. 600, de 2.6.98, previa no seu art. 7º que no caso de a empresa informar que embora o segurado tenha exercido, no período declarado, determinada função — Chefe, Gerente, Supervisor e outros — e as suas atividades estiveram sujeitas à exposição de agentes nocivos em caráter permanente, não ocasional nem intermitente, a empresa deveria manter o Perfil Profissiográfico para o período de trabalho, a partir de 29.4.95, e para períodos anteriores a comprovação deverá ser feita através de registros existentes na empresa.

Nesta mesma Instrução Normativa, no seu art. 35, era informado que a empresa também deverá elaborar e manter atualizado o Perfil Profissiográfico, abrangendo as atividades desenvolvidas pelo traba-lhador e fornecer a este cópia autêntica deste documento, quando de rescisão do contrato de trabalho.

A extinta Ordem de Serviço n. 623, de 19.5.99, emitida pela Diretoria do Seguro Social do INSS/MPAS, que disciplinava os procedimentos a serem adotados pela linha de benefícios, resolveu também exigir no seu item 25, que trata das aposentadorias especiais, subitem 25.2, as mesmas exigências da empresa em elaborar e manter atualizado Perfil Profissiográfico, abrangendo as atividades desenvolvidas pelo trabalhador e fornecer a este, quando da rescisão do contrato de trabalho, cópia autêntica deste documento, sob pena de multa prevista no art. 283 do Regulamento da Previdência Social, aprovado pelo Decreto n. 73.048/99. Ou seja, repetiu o mesmo texto que já existia no anteriormente citado Decreto a que faz referência, apenas inovando no seu item 25.2.1, permitindo que, enquanto não fosse definido modelo próprio para emissão do documento Perfil Profissiográfico, as empresas podiam fornecer ao empregado o formulário DIRBEN-8030.

Em 22.1.01, a Diretoria Colegiada do INSS emitiu a Instrução Normativa n. 42, que dispunha sobre alterações dos parâmetros para o reconhecimento das atividades exercidas sob condições especiais, disciplinando procedimentos a serem adotados quanto ao enquadramento, conversão e comprovação do exercício de atividade especial. Esta instrução manteve, no seu art. 7º, o mesmo texto do subitem 2.1.3 da Ordem de Serviço n. 600/98, além de definir claramente no seu art. 35 que a empresa deverá elaborar e manter atualizado o Perfil Profissiográfico, abrangendo as atividades desenvolvidas pelo trabalhador, e fornecer a este cópia autêntica deste documento, quando da rescisão do contrato de trabalho, referendando a exigência que já estava disposta no art. 68, § 6º, do Decreto n. 3.048, de 6.5.99, que aprovou o Regulamento da Previdência Social.

A Instrução Normativa do INSS n. 49, de 3.5.01, revogou explicitamente a Instrução Normativa n. 42, de 22.1.2001, a Ordem de Serviço INSS/DSS n. 600/98, a Ordem de Serviço INSS — DSS n. 612/98 e a Ordem de Serviço INSS/DSS n. 623/99, mantendo a exigência da elaboração do Perfil

Profissiográfico nos seus arts. 7º e 35, ficando desta maneira entendido que a empresa não poderia mais substituir a elaboração do Perfil Profissiográfico pela simples entrega do formulário DIRBEN-8030.

Em 10.10.01, a Diretoria Colegiada do Instituto Nacional do Seguro Social publicou a Instrução Normativa n. 57, que trata da Aposentadoria Especial, dispondo sobre as condições para concessão da Aposentadoria Especial, no capítulo que define os procedimentos de auditoria fiscal e de inspeção Médico-Pericial em empresas que exponham os trabalhadores a riscos ambientais e ergonômicos, que compete ao INSS verificar se a empresa gerencia adequadamente seus riscos ambientais e ergonômicos de forma a proteger seus trabalhadores dos infortúnios trabalhistas, incluindo entre estas exigências a elaboração do Perfil Profissiográfico.

O Decreto n. 4.032, de 26.11.01, alterou a denominação do PP para Perfil Profissiográfico Previdenciário — PPP, acrescentando ao histórico-laboral do trabalhador, além das informações administrativas, registros ambientais e resultados de monitoração biológica.

Em 16 de julho de 2002, a Diretoria Colegiada do Instituto Nacional do Seguro Social (INSS), no uso da competência que lhe foi conferida pelo inciso III do art. 7º do Regimento Interno do INSS, aprovado pela Portaria/MPAS n. 3.464, de 27 de setembro de 2001, baixou a Instrução Normativa INSS/DC n. 78, estabelecendo os critérios a serem adotados pelas áreas de Arrecadação e de Benefícios, considerando a necessidade de estabelecer rotinas tendentes a agilizar e a uniformizar a análise dos processos de reconhecimento, manutenção e revisão de direitos dos beneficiários da Previdência Social, para a melhor aplicação das normas jurídicas pertinentes, com observância dos princípios estabelecidos no art. 37 da Constituição Federal (CF), disciplinando os procedimentos a serem adotados pelas linhas de Benefícios e Arrecadação.

Em 17 de dezembro de 2002, o Instituto Nacional do Seguro Social — INSS, através da sua Diretoria Colegiada, publica a Instrução Normativa INSS/DC n. 84, estabelecendo critérios a serem adotados pelas áreas de Arrecadação e de Benefícios, revogando a Instrução Normativa n. 78, de 16.7.2002.

A Instrução Normativa n. 84, de 17.12.02, estabeleceu que até 30.6.03 seriam aceitos os laudos técnicos através dos formulários SB-40, DISES BE 5235, DSS-8030 e DIRBEN 8030 como alternativa ao PPP, mas que a partir de 1º.7.03 tais formulários perderiam a eficácia e o PPP passaria então a ser obrigatório e de responsabilidade das empresas.

A Instrução Normativa n. 90, de 16.6.03, alterou a data de entrada em vigor do PPP de 1º.7.03 para 1º.11.03.

A Instrução Normativa n. 96, de 23 de outubro de 2003, da Diretoria Colegiada do Instituto Nacional do Seguro Social — INSS, publicada no DOU em 27 de outubro de 2003, estabeleceu critérios a serem adotados pelas áreas de Benefícios e da Receita Previdenciária, resolvendo que a Instrução Normativa n. 95/INSS/DC, de 7 de outubro de 2003, passa a vigorar com as seguintes alterações: Art. 148. A comprovação do exercício de atividade especial será feita pelo Perfil Profissiográfico Previdenciário — PPP, emitido pela empresa com base em laudo técnico de condições ambientais de trabalho expedido por médico do trabalho ou engenheiro de segurança, conforme o Anexo XV desta Instrução Normativa ou alternativamente até 31 de dezembro de 2003, pelo formulário DIRBEN-8030 (antigo SB — 40, DISES-BE 5235, DSS-8030), observado o disposto no art. 187-A e no § 2º do art. 199 desta Instrução e ainda informando no seu § 1º, que fica instituído o PPP, que contem-plará, inclusive, informações pertinentes aos formulários em epígrafe, os quais deixarão de ter eficácia a partir de 1º de janeiro de 2004, ressal-vado o disposto no § 2º deste artigo.

Em 10 de dezembro de 2003, a Diretoria Colegiada do Instituto Nacional do Seguro Social — INSS, baixou a Instrução Normativa n. 99, INSS/DC, de 5 de dezembro de 2003, alterando profundamente a Instrução Normativa n. 95 INSS/DC, de 7 de outubro de 2003, nas suas Subseções IV e V.

Em 18 de abril de 2005, a Diretoria Colegiada do Instituto Nacional do Seguro Social — INSS baixou a Instrução Normativa n. 118 INSS/DC, datada de 14 de abril de 2005, estabelecendo critérios a serem adotados pela área de Benefício, revogando a IN n. 95 INSS/DC, de 7 de outubro de 2003; a IN n. 96 INSS/DC, de 23 de outubro de 2003; IN n. 99 INSS/DC, de 5 de dezembro de 2003, e a IN n. 111 INSS/DC, de 30 de setem-bro de 2004.

Em 15 de julho de 2005, a Secretaria da Receita Previdenciária do Instituto Nacional do Seguro Social — INSS baixou a INSTRUÇÃO NORMATIVA MPS/SRP n. 3, datada de 14 de julho de 2005, e suas diversas alterações, dispondo sobre normas gerais de tributação previdenciária e de arrecadação das contribuições sociais adminis-tradas pela Secretaria da Receita Previdenciária — SRP e dá outras providências.

Em 20 de setembro de 2006, a Presidência do INSS baixou a INSTRUÇÃO NORMATIVA INSS/PR n. 11, publicada no DOU em 21.9.06, estabelecendo os novos critérios a serem adotados pela área de Benefícios do INSS, revogando as IN/INSS/DC n. 118, de 14 de abril de 2005, e IN INSS/PRES n. 2, de 17 de outubro de 2005.

Em 10 de outubro de 2007, o Presidente do INSS baixou a INSTRUÇÃO NORMATIVA INSS/PRES N. 20, publicada no DOU de 11.10.07; IN INSS/PRES n. 23, de 13 de dezembro de 2007 — DOU de 14.12.07 —; IN INSS/PRES n. 27, de 30 de abril de 2008 — DOU de 2.5.08 — alterada pela IN INSS/PRES n. 29, de 4 de junho de 2008 — DOU de 6.6.08; estabelecendo os novos critérios a serem adotados pela área de benefícios do INSS, revogando a INSTRUÇÃO NORMATIVA INSS/PR n. 11, publicada no DOU em 21.9.06.

Em 13 de novembro de 2009, foi baixada a Instrução Normativa RFB n. 971, publicada no DOU em 17 de novembro de 2009, dispondo sobre normas gerais de tributação previdenciária e de arrecadação das contribuições sociais destinadas à Previdência Social e as destinadas a outras entidades ou fundos, administradas pela Secretaria da Receita Federal do Brasil (RFB), alterada posteriormente pela Instrução Normativa RFB n. 980, de 17 de dezembro de 2009, revogando a Instrução Normativa MPS/SRP n. 3, datada de 14 de julho de 2005.

Finalmente, em 6 de agosto de 2010, foi baixada a Instrução Normativa INSS/PRES n. 45, publicada no DOU em 11.8.10, dispondo sobre a adminis-tração de informações dos segurados, o reconhecimento, a manutenção e a revisão de direitos dos beneficiários da Previdência Social e disciplina o processo administrativo previdenciário no âmbito do Instituto Nacional do Seguro Social — INSS, revogando Instrução Normativa INSS/PR n. 20, de 11.10.07, publicada no DOU em 11.10.07.

## 2.2. O que é o Perfil Profissiográfico Previdenciário — PPP

O PPP constitui-se em um documento histórico-laboral do trabalhador que reúne, entre outras informações, dados administrativos, registros ambientais e resultados de monitoração biológica, durante todo o período em que este exerceu suas atividades e tem como finalidade:

I — comprovar as condições para habilitação de benefícios e serviços previdenciários, em especial, o benefício da Aposentadoria Especial;

II — prover o trabalhador de meios de prova produzidos pelo empregador perante a Previdência Social, a outros órgãos públicos e aos sindicatos, de forma a garantir todo direito decorrente da relação de trabalho, seja ele individual, ou difuso e coletivo;

III — prover a empresa de meios de prova produzidos em tempo real, de modo a organizar e a individualizar as informações contidas em seus diversos setores ao longo dos anos, possibilitando que a empresa evite ações judiciais indevidas relativas a seus trabalhadores; e

IV — possibilitar aos administradores públicos e privados acesso a bases de informações fidedignas, como fonte primária de informação estatística, para desenvolvimento de vigilância sanitária e epidemiológica, bem como definição de políticas em saúde coletiva.

As informações constantes no PPP são de caráter privativo do trabalhador, constituindo crime nos termos da Lei n. 9.029, de 13 de abril de 1995, práticas discriminatórias decorrentes de sua exigibilidade por outrem, bem como de sua divulgação para terceiros, ressalvado quando exigida pelos órgãos públicos competentes.

A prestação de informações falsas no PPP constitui crime de falsidade ideológica, nos termos do art. 297 do Código Penal.

A partir de 1º de janeiro de 2004, conforme estabelecido pela Instrução Normativa n. 99, de 2003, a empresa ou equiparada à empresa deverá preencher o formulário PPP, conforme Anexo XV, de forma individualizada para seus empregados, trabalhadores avulsos e cooperados, que laborem expostos a agentes nocivos químicos, físicos, biológicos ou associação de agentes prejudiciais à saúde ou à integridade física, considerados para fins de concessão de aposentadoria especial, ainda que não presentes os requisitos para a concessão desse benefício, seja pela eficácia dos equipamentos de proteção, coletivos ou individuais, seja por não se caracterizar a permanência.

O PPP substitui o formulário para comprovação da efetiva exposição dos segurados aos agentes nocivos para fins de requerimento da aposentadoria especial, a partir de 1º de janeiro de 2004, conforme inciso IV do art. 256 da IN 45/10.

Quando o PPP contemplar períodos laborados até 31 de dezembro de 2003, serão dispensados os demais documentos referidos no art. 256 da IN 45/10.

Quando o enquadramento dos períodos laborados for devido apenas por categoria profissional, na forma do Anexo II do RBPS, aprovado pelo Decreto n. 83.080, de 1979, e a partir do código 2.0.0 do quadro anexo ao Decreto n. 53.831, de 1964, e não se optando pela apresentação dos formulários previstos para reconhecimento de períodos laborados em condições especiais vigentes à época, o PPP deverá ser emitido, preenchendo-se todos os campos pertinentes, excetuados os referentes à exposição a agentes nocivos.

O PPP deverá ser emitido pela empresa empregadora, no caso de empregado; pela cooperativa de trabalho ou de produção, no caso de cooperado filiado; pelo órgão gestor de mão de obra, no caso de trabalhador avulso portuário e pelo sindicato da categoria, no caso de trabalhador avulso não portuário.

O sindicato de categoria ou órgão gestor de mão de obra estão autorizados a emitir o PPP, bem como o formulário que ele substitui, nos termos do § 1º do art. 272 da IN 45/10, somente para trabalhadores avulsos a eles vinculados.

A empresa ou equiparada à empresa deve elaborar, manter atualizado o PPP para os segurados referidos acima, bem como fornecer a estes, quando da rescisão do contrato de trabalho ou da desfiliação da cooperativa, sindicato ou órgão gestor de mão de obra, conforme o caso, cópia autêntica desse documento.

O PPP deverá ser atualizado sempre que houver alteração que implique mudança das informações contidas nas suas seções, com a atualização feita pelo menos uma vez ao ano, quando permanecerem inalteradas suas informações.

O PPP deverá ser emitido com base nas demais demonstrações ambientais de que trata o § 1º do art. 254 da IN 45/10.

A exigência do PPP referida acima, em relação aos agentes químicos e ao agente físico ruído, fica condicionada ao alcance dos níveis de ação de que trata o subitem 9.3.6, da NR-09, do MTE, e aos demais agentes, à simples presença no ambiente de trabalho.

Após a implantação do PPP em meio magnético pela Previdência Social, este documento será exigido para todos os segurados, independentemente do ramo de atividade da empresa e da exposição a agentes nocivos, e deverá abranger também informações relativas aos fatores de riscos ergonômicos e mecânicos.

O PPP será impresso nas seguintes situações:

I — por ocasião da rescisão do contrato de trabalho ou da desfiliação da cooperativa, sindicato ou órgão gestor de mão de obra, em duas vias, com fornecimento de uma das vias para o trabalhador, mediante recibo;

II — sempre que solicitado pelo trabalhador, para fins de requerimento de reconhecimento de períodos laborados em condições especiais;

III — para fins de análise de benefícios por incapacidade, a partir de 1º de janeiro de 2004, quando solicitado pelo INSS;

IV — para simples conferência por parte do trabalhador, pelo menos uma vez ao ano, quando da avaliação global anual do Programa de Prevenção de Riscos Ambientais — PPRA, até que seja implantado o PPP em meio magnético pela Previdência Social; e

V — quando solicitado pelas autoridades competentes.

O PPP deverá ser assinado por representante legal da empresa, com poderes específicos outorgados por procuração, contendo a indicação dos responsáveis técnicos legalmente habilitados, por período, pelos registros ambientais e resultados de monitoração biológica, observando que esta não necessita, obrigatoriamente, ser juntada ao processo, podendo ser suprida por apresentação de declaração da empresa informando que o responsável pela assinatura do PPP está autorizado a assinar o respectivo documento.

A comprovação da entrega do PPP, na rescisão de contrato de trabalho ou da desfiliação da cooperativa, sindicato ou órgão gestor de mão de obra, poderá ser feita no próprio instrumento de rescisão ou de desfiliação, bem como em recibo a parte.

O PPP e a comprovação de entrega ao trabalhador, na rescisão de contrato de trabalho ou da desfiliação da cooperativa, sindicato ou órgão gestor de mão de obra, deverão ser mantidos na empresa por vinte anos.

## 2.3. Penalidades

Quando da ação fiscalizadora desenvolvida na empresa, o fiscal de contribuições previdenciárias solicitará o PPP, dentre outros documentos; constatada a irregularidade nos documentos verificados e/ou nas informações prestadas pela empresa, o fiscal emitirá o correspondente Auto de Infração ou, se for o caso, a Notificação Fiscal de Lançamento de Débito.

A não manutenção de Perfil Profissiográfico Previdenciário atualizado ou o não fornecimento do mesmo ao empregado, por ocasião do encerramento do contrato de trabalho, ensejará aplicação de multa prevista no art. 283 do RPS.

Publicado no DOU de 22.10.03, o Decreto n. 4.862, de 21.10.03, alterou dispositivos do Regulamento da Previdência Social, aprovado pelo Decreto n. 3.048/99, de 6 de maio de 1999, dentre eles, o valor da multa pela infração da empresa que deixar de elaborar e manter atualizado o Perfil Profissiográfico Previdenciário.

A referida multa correspondia ao valor atualizado de R$ 9.910,20 (nove mil novecentos e dez reais e vinte centavos) e foi reduzida a partir dessa data para o valor atualizado de R$ 991,03 (novecentos e noventa e um reais e três centavos), atendendo solicitação do Grupo de Trabalho formado para propor medidas visando aperfeiçoar o Perfil Profissiográfico Previdenciário.

O enquadramento da infração passa a constar do inciso I, alínea *h*, do art. 283 do Decreto n. 3.048/99, com o seguinte teor: "h) deixar a empresa de elaborar e manter atualizado perfil profissiográfico abrangendo as atividades desenvolvidas pelo trabalhador e de fornecer a este, quando da rescisão do contrato de trabalho, cópia autêntica deste documento".

## 2.4. Como elaborar o Perfil Profissiográfico Previdenciário

A elaboração do Perfil Profissiográfico Previdenciário deve seguir pelo menos as seguintes etapas:

### *2.4.1. Metodologia de elaboração*

O diagnóstico inicial deverá ser feito com base em uma primeira visita geral da empresa, para identificação do fluxo de produção e de todos os locais de trabalho, elaborando-se, quando necessário, um *layout* da área operacional e um fluxograma esquemático da produção, seguindo-se as seguintes etapas:

— Realizar as entrevistas preliminares com os dirigentes da empresa.

— Solicitar as informações necessárias sobre os empregados que serão analisados, junto à área de Recursos Humanos.

— Fazer o agrupamento dos empregados por Cargo ou Função semelhantes.

— Fazer o agrupamento dos empregados por Setores e por Postos de Trabalho, desde que tenham atividades semelhantes e estejam sujeitos aos mesmos riscos (Grupo Homogêneo de Risco — GHR).

— Fazer a distribuição dos empregados por Atividades Operacionais ou Administrativas, conforme a característica da empresa.

— Planejar as vistorias nos locais de trabalho dos empregados, que sempre deverão ocorrer acompanhadas de empregado representante da empresa que conheça perfeitamente todos os locais de trabalho e as atividades dos empregados.

— Levantar os dados da empresa e dos empregados. Nesta etapa são buscados junto à empresa mais detalhes sobre a vida funcional de cada empregado, as atividades exercidas anteriormente e locais trabalhados.

— Entrevista de campo, analisar o empregado no desempenho das suas atividades em seu posto de trabalho, obtendo do próprio empregado, por meio de entrevista, as informações necessárias sobre as suas atividades, equipamentos utilizados, riscos envolvidos, tecnologia de proteção envolvida, etc.

— Preencher o respectivo formulário de Perfil Profissiográfico Previdenciário — PPP, de forma individual para cada empregado, tendo por base as demonstrações ambientais preexistentes.

*2.4.2. Dados Administrativos*

São as informações referentes à empresa e ao empregado, que podem ser obtidas junto à área administrativa da empresa ou da ficha funcional do empregado existente no órgão de pessoal, devendo ser preenchidos os campos abaixo da seguinte forma:

Campo 1: CNPJ do Domicílio Tributário/CEI — Neste campo deverá ser informado o CNPJ relativo ao estabelecimento escolhido como domicílio tributário do empregado nos termos do art. 127 do CTN, no formato

XXXXXXXX/XXXX-XX; ou Matrícula no Cadastro Específico do INSS (Matrícula CEI) relativa à obra realizada por Contribuinte Individual ou ao estabelecimento escolhido como domicílio tributário que não possua CNPJ, no formato XX.XXX.XXXXX/XX, ambos compostos por caracteres numéricos.

Campo 2: Nome Empresarial — Informar neste campo o nome da empresa com até 40 (quarenta) caracteres alfanuméricos.

Campo 3: CNAE — Informar a Classificação Nacional de Atividades Econômicas da empresa, completa, com 7 (sete) caracteres numéricos, no formato XXXXXX-X, instituída pelo IBGE através da Resolução CONCLA n. 7, de 16.12.2002.

A tabela de códigos CNAE — Fiscal pode ser consultada na Internet, no *site* <www.cnae.ibge.gov.br>.

Campo 4: Nome do Trabalhador — Informar o nome completo do trabalhador com até 40 (quarenta) caracteres alfabéticos.

Campo 5: BR/PDH — BR — Informar neste campo se o empregado é classificado como BR — Beneficiário Reabilitado ou Portador de Deficiência Habilitado — PDH. Não sendo o empregado enquadrado em nenhuma das categorias anteriores, preencher este campo com as letras NA — Não Aplicável.

O preenchimento deste campo tem por base o art. 93 da Lei n. 8.213, de 1991, que estabelece a obrigatoriedade do preenchimento dos cargos de empresas com 100 (cem) ou mais empregados beneficiários reabilitados ou pessoas portadoras de deficiência, habilitadas, na seguinte proporção:

I — até 200 empregados .......................... 2%;

II — de 201 a 500 .......................... 3%;

III — de 501 a 1.000 .......................... 4%;

IV — de 1.001 em diante .......................... 5%.

Campo 6: NIT — Preencher este campo com o Número de Identificação do Trabalhador com 11 (onze) caracteres numéricos, no formato XXX.XXXXX.XX-X.

O NIT corresponde ao número do PIS/PASEP/CI sendo que, no caso de Contribuinte Individual (CI), pode ser utilizado o número de inscrição no Sistema Único de Saúde (SUS) ou na Previdência Social.

Campo 7: Data do Nascimento — Informar a data de nascimento do empregado no formato DD/MM/AAAA.

Campo 8: Sexo (F/M) — Informar o sexo do empregado, preenchendo com a letra F para o sexo feminino e M para o sexo masculino.

Campo 9: CTPS (N., Série e UF) — Informar o número da Carteira de Trabalho e Previdência Social do empregado com 7 (sete) caracteres numéricos, a série com 5 (cinco) caracteres numéricos e a UF com 2 (dois) caracteres alfabéticos.

Campo 10: Data de Admissão — Informar a data de admissão do empregado na empresa no formato DD/MM/AAAA.

Campo 11: Regime Revezamento — Informar o regime de revezamento de trabalho do empregado, para os casos de trabalhos em turnos ou escala, especificando o tempo trabalhado e tempo de descanso, com até 15 (quinze) caracteres alfanuméricos.

Exemplo: 24 x 72 horas; 14 x 21 dias; 2 x 1 meses.

Se inexistente, preencher com NA — Não Aplicável.

Campo 12: CAT REGISTRADA — Neste campo deverão ser prestadas as informações sobre as Comunicações de Acidente do Trabalho registradas pela empresa na Previdência Social, nos termos do art. 22 da Lei n. 8.213, de 1991, do art. 169 da CLT, do art. 336 do RPS, aprovado pelo Dec. n. 3.048, de 1999, do item 7.4.8, alínea *a* da NR-7 do MTE e dos itens 4.3.1 e 6.1.2 do Anexo 13-A da NR-15 do MTE, disciplinado pela Portaria MPAS n. 5.051, de 1999, que aprova o Manual de Instruções para Preenchimento da CAT.

Campo 12.1: Data do Registro — Informar a data de registro da CAT no formato DD/MM/AAAA.

Campo12.2: Número da CAT — Informar o número da CAT com 13 (treze) caracteres numéricos, com formato XXXXXXXXXX-X/XX. Os dois últimos caracteres correspondem a um número sequencial relativo ao mesmo acidente, identificado por NIT, CNPJ e data do acidente.

Campo 13: LOTAÇÃO E ATRIBUIÇÃO — Neste campo deverão ser prestadas as informações sobre o histórico de lotação e atribuições do trabalhador, por período. A alteração de qualquer um dos campos — 13.2 a 13.7 — implica, obrigatoriamente, a criação de nova linha, com discriminação do período, repetindo as informações que não foram alteradas.

Campo 13.1: Período — Informar neste campo a data de início e data de fim do período, ambas no formato DD/MM/AAAA. No caso de trabalhador ativo, a data de fim do último período não deverá ser preenchida.

Campo 13.2: CNPJ/CEI — Informar neste campo o local onde efetivamente o trabalhador exerce suas atividades. Deverá ser informado o CNPJ do estabelecimento de lotação do trabalhador ou da empresa tomadora de serviços, no formato XXXXXXXX/XXXX-XX; ou

Matrícula CEI da obra ou do estabelecimento que não possua CNPJ, no formato XX.XXX.XXXXX/XX, ambos compostos por caracteres numéricos.

Campo 13.3: Setor — Informar o lugar administrativo na estrutura organizacional da empresa, onde o trabalhador exerce suas atividades laborais, com até 15 (quinze) caracteres alfanuméricos.

Campo 13.4: Cargo — Informar o cargo do trabalhador, constante na CTPS, se empregado ou trabalhador avulso, ou constante no Recibo de Produção e Livro de Matrícula, se cooperado, com até 30 (trinta) caracteres alfanuméricos.

Campo 13.5: Função — Informar o lugar administrativo na estrutura organizacional da empresa, onde o trabalhador tenha atribuição de comando, chefia, coordenação, supervisão ou gerência. Quando inexistente a função, preencher com NA — Não Aplicável, com até 30 (trinta) caracteres alfanuméricos.

Campo 13.6: CBO — Informar neste campo o número da Classificação Brasileira de Ocupação vigente à época, com 6 (seis) caracteres numéricos:

1 — No caso de utilização da tabela CBO relativa a 1994, utilizar a CBO completa com 5 (cinco) caracteres, completando com "0" (zero) a primeira posição;

2 — No caso de utilização da tabela CBO relativa a 2002, utilizar a CBO completa com 6 (seis) caracteres.

Alternativamente, pode ser utilizada a CBO, com 5 (cinco) caracteres numéricos, conforme Manual da GFIP para usuários do SEFIP, publicado por Instrução Normativa da Diretoria Colegiada do INSS:

1 — No caso de utilização da tabela CBO relativa a 1994, utilizar a CBO completa com 5 (cinco) caracteres;

2 — No caso de utilização da tabela CBO relativa a 2002, utilizar a família do CBO com 4 (quatro) caracteres, completando com "0" (zero) a primeira posição.

A tabela de CBO pode ser consultada na internet, no *site* <www.mtecbo.gov.br>.

Após a alteração da GFIP, somente será aceita a CBO completa, com 6 (seis) caracteres numéricos, conforme a nova tabela CBO relativa a 2002.

Campo 13.7: Código GFIP — Informar o Código de Ocorrência da GFIP para o trabalhador, com 2 (dois) caracteres numéricos, conforme Manual da GFIP para usuários do SEFIP, publicado por Instrução Normativa da Diretoria Colegiada do INSS.

A informação referente a este código deve ser obtida da análise e interpretação das demonstrações ambientais realizadas, tais como: PPRA; PCMAT ou PGR.

De acordo com as instruções contidas no Guia de Recolhimento do FGTS e Informações à Previdência Social — GFIP, verificamos que para o correto preenchimento do campo Ocorrências devemos empregar os seguintes códigos:

Para os trabalhadores com apenas um vínculo empregatício (ou uma fonte pagadora), informar os códigos a seguir, conforme o caso:

(em branco) — Sem exposição a agente nocivo. Trabalhador nunca esteve exposto.

01 — Não exposição a agente nocivo. Trabalhador já esteve exposto.

02 — Exposição a agente nocivo (aposentadoria especial aos 15 anos de trabalho);

03 — Exposição a agente nocivo (aposentadoria especial aos 20 anos de trabalho);

04 — Exposição a agente nocivo (aposentadoria especial aos 25 anos de trabalho).

Não devem preencher informações neste campo as empresas cujas atividades não exponham seus trabalhadores a agentes nocivos.

O código 01 somente é utilizado para o trabalhador que esteve e deixou de estar exposto a agente nocivo, como ocorre nos casos de transferência do trabalhador de um departamento (com exposição) para outro (sem exposição).

Para os trabalhadores com mais de um vínculo empregatício (ou mais de uma fonte pagadora), informar os códigos a seguir:

05 — Não exposto a agente nocivo;

06 — Exposição a agente nocivo (aposentadoria especial aos 15 anos de trabalho);

07 — Exposição a agente nocivo (aposentadoria especial aos 20 anos de trabalho);

08 — Exposição a agente nocivo (aposentadoria especial aos 25 anos de trabalho).

Exemplo: Um segurado trabalha nas empresas "Refinaria A" e "Comercial B". Na empresa "A", está exposto a agente nocivo que lhe propicia aposentadoria especial após 15 anos de trabalho, enquanto na empresa "B" não há exposição a agentes nocivos. Na GFIP da empresa "A", o empregado deve informar o código de ocorrência 6, ao passo que, na empresa "B", o código de ocorrência deve ser o 5.

Campo 14: PROFISSIOGRAFIA — Neste campo deverão ser prestadas as informações sobre a profissiografia do trabalhador, por período.

A alteração do campo 14.2 implica, obrigatoriamente, a criação de nova linha, com discriminação do período.

Campo 14.1: Período — Informar a data de início e data de fim do período, ambas no formato DD/MM/AAAA. No caso de trabalhador ativo, a data de fim do último período não deverá ser preenchida.

Campo 14.2: Descrição das Atividades — Descrever neste campo as atividades, físicas ou mentais, realizadas pelo trabalhador, por força do poder de comando a que se submete, com até 400 (quatrocentos) caracteres alfanuméricos.

As atividades deverão ser descritas com exatidão, e de forma sucinta, com a utilização de verbos no infinitivo impessoal.

### *2.4.3. Registros Ambientais*

São as informações referentes aos registros ambientais que devem ser obtidas mediante a análise e interpretação dos registros existentes nas Demonstrações Ambientais tais como: PPRA, PCMAT ou PGR.

Campo 15: EXPOSIÇÃO A FATORES DE RISCOS — São as informações sobre a exposição do trabalhador a fatores de riscos ambientais, por período, ainda que estejam neutralizados, atenuados ou exista proteção eficaz.

Facultativamente, também poderão ser indicados os fatores de riscos ergonômicos e mecânicos.

A alteração de qualquer um dos campos — 15.2 a 15.8 — implica, obrigatoriamente, a criação de nova linha, com discriminação do período, repetindo as informações que não foram alteradas.

Após a implantação da migração dos dados do PPP em meio magnético pela Previdência Social, as informações relativas aos fatores de riscos ergonômicos e mecânicos passarão a ser obrigatórias.

Campo 15.1: Período — Informar neste campo a data de início e data de fim do período, ambas no formato DD/MM/AAAA. No caso de trabalhador ativo, a data de fim do último período não deverá ser preenchida.

Campo 15.2: Tipo — Informar neste campo o tipo do fator de risco, tais como:

F — Físico; Q — Químico; B — Biológico; E — Ergonômico/Psicossocial, M — Mecânico/de Acidente, conforme classificação adotada pelo Ministério da Saúde, em "Doenças Relacionadas ao Trabalho: Manual de Procedimentos para os Serviços de Saúde", de 2001.

A indicação dos Tipos "E" e "M" é facultativa.

O que determina a associação de agentes é a superposição de períodos com fatores de risco diferentes.

Campo 15.3: Fator de Risco — Descrever neste campo o fator de risco, com até 40 (quarenta) caracteres alfanuméricos.

Deve-se levar em conta para o correto preenchimento deste campo a relação de agentes nocivos e respectivas atividades previstas no Anexo IV do RPS — Classificação dos Agentes Nocivos.

Em se tratando do Tipo Q — Químico, deverá ser informado o nome da substância ativa, não sendo aceitas citações de nomes comerciais.

Campo 15.4: Intensidade/Concentração — Informar neste campo os resultados das avaliações/medições, registrando a sua Intensidade ou Concentração, e o respectivo período de exposição. Pode-se também informar o valor da dose equivalente a que o empregado esteve exposto.

Dependendo do tipo de agente, prestar esta informação com até 15 (quinze) caracteres alfanuméricos.

As informações referentes a este campo devem ser citadas nos seus valores reais independentemente da atenuação ou neutralização eventualmente ocorridas.

Caso o fator de risco não seja passível de mensuração, preencher com NA — Não Aplicável.

Campo 15.5: Técnica Utilizada — Informar neste campo a técnica utilizada para apuração do item 15.4, com até 40 (quarenta) caracteres alfanuméricos.

Caso o fator de risco não seja passível de mensuração, preencher com NA — Não Aplicável.

A avaliação dos agentes deverá considerar as atividades necessárias para quantificar a concentração ou intensidade através de equipamentos e instrumentos compatíveis aos riscos identificados, utilizando-se de técnicas apropriadas.

Nesta etapa é primordial caracterizar, através de metodologias técnicas, a exposição de trabalhadores a agentes de risco, considerando-se os Limites de Tolerância e o tempo de exposição, registrando-se sempre o tipo de instrumental utilizado, marca, modelo e calibragem.

A dose e o nível de pressão sonora médio (Lavg) deverão ser obtidos através de utilização de audiodosímetro, ou de decibelímetro.

O empregado portador do audiodosímetro deverá ser acompanhado durante todo o tempo, não podendo desviar-se de sua rotina de trabalho.

Os Agentes químicos deverão ser avaliados, através de monitores de difusão passiva ou métodos de amostragem instantânea para avaliação de campo dos empregados.

O empregado portador do monitor deverá ser acompanhado durante todo o tempo, não podendo desviar-se de sua rotina de trabalho. A metodologia e tempo de amostragem deverão seguir as Normas da FUNDACENTRO, NIOSH e/ou ACGIH.

Após amostragem, os monitores deverão ser avaliados por laboratórios reconhecidos nacional ou internacionalmente. Não é recomendada a utilização de tubos colorimétricos para avaliação dos agentes.

**Quadro de metodologia de avaliação por tipo de agente, equipamentos e técnicas a serem utilizados**

| Agente | NR-15 | Metodologia | Equipamentos | Técnica Utilizada |
|---|---|---|---|---|
| Ruído | Anexos 1 e 2 | NHO-1 — Fundacentro | 1 — Medidor de Pressão Sonora<br>2 — Dosímetros | 1 — Leitura Instantânea<br>2 — Dosimetria |
| Calor | Anexo 3 | NHO-6 — Fundacentro<br>IBUTG — ISO 7.243 | Árvore de Termômetros ou Medidor de *Stress* Térmico Eletrônico | Avaliação do IBUTG |
| Radiação Ionizante | Anexo 5 | NHO-5 — Fundacentro (Raio X)<br>CNEN-NE 3.01/88 (demais casos) | 1 — Dosímetros de bolso, Filmes, Canetas<br>2 — Contador Geiger Muller, Cintiladores e Câmaras de Ionização | 1 — Amostragem Passiva<br>2 — Leitura Instantânea |
| Vibração | Anexo 8 | ISO 2.631 — Corpo Inteiro<br>ISO 5.349 — Mãos e Braços | Medidor de Vibração com Analisador de frequência e Acelerômetros | Leitura Instantânea |
| Frio | Anexo 9 | Art. 253 da CLT<br>ACGIH | Termômetro e anemômetro | Leitura Instantânea |
| Agentes Químicos Gases e Vapores | Anexo 11 | NHO-2 — Fundacentro<br>NHO-3 — Fundacentro<br>NHO-4 — Fundacentro<br>NHO-7 — Fundacentro<br>Métodos da NIOSH | 1 — Tubos passivos, Tubos colorimétricos e Dosímetros passivos<br>2 — Bombas de fole ou pistão e Bomba de amostragem de baixa vazão com tubos de carvão e sílica, porta tubos e *Impingers*<br>3 — Instrumentos de Leitura Direta | 1 — Amostragem Passiva<br>2 — Aspiração Mecânica |

| Agente | NR-15 | Metodologia | Equipamentos | Técnica Utilizada |
|---|---|---|---|---|
| Asbesto | Anexo 12 | NIOSH: 7.400; 7.402; 9.000; 9.002; | Termômetro e Bombas de amostragem com cassete condutivo e Filtro Éster de Celulose com calibrador | Aspiração Mecânica |
| Manga-nês e seus compos-tos | Anexo 12 | NIOSH 7.300 | Bomba de amostragem com Cassete, Filtro e Calibrador | Aspiração Mecânica |
| Sílica livre | Anexo 12 | MHA-1 D — Fundacentro NIOSH: 7.501; 7.500; 7.601; 7.602; 7.603; | Bomba de amostragem com Cassete, Filtro de PVC, Ciclone e Calibrador | Aspiração Mecânica |
| Benzeno | Anexo 13-A | Instrução Normativa MTE n. 1 e n. 2 de 20.12.95 | 1 — Bomba de Amostragem<br>2 — Instrumentos de Leitura Dlreta | 1 — Aspiração Mecânica<br>2 — Leitura Instantânea |
| Poeiras Minerais | ACGIH | NHO-2 — Fundacentro NIOSH: 7.500 | Bomba de amostra-gem com Cassete, Filtro, Ciclone e Calibrador | Aspiração Mecânica |
| Fumos e Partículas metálicas | Anexos 11 e 12 | NIOSH 7.300 OSHA ID — 125 | Bomba de amostra-gem com Cassete, Filtro Éster de Celulose, Ciclone e Calibrador | Aspiração Mecânica |
| Agentes Biológicos | Anexo 14 | Portaria n. 3.523/98 GMMS e Resolução n. 9/03 ANVISA | 1 — Qualitativa<br>2 — Quantitativa | 1 — Inspeção no local<br>2 — Sedimentação, Filtração, Borbulha-ção ou Impactação |

Campo 15.6: EPC Eficaz (S/N) — Informar neste campo se o Equipamento de Proteção Coletiva — EPC foi eficaz, informado com a letra S — Sim e N — Não, considerando se houve ou não a eliminação ou a neutralização, com base no informado nos itens 15.2 a 15.5, asseguradas as condições de funcionamento do EPC ao longo do tempo, conforme especificação técnica do fabricante e respectivo plano de manutenção.

Campo 15.7: EPI Eficaz (S/N) — Informar neste campo se o Equipamento de Proteção Individual — EPI foi eficaz, informado com a letra S — Sim; N — Não, considerando se houve ou não a atenuação, com base no informado nos itens 15.2 a 15.5.

Campo 15.8: CA EPI — Informar neste campo o número do Certi-ficado de Aprovação do MTE para o Equipamento de Proteção Individual referido no campo 15.7, com 5 (cinco) caracteres numéricos.

Caso não seja utilizado EPI, preencher com NA — Não Aplicável.

Campo 15.9: Atendimento aos Requisitos das NR-6 e NR-9 do MTE pelos EPI Informados — Neste campo deve ser observado o dis-posto na NR-6 do MTE, assegurada a observância:

1 — da hierarquia estabelecida no item 9.3.5.4 da NR-9 do MTE (medidas de proteção coletiva, medidas de caráter administrativo ou de organização do trabalho e utilização de EPI, nesta ordem, admitindo-se a utilização de EPI somente em situações de inviabilidade técnica, insuficiência ou interinidade à implementação do EPC, ou ainda em caráter complementar ou emergencial);

2 — das condições de funcionamento do EPI ao longo do tempo, conforme especificação técnica do fabricante ajustada às condições de campo;

3 — do prazo de validade, conforme Certificado de Aprovação do MTE;

4 — da periodicidade de troca definida pelos programas ambientais, devendo esta ser comprovada mediante recibo; e

5 — dos meios de higienização.

Campo 16: RESPONSÁVEL PELOS REGISTROS AMBIENTAIS — Neste campo deverão ser prestadas as informações sobre os responsáveis pelos registros ambientais, por período. As informações referentes aos responsáveis pelos registros ambientais deverão ser transcritas das Demonstrações Ambientais realizadas.

O Ministério da Previdência Social — MPS, através do Instituto Nacional do Seguro Social — INSS, ao baixar a Instrução Normativa n. 99/03, inovou em relação ao Ministério do Trabalho e Emprego, pois ao definir que o Programa de Prevenção de Riscos Ambientais — PPRA servirá como principal Demonstração Ambiental, deixou claro que somente poderão ser utilizados os registros ambientais deste documento, para atender os fins da IN n. 99/03, quando estes registros tiverem sido realizados por um profissional legalmente habilitado.

A Norma Regulamentadora — NR-9 do MTE cita no seu item 9.3.1.1 que a elaboração, implementação, acompanhamento e avaliação do PPRA poderão ser feitos pelo Serviço Especializado em Engenharia de Segurança e em Medicina do Trabalho — SESMT ou por pessoa ou equipe de pessoas que, a critério do empregador, sejam capazes de desenvolver o disposto nesta NR.

Portanto, fica claro que um PPRA para atender simultaneamente as exigências do MTE e do MPS deverá ter os seus registros ambientais realizados por um profissional legalmente habilitado em um conselho de classe.

Campo 16.1: Período — Informar neste campo a data de início e data de fim do período, ambas no formato DD/MM/AAAA. O preenchimento deste campo deve sempre estar correlacionado com os mesmos períodos do Campo 15.1. No caso de trabalhador ativo sem alteração do responsável, a data de fim do último período não deverá ser preenchida.

Campo 16.2: NIT — Informar o número de identificação do trabalhador responsável pelos registros ambientais, com 11 (onze) caracteres numéricos, no formato XXX.XXXXX.XX-X.

O NIT corresponde ao número do PIS/PASEP/CI sendo que, no caso de Contribuinte Individual (CI), pode ser utilizado o número de inscrição no Sistema Único de Saúde (SUS) ou na Previdência Social.

Campo 16.3: Registro Conselho de Classe — Informar neste campo o número do registro profissional no Conselho de Classe, com 9 (nove) caracteres alfanuméricos, no formato XXXXXX-X/XX ou XXXXXXX/XX.

A parte "-X" corresponde à D — Definitivo ou P — Provisório.

A parte "/XX" deve ser preenchida com a UF, com 2 (dois) caracteres alfabéticos.

A parte numérica deverá ser completada com zeros à esquerda.

O registro no respectivo conselho de classe somente é possível para os profissionais cuja profissão foi reconhecida por lei.

Campo 16.4: Nome do Profissional Legalmente Habilitado — Informar com até 40 (quarenta) caracteres alfabéticos o nome do profissional legalmente habilitado, responsável pela execução da Demonstração Ambiental de onde foram extraídos os registros ambientais.

*2.4.4. Resultados de Monitoração Biológica*

As informações necessárias para o correto preenchimento dos campos desta seção devem ser obtidas do Programa de Controle Médico de Saúde Ocupacional — PCMSO e do Atestado de Saúde Ocupacional — ASO.

As informações sobre resultados de exames a serem inseridos no PPP devem obedecer às normas regulamentadoras da Portaria n. 3.214/78.

Campo 17: EXAMES MÉDICOS CLÍNICOS E COMPLEMENTARES — Neste campo deverão ser prestadas as informações sobre os exames médicos obrigatórios, clínicos e complementares, realizados para o trabalhador, constantes nos Quadros I e II da NR-7 do MTE.

## QUADRO I
## PARÂMETROS PARA CONTROLE BIOLÓGICO DA EXPOSIÇÃO OCUPACIONAL A ALGUNS AGENTES QUÍMICOS

| Agente Químico | Indicador Biológico | | VR | IBMP | Método Analítico | Amos-tragem | Inter-pretação | Vigência |
|---|---|---|---|---|---|---|---|---|
| | Mat. Biológico | Análise | | | | | | |
| Anilina | Urina<br>Sangue | p-aminofenol e/ou<br>Metahemoglobina | Até 2% | 50 mg/g creat.<br>5% | CG<br>E | FJ<br>FJ0-1 | EE<br>C+ | |
| Arsênico | Urina | Arsênico | Até 10 ug/g creat. | 50 ug/g creat. | E ou EAA | FS+T-6 | EE | |
| Cádmio | Urina | Cádmio | Até 2 ug/g creat. | 5 ug/g creat. | EAA | NC T-6 | SC | |
| Chumbo Inorgânico | Sangue<br>Urina | Chumbo e Ác. delta amino levulínico ou Zincoprotoporfirina | Até 40 mg/100 ml<br>Até 4,5 mg/g creat. | 60 ug/100 ml<br>10 mg/g creat.<br>100 ug/100 ml | EAA<br>E<br>HF | NC T -1<br>NC T -1<br>NC T -1 | SC<br>SC<br>SC | |
| Chumbo Tetraetila | Urina | Chumbo | Até 50 ug/g creat. | 100 ug/g creat. | EA A | FJ 0-1 | EE | |
| Cromo Hexavalente | Urina | Cromo | Até 5 ug/g creat. | 30 ug/creat. | EA A | FS | EE | |
| Diclorometano | Sangue | Carboxilhemoglobina | Até 1% NF | 3,5 NF | E | FJ 0-1 | SC + | |
| Dimetilfor-mamida | Urina | N-Metilformamida | | 40 mg/g creat. | CG ou CLAD | FJ | EE | P-18 |

| Agente Químico | Indicador Biológico | | VR | IBMP | Método Analítico | Amostragem | Interpretação | Vigência |
|---|---|---|---|---|---|---|---|---|
| | Mat. Biológico | Análise | | | | | | |
| Dissulfeto de Carbono | Urina | Ác. 2-Tio-Tiazolidina | | 5 mg/g creat. | CG ou CLAD | FJ | EE | P-25 |
| Ésteres Organo-fosforados e Carbamatos | Sangue | Acetil-Colinesterase<br>Eritrocitária ou Colinesterase<br>Plasmática ou Colinesterase<br>Eritrocitária e plasmática (sangue total) | Determinar a atividade pré-ocupacional | 30% de depressão da atividade inicial<br>50% de depressão da atividade inicial<br>25% de depressão da atividade inicial | | NC<br>NC<br>NC | SC<br>SC<br>SC | |
| Estireno | Urina<br>Urina | Ác. Mandélico e/ou<br>Ác. Fenil-Glioxílico | | 0,08g/g creat.<br>240 mg/g creat. | CG ou CLAD<br>CG ou CLAD | FJ<br>FJ | EE<br>EE | |
| Etil-Benzeno | Urina | Ác. Mandélico | | 1,5 g/g creat. | CG ou CLAD | FS/td> | EE | |
| Fenol | Urina | Fenol | 20 mg/g creat. | 250 mg/g creat. | CG ou CLAD | FJ 0-1 | EE | |
| Fúor ou Fluoretos | Urina | Fluoreto | Até 0,5 mg/g | 3 mg/g creat. no início da jornada e 10 mg/g creat. no final da jornada | IS | PP+ | EE | |

| Agente Químico | Indicador Biológico | | VR | IBMP | Método Analítico | Amostragem | Interpretação | Vigência |
|---|---|---|---|---|---|---|---|---|
| | Mat. Biológico | Análise | | | | | | |
| Mercúrio Inorgânico | Urina | Mercúrio | Até 5 ug/g creat. | 35 ug/g creat. | EA A | PU T-12 | EE | |
| Metanol | Urina | Metanol | Até 5 mg/l | 15 mg/l | CG | FJ 0-1 | EE | |
| Metil-Etil-Cetona | Urina | Metil-Etil-Cetona | | 2 mg/l | CG | FJ | EE | P-12 |
| Monóxido de Carbono | Sangue | Carboxihemoglobina | Até 1% NF | 3,5 NF | E | FJ 0-1 | SC + | |
| N-Hexano | Urina | 2,5 Hexanodiona | | 5 mg/g creat. | CG | FJ | EE | P-18 |
| Nitrobenzeno | Sangue | Metahemoglobina | Até 2% | 5 | E | FJ 0-1 | SC + | |
| Pentacloro-fenol | Urina | Pentaclorofenol | | 2 mg/g creat. | CG ou CLAD | FS + | EE | |
| Tetracloroetileno | Urina | Ác. Tricloroacético | | 3,5 mg/l | E | FS + | EE | |
| Tolueno | Urina | Ác. Hipúrico | Até 1,5 g/g creat. | 2,5 g/g creat. | CG ou CLAD | FJ | EE | |
| Tricloroetano | Urina | Triclorocompostos Totais | | 40 mg/g creat. | E | FS | EE | |
| Tricloroetileno | Urina | Triclorocompostos Totais | | 300 mg/g creat. | E | FS | EE | |
| Xileno | Urina | Ác. Metil-Hipúrico | | 1,5 g/g creat. | CG ou CLAD | FJ | EE | |

Abreviaturas:

IBMP Índice Biológico Máximo Permitido: é o valor máximo do indicador biológico para o qual se supõe que a maioria das pessoas ocupacionalmente expostas não corre risco de dano à saúde. A ultrapassagem deste valor significa exposição excessiva;

VR Valor de Referência da Normalidade: valor possível de ser encontrado em populações não expostas ocupacionalmente;

NF Não Fumantes.

**Método Analítico Recomendado:**

E Espectrofotometria Ultravioleta/Visível;

EAA Espectrofotometria de Absorção Atômica;

CG Cromatografia em Fase Gasosa;

CLAD Cromatografia Líquida de Alto Desempenho;

IS Eletrodo Íon Seletivo;

HF Hematofluorômetro.

**Condições de Amostragem:**

FJ Final do último dia de jornada de trabalho (recomenda-se evitar a primeira jornada da semana);

FS Final do último dia de jornada da semana;

FS+ Início da última jornada da semana;

PP+ Pré e pós a 4ª jornada de trabalho da semana;

PU Primeira urina da manhã;

MC Momento de amostragem "não crítico": pode ser feita em qualquer dia e horário, desde que o trabalhador esteja em trabalho contínuo nas últimas 4 (quatro) semanas sem afastamento maior que 4 (quatro) dias;

T-1 Recomenda-se iniciar a monitorização após 1 (um) mês de exposição;

T-6 Recomenda-se iniciar a monitorização após 6 (seis) meses de exposição;

T-12 Recomenda-se iniciar a monitorização após 12 (doze) meses de exposição;

0-1 Pode-se fazer a diferença entre pré e pós-jornada.

Interpretação:

EE O indicador biológico é capaz de indicar uma exposição ambiental acima do limite de tolerância, mas não possui, isoladamente, significado clínico ou toxicológico próprio, ou seja, não indica doença, nem está associado a um efeito ou disfunção de qualquer sistema biológico;

SC Além de mostrar uma exposição excessiva, o indicador biológico tem também significado clínico ou toxicológico próprio, ou seja, pode indicar doença, estar associado a um efeito ou uma disfunção do sistema biológico avaliado;

SC+ O indicador biológico possui significado clínico ou toxicológico próprio, mas, na prática, devido à sua curta meia-vida biológica, deve ser considerado como EE.

Vigência:

P-12 A inspeção do trabalho passará a exigir a avaliação deste indicador biológico 12 (doze) meses após a publicação desta norma;

P-18 A inspeção do trabalho passará a exigir a avaliação deste indicador biológico 18 (dezoito) meses após a publicação desta norma;

P-24 A inspeção do trabalho passará a exigir a avaliação deste indicador biológico 24 (vinte e quatro) meses após a publicação desta norma.

Recomendação:

Recomenda-se executar a monitorização biológica no coletivo, ou seja, monitorizando os resultados do grupo de trabalhadores expostos a riscos quantitativamente semelhantes.

## QUADRO II

## PARÂMETROS PARA MONITORIZAÇÃO DA EXPOSIÇÃO OCUPACIONAL A ALGUNS RISCOS À SAÚDE (redação dada pela Portaria n. 19, de 9 de abril de 1998)

| Risco | Exame Complementar | Periodicidade dos Exames | Método de Execução | Critério de Interpretação | Observações |
|---|---|---|---|---|---|
| Ruído | *Vide* Anexo I — Diretrizes e Parâmetros Mínimos para Avaliação e Acompanhamento da Audição em Trabalhadores Expostos a Níveis de Pressão Sonora Elevados. | | | | |
| Aerodispersoides Fibrogênicos | Telerradiografia do tórax<br>Espirometria | Admissional e anual<br>Admissional e bienal | Radiografia em posição posteroanterior (PA)<br>Técnica preconizada pela OIT, 1980<br>Técnica preconizada pela American Thoracic Society, 1987 | Classificação internacional da OIT para radiografias | |
| Aerodispersoides Não Fibrogênicos | Telerradiografia do tórax<br>Espirometria | Admissional e trienal, se exposição < 15 anos<br>Admissional e bienal, se exposição > 15 anos | Radiografia em posição posteroanterior (PA)<br>Técnica preconizada pela OIT, 1980<br>Técnica preconizada pela American Thoracic Society, 1987 | Classificação internacional da OIT para radiografias | |
| Condições hiperbáricas | Radiografias de articulações coxofemurais e escapuloumerais | Admissional e anual | | | Ver anexo "B" do Anexo n. 6 da NR-15 |
| Radiações ionizantes | Hemograma completo e contagem de plaquetas | Admissional e semestral | | | |
| Hormônios sexuais femininos | Apenas em homens; testosterona total ou plasmática livre LH e FSH | Admissional e semestral | | | |
| Benzeno | Hemograma completo e plaquetas | Admissional e semestral | | | |

Campo 17.1: Data — Informar a data do exame no formato DD/MM/AAAA.

Campo 17.2: Tipo — Informar o tipo do exame realizado, de acordo com o item 7.4.1 da NR-7, descrevendo resumidamente os exames realizados para controle médico ocupacional, somente aqueles relacionados aos riscos ambientais que forem constatados, sendo:

A — Admissional; P — Periódico; R — Retorno ao Trabalho; M — Mudança de Função; D — Demissional.

Os exames de que trata o item 7.4.1 compreendem: A avaliação clínica abrangendo a Anamnese Ocupacional,

Exame Físico e

Exame Mental.

Os exames complementares devem ser realizados de acordo com os termos especificados da NR-7 e seus anexos.

Campo 17.3: Natureza — Informar a natureza do exame realizado, com até 50 (cinquenta) caracteres alfanuméricos.

No caso dos exames relacionados no Quadro I da NR-7, do MTE, deverá ser especificada a análise realizada, além do material biológico coletado.

Exemplos: audiometria, telerradiografia do tórax, espirometria, radiografias de articulações coxofemorais e escapuloumerais, hemo-grama completo e contagem de plaquetas, testosterona total ou plas-mática livre LH e FSH, fezes, urina, ar exalado, vista, etc.

Campo 17.4: Exame (R/S) — Informar neste campo se o exame é do tipo audiométrico de R — Referencial ou S — Sequencial, de acordo com o item 3.6 do Anexo I da NR-7.

Campo 17.5: Indicação de Resultados — Preencher Normal ou Alterado. Só deve ser preenchido Estável ou Agravamento no caso de resultado Alterado em exame audiométrico Sequencial. Só deve ser preenchido Ocupacional ou Não Ocupacional no caso de Agravamento.

No caso de Natureza do Exame "Audiometria", a alteração unilateral poderá ser classificada como ocupacional, apesar de a maioria das alterações ocupacionais ser constatada bilateralmente.

Campo 18: RESPONSÁVEL PELA MONITORAÇÃO BIOLÓGICA — Neste campo devem ser prestadas as informações sobre os responsáveis pela monitoração biológica, por período. As informações referentes aos responsáveis pelas monitorações ambientais deverão ser transcritas das Demonstrações Ambientais realizadas (PCMSO).

Campo 18.1: Período — Informar a data de início e data de fim do período da realização da monitoração biológica, ambas no formato DD/MM/AAAA.

O preenchimento deste campo deve sempre estar correlacionado com os mesmos períodos dos exames realizados no Campo 17.1. No caso de trabalhador ativo sem alteração do responsável, a data de fim do último período não deverá ser preenchida.

Campo 18.2: NIT — Informar neste campo o número de Identifi-cação do Trabalhador responsável pela monitoração biológica, com 11 (onze) caracteres numéricos, no formato XXX.XXXXX.XX-X.

O NIT corresponde ao número do PIS/PASEP/CI sendo que, no caso de Contribuinte Individual (CI), pode ser utilizado o número de inscrição no Sistema Único de Saúde (SUS) ou na Previdência Social.

Campo 18.3: — Registro no Conselho de Classe — Informar neste campo o número do registro profissional no Conselho de Classe, com 9 (nove) caracteres alfanuméricos, no formato XXXXXX-X/XX ou XXXXXXX/XX.

A parte "-X" corresponde à D — Definitivo ou P — Provisório.

A parte "/XX" deve ser preenchida com a UF, com 2 (dois) caracteres alfabéticos.

A parte numérica deverá ser completada com zeros à esquerda.

Campo 18.4: Nome do Profissional Legalmente Habilitado — Informar o nome do profissional legalmente habilitado responsável pela monitoração biológica com até 40 (quarenta) caracteres alfabéticos.

### *2.4.5. Responsável pelas Informações*

Esta seção deve ser preenchida pelo representante legal da empresa, sempre lembrando que, para todos os fins de direito, as informações prestadas neste documento são verídicas e foram transcritas fielmente dos registros administrativos, das demonstrações ambientais e dos programas médicos de responsabilidade da empresa.

É de conhecimento que a prestação de informações falsas neste documento constitui crime de falsificação de documento público, nos termos do art. 297 do Código Penal e, também, que tais informações são de caráter privativo do trabalhador, constituindo crime, nos termos da Lei n. 9.029/95, práticas discriminatórias decorrentes de sua exigibilidade por outrem, bem como de sua divulgação para terceiros, ressalvado quando exigida pelos órgãos públicos competentes.

Campo 19: Data de Emissão do PPP — Informar a data em que o PPP é impresso e assinado pelos responsáveis, no formato DD/MM/AAAA.

Campo 20: REPRESENTANTE LEGAL DA EMPRESA — Neste campo devem ser prestadas as informações sobre o Representante Legal da empresa, com poderes específicos outorgados por procuração.

Campo 20.1: NIT — Informar neste campo o número de Identificação do Trabalhador responsável pelas informações da Seção IV, com 11 (onze) caracteres numéricos, no formato XXX.XXXXX.XX-X.

O NIT corresponde ao número do PIS/PASEP/CI sendo que, no caso de contribuinte individual (CI), pode ser utilizado o número de inscrição no Sistema Único de Saúde (SUS) ou na Previdência Social.

Campo 20.2: Nome — Informar o nome do trabalhador responsável pelas informações da Seção IV, com até 40 caracteres alfabéticos.

Campo: Carimbo — Neste campo deverá ser estampado o carimbo do representante legal da Empresa.

Campo: Assinatura — Neste campo o representante legal da empresa deverá assinar manualmente o documento.

Campo: Observações — Devem ser incluídas neste campo as informações necessárias à análise do PPP, bem como facilitadoras do requerimento do benefício, como, por exemplo, esclarecimento sobre alteração de razão social da empresa, no caso de sucessora ou indicador de empresa pertencente a grupo econômico.

É facultada ainda a inclusão de informações complementares ou adicionais ao PPP, tais como:

> Incluir no campo das observações as informações referentes ao enquadramento por categoria profissional, damos como exemplo o seguinte texto:
>
> De acordo com a Instrução Normativa INSS/PRES n. 45/10, Art. 262 — "Qualquer que seja a data do requerimento dos benefícios previstos no RGPS, as atividades exercidas deverão ser analisadas", conforme quadro previsto no anexo XXVII da IN n. 45/10.

Considerando ainda que as atividades desenvolvidas pelo empregado eram desenvolvidas de forma permanente em instalações e equipamentos elétricos com riscos de acidentes, foi realizado o seu enquadramento no Código 1.1.8 do Quadro Anexo ao Decreto n. 53.831.

| | | | | | |
|---|---|---|---|---|---|
| 1.1.8 | ELETRICIDADE Operações em locais com eletricidade em condições de perigo de vida. | Trabalhos permanentes em instalações ou equipamentos elétricos com riscos de acidentes — Eletricistas, cabistas, montadores e outros. | Perigoso | 25 anos | Jornada normal ou especial fixada em lei em serviços expostos a tensão superior a 250 volts. Arts, 187, 195 e 196 da CLT. Portaria Ministerial n. 34, de 8.4.54. |

De acordo com a Instrução Normativa INSS/PRES n. 45/10, Art. 243. Inciso I — "A exposição ocupacional a agentes químicos e a poeiras minerais constantes do Anexo IV do RPS, dará ensejo à aposentadoria especial quando: I — até 5 de março de 1997, véspera da publicação do Decreto n. 2.172, de 1997, analisar qualitativamente em conformidade com o código 1.0.0 do Anexo do Decreto n. 53.831, de 1964 ou Código 1.0.0 do Anexo do Decreto n. 83.080, de 1979, por presunção de exposição".

| | | | | | |
|---|---|---|---|---|---|
| 1.2.11 | TÓXICOS ORGÂNICOS Operações executadas com derivados tóxicos do carbono | Trabalhos permanentes expostos às poeiras, gases, vapores, neblinas e fumos de derivados do carbono, tais como: cloreto de metila, tetracloreto de carbono, tricoloroetileno, clorofórmio, bromureto de netila, nitrobenzeno, gasolina, alcoois, acetona, acetatos, pentano, metano, hexano, sulfureto de carbono, etc. | Insalubre | 25 anos | Jornada normal. Art. 187 CLT. Portaria Ministerial n. 262, de 6.8.62. |

Quando não existirem informações disponíveis na empresa referentes a um determinado período para a função analisada, deve-se incluir no campo das observações o seguinte texto: Não estão disponíveis as avaliações ambientais para o período tal e tal.

Quando não existir qualquer exposição do trabalhador a riscos ambientais, pode-se incluir a seguinte observação: Conforme Programa de Prevenção de Riscos Ambientais elaborado em xx/xx/xxxx, as atividades desempenhadas pelo empregado não possuem riscos significativos e nas análises globais do programa realizadas nos anos subsequentes se mantiveram inalterados. O citado PPRA tem a seguinte conclusão: Não foi identificada exposição da função tal aos agentes físicos, químicos e biológicos constantes dos anexos NR-15 — Atividades e Operações Insalubres.

Em relação aos exames médicos não informados na Seção III — Seção de Resultados de Monitoração Biológica, deve-se incluir a seguinte observação: Conforme Resolução n. 1.715/04 do Conselho Federal de Medicina de 12 de janeiro de 2004, é vedado ao Médico do Trabalho disponibilizar informações sobre o resultado de monitoração biológica (Anexo XV da Seção III do PPP), sob pena de violação do sigilo médico. As informações dos campos 17.3, 17.4 e 17.5 estão disponíveis para o Perito Médico do INSS.

*2.4.6. Recibo*

Quando da entrega do PPP ao empregado, deve-se obter a sua assinatura na via que ficará de posse da empresa, ou no próprio documento de rescisão/homologação, para fazer a comprovação junto à fiscaliza-ção ou judicialmente, quando necessário.

Estes documentos devem ser arquivados na empresa por 20 anos.

*2.4.7. Análise e Gerenciamento das Informações*

Os dados obtidos junto à empresa e as informações coletadas nas entrevistas e visitas de campo devem compor o acervo de informações. Este deverá estar disponível em um banco de dados, preferencialmente em arquivo eletrônico, de forma a permitir a análise rápida e prática das informações e o gerenciamento de todos os parâmetros classificados no formulário do Perfil Profissiográfico Previdenciário — PPP, permitindo a consolidação dessas informações em relação ao total de empregados entrevistados.

O registro dos dados permitirá também que se emita a qualquer momento que for necessário o PPP do empregado que se desliga ou desligou da empresa, bem como facilitará sobremaneira a atualização dos dados do empregado ou do local de trabalho, quando da ocorrência de uma mudança de posto de trabalho, melhoria das condições de trabalho ou alteração do processo produtivo.

Desta forma, o PPP não precisará ser totalmente refeito, bastando a atualização do campo que sofreu a alteração, e assim o banco de dados estará totalmente atualizado.

Outra facilidade do banco de dados eletrônico, contendo as informações do Perfil Profissiográfico Previdenciário, é permitir a elaboração de relatórios específicos para cada um dos campos analisados, de forma rápida e detalhada, por empregado, por posto de trabalho, por atividade, etc.

*2.4.8. Sistema de Gestão do PPP eletrônico via* web

A vantagem da implantação de um sistema de gestão do PPP eletrônico via *web* (rede de internet) é a possibilidade da administração em tempo real das informações relativas ao gerenciamento dos riscos quando e do controle dos agentes nocivos no ambiente de trabalho, orientando quando necessário um programa de reabilitação profissional, o requerimento de benefício acidentário e de instrução de processos para o requerimento da aposentadoria especial.

O programa deve relacionar de forma integrada e eletrônica as informações do banco de dados de pessoal preexistente na empresa, as demonstrações ambientais e a monitoração biológica, para a atualização e possibilidade geração do documento de forma eletrônica a qualquer tempo em qualquer local.

O sistema de PPP via *web* permite grande mobilidade, agilidade e segurança, além de apresentar um melhor custo/benefício, permitindo o gerenciamento do Código GFIP a ser emitido com base no PPRA, PCMAT, PGR ou LTCAT.

Permite também a integração entre a área administrativa da Empresa, Médicos e Engenheiros de Segurança do Trabalho, e a emissão do PPP atualizado para qualquer funcionário a qualquer momento.

Possibilita ainda a sua administração e operação descentralizada, ou seja, por qualquer computador ligado à rede de internet.

O sistema deve ser acessado através de Senha de Acesso, com a qual cada usuário tem uma identificação própria, proporcionando independência, segurança, rapidez, trazendo inúmeras vantagens na hora de elaborar, atualizar e gerar o PPP.

O sistema eletrônico deve permitir a classificação do Código de Ocorrência da GFIP-FGTS a partir do Local de Trabalho, Cargo ou Função do Trabalhador.

O sistema deve contar com tabelas tais como: CNAE (Classificação Nacional de Atividades Econômicas); CBO (Classificação Brasileira de Ocupação); Fatores de Risco, as respectivas medidas técnicas utilizadas e permitir a importação dos dados cadastrais e funcionais importados pelos sistemas de Folha de Pagamento.

O sistema deve ter garantia de estar sempre atualizado de acordo com as exigências legais do Ministério da Previdência e Assistência Social, e disponível 24 horas por dia, 7 dias na semana e 365 dias por ano, contando com total estrutura de segurança física, com *backups* externos ao Data-Center, diários, e, finalmente, ter um profissional especializado como responsável pela administração do sistema.

### *2.4.9. Modelo Oficial de Formulário do PPP*

ANEXO XV
INSTRUÇÃO NORMATIVA N. 45/INSSPRES,
DE 6 DE AGOSTO DE 2010
PERFIL PROFISSIOGRÁFICO PREVIDENCIÁRIO — PPP

PERFIL PROFISSIOGRÁFICO PREVIDENCIÁRIO — PPP

| **DADOS ADMINISTRATIVOS** | | |
|---|---|---|
| 1 — CNPJ do Domicílio Tributário/CEI | 2 — Nome Empresarial | 3 — CNAE |

| 4 — Nome do Trabalhador | 5 — BR/PDH | 6 — NIT |
|---|---|---|

| 7 — Data de Nascimento | 8 — Sexo (F/M) | 9 — CTPS (N., Série e UF) | 10 — Data de Admissão | 11 — Regime Revezamento |
|---|---|---|---|---|

| 12 — CAT REGISTRADA | | | |
|---|---|---|---|
| 12.1 — Data do Registro | 12.2 — Número da CAT | 12.1 — Data do Registro | 12.2 — Número da CAT |
| | | | |
| | | | |

| 13 — LOTAÇÃO E ATRIBUIÇÃO | | | | | | |
|---|---|---|---|---|---|---|
| 13.1 — Período | 13.2 — CNPJ/ CEI | 13.3 — Setor | 13.4 — Cargo | 13.5 — Função | 13.6 — CBO | 13.7 — Cód. GFIP |
| _/_/_ a _/_/_ | | | | | | |
| _/_/_ a _/_/_ | | | | | | |
| _/_/_ a _/_/_ | | | | | | |
| _/_/_ a _/_/_ | | | | | | |
| _/_/_ a _/_/_ | | | | | | |

| 14 — PROFISSIOGRAFIA | |
|---|---|
| 14.1 — Período | 14.2 — Descrição das Atividades |
| __/__/__ a __/__/__ | |
| __/__/__ a __/__/__ | |
| __/__/__ a __/__/__ | |
| __/__/__ a __/__/__ | |

**REGISTROS AMBIENTAIS**

| 15 | EXPOSIÇÃO A FATORES DE RISCOS | | | | | | |
|---|---|---|---|---|---|---|---|
| 15.1 — Período | 15.2 — Tipo | 15.3 — Fator de Risco | 15.4 — Intens./ Conc. | 15.5 — Técnica Utilizada | 15.6 — EPC Eficaz (S/N) | 15.7 — EPI Eficaz (S/N) | 15.8—CA EPI |
| __/__/__ a __/__/__ | | | | | | | |
| __/__/__ a __/__/__ | | | | | | | |
| __/__/__ a __/__/__ | | | | | | | |
| __/__/__ a __/__/__ | | | | | | | |

| 15.9. Atendimento aos requisitos das NR-6 e NR-9 do MTE pelos EPI informados | (SIM/NÃO) |
|---|---|
| Foi tentada a implementação de medidas de proteção coletiva, de caráter administrativo ou de organização do trabalho, optando-se pelo EPI por inviabilidade técnica, insuficiência ou interinidade, ou ainda em caráter complementar ou emergencial. | |
| Foram observadas as condições de funcionamento e do uso ininterrupto do EPI ao longo do tempo, conforme especificação técnica do fabricante, ajustada às condições de campo. | |
| Foi observado o prazo de validade, conforme Certificado de Aprovação — CA do MTE. | |
| Foi observada a periodicidade de troca definida pelos programas ambientais, comprovada mediante recibo assinado pelo usuário em época própria. | |
| Foi observada a higienização. | |

| 16 | RESPONSÁVEL PELOS REGISTROS AMBIENTAIS | | |
|---|---|---|---|
| 16.1 — Período | 16.2 — NIT | 16.3 — Registro Conselho de Classe | 16.4 — Nome do Profissional Legalmente Habilitado |
| __/__/__ a __/__/__ | | | |
| __/__/__ a __/__/__ | | | |
| __/__/__ a __/__/__ | | | |

**RESULTADOS DE MONITORAÇÃO BIOLÓGICA**

| 17 | EXAMES MÉDICOS, CLÍNICOS E COMPLEMENTARES (Quadros I e II, da NR-7) | | | | |
|---|---|---|---|---|---|
| 17.1 — Data | 17.2 — Tipo | 17.3 — Natureza | 17.4 — Exame (R/S) | 17.5 — Indicação de Resultados | |
| __/__/____ | | | | ( ) Normal | ( ) Alterado<br>( ) Estável<br>( ) Agravamento<br>( ) Ocupacional |

| | | |
|---|---|---|
| __/__/____ | ( ) Normal | ( ) Alterado<br>( ) Estável<br>( ) Agravamento<br>( ) Ocupacional |
| __/__/____ | ( ) Normal | ( ) Alterado<br>( ) Estável<br>( ) Agravamento<br>( ) Ocupacional |
| __/__/____ | ( ) Normal | ( ) Alterado<br>( ) Estável<br>( ) Agravamento<br>( ) Ocupacional |

| 18 RESPONSÁVEL PELA MONITORAÇÃO BIOLÓGICA | | | |
|---|---|---|---|
| 18.1 — Período | 18.2 — NIT | 18.3 — Registro Conselho de Classe | 18.4 — Nome do Profissional Legalmente Habilitado |
| _/_/_ a _/_/_ | | | |
| _/_/_ a _/_/_ | | | |
| _/_/_ a _/_/_ | | | |
| _/_/_ a _/_/_ | | | |

RESPONSÁVEIS PELAS INFORMAÇÕES

*Declaramos, para todos os fins de direito, que as informações prestadas neste documento são verídicas e foram transcritas fielmente dos registros administrativos, das demonstrações ambientais e dos programas médicos de responsabilidade da empresa. É de nosso conhecimento que a prestação de informações falsas neste documento constitui crime de falsificação de documento público, nos termos do art. 297 do Código Penal e, também, que tais informações são de caráter privativo do trabalhador, constituindo crime, nos termos da Lei n. 9.029/95, práticas discriminatórias decorrentes de sua exigibilidade por outrem, bem como de sua divulgação para terceiros, ressalvado quando exigida pelos órgãos públicos competentes.*

| 19 DATA EMISSÃO PPP | 20 REPRESENTAÇÃO LEGAL DA EMPRESA | |
|---|---|---|
| __/__/____ | 20.1 — NIT | 20.2 — Nome |
| | (Carimbo) | (Assinatura) |

| OBSERVAÇÕES |
|---|
| |

# 3. Conversão de Tempo da Aposentadoria Especial

## 3.1. Fundamentação Legal

Somente será permitida a conversão de tempo especial em comum, sendo vedada a conversão de tempo comum em especial.

O tempo de trabalho exercido sob condições especiais prejudiciais à saúde ou à integridade física do trabalhador, conforme a legislação vigente à época da prestação do serviço, será somado, após a respectiva conversão, ao tempo de trabalho exercido em atividade comum, qualquer que seja o período trabalhado, com base no Decreto n. 4.827, de 3 de setembro de 2003, aplicando-se a seguinte tabela de conversão, para efeito de concessão de qualquer benefício:

| Tempo de Atividade a ser Convertido | Para 15 | Para 20 | Para 25 | Para 30 | Para 35 |
|---|---|---|---|---|---|
| De 15 anos | 1,00 | 1,33 | 1,67 | 2,00 | 2,33 |
| De 20 anos | 0,75 | 1,00 | 1,25 | 1,50 | 1,75 |
| De 25 anos | 0,60 | 0,80 | 1,00 | 1,20 | 1,40 |

Para o segurado que houver exercido sucessivamente duas ou mais atividades sujeitas a condições especiais prejudiciais à saúde ou à integridade física, sem completar em qualquer delas o prazo mínimo exigido para a aposentadoria especial, os respectivos períodos serão somados, após a conversão do tempo relativo às atividades não preponderantes, cabendo, dessa forma, a concessão da aposentadoria especial com o tempo exigido para a atividade preponderante não convertida.

Será considerada atividade preponderante aquela que, após a conversão para um mesmo referencial, tenha maior número de anos.

Serão considerados, para fins de alternância entre períodos comum e especial, o tempo de serviço militar, mandato eletivo, aprendizado profissional, tempo de atividade rural, contribuinte em dobro ou facultativo, período de certidão de tempo de serviço público (contagem recíproca), benefício por incapacidade previdenciário (intercalado).

### 3.2. Ações das Agências da Previdência Social — APS

Caberá às Agências da Previdência Social — APS a análise dos requerimentos de benefícios e dos pedidos de recurso e revisão, com inclusão de períodos de atividades exercidas em condições especiais, para fins de conversão de tempo de contribuição ou concessão de aposentadoria especial, com observação dos procedimentos a seguir:

I — verificar o cumprimento das exigências das normas previdenciárias vigentes, no formulário legalmente previsto para reconhecimento de períodos alegados como especiais e no LTCAT, quando exigido, e somente após regularização encaminhar para análise técnica;

II — verificar se a atividade informada permite enquadramento por categoria profissional até 28 de abril de 1995, véspera da publicação da Lei n. 9.032, de 1995, no quadro II, anexo ao RBPS, aprovado pelo Decreto n. 83.080, de 1979, e a partir do Código 2.0.0 (Ocupações) do quadro III, a que se refere o art. 2º do Decreto n. 53.831, de 1964, promovendo o enquadramento, ainda que para o período analisado, conste também exposição à agente nocivo;

III — preencher o formulário denominado Despacho e Análise Administrativa da Atividade Especial, Anexo X da IN n. 45/10, com obrigatoriedade da indicação das informações do CNIS sobre a exposição do segurado a agentes nocivos, por período especial requerido; e

IV — encaminhar o formulário legalmente previsto para reconhecimento de períodos alegados como especiais e o LTCAT, quando exigido, ao Serviço ou à Seção de Saúde do Trabalhador da Gerência Executiva, para análise técnica, somente para requerimento, revisão ou recurso relativo a enquadramento por exposição à agente nocivo.

Quando do não enquadramento por categoria profissional, o servidor administrativo deverá registrar no processo o motivo e a fundamentação legal, de forma clara e objetiva, e somente encaminhar para análise técnica do Serviço ou da Seção de Saúde do Trabalhador da Gerência Executiva quando houver agentes nocivos citados nos formulários para reconhecimento de períodos alegados como especiais.

Caso haja irregularidade no preenchimento do formulário, deverá o servidor explicitá-la e emitir carta de exigência.

Ressalta-se que, períodos já reconhecidos como de atividade especial, deverão ser respeitadas as orientações vigentes à época, sendo que, neste caso, a análise pela perícia médica dar-se-á exclusivamente nas situações em que houver períodos com agentes nocivos ainda não analisados.

## 3.3. Inspeção Médico-pericial do INSS

O Perito Médico Previdenciário — PMP emitirá parecer técnico na avaliação dos benefícios por incapacidade e realizará análise médico-pericial dos benefícios de aposentadoria especial, elaborando relatório conclusivo no processo administrativo ou judicial que trata da concessão, revisão ou recurso dos referidos benefícios, inclusive para fins de custeio.

O PMP poderá, sempre que julgar necessário, solicitar as demonstrações ambientais de que trata o § 1º do art. 254 da IN n. 45/10 e outros documentos pertinentes à empresa responsável pelas informações, bem como inspecionar o ambiente de trabalho.

O PMP não poderá realizar avaliação médico-pericial nem analisar qualquer das demonstrações ambientais de que trata o § 1º do art. 254 da IN n. 45/10, quando estas tiverem a sua participação, nos termos do art. 120 do Código de Ética Médica e do art. 12 da Resolução CFM n. 1.488, de 11 de fevereiro de 1998.

O campo "justificativas técnicas", do Formulário da Análise e Decisão Técnica de Atividade Especial — Anexo XI da IN n. 45/10, deverá conter parecer médico do Serviço/Seção de Saúde do Trabalhador da Gerência-Executiva de forma clara, objetiva e legível, bem como a fundamentação que justifique a decisão.

Em análise médico-pericial, além das outras providências cabíveis, o PMP emitirá:

I — Representação Administrativa — RA, ao Ministério Público do Trabalho — MPT competente e ao Serviço de Segurança e Saúde do Trabalho da Superintendência Regional do Trabalho do MTE, sempre que, em tese, ocorrer desrespeito às normas de segurança e saúde do trabalho que reduzem os riscos inerentes ao trabalho ou às normas previdenciárias relativas aos documentos LTCAT, CAT, PPP e GFIP, quando relacionadas ao gerenciamento dos riscos ocupacionais;

II — RA, aos conselhos regionais das categorias profissionais, com cópia para o MPT competente, sempre que a confrontação da documentação apresentada com os ambientes de trabalho revelar indícios de irregularidades, fraudes ou imperícia dos responsáveis técnicos pelas demonstrações ambientais de que trata o § 1º do art. 254 da IN n. 45/10;

III — Representação para Fins Penais — RFP, ao Ministério Público Federal ou Estadual competente, sempre que as irregularidades previstas nesta Subseção ensejarem a ocorrência, em tese, de crime ou contravenção penal;

IV — Informação Médico Pericial — IMP, à PFE junto ao INSS na Gerência-Executiva ou Superintendência Regional a que está vinculado o PMP, para fins de ajuizamento de ação regressiva contra os empregadores ou subempregadores, quando identificar indícios de dolo ou culpa destes, em relação aos acidentes ou às doenças ocupacionais, incluindo o gerenciamento ineficaz dos riscos ambientais, ergonômicos e mecânicos ou outras irregularidades afins.

As representações deste artigo deverão ser remetidas por intermédio do Serviço/Seção de Saúde do Trabalhador da Gerência Executiva.

O Serviço/Seção de Saúde do Trabalhador da Gerência Executiva deverá enviar cópia da representação de que trata este artigo à unidade local da SRFB e à Procuradoria Federal Especializada — PFE junto ao INSS, bem como remeter um comunicado, conforme modelo constante no Anexo XIX da IN 45/2010, sobre sua emissão para o sindicato da categoria do trabalhador.

A PFE junto ao INSS deverá emitir um comunicado, conforme o Anexo XIX da IN n. 45/10, para o sindicato da categoria do trabalhador para as ações regressivas decorrentes da IMP, de que trata o § 4º do art. 251 da IN n. 45/10.

A PFE junto ao INSS deverá auxiliar e orientar a elaboração das representações de que trata este artigo, sempre que solicitada.

### 3.4. Perda do direito ao benefício

A aposentadoria especial requerida e concedida a partir de 29 de abril de 1995, data da publicação da Lei n. 9.032, de 1995, em virtude da exposição do trabalhador a agentes nocivos, será cessada pelo INSS se o beneficiário permanecer ou retornar à atividade que enseje a concessão desse benefício, na mesma ou em outra empresa, qualquer que seja a forma de prestação de serviço ou categoria de segurado.

A cessação do benefício ocorrerá da seguinte forma:

I — a partir de 3 de dezembro de 1998, data da publicação da MP n. 1.729, de 1998, convertida na Lei n. 9.732, de 1998, para as aposentadorias concedidas no período anterior à edição do referido diploma legal; e

II — a partir da data do efetivo retorno ou da permanência, para as aposentadorias concedidas a partir de 3 de dezembro de 1998, data da publicação da MP n. 1.729, de 1998.

A cessação do benefício deverá ser precedida de procedimento que garanta o contraditório e a ampla defesa do segurado.

Os valores indevidamente recebidos deverão ser devolvidos ao INSS, na forma dos arts. 154 e 365 do RPS.

### 3.5. Disposições transitórias

Os pedidos de revisão protocolados até 7 de agosto de 2003, efetuados com fundamento nas decisões proferidas na Ação Civil Pública — ACP n. 2000.71.00.030435-2 (liminar, sentença e acórdão regional), pendentes de decisão final, devem ser analisados de acordo com os dispositivos constantes nesta Instrução Normativa.

Aplica-se o disposto acima aos processos com decisões definitivas das Juntas de Recurso da Previdência Social — JRPS ou das Câmaras de Julgamento — CaJ, cujo acórdão não contemplou os critérios da referida ACP.

Não será permitida revisão para períodos de tempo especial reconhecidos e amparados pela legislação vigente à época, em benefícios já concedidos, salvo se identificada irregularidade.

A revisão prevista acima não será objeto de reforma do benefício, se ocasionar prejuízo ao segurado.

A correção das parcelas decorrentes da revisão deverá ocorrer:

I — a partir da data do pedido da revisão, se o segurado não tiver interposto recurso;

II — de acordo com as normas estabelecidas para esse caso, se o benefício estiver em fase de recurso.

Para pedidos de revisão que tenham por objeto outro elemento diverso do abrangido pela ACP, deverão ser adotados os seguintes procedimentos:

I — promover a revisão somente no que tange ao objeto da ACP e a correção das parcelas nos termos do disciplinado acima;

II — após concluída a revisão referida no inciso anterior, deverá ser processada nova revisão relativa ao objeto diverso, devendo a correção obedecer aos critérios disciplinados para esse procedimento.

Ficam convalidados os atos praticados com base nas decisões referidas acima, disciplinados nas IN INSS/DC n. 42/01; n. 49/01; n. 57/01; n. 78/02 e n. 84/02.

### 3.6. Fiscalização dos Riscos Ocupacionais no Ambiente de Trabalho

A Secretaria da Receita Federal do Brasil — RFB verificará, por intermédio de sua fiscalização, a regularidade e a conformidade das demonstrações ambientais de que trata o art. 291 da IN n. 971/09, os controles internos da empresa relativos ao gerenciamento dos riscos ocupacionais, em especial o embasamento para a declaração de informações em GFIP, de acordo com as disposições previstas nos arts. 57 e 58 da Lei n. 8.213, de 1991.

O disposto acima tem como objetivo:

I — verificar a integridade das informações do banco de dados do CNIS, que é alimentado pelos fatos declarados em GFIP;

II — verificar a regularidade do recolhimento da contribuição prevista no inciso II do art. 22 da Lei n. 8.212, de 1991, e da contribuição adicional prevista no § 6º do art. 57 da Lei n. 8.213, de 1991;

III — garantir o custeio de benefícios devidos.

Para efeito de cobrança das alíquotas adicionais constantes do § 6º do art. 57 da Lei n. 8.213, de 1991, serão considerados apenas os fatores de riscos ambientais referidos na Norma Regulamentadora (NR) n. 9 do MTE.

Poderão ser emitidas as seguintes Representações e Ações Regressivas:

I — Representação Administrativa ao Ministério Público do Trabalho (MPT) competente, e ao Serviço de Segurança e Saúde do Trabalho (SSST) da Delegacia Regional do Trabalho (DRT) do MTE, sempre que, em tese, ocorrer desrespeito às normas de segurança e saúde do trabalho que reduzem os riscos inerentes ao trabalho ou às normas previdenciárias relativas aos documentos LTCAT, Comunicação de Acidente do Trabalho (CAT), PPP e GFIP, quando relacionadas ao gerenciamento dos riscos ocupacionais;

II — Representação Administrativa aos Conselhos Regionais das categorias profissionais, com cópia para o MPT competente, sempre que a confrontação da documentação apresentada com os ambientes de trabalho revelar indícios de irregularidades, fraudes ou imperícia dos profissionais legalmente habilitados responsáveis pelas demonstrações ambientais e demais documentos, dispostos no art. 288 da IN n. 971/09;

III — Representação Administrativa ao INSS, com cópia ao MPT competente, sempre que for constatado que a empresa não cumpriu qualquer das obrigações relativas ao acidente de trabalho, previstas nos arts. 19 a 22 da Lei n. 8.213, de 1991, ou as disposições previstas no art. 58 da Lei n. 8.213, de 1991;

IV — Representação Pública ao Ministério Público Federal competente, sempre que as irregularidades previstas neste Capítulo ensejarem a ocorrência, em tese, de crime relacionado com as atividades da RFB, observado o procedimento disciplinado por ato próprio.

As representações citadas acima deverão ser comunicadas ao sindicato representativo da categoria do trabalhador.

As informações prestadas em GFIP sobre a existência ou não de riscos ambientais em níveis ou concentrações que prejudiquem a saúde ou a integridade física do trabalhador deverão ser comprovadas perante a fiscalização da RFB mediante a apresentação dos seguintes documentos:

I — PPRA, que visa à preservação da saúde e da integridade dos trabalhadores, por meio da antecipação, do reconhecimento, da avaliação e do consequente controle da ocorrência de riscos ambientais, sendo sua abrangência e profundidade dependentes das características dos riscos e das necessidades de controle, devendo ser elaborado e implementado pela empresa, por estabelecimento, nos termos da NR-9, do MTE;

II — Programa de Gerenciamento de Riscos (PGR), que é obrigatório para as atividades relacionadas à mineração e substitui o PPRA para essas atividades, devendo ser elaborado e implementado pela empresa ou pelo permissionário de lavra garimpeira, nos termos da NR-22, do MTE;

III — PCMAT, que é obrigatório para estabelecimentos que desenvolvam atividades relacionadas à indústria da construção, identificados no grupo 45 da tabela de CNAE, com 20 (vinte) trabalhadores ou mais por estabelecimento ou obra, e visa a implementar medidas de controle e sistemas preventivos de segurança nos processos, nas condições e no meio ambiente de trabalho, nos termos da NR-18, substituindo o PPRA quando contemplar todas as exigências contidas na NR-9, ambas do MTE;

IV — PCMSO, que deverá ser elaborado e implementado pela empresa ou pelo estabelecimento, a partir do PPRA, PGR e PCMAT, com o caráter de promover a prevenção, o rastreamento e o diagnóstico precoce dos agravos à saúde relacionados ao trabalho, inclusive aqueles de natureza subclínica, além da constatação da existência de casos de doenças profissionais ou de danos irreversíveis à saúde dos trabalhadores, nos termos da NR-7 do MTE;

V — LTCAT, que é a declaração pericial emitida para evidenciação técnica das condições ambientais do trabalho, podendo ser substituído por um dos documentos dentre os previstos nos incisos I e II, conforme disposto neste ato e na Instrução Normativa que estabelece critérios a serem adotados pelo INSS;

VI — PPP, que é o documento histórico-laboral individual do trabalhador, conforme disposto neste ato e na Instrução Normativa que estabelece critérios a serem adotados pelo INSS;

VII — CAT, que é o documento que registra o acidente do trabalho, a ocorrência ou o agravamento de doença ocupacional, mesmo que não tenha sido determinado o afastamento do trabalho, conforme disposto nos arts. 19 a 22 da Lei n. 8.213, de 1991, e nas NR-7 e NR-15 do MTE, sendo seu registro fundamental para a geração de análises estatísticas que determinam a morbidade e mortalidade nas empresas e para a adoção das medidas preventivas e repressivas cabíveis, sendo considerados, também, os casos de reconhecimento de nexo técnico epidemiológico na forma do art. 21-A da citada Lei, acrescentado pela Lei n. 11.430, de 26 de dezembro de 2006.

Os documentos previstos nos incisos II e III acima deverão ter ART, registrada no Crea.

As entidades e órgãos da Administração Pública Direta, as autarquias e as fundações de direito público, inclusive os órgãos dos Poderes Legislativo e Judiciário, que não possuam trabalhadores regidos pela CLT, aprovada pelo Decreto-Lei n. 5.452, de 1943, estão desobrigados da apresentação dos documentos previstos nos incisos I a IV acima, nos termos do subitem 1.1 da NR-1 do MTE.

A empresa contratante de serviços de terceiros intramuros é responsável:

I — por fornecer cópia dos documentos, dentre os previstos nos incisos I a III e V previstos acima, que permitam à contratada prestar as informações a que esteja obrigada em relação aos riscos ambientais a que estejam expostos seus trabalhadores;

II — pelo cumprimento dos programas, exigindo dos trabalhadores contratados a fiel obediência às normas e diretrizes estabelecidas nos referidos programas;

III — pela implementação de medidas de controle ambiental, indicadas para os trabalhadores contratados, nos termos do subitem 7.1.3 da NR-7, do subitem 9.6.1 da NR-9, do subitem 18.3.1.1 da NR-18, dos subitens 22.3.4, alínea "c" e 22.3.5 da NR-22 do MTE.

A empresa contratada para prestação de serviços intramuros, sem prejuízo das obrigações em relação aos demais trabalhadores, em relação aos envolvidos na prestação de serviços em estabelecimento da contratante ou no de terceiros por ela indicado, com base nas informações obtidas na forma do inciso I acima, é responsável:

I — pela elaboração do PPP de cada trabalhador exposto a riscos ambientais;

II — pelas informações na GFIP, relativas à exposição a riscos ambientais; e

III — pela implementação do PCMSO, previsto no inciso IV do *caput*.

A empresa contratante de serviços de terceiros intramuros deverá apresentar à empresa contratada os documentos a que estiver obrigada, dentre os previstos nos incisos I a V, para comprovação da obrigatoriedade ou não do acréscimo da retenção a que se refere o art. 145 da IN n. 971/09.

Na prestação de serviços mediante empreitada total na construção civil, hipótese em que a responsabilidade pelo gerenciamento dos riscos ambientais é da contratada, para a elisão da solidariedade prevista no inciso VI do art. 30 da Lei n. 8.212, de 1991, ressalvado o disposto no inciso IV do § 2º do art. 151, observando-se o disposto na alínea "e" do inciso II do art. 161 ambos da IN n. 971/09.

Entende-se por serviços de terceiros intramuros todas as atividades desenvolvidas em estabelecimento da contratante ou de terceiros por ela indicado, inclusive em obra de construção civil, por trabalhadores contratados mediante cessão de mão de obra, empreitada, trabalho temporário e por intermédio de cooperativa de trabalho.

O exercício de atividade em condições especiais que prejudiquem a saúde ou a integridade física do trabalhador, com exposição a agentes nocivos de modo permanente, não ocasional nem intermitente, conforme disposto no art. 57 da Lei n. 8.213, de 1991, é fato gerador de contribuição social previdenciária adicional para custeio da aposentadoria especial.

A GFIP, as demonstrações ambientais e os demais documentos de que trata o art. 291 da IN n. 971/09, constituem-se em obrigações acessórias relativas à contribuição referida no *caput*, nos termos do inciso IV do art. 32 da Lei n. 8.212, de 1991, do art. 22 e dos §§ 1º e 4º do art. 58 da Lei n. 8.213, de 1991, e dos §§ 2º, 6º e 7º do art. 68 e do art. 336 do RPS.

A contribuição adicional de que trata o art. 292 da IN n. 45/09 é devida pela empresa ou equiparado em relação à remuneração paga, devida ou creditada ao segurado empregado, trabalhador avulso ou cooperado sujeito a condições especiais, conforme disposto no § 6º do art. 57 da Lei n. 8.213, de 1991, e nos §§ 1º e 2º do art. 1º da Lei n. 10.666, de 2003.

A contribuição adicional referida no *caput* será calculada mediante a aplicação das alíquotas previstas no § 2º do art. 72 de acordo com a atividade exercida pelo trabalhador e o tempo exigido para a aposentadoria, observado o disposto nos §§ 3º e 4º do art. 72 ambos da IN n. 971/09.

Não será devida a contribuição de que trata este artigo quando a adoção de medidas de proteção coletiva ou individual neutralizarem ou reduzirem o grau de exposição do trabalhador a níveis legais de tolerância, de forma que afaste a concessão da aposentadoria especial, conforme previsto nesta Instrução Normativa ou em ato que estabeleça critérios a serem adotados pelo INSS, desde que a empresa comprove o gerenciamento dos riscos e a adoção das medidas de proteção recomendadas, conforme previsto no art. 291 da IN n. 971/09.

A empresa que não apresentar LTCAT ou apresentá-lo com dados divergentes ou desatualizados em relação às condições ambientais existentes estará sujeita à autuação com fundamento no § 2º do art. 33 da Lei n. 8.212, de 1991.

Em relação ao LTCAT, considera-se suprida a exigência prevista neste artigo, quando a empresa, no uso da faculdade prevista no inciso V do *caput* do art. 291 da IN n. 971/09, apresentar um dos documentos que o substitui.

A empresa que desenvolve atividades em condições especiais que exponham os trabalhadores a riscos ambientais está obrigada a elaborar e manter atualizado o PPP, abrangendo as atividades desenvolvidas pelos segurados empregados, trabalhadores avulsos e cooperados filiados à cooperativa de trabalho e de produção que laborem expostos a agentes nocivos químicos, físicos, biológicos ou a associação desses agentes, prejudiciais à saúde ou à integridade física, ainda que não presentes os requisitos para concessão de aposentadoria especial, seja pela eficácia dos equipamentos de proteção, coletivos ou individuais, seja por não se caracterizar a permanência.

A exigência do PPP referida neste artigo tem como finalidade identificar os trabalhadores expostos a agentes nocivos em relação aos quais será cobrada a respectiva alíquota adicional de contribuição para o custeio do benefício da correspondente aposentadoria especial, caso implementados os demais requisitos a esse direito.

A elaboração do PPP, em relação aos agentes químicos e ao agente físico ruído, fica condicionada ao alcance dos níveis de ação de que trata o subitem 9.3.6 da NR-9 do MTE, e em relação aos demais agentes, à simples presença no ambiente de trabalho.

O PPP deverá ser atualizado anualmente ou sempre que houver alteração no ambiente de trabalho ou houver troca de atividade pelo trabalhador.

A contribuição adicional de que trata o art. 292 da IN n. 971/09 será lançada por arbitramento, com fundamento legal previsto no § 3º do art. 33 da Lei n. 8.212, de 1991, combinado com o art. 233 do RPS, quando for constatada uma das seguintes ocorrências:

I — a falta do PPRA, PGR, PCMAT, LTCAT ou PPP, quando exigíveis, observado o disposto no inciso V do art. 291 da IN n. 971/09;

II — a incompatibilidade entre os documentos referidos no item acima;

III — a incoerência entre os documentos do inciso I e os emitidos com base na legislação trabalhista ou outros documentos emitidos pela empresa prestadora de serviços, pela tomadora de serviços, pelo INSS ou pela RFB.

Nas situações descritas neste artigo, caberá à empresa o ônus da prova em contrário.

# 4. Custeio da Aposentadoria Especial

## 4.1. Financiamento da aposentadoria especial

Em 11.12.98, foi editada pelo Congresso Nacional e sancionada pelo Presidente da República a Lei n. 9.732, que alterou dispositivos das Leis n. 8.212 e n. 8.213, ambas de 24.7.91, que dispõem sobre a Organização da Seguridade Social, instituindo o Plano de Custeio e os Planos de Benefícios da Previdência Social.

Foi acrescentado no art. 57, que trata da aposentadoria especial, o § 6º com o seguinte teor: "O benefício previsto neste artigo será financiado com os recursos provenientes da contribuição de que trata o inciso II do art. 22 da Lei n. 8.212, de 24.7.91, cujas alíquotas serão acrescidas de DOZE, NOVE ou SEIS pontos percentuais, conforme a atividade exercida pelo segurado a serviço da empresa permita a concessão de aposentadoria especial após QUINZE, VINTE ou VINTE e CINCO anos de contribuição, respectivamente."

É citado também que o acréscimo de que trata o parágrafo acima incide exclusivamente sobre a remuneração do segurado sujeito às condições especiais.

O referido inciso II do art. 22 da Lei n. 8.212/91 trata da contribuição da empresa para o financiamento da complementação das prestações por acidente do trabalho, dos seguintes percentuais incidentes sobre o total das remunerações pagas ou creditadas, no decorrer do mês, aos segurados empregados e trabalhadores avulsos, conforme a seguir:

a) 1% (um por cento) para as empresas em cuja atividade preponderante o risco de acidentes do trabalho seja considerado leve;

b) 2% (dois por cento) para as empresas em cuja atividade preponderante o risco de acidentes do trabalho seja considerado médio; e

c) 3% (três por cento) para as empresas em cuja atividade preponderante o risco de acidentes do trabalho seja considerado grave.

O acréscimo a que se refere o § 6º do art. 57 da Lei n. 8.213/91 será exigido de forma progressiva a partir das seguintes datas:

I — 1º.4.99, quatro, três ou dois por cento;

II — 1º.9.99, oito, seis ou quatro por cento;

III — 1º.3.00, doze, nove ou seis por cento.

A empresa que possuir trabalhador exposto a agentes nocivos químicos, físicos ou biológicos, ou associação desses agentes, que comprovadamente seja prejudicial à saúde ou à integridade física, e que propicie a concessão de aposentadoria especial, está sujeita ao recolhimento da alíquota adicional instituída pelo § 6º do art. 57 da Lei n. 8.213, de 1991, a partir da competência abril de 1999.

A alíquota adicional de contribuição destina-se ao financiamento da aposentadoria especial prevista nos arts. 57 e 58 da Lei n. 8.213, de 1991, concedida em virtude da exposição permanente do trabalhador a agente nocivo decorrente de riscos ambientais do trabalho, e incide exclusivamente sobre o total das remunerações pagas, devidas ou creditadas no decorrer do mês, ao segurado empregado e ao trabalhador avulso sujeitos às condições especiais.

A contribuição adicional será exigida, conforme indicado a seguir e de acordo com a atividade exercida pelo segurado, que permita a concessão de aposentadoria especial:

I — quinze anos de trabalho em condições especiais contribui com adicional de doze por cento;

II — vinte anos de trabalho em condições especiais contribui com adicional de nove por cento;

III — vinte e cinco anos de trabalho em condições especiais contribui com adicional de seis por cento.

a) Percentual de acréscimo a partir de 1º.4.99 a 31.8.99

| Aposentadoria Especial (Anos) | Percentual de Acréscimos |
|---|---|
| 15 anos | 4% |
| 20 anos | 3% |
| 25 anos | 2% |

a.1) Percentual Acumulado (SAT empresa + acréscimo) de 1º.4.99 a 31.8.99

| Grau de Risco da Empresa | Percentual Acumulado | | Aposentadoria Especial |
|---|---|---|---|
| | 15 anos | 20 anos | 25 anos |
| 1 | 5% | 4% | 3% |
| 2 | 6% | 5% | 4% |
| 3 | 7% | 6% | 5% |

b) De 1º.9.99 a 29.2.00

| Aposentadoria Especial (Anos) | Percentual de Acréscimos |
|---|---|
| 15 anos | 8% |
| 20 anos | 6% |
| 25 anos | 4% |

b.1) Percentual Acumulado (SAT empresa + acréscimo) de 1º.9.99 a 29.2.00

| Grau de Risco da Empresa | Percentual Acumulado | | Aposentadoria Especial |
|---|---|---|---|
| | 15 anos | 20 anos | 25 anos |
| 1 | 9% | 7% | 5% |
| 2 | 10% | 8% | 6% |
| 3 | 11% | 9% | 7% |

c) A partir de 1º.3.00

| Aposentadoria Especial (Anos) | Percentual de Acréscimos |
|---|---|
| 15 anos | 12% |
| 20 anos | 9% |
| 25 anos | 6% |

c.1) Percentual Acumulado (SAT empresa + acréscimo) a partir de 1º.3.00

| Grau de Risco da Empresa | Percentual Acumulado | | Aposentadoria Especial |
|---|---|---|---|
| | 15 anos | 20 anos | 25 anos |
| 1 | 13% | 10% | 7% |
| 2 | 14% | 11% | 8% |
| 3 | 15% | 12% | 9% |

Em 6.5.99 foi editado o Decreto Presidencial n. 3.048, aprovando o Regulamento da Previdência Social, tendo este Decreto revogado 55 instrumentos legais, reformulando, assim, praticamente todo o sistema da Previdência Social.

Especialmente para os nossos estudos vamos analisar com mais detalhes o art. 202, que passou a vigorar com a seguinte redação: "A contribuição da empresa destinada ao financiamento da aposentadoria especial, nos termos dos arts. 64 a 70, e dos benefícios concedidos em razão do grau de incidência de incapacidade laborativa decorrente dos riscos ambientais do trabalho corresponde à aplicação dos seguintes percentuais, incidentes sobre o total da remuneração paga, devida ou creditada a qualquer título, no decorrer do mês, ao segurado empregado e trabalhador avulso:

I — um por cento para a empresa em cuja atividade preponderante o risco de acidente do trabalho seja considerado leve;

II — dois por cento para a empresa em cuja atividade preponderante o risco de acidente do trabalho seja considerado médio; ou

III — três por cento para a empresa em cuja atividade preponderante o risco de acidente do trabalho seja considerado grave.

O Decreto n. 3.048/99, que regulamentou a Lei n. 9.732/98, inovou em relação ao extinto Decreto n. 2.173, de 5.3.97, o qual foi substituído, passando a contar com os seguintes parágrafos no seu art. 202:

§ 1º As alíquotas constantes do *caput* serão acrescidas de DOZE, NOVE ou SEIS pontos percentuais, respectivamente, se a atividade exercida pelo segurado a serviço da empresa ensejar a concessão de aposentadoria especial após QUINZE, VINTE ou VINTE e CINCO anos de contribuição.

§ 2º O acréscimo de que trata o parágrafo anterior incide exclusivamente sobre a remuneração do segurado sujeito às condições especiais que prejudiquem a saúde ou a integridade física.

§ 3º Considera-se preponderante a atividade que ocupa, na empresa, o maior número de segurados empregados e trabalhadores avulsos.

§ 4º A atividade econômica preponderante da empresa e os respectivos riscos de acidentes do trabalho compõem a Relação de Atividades Preponderantes e correspondentes Graus de Risco, prevista no Anexo V.

§ 5º O enquadramento no correspondente grau de risco é de responsabilidade da empresa, observada a sua atividade econômica preponderante e será feito mensalmente, cabendo ao Instituto Nacional do Seguro Social rever o autoenquadramento em qualquer tempo.

Concluímos, desta forma, que a contribuição de 1%, 2% ou 3%, que se destinava originalmente ao financiamento da complementação das prestações por acidente de trabalho, de acordo com o inciso II do art. 22 da Lei n. 8.212, de 24.7.91, foi posteriomente destinada ao financiamento dos benefícios concedidos em razão de maior incidência de incapacidade laborativa decorrente dos riscos ambientais do trabalho, conforme previsto no art. 26 do Decreto n. 2.173, de 5.3.97, ora revogado, sendo absorvida pelo Decreto n. 3.048/99, art. 202, com o título de contribuição destinada ao financiamento da aposentadoria especial e dos benefícios concedidos em razão do grau de incidência de incapacidade laborativa decorrente dos riscos ambientais do trabalho, além dos respectivos acréscimos previstos no § 1º deste mesmo artigo.

### 4.2. Aposentadoria especial do cooperado

Em 13 de dezembro de 2002, o Presidente da República publica a Medida Provisória n. 83, de 12 de dezembro de 2002, dispondo sobre a concessão da aposentadoria especial ao cooperado de cooperativa de trabalho ou de produção e dando outras providências.

No art. 1º, informava que as disposições legais sobre aposentadoria especial do segurado filiado ao Regime Geral de Previdência Social aplicam-se, também, ao cooperado filiado à cooperativa de trabalho e de produção que trabalha sujeito a condições especiais que prejudiquem a sua saúde ou a sua integridade física.

E que será devida a contribuição adicional de nove, sete ou cinco pontos percentuais, a cargo da empresa tomadora de serviços de cooperado filiado a cooperativa de trabalho, incidente sobre o valor bruto da nota fiscal ou fatura de prestação de serviços, conforme a atividade exercida pelo cooperado permita a concessão de aposentadoria especial após quinze, vinte ou vinte e cinco anos de contribuição, respectivamente.

E que será devida contribuição adicional de doze, nove ou seis pontos percentuais, a cargo da cooperativa de produção, incidente sobre a remuneração paga, devida ou creditada ao cooperado filiado, na hipótese de exercício de atividade que autorize a concessão de aposentadoria especial após quinze, vinte ou vinte e cinco anos de contribuição, respectivamente.

Informa ainda no seu art. 10 que a alíquota de contribuição de um, dois ou três por cento, destinada ao financiamento do benefício de aposentadoria especial ou daqueles concedidos em razão do grau de incidência de incapacidade laborativa decorrente dos riscos ambientais do trabalho, poderá ser reduzida, em até cinquenta por cento, ou aumentada, em até cem por cento, conforme dispuser o regulamento, em razão do desempenho da empresa em relação à respectiva atividade econômica, apurado em conformidade com os resultados obtidos a partir dos índices de frequência, gravidade e custo, calculados segundo metodologia aprovada pelo Conselho Nacional de Previdência Social.

No dia 9 de maio de 2003, foi publicada no DOU a Lei n. 10.666, de 8 de maio de 2003, convertendo a MP n. 83/02, mantendo na íntegra o texto original da medida provisória.

### 4.3. Aposentadoria especial para microempresas e setor rural

As microempresas e empresas de pequeno porte não têm quaisquer benefícios ou tratamento diferenciado no que tange ao PPP, até mesmo as optantes pelo simples.

Há um forte movimento da sociedade que defende o tratamento diferenciado para as MPE, assim como para as empresas cuja atividade não oferece risco para os empregados. Quanto aos últimos, a demanda já foi correspondida, pelo menos provisoriamente, até que o INSS crie o PPP “em meio magnético”, O MPAS acena com a possibilidade desse tratamento, conforme tem se visto em declarações à imprensa e em reuniões com os setores organizados.

Quanto ao Setor Rural, reafirmou-se a decisão da primeira reunião do Grupo de Técnico de Trabalho do PPP de estudar a possibilidade de se dar um tratamento diferenciado para a área rural.

Estão previstos encontros em diversas regionais da previdência para se tratar do assunto, no entanto, independentemente desses encontros, estão previstas reuniões entre o MPS/INSS, CONTAG e CNA para discutir o tema.

# 5. Custeio dos Riscos Ambientais do Trabalho

## 5.1. Financiamento dos Riscos Ambientais do Trabalho — RAT

No dia 26 de dezembro de 2006, foi aprovada pelo Congresso Nacional a Lei n. 11.430, que alterou as Leis ns. 8.213, de 24 de julho de 1991, e 9.796, de 5 de maio de 1999, aumentando o valor dos benefícios da previdência social; e revogando a Medida Provisória n. 316, de 11 de agosto de 2006; dispositivos das Leis ns. 8.213, de 24 de julho de 1991, 8.444, de 20 de julho de 1992, e da Medida Provisória n. 2.187-13, de 24 de agosto de 2001; e a Lei n. 10.699, de 9 de julho de 2003.

No seu art. 1º, informa que a Lei n. 8.213, de 24 de julho de 1991, passa a vigorar com as seguintes alterações, acrescentando-se os arts. 21-A e 41-A e dando-se nova redação ao art. 22:

O art. 21-A define que a perícia médica do INSS considerará caracterizada a natureza acidentária da incapacidade quando constatar ocorrência de nexo técnico epidemiológico entre o trabalho e o agravo, decorrente da relação entre a atividade da empresa e a entidade mórbida motivadora da incapacidade elencada na Classificação Internacional de Doenças — CID, em conformidade com o que dispuser o regulamento.

A perícia médica do INSS deixará de aplicar o disposto no artigo acima quando demonstrada a inexistência do nexo de que trata o objeto deste artigo.

Informa, ainda, que a empresa poderá requerer a não aplicação do nexo técnico epidemiológico, de cuja decisão caberá recurso com efeito suspensivo, da empresa ou do segurado, ao Conselho de Recursos da Previdência Social.

O Regulamento da Previdência Social, aprovado pelo Decreto n. 3.048, de 6 de maio de 1999, e suas alterações, disciplinam a aplicação, acompanhamento e avaliação do Fator Acidentário de Prevenção — FAP e do Nexo Técnico Epidemiológico, e de outras providências, definindo que:

As alíquotas constantes nos incisos I a III do art. 202 serão reduzidas em até cinquenta por cento ou aumentadas em até cem por cento, em razão do desempenho da empresa em relação à sua respectiva atividade, aferido pelo Fator Acidentário de Prevenção — FAP.

O FAP consiste num multiplicador variável num intervalo contínuo de cinco décimos (0,5000) a dois inteiros (2,0000), aplicado com quatro casas decimais, considerado o critério de arredondamento na quarta casa decimal, a ser aplicado à respectiva alíquota.

Para fins da redução ou majoração a que se refere o parágrafo acima, proceder-se-á à discriminação do desempenho da empresa, dentro da respectiva atividade econômica, a partir da criação de um índice composto pelos índices de gravidade, de frequência e de custo que pondera os respectivos percentis com pesos de cinquenta por cento, de trinta e cinco por cento e de quinze por cento, respectivamente.

Os índices de frequência, gravidade e custo serão calculados segundo metodologia aprovada pelo Conselho Nacional de Previdência Social, levando-se em conta:

I — para o índice de frequência, os registros de acidentes e doenças do trabalho informados ao INSS por meio de Comunicação de Acidente do Trabalho — CAT e de benefícios acidentários estabelecidos por nexos técnicos pela perícia médica do INSS, ainda que sem CAT a eles vinculados;

II — para o índice de gravidade, todos os casos de auxílio-doença, auxílio-acidente, aposentadoria por invalidez e pensão por morte, todos de natureza acidentária, aos quais são atribuídos pesos diferentes em razão da gravidade da ocorrência, como segue:

a) pensão por morte: peso de cinquenta por cento;

b) aposentadoria por invalidez: peso de trinta por cento; e

c) auxílio-doença e auxílio-acidente: peso de dez por cento para cada um; e

III — para o índice de custo, os valores dos benefícios de natureza acidentária pagos ou devidos pela Previdência Social, apurados da seguinte forma:

a) nos casos de auxílio-doença, com base no tempo de afastamento do trabalhador, em meses e fração de mês; e

b) nos casos de morte ou de invalidez, parcial ou total, mediante projeção da expectativa de sobrevida do segurado, na data de início do benefício, a partir da tábua de mortalidade construída pela Fundação Instituto Brasileiro de Geografia e Estatística — IBGE para toda a população brasileira, considerando-se a média nacional única para ambos os sexos.

O Ministério da Previdência Social publicará anualmente, sempre no mesmo mês, no Diário Oficial da União, os róis dos percentis de frequência, gravidade e custo por Subclasse da Classificação Nacional de Atividades Econômicas — CNAE e divulgará na rede mundial de computadores o FAP de cada empresa, com as respectivas ordens de frequência, gravidade, custo e demais elementos que possibilitem a esta verificar o respectivo desempenho dentro da sua CNAE-Subclasse.

O FAP produzirá efeitos tributários a partir do primeiro dia do quarto mês subsequente ao de sua divulgação.

Para o cálculo anual do FAP, serão utilizados os dados de janeiro a dezembro de cada ano, até completar o período de dois anos, a partir do qual os dados do ano inicial serão substituídos pelos novos dados anuais incorporados.

Para a empresa constituída após janeiro de 2007, o FAP será calculado a partir de 1º de janeiro do ano seguinte ao que completar dois anos de constituição.

Excepcionalmente, no primeiro processamento do FAP serão utilizados os dados de abril de 2007 a dezembro de 2008.

A metodologia aprovada pelo Conselho Nacional de Previdência Social indicará a sistemática de cálculo e a forma de aplicação de índices e critérios acessórios à composição do índice composto do FAP.

O FAP atribuído às empresas pelo Ministério da Previdência Social poderá ser contestado perante o Departamento de Políticas de Saúde e Segurança Ocupacional da Secretaria de Políticas de Previdência Social do Ministério da Previdência Social, no prazo de trinta dias da sua divulgação oficial.

A contestação de que trata o *caput* deverá versar, exclusivamente, sobre razões relativas a divergências quanto aos elementos previdenciários que compõem o cálculo do FAP.

Da decisão proferida pelo Departamento de Políticas de Saúde e Segurança Ocupacional, caberá recurso, no prazo de trinta dias da intimação da decisão, para a Secretaria de Políticas de Previdência Social, que examinará a matéria em caráter terminativo.

O processo administrativo de que trata este artigo tem efeito suspensivo

A fim de estimular investimentos destinados a diminuir os riscos ambientais no trabalho, o Ministério da Previdência e Assistência Social poderá alterar o enquadramento de empresa que demonstre a melhoria das condições do trabalho, com redução dos agravos à saúde do trabalhador, obtida através de investimentos em prevenção e em sistemas gerenciais de risco.

A alteração do enquadramento estará condicionada à inexistência de débitos em relação às contribuições devidas ao Instituto Nacional do Seguro Social e aos demais requisitos estabelecidos pelo Ministério da Previdência e Assistência Social.

O Instituto Nacional do Seguro Social, com base principalmente na comunicação prevista no art. 336 do RBP, implementará sistema de controle e acompanhamento de acidentes do trabalho.

Verificado o descumprimento por parte da empresa dos requisitos fixados pelo Ministério da Previdência e Assistência Social, para fins de enquadramento de que trata o artigo anterior, o Instituto Nacional do Seguro Social procederá à notificação dos valores devidos.

Das decisões do INSS nos processos de interesse dos beneficiários caberá recurso para o CRPS, conforme o disposto neste Regulamento e no regimento interno do CRPS.

É de trinta dias o prazo para interposição de recursos e para o oferecimento de contrarrazões, contados da ciência da decisão e da interposição do recurso, respectivamente.

O Instituto Nacional do Seguro Social e a Secretaria da Receita Previdenciária podem reformar suas decisões, deixando, no caso de reforma favorável ao interessado, de encaminhar o recurso à instância competente.

Se o reconhecimento do direito do interessado ocorrer na fase de instrução do recurso por ele interposto contra decisão de Junta de Recursos, ainda que de alçada, ou de Câmara de Julgamento, o processo, acompanhado das razões do novo entendimento, será encaminhado:

I — à Junta de Recursos, no caso de decisão dela emanada, para fins de reexame da questão; ou

II — à Câmara de Julgamento, se por ela proferida a decisão, para revisão do acórdão, na forma que dispuser o seu Regimento Interno.

O acidente do trabalho será caracterizado tecnicamente pela perícia médica do INSS, mediante a identificação do nexo entre o trabalho e o agravo.

I — o acidente e a lesão;

II — a doença e o trabalho; e

III — a *causa mortis* e o acidente.

O setor de benefícios do Instituto Nacional do Seguro Social reconhecerá o direito do segurado à habilitação do benefício acidentário.

Será considerado agravamento do acidente aquele sofrido pelo acidentado quando estiver sob a responsabilidade da reabilitação profissional.

Considera-se estabelecido o nexo entre o trabalho e o agravo quando se verificar nexo técnico epidemiológico entre a atividade da empresa e a entidade mórbida motivadora da incapacidade, elencada na Classificação Internacional de Doenças — CID em conformidade com o disposto na Lista C do Anexo II do Regulamento da Previdência Social.

Considera-se agravo a lesão, doença, transtorno de saúde, distúrbio, disfunção ou síndrome de evolução aguda, subaguda ou crônica, de natureza clínica ou subclínica, inclusive morte, independentemente do tempo de latência.

Reconhecidos pela perícia médica do INSS a incapacidade para o trabalho e o nexo entre o trabalho e o agravo, na forma acima, serão devidas as prestações acidentárias a que o beneficiário tenha direito.

A perícia médica do INSS deixará de aplicar o disposto no § 3º quando demonstrada a inexistência de nexo entre o trabalho e o agravo, sem prejuízo do disposto nos §§ 7º e 12.

A empresa poderá requerer ao INSS a não aplicação do nexo técnico epidemiológico ao caso concreto mediante a demonstração de inexistência de correspondente nexo entre o trabalho e o agravo.

O requerimento de que trata o parágrafo acima poderá ser apresentado no prazo de quinze dias da data para a entrega, na forma do inciso

IV do art. 225, da GFIP que registre a movimentação do trabalhador, sob pena de não conhecimento da alegação em instância administrativa.

Caracterizada a impossibilidade de atendimento ao disposto no parágrafo acima, motivada pelo não conhecimento tempestivo do diagnóstico do agravo, o requerimento poderá ser apresentado no prazo de quinze dias da data em que a empresa tomar ciência da decisão da perícia médica do INSS.

Juntamente com o requerimento de que tratam os parágrafos acima, a empresa formulará as alegações que entender necessárias e apresentará as provas que possuir demonstrando a inexistência de nexo entre o trabalho e o agravo.

A documentação probatória poderá trazer, entre outros meios de prova, evidências técnicas circunstanciadas e tempestivas à exposição do segurado, podendo ser produzidas no âmbito de programas de gestão de risco, a cargo da empresa, que possuam responsável técnico legalmente habilitado.

O INSS informará ao segurado sobre a contestação da empresa para que este, querendo, possa impugná-la, obedecendo, quanto à produção de provas, ao disposto no § 10, sempre que a instrução do pedido evidenciar a possibilidade de reconhecimento de inexistência do nexo entre o trabalho e o agravo.

Da decisão do requerimento cabe recurso, com efeito suspensivo, por parte da empresa ou, conforme o caso, do segurado ao Conselho de Recursos da Previdência Social.

Em 31 de maio de 2010, foi publicada a Resolução CNPS n. 1.316, publicada no DOU em 14 de junho de 2010, resolvendo que o anexo da Resolução MPS/CNPS n. 1.308, de 27 de maio de 2009, passa a vigorar com a nova redação aprovada pelo Plenário da 165ª Reunião Ordinária do CNPS, realizada em 31 de maio de 2010.

A Lei n. 10.666, de 8 de maio de 2003, possibilitou a redução ou majoração da contribuição, recolhida pelas empresas, destinada ao financiamento dos benefícios concedidos em razão do grau de incidência de incapacidade laborativa decorrente dos riscos ambientais do trabalho. A referida Lei, em seu art. 10, prescreve que as alíquotas de 1%, 2% ou 3%, por empresa, poderão variar entre a metade e o dobro, de acordo com a metodologia aprovada pelo Conselho Nacional de Previdência Social — CNPS.

Trata-se, portanto, da instituição de um fator Fator Acidentário de Prevenção — FAP, que é um multiplicador sobre a alíquota de 1%, 2% ou 3% correspondente ao enquadramento da empresa segundo a Classificação Nacional de Atividades Econômicas — CNAE preponderante, nos termos do Anexo V do Regulamento da Previdência Social — RPS, aprovado pelo Decreto n. 3.048, de 6 de maio de 1999. Esse multiplicador deve variar em um intervalo fechado contínuo de 0,5 a 2,0.

O objetivo do FAP é incentivar a melhoria das condições de trabalho e da saúde do trabalhador estimulando as empresas a implementarem políticas mais efetivas de saúde e segurança no trabalho para reduzir a acidentalidade.

Assim, o FAP, que será recalculado periodicamente, individualizará a alíquota de 1%, 2% ou 3% prevista no Anexo V do Regulamento da Previdência Social — RPS, majorando ou reduzindo o valor da alíquota conforme a quantidade, a gravidade e o custo das ocorrências acidentárias em cada empresa. Portanto, com o FAP, as empresas com mais acidentes e acidentes mais graves em uma subclasse CNAE passarão a contribuir com um valor maior, enquanto as empresas com menor acidentalidade terão uma redução no valor de contribuição.

A Resolução MPS/CNPS n. 1.269/2006 estabeleceu metodologia definindo parâmetros e critérios para a geração do FAP.

Estes parâmetros foram testados e os resultados sinalizaram para a necessidade de aperfeiçoar a metodologia de modo a garantir justiça na contribuição do empregador e equilíbrio atuarial. Desse estudo resultou a nova metodologia abaixo descrita, que altera parâmetros e critérios para o cálculo da frequência, da gravidade, do custo e do próprio FAP, em relação à metodologia anterior.

Para os cálculos dos índices de frequência, de gravidade e de custo, foram definidas as seguintes fontes de dados:

— Registros da Comunicação de Acidentes de Trabalho — CAT relativos a cada acidente ocorrido;

— Registros de concessão de benefícios acidentários que constam nos sistemas informatizados do Instituto Nacional de Seguro Social — INSS concedidos a partir de abril de 2007 sob a nova abordagem dos nexos técnicos aplicáveis pela perícia médica do INSS, destacando-se aí o Nexo Técnico Epidemiológico Previdenciário — NTEP. O critério para contabilização de benefícios acidentários concedidos é a observação de Data de Despacho do Benefício — DDB dentro do Período-Base (PB) de cálculo;

— Dados populacionais empregatícios registrados no Cadastro Nacional de Informações Social — CNIS, do Ministério da Previdência Social — MPS, referentes ao período-base. As empresas empregadoras informam ao CNIS, entre outros dados, os respectivos segmentos econômicos aos quais pertencem segundo a Classificação Nacional de Atividades Econômicas — CNAE, número de empregados, massa salarial, afastamentos, alíquotas de 1%, 2% ou 3%, bem como valores devidos ao Seguro Social.

A expectativa de sobrevida do segurado será obtida a partir da tábua completa de mortalidade construída pela Fundação Instituto Brasileiro de Geografia e Estatística — IBGE, para toda a população brasileira, considerando-se a média nacional única para ambos os sexos, mais recente no Período-Base.

Foram adotadas as seguintes definições estruturantes:

Evento: ocorrência previdenciária, ou seja, cada um dos registros de benefício das espécies de natureza acidentária: B91. Auxílio-Doença Acidentário, B92. Aposentadoria por Invalidez Acidentária, B93. Pensão por Morte Acidentária e B94. Auxílio-Acidente Acidentário e as Comunicações de Acidente de Trabalho — CAT.

Período-Base — PB: período de tempo em meses ou anos que define o universo de benefícios e vínculos extraídos dos sistemas informatizados de benefícios do INSS e do CNIS que será considerado para o cálculo do FAP.

Frequência: índice baseado no número de registros, diretos e indiretos, de acidentes e doenças do trabalho em determinado tempo.

Inclui toda a acidentalidade registrada mediante CAT e os benefícios acidentários estabelecidos a partir de nexos técnicos, inclusive o NTEP, que não têm CAT associada.

Gravidade: índice baseado na intensidade de cada ocorrência acidentária estabelecida a partir da multiplicação do número de ocorrências de cada espécie de benefício acidentário por um valor fixo representando os diferentes níveis de gravidade: 0,50 para pensão por morte; 0,30 para aposentadoria por invalidez; 0,1 para afastamento temporário e 0,1 para auxílio-acidente.

Custo: dimensão monetária do acidente que expressa os gastos da Previdência Social com pagamento de benefícios de natureza acidentária e sua relação com as contribuições das empresas.

Massa Salarial — MS, anual: soma, em reais, dos valores salariais, incluindo 13º salário, informados pela empresa junto ao CNIS.

Vínculo Empregatício: é identificado por um Número de Identificação do Trabalhador — NIT, um número no Cadastro Nacional de Pessoa Jurídica — CNPJ e uma data de admissão.

Vínculos Empregatícios — média: é a soma do número de vínculos mensal em cada empresa com registro junto ao CNIS informados pela empresa, via SEFIP/GFIP dividido pelo número de meses do período.

Data de Despacho do Benefício — DDB: é a data (dia/mês/ano) em que é processada a concessão do benefício junto à Dataprev.

Data Início do Benefício — DIB: é a data (dia/mês/ano) a partir da qual se inicia o direito ao benefício.

Data Cessação do Benefício — DCB: é a data (dia/mês/ano), a partir da qual se encerra o direito ao recebimento do benefício.

Idade: é a idade do segurado, expressa em anos, na data do início do benefício.

Salário de Benefício: valor que serve de base aos percentuais que calcularão a renda mensal dos benefícios (Mensalidade Reajustada — MR).

Renda Mensal Inicial — RMI (pura): valor inicial do benefício no mês.

CNAE 2.0: é a classificação das áreas econômicas aprovada e divulgada pela Comissão Nacional de Classificações — CONCLA, vigente a partir de janeiro de 2007: a versão 2.0 da CNAE tem 21 seções, 87 divisões, 285 grupos, 673 classes e 1.301 subclasses.

CNAE-Subclasse preponderante da empresa: é a menor subdivisão componente da CNAE 2.0 declarada pela empresa como sendo a que agrega o maior número de vínculos.

*Geração de Índices de Frequência, Gravidade e Custo*

A matriz para os cálculos da frequência, gravidade e custo, e para o cálculo do FAP será composta pelos registros de toda CAT e pelos registros dos benefícios de natureza acidentária.

Os benefícios de natureza acidentária serão contabilizados no CNPJ ao qual o trabalhador estava vinculado no momento do acidente, ou ao qual o agravo esteja diretamente relacionado. Para o trabalhador avulso não há configuração de vínculo empregatício, mas o benefício será vinculado à empresa onde presta o serviço.

A geração do Índice de Frequência, do Índice de Gravidade e do Índice de Custo para cada uma das empresas se faz do seguinte modo:

— Índice de Frequência: indica a incidência da acidentalidade em cada empresa. Para esse índice são computadas as ocorrências acidentárias registradas por meio de CAT e os benefícios das espécies B91 e B93 sem registro de CAT, ou seja, aqueles que foram estabelecidos por nexos técnicos, inclusive por NTEP. Podem ocorrer casos de concessão de B92 e B94 sem a precedência de um B91 e sem a existência de CAT e nestes casos serão contabilizados como registros de acidentes ou doenças do trabalho.

O cálculo do índice de frequência é obtido da seguinte maneira:

Índice de frequência = número de acidentes registrados em cada empresa, mais os benefícios que entraram sem CAT vinculada, por nexo técnico/número médio de vínculos x 1.000 (mil).

O número de acidentes registrados em cada empresa equivale às CAT registradas como do Tipo de CAT = "Inicial", o que evita a duplicação de contagem do mesmo evento.

— Índice de Gravidade: indica a gravidade das ocorrências acidentárias em cada empresa.

Para esse índice são computados todos os casos de afastamento acidentário por mais de 15 dias (auxílio-doença acidentário — B91), os casos de auxílio-acidente (B94), de aposentadoria por invalidez (B92) e pensão por morte acidentária (B93). É atribuído peso diferente para cada tipo de afastamento em função da gravidade da ocorrência. Para pensão por morte o peso atribuído é de 0,50, para aposentadoria por invalidez é 0,30, para auxílio-doença o peso é de 0,10 e para auxílio-acidente o peso é 0,10.

O cálculo do índice de gravidade é obtido da seguinte maneira:

Índice de gravidade = (número de benefícios auxílio-doença por acidente (B91) x 0,1 + número de benefícios por invalidez (B92) x 0,3 + número de benefícios por morte (B93) x 0,5 + o número de benefícios auxílio-acidente (B94) x 0,1)/número médio de vínculos x 1.000 (mil).

— Índice de Custo: representa o custo dos benefícios por afastamento cobertos pela Previdência. Para esse índice são computados os valores pagos pela Previdência em rendas mensais de benefícios. No caso do auxílio-doença (B91), o custo é calculado pelo tempo de afastamento, em meses e fração de mês, do trabalhador dentro do Período-base de cálculo do FAP. Nos casos de benefícios por invalidez, parcial ou total (B92 e B94), e morte (B93), os custos são calculados fazendo uma projeção da expectativa de sobrevida a partir da tábua completa de mortalidade construída pela Fundação Instituto Brasileiro de Geografia e Estatística — IBGE, para toda a população brasileira, considerando-se a média nacional única para ambos os sexos.

O cálculo do índice de custo é obtido da seguinte maneira:

Índice de custo = valor total de benefícios/valor total de remuneração paga pelo estabelecimento aos segurados x 1.000 (mil).

*Geração do Fator Acidentário de Prevenção — FAP por Empresa*

Após o cálculo dos índices de frequência, de gravidade e de custo, são atribuídos os percentis de ordem para as empresas por setor (Subclasse da CNAE) para cada um desses índices.

Desse modo, a empresa com menor índice de frequência de acidentes e doenças do trabalho no setor, por exemplo, recebe o menor percentual e o estabelecimento com maior frequência acidentária recebe 100%. O percentil é calculado com os dados ordenados de forma ascendente.

O percentil de ordem para cada um desses índices para as empresas dessa Subclasse é dado pela fórmula abaixo:

Percentil = 100x(Nordem - 1)/(n - 1)

Onde: n = número de estabelecimentos na Subclasse;

Nordem = posição do índice no ordenamento da empresa na Subclasse.

Quando ocorrer o fato de empresas ocuparem posições idênticas, ao serem ordenadas para formação dos róis (de frequência, gravidade ou custo) e cálculo dos percentis de ordem, o Nordem de cada empresa neste empate será calculado como a posição média dentro deste grupo mediante aplicação da fórmula:

Nordem no empate = posição inicial do grupo de empate + [((“número de empresas empatadas” + 1) / 2) - 1]. Este critério vincula-se à adequada distribuição do binômio *bonus* x *malus*.

Por exemplo, se houver uma empresa na posição 199, 7 empresas empatadas na posição 200 e a próxima empresa na posição 207, o Nordem de cada uma das empresas no grupo de empate será: posição no empate + [(("número de empresas empatadas" + 1) / 2) - 1] = 200 + [((7 + 1)/2) - 1] = 200 + [4-1] = 203.

Regra — Quando a empresa não apresentar, no Período-base de cálculo do FAP, registro de acidente ou doença do trabalho, benefício acidentário concedido sem CAT vinculada e qualquer benefício acidentário concedido (B91, B92, B93 e B94) com DDB no Período-base de cálculo, seus índices de frequência, gravidade e custo serão nulos e assim o FAP será igual a 0,5000, por definição. Nestes casos, ficando comprovado a partir de fiscalização que a empresa não apresentou notificação de acidente ou doença do trabalho, nos termos do art. 22 da Lei n. 8.213/1991, mediante protocolo de CAT, o FAP da empresa será, por definição, igual a 2,0000 independente do valor do IC calculado. Esta regra será aplicada aos valores FAP divulgados em setembro de 2009 (vigência 2010) a partir de 1º de setembro de 2010 e nos processamentos seguintes do FAP (vigências a partir de 2011).

No processamento dos valores FAP a partir de 2010 (vigências a partir de 2011) quando ocorrer empate de empresas na primeira posição em um rol de qualquer um dos índices, a primeira empresa posicionada imediatamente após as posições ocupadas pelas empresas empatadas será reclassificada para a posição do Nordem no empate, e as demais que estiverem em posições posteriores terão suas novas posições calculadas por processo matemático-geométrico dado pela expressão:

Nordem Reposicionado = (Nordem Reposicionado anterior)

+ [(n - Nordem no empate inicial) / (n - (número de empresas no empate inicial+1))]

Nota:

1. O Nordem Reposicionado da primeira empresa colocada imediatamente após o empate inicial equivalerá, por definição, à posição média no grupo de empate (Nordem no empate inicial);

2. Caso ocorram empates na primeira posição (Nordem =1) e um outro grupo de empate em posição posterior, o Nordem Reposicionado de cada empresa deste grupo equivalerá à média dos Nordem Reposicionados calculados como se não existisse o empate.

Exemplo:

Hipótese:

Em uma Subclasse da CNAE há 203 empresas e 196 dessas empresas não apresentam, dentro do período-base de cálculo, qualquer registro de CAT, benefício acidentário concedido sem CAT vinculada e concessão de benefício acidentário (B91, B92, B93 e B94), então a próxima empresa, na ordem ascendente, ocupará a posição 197 em um rol de um determinado índice. Para este mesmo rol foi observado que 3 empresas tiveram índices calculados iguais e ocupam as posições equivalentes às de 199 a 201.

*Cálculo das posições finais no rol*

A posição média das 196 empresas empatadas equivale a Nordem no empate no início do rol = (196 + 1) / 2 = 98,5.

Como, por definição, as 196 empresas que têm insumos de cálculo zerados, por definição, terão FAP atribuído igual a 0,5000.

Então, para redistribuir as empresas no espaço linear fixaremos como "Nordem Reposicionado (1º reposicionamento)" para a empresa que ocupa o Nordem 197 a posição equivalente à posição média do empate, ou seja, 98,5. As demais empresas, que ocupam posição entre a posição inicial de 197 a 203 (esta inclusive) serão reposicionadas segundo a fórmula de "Nordem Reposicionado". Assim temos:

Posição inicial 197 => Nordem Reposicionado = 98,5 (por definição)

Posição inicial 198 => Nordem Reposicionado = (98,5) +

[(203. 98,5) / (203. (196 + 1))] = 115,9167;

Grupo de empate (199 a 201)

Posição inicial 199 => Nordem Reposicionado = (115,9167)

+ [(203. 98,5) / (203. (196 + 1))] = 133,3333;

Posição inicial 200 => Nordem Reposicionado = (133,3333)

+ [(203. 98,5) / (203. (196 + 1))] = 150,7500;

Posição inicial 201 => Nordem Reposicionado = (150,7500)

+ [(203. 98,5) / (203. (196 + 1))] = 168,1667;

Posição inicial 202 => Nordem Reposicionado = (168,1667)

+ [(203. 98,5) / (203. (196 + 1))] = 185,5833;

Posição inicial 203 => Nordem Reposicionado = (185,5833)

+ [(203. 98,5) / (203. (196 + 1))] = 203,0000.

Como houve empate de empresas na posição original de 199 até 201, o Nordem Reposicionado final de cada uma das empresas no empate equivalerá à média dos Nordem Reposicionados calculados: (133,3333 + 150,7500 + 168,1667) / 3 = 150,7500.

A partir dos percentis de ordem é criado um índice composto, atribuindo ponderações aos percentis de ordem de cada índice.

O critério das ponderações para a criação do índice composto pretende dar o peso maior para a gravidade (0,50), de modo que os eventos morte e invalidez tenham maior influência no índice composto.

A frequência recebe o segundo maior peso (0,35) garantindo que a frequência da acidentalidade também seja relevante para a definição do índice composto. Por último, o menor peso (0,15) é atribuído ao custo. Desse modo, o custo que a acidentalidade representa faz parte do índice composto, mas sem se sobrepor à frequência e à gravidade. Entende-se que o elemento mais importante, preservado o equilíbrio atuarial, é dar peso ao custo social da acidentalidade.

Assim, a morte ou a invalidez de um trabalhador que recebe um benefício menor não pesará muito menos que a morte ou a invalidez de um trabalhador que recebe um salário de benefício maior.

O índice composto calculado para cada empresa é multiplicado por 0,02 para a distribuição dos estabelecimentos dentro de um determinado CNAE-Subclasse variar de 0 a 2. Os valores de IC inferiores a 0,5 receberão, por definição, o valor de 0,5 que é o menor Fator Acidentário de Prevenção. Este dispositivo será aplicado aos valores FAP processados a partir de 2010 (vigências a partir de 2011).

Então, a fórmula para o cálculo do Índice Composto (IC) é a seguinte:

IC = (0,50 x percentil de ordem de gravidade + 0,35 x percentil de ordem de frequência + 0,15 x percentil de ordem de custo) x 0,02

Exemplo:

Desse modo, uma empresa que apresentar percentil de ordem de gravidade de 30, percentil de ordem de frequência 80 e percentil de ordem de custo 44, dentro do respectivo CNAE-Subclasse, terá o índice composto calculado do seguinte modo:

IC = (0,50 x 30 + 0,35 x 80 + 0,15 x 44) x 0,02 = 0,9920

Aos valores de IC calculados aplicamos:

*Caso I*

Para IC < 1,0 (*bonus*) — como o FAP incide sobre a alíquota de contribuição de um, dois ou três por cento, destinada ao financiamento do benefício de aposentadoria especial ou daqueles concedidos em razão do grau de incidência de incapacidade laborativa decorrente dos riscos ambientais do trabalho, reduzindo-a em até cinquenta por cento, ou aumentando-a, em até cem por cento, ou seja, o FAP deve variar entre 0,5 e 2,0 (estabelecido na Lei n. 10.666, de 8 de maio de 2003). A aplicação da fórmula do IC resulta em valores entre 0 e 2, então a faixa de bonificação (*bonus* = IC < 1,0) deve ser ajustada para que o FAP esteja contido em intervalo compreendido entre 0,5 e 1,0. Este ajuste é possível mediante a aplicação da fórmula para interpolação:

FAP = 0,5 + 0,5 x IC

Para o exemplo citado de cálculo de IC o valor do FAP seria:

Como IC = 0,9920 (IC < 1), FAP = 0,5 + 0,5 x IC = 0,5 + 0,5 x 0,9920 = 0,5 + 0,4960 = 0,9960.

A partir do processamento do FAP 2010, vigência 2011, não será aplicada a regra de interpolação para IC < 1,0 (*bonus*).

Caso a empresa apresente casos de morte ou invalidez permanente, decorrentes de acidentes ou doenças do trabalho, seu valor FAP não pode ser inferior a um, para que a alíquota da empresa não seja inferior à alíquota de contribuição da sua área econômica, prevista no Anexo V do Regulamento da Previdência Social, salvo a hipótese de a empresa comprovar, de acordo com regras estabelecidas pelo INSS, investimentos em recursos materiais, humanos e tecnológicos em melhoria na segurança do trabalho, com o acompanhamento dos sindicatos dos trabalhadores e dos empregadores. Por definição, nestes casos, o FAP será adotado como 1,0000.

*Caso II*

Para IC > 1,0 (*malus*) — o FAP não será aplicado nesta faixa em sua totalidade (intervalo de 1 a 2) a partir do processamento em 2010 (vigências a partir de 2011), então o valor do IC deve ser ajustado para a faixa *malus* mediante aplicação da fórmula para interpolação.

A aplicação desta fórmula implica o cálculo do FAP em função de uma redução de 25% no valor do IC calculado:

FAP = IC - (IC - 1) x 0.25.

1. Caso a empresa apresente casos de morte ou invalidez permanente e seu IC seja superior a 1 (faixa *malus*) o valor do FAP será igual ao IC calculado. Este procedimento equivale a não aplicação da redução de 25% do valor do IC com objetivo de provocar mobilização, nas empresas, para que não ocorram casos de invalidez ou morte;

2. Se os casos de morte ou invalidez permanente citados no item anterior forem decorrentes de acidente do trabalho tipificados como acidentes de trajeto fica mantida a aplicação da redução de 25% ao valor do IC calculado equivalente à faixa *malus* (IC > 1,0).

O princípio de distribuição de *bonus* e *malus* para empresas contidas em uma Subclasse CNAE que apresente quantidade de empresas igual ou inferior a 5 fica prejudicado. Nos casos de empresas enquadradas em Subclasse CNAE contendo número igual ou inferior a 5 empresas o FAP será por definição igual a 1,0000, ou seja, um FAP neutro. Empresas Optantes pelo Simples e Entidades Filantrópicas terão, por definição, FAP = 1,0000, ou seja, um FAP neutro.

O FAP é calculado anualmente a partir das informações e cadastros lidos em data específica. Todos os acertos de informações e cadastro ocorridos após o processamento serão considerados, exclusivamente, no processamento seguinte. Ocorrendo problemas de informações e cadastro que impossibilitem o cálculo do FAP para uma empresa, o valor FAP atribuído será igual a 1,0000. Se no processamento anual seguinte do FAP for averiguado problema que impossibilite, novamente, o cálculo do FAP será atribuído valor igual a 1,5000. A partir do terceiro processamento consecutivo com impossibilidade de cálculo do FAP por problemas de informações e cadastro a empresa terá valor FAP atribuí-do igual a 2,0000. Ao efetuar a correção que impedia o processamento, a empresa terá o seu FAP calculado normalmente no ano seguinte à correção.

O FAP será publicado com 4 casas decimais e será aplicado o critério de truncamento, ou seja, serão desprezadas as casas decimais após a quarta casa.

*Periodicidade e divulgação dos resultados*

Para o cálculo anual do FAP, serão utilizados os dados de dois anos imediatamente anteriores ao ano de processamento. Excepcionalmente, o primeiro processamento do FAP utilizará os dados de abril de 2007 a dezembro de 2008.

Para as empresas constituídas após janeiro de 2007, o FAP será calculado no ano seguinte ao que completar dois anos de constituição.

Excepcionalmente, no primeiro ano de aplicação do FAP, nos casos, exclusivamente, de aumento das alíquotas constantes nos incisos I a III do art. 202 do RPS, estas serão majoradas, observado o mínimo equivalente à alíquota de contribuição da sua área econômica, em, apenas, 75% da parte do índice apurado que exceder a um, e desta forma consistirá num multiplicador variável num intervalo contínuo de um inteiro a um inteiro e setenta e cinco décimos (1,75).

*Taxa de rotatividade para a aplicação do Fator Acidentário de Prevenção — FAP*

Após a obtenção do índice do FAP, conforme metodologia definida no Anexo da Resolução MPS/CNPS Nº 1.308, de 27 de maio de 2009, não será concedida a bonificação para as empresas cuja taxa média de rotatividade for superior a setenta e cinco por cento.

Para cumprir o estabelecido no item acima, a taxa média de rotatividade será definida e calculada da seguinte maneira:

A taxa média de rotatividade do CNPJ consiste na média aritmética resultante das taxas de rotatividade verificadas anualmente na empresa, considerando o período total de dois anos, sendo que a taxa de rotatividade anual é a razão entre o número de admissões ou de rescisões (considerando-se sempre o menor), sobre o número de vínculos na empresa no início de cada ano de apuração, excluídas as admissões que representarem apenas crescimento e as rescisões que representarem diminuição do número de trabalhadores do respectivo CNPJ. Justificativa

A taxa média de rotatividade faz parte do modelo do FAP para evitar que as empresas que mantêm por mais tempo os seus trabalhadores sejam prejudicadas por assumirem toda a acidentalidade.

O cálculo da taxa de rotatividade para cada ano é obtido da seguinte maneira:

Taxa de rotatividade anual = mínimo (número de rescisões ocorridas no ano ou número de admissões ocorridas no ano)/número de vínculos no início do ano x 100 (cem)

Em seguida, calcula-se a taxa média de rotatividade da seguinte maneira:

Taxa média de rotatividade = média das taxas de rotatividade anuais dos últimos dois anos

*Aplicação da taxa média de rotatividade*

As empresas que apresentam taxa média de rotatividade acima de setenta e cinco por cento não poderão receber redução de alíquota do FAP, salvo se comprovarem que tenham sido observadas as normas de Saúde e Segurança do Trabalho em caso de demissões voluntárias ou término de obra.

No dia 27 de março de 2007, foi expedida a Instrução Normativa INSS/PRES n. 16, publicada no DOU em 28.3.2007, dispondo sobre procedimentos e rotinas referentes ao Nexo Técnico Epidemiológico Previdenciário — NTEP.

Já em 31 de maio de 2007, foi baixada pelo Ministro de Estado da Previdência Social a Portaria MPS n. 232, publicada no DOU em 1º.6.2007, tendo em vista o disposto no art. 4º do Decreto n. 6.042, de 12 de fevereiro de 2007, disponibilizando o rol das ocorrências que serão consideradas, por empresa, para o cálculo do respectivo Fator Acidentário de Prevenção — FAP, no *site*: <http://www.previdência. gov.br/pg_segundárias/paginas_perfis/perfil_Empregador_09.asp>, no *link*: Fator Acidentário de Prevenção — FAP.

Sendo ainda informado que o acesso aos dados dar-se-á mediante indicação do Cadastro Nacional de Pessoa Jurídica — CNPJ da empresa e a respectiva senha de acesso aos dados e serviços da Previdência Social e que as ocorrências de que trata o *caput* são relativas ao período de 1º de maio de 2004 a 31 de dezembro de 2006. A ausência de dados no *site* indica que não houve ocorrências consideradas para o respectivo CNPJ.

A empresa poderá, no prazo de trinta dias, contados a partir da data de publicação desta Portaria no Diário Oficial, impugnar junto ao Instituto Nacional do Seguro Social — INSS a inclusão de eventos que tenham sido relacionados, demonstrando as eventuais impertinências em relação à metodologia aprovada pelo Conselho Nacional de Previdência Social — CNPS.

As impugnações serão apresentadas nas Agências da Previdência Social onde os benefícios são ou foram mantidos.

A procedência das impugnações refletirá no resultado do FAP individual de cada empresa, a ser divulgado pelo MPS em setembro do corrente ano, na forma do § 5º do art. 202-A do Decreto n. 3.048, de 6 de maio de 1999, cabendo ao INSS disciplinar os procedimentos internos para julgamento das impugnações.

Em 2 de julho de 2007, foi publicada a Portaria n. 269, publicada no DOU em 5.7.2007, pelo Ministro de Estado da Previdência Social, prorrogando até 1º de agosto de 2007 o prazo de que trata o art. 2º da Portaria MPS n. 232/07, ratificando o endereço eletrônico disponibilizado para acesso ao rol das ocorrências divulgadas <http:/www.previdencia.gov.br> e incluiu, entre as informações acessíveis, o Número de Inscrição do Trabalhador — NIT correspondente às ocorrências elencadas.

Informa ainda que as impugnações de que trata o art. 1º da Portaria n. 232/07 poderão ser protocoladas em qualquer Agência da Previdência Social — APS e que a empresa poderá aditar a impugnação já efetuada, consignando essa opção no novo requerimento, informando o número do protocolo do pedido anterior e apresentando o aditamento na mesma APS em que a impugnação foi protocolada.

O resultado da impugnação refletirá no resultado do FAP individual da empresa, que será divulgado no mês de setembro do corrente ano, com efeitos tributários a partir de 1º de janeiro de 2008, após o decurso do prazo de noventa dias de que trata o § 6º do art. 195 da Constituição.

No dia 27 de junho de 2007, foi baixada pelo Presidente do Conselho Nacional de Previdência Social a Resolução CNPS n. 1.291, publicada no DOU em 27.7.2007, recomendando ao Instituto Nacional do Seguro Social — INSS, por intermédio de sua Procuradoria Federal Especializada — INSS, que adote as medidas competentes para ampliar as proposituras de ações regressivas contra os empregadores considerados responsáveis por acidentes do trabalho, nos termos dos arts. 120 e 121 da Lei n. 8.213, de 24 de julho de 1991, a fim de tornar efetivo o ressarcimento dos gastos do INSS, priorizando as situações que envolvam empresas consideradas grandes causadoras de danos e aquelas causadoras de acidentes graves, dos quais tenham resultado a morte ou a invalidez dos segurados.

Para facilitar a instrução e o andamento dos processos, recomenda à Procuradoria Federal Especializada — INSS que discipline a utilização de prova colhida em autos de ações judiciais movidas pelo segurado ou herdeiros contra a empresa, bem como que avalie a possibilidade de celebração de convênio com o Poder Judiciário para uso de processo eletrônico.

No dia 22 de novembro de 2007, foi publicada pelo Ministro de Estado da Previdência Social a Portaria MPS n. 457, publicada no DOU em 23.11.2007, disponibilizando o Número de Identificação do Trabalhador — NIT relativo ao benefício considerado no cálculo do Fator Acidentário de Prevenção — FAP, por empresa, no período de 1º de maio de 2004 a 31 de dezembro de 2006, bem como o respectivo Agrupamento da Classificação Internacional de Doenças — CID da entidade mórbida incapacitante.

Informa ainda a Portaria que serão considerados aqueles benefícios cujos agravos causadores da incapacidade possuam relação epidemiológica entre a atividade da empresa e o Agrupamento — CID da entidade mórbida incapacitante, temporária e permanente, acrescidos daqueles decorrentes de pensão por morte acidentária.

A disponibilização dos dados e demais informações pertinentes dar-se-á por intermédio do endereço eletrônico da rede mundial de computadores — internet <http://www.mps.gov.br>, no ícone Fator Acidentário de Prevenção — FAP.

A empresa poderá, no prazo de trinta dias a partir de 30 de novembro de 2007, impugnar junto ao Instituto Nacional do Seguro Social — INSS a indevida vinculação de benefício ao NIT, ao Agrupamento — CID e à empresa, no que couber.

As impugnações serão apresentadas em qualquer Agência da Previdência Social, mediante preenchimento de formulário próprio, disponível no endereço eletrônico supracitado, cabendo ao INSS julgar as impugnações, bem como disciplinar os procedimentos internos correlatos.

Tendo em vista o que consta do § 1º do art. 4º do Decreto n. 6.042/07, as impugnações apresentadas por força do disposto nas Portarias MPS n. 232/07 e n. 269/07 deverão ser complementadas mediante o preenchimento do formulário de impugnações, devendo ser informado o número do protocolo e a síntese do seu conteúdo, sob pena de serem arquivadas.

O resultado do julgamento das impugnações será divulgado em setembro de 2008, na forma do inciso III do art. 5º do Decreto n. 6.042/07.

Finalmente, em 10 de setembro de 2008, foi publicada a Instrução Normativa INSS/PRES n. 31, datada de 10 de setembro de 2008, publicada no DOU de 11.9.08, dispondo sobre procedimentos e rotinas referentes ao Nexo Técnico Previdenciário, revogando expressamente a Instrução Normativa n. 16/07 e estabelecendo critérios para aplicação das diversas espécies de nexo técnico aos benefícios por incapacidade concedidos pelo INSS.

A Perícia Médica do INSS caracterizará tecnicamente o acidente do trabalho mediante o reconhecimento do nexo entre o trabalho e o agravo.

Para os fins do disposto acima, considera-se agravo: a lesão, a doença, o transtorno de saúde, o distúrbio, a disfunção ou a síndrome de evolução aguda, subaguda ou crônica, de natureza clínica ou subclínica, inclusive morte, independentemente do tempo de latência.

O nexo técnico previdenciário poderá ser de natureza causal ou não, havendo três espécies:

I — nexo técnico profissional ou do trabalho, fundamentado nas associações entre patologias e exposições constantes das listas A e B do anexo II do Decreto n. 3.048/99.

II — nexo técnico por doença equiparada a acidente de trabalho ou nexo técnico individual, decorrente de acidentes de trabalho típicos ou de trajeto, bem como de condições especiais em que o trabalho é realizado e com ele relacionado diretamente, nos termos do § 2º do art. 20 da Lei n. 8.213/91.

III — nexo técnico epidemiológico previdenciário, aplicável quando houver significância estatística da associação entre o código da Classificação Internacional de Doenças — CID, e o da Classificação Nacional de Atividade Econômica — CNAE, na parte inserida pelo Decreto n. 6.042/07, na lista B do anexo II do Decreto n. 3.048/99.

Os agravos associados aos agentes etiológicos ou fatores de risco de natureza profissional e do trabalho das listas A e B do Anexo II do Decreto n. 3.048/99, presentes nas atividades econômicas dos empregadores, cujo segurado tenha sido exposto, ainda que parcial e indiretamente, serão considerados doenças profissionais ou do trabalho, nos termos dos incisos I e II, art. 20 da Lei n. 8.213/91.

A empresa poderá interpor recurso ao Conselho de Recursos da Previdência Social (CRPS) até trinta dias após a data em que tomar conhecimento da concessão do benefício em espécie acidentária por nexo técnico profissional ou do trabalho, conforme art. 126 da Lei n. 8.213/91 quando dispuser de dados e informações que demonstrem que os agravos não possuem nexo técnico com o trabalho exercido pelo trabalhador.

O recurso interposto contra o estabelecimento de nexo técnico com base no anexo II do Decreto n. 3.048/99 não terá efeito suspensivo.

Os agravos decorrentes de condições especiais em que o trabalho é executado serão considerados doenças profissionais ou do trabalho, ou ainda acidentes de trabalho, nos termos do § 2º do art. 20 da Lei n. 8.213/91.

A empresa poderá interpor recurso ao CRPS até trinta dias após a data em que tomar conhecimento da concessão do benefício em espécie acidentária por nexo técnico por doença equiparada a acidente de trabalho ou nexo técnico individual, quando dispuser de dados e informações que demonstrem que os agravos não possuem nexo técnico com o trabalho exercido pelo trabalhador.

O recurso interposto contra o estabelecimento de nexo técnico com base no § 2º do art. 20 da Lei n. 8.213/91 não terá efeito suspensivo.

Considera-se epidemiologicamente estabelecido o nexo técnico entre o trabalho e o agravo sempre que se verificar a existência de associação entre a atividade econômica da empresa, expressa pela CNAE, e a entidade mórbida motivadora da incapacidade, relacionada na CID, em conformidade com o disposto na parte inserida pelo Decreto n. 6.042/07, na lista B do anexo II do Decreto n. 3.048/99.

A inexistência de nexo técnico epidemiológico não elide o nexo entre o trabalho e o agravo, cabendo à perícia médica a caracterização técnica do acidente do trabalho, fundamentadamente, sendo obrigatório o registro e a análise do relatório do médico assistente, além dos exames complementares que eventualmente o acompanhem.

Na hipótese prevista acima, a perícia médica poderá, se necessário, solicitar as demonstrações ambientais da empresa, efetuar pesquisa ou realizar vistoria do local de trabalho ou solicitar o Perfil Profissiográfico Previdenciário — PPP diretamente ao empregador.

A perícia médica do INSS poderá deixar de aplicar o nexo técnico epidemiológico mediante decisão fundamentada, quando dispuser de informações ou elementos circunstanciados e contemporâneos ao exercício da atividade que evidenciem a inexistência do nexo técnico entre o agravo e o trabalho.

A empresa poderá requerer ao INSS, até quinze dias após a data para a entrega da Guia de Recolhimento do Fundo de Garantia do Tempo de Serviço e Informações à Previdência Social — GFIP, a não aplicação do nexo técnico epidemiológico, ao caso concreto, quando dispuser de dados e informações que demonstrem que os agravos não possuem nexo técnico com o trabalho exercido pelo trabalhador, sob pena de não conhecimento da alegação em instância administrativa, caso não protocolize o requerimento tempestivamente.

Caracterizada a impossibilidade de atendimento ao disposto no *caput*, motivada pelo não conhecimento tempestivo da informação do diagnóstico do agravo, o requerimento de que trata este artigo poderá ser apresentado no prazo de quinze dias da data para entrega da GFIP do mês de competência da realização da perícia que estabeleceu o nexo entre o trabalho e o agravo.

A informação de que trata o § 1º da IN n. 31/08 será disponibilizada para consulta pela empresa, por meio do endereço eletrônico <www.previdencia.gov.br> ou, subsidiariamente, pela Comunicação de Decisão do requerimento de benefício por incapacidade, entregue ao segurado.

Com o requerimento, a empresa formulará as alegações que entender necessárias e apresentará a documentação probatória, em duas vias, para demonstrar a inexistência do nexo técnico entre o trabalho e o agravo.

A Agência da Previdência Social — APS, mantenedora do benefício, encaminhará o requerimento e as provas produzidas à perícia médica, para análise prévia. Sempre que a instrução do pedido evidenciar a possibilidade de reconhecimento de inexistência do nexo técnico entre o trabalho e o agravo, o segurado será oficiado sobre a existência do requerimento da empresa, informando-lhe que poderá retirar uma das vias apresentada pela mesma para, querendo, apresentar contrarrazões no prazo de quinze dias da ciência do requerimento.

Com as contrarrazões, o segurado formulará as alegações que entender necessárias e apresentará a documentação probatória, com o objetivo de demonstrar a existência do nexo técnico entre o trabalho e o agravo.

A análise do requerimento e das provas produzidas será realizada pela perícia médica, cabendo ao setor administrativo da APS comunicar o resultado da análise à empresa e ao segurado.

Da decisão do requerimento cabe recurso com efeito suspensivo, por parte da empresa ou, conforme o caso, do segurado, ao CRPS.

O INSS procederá à marcação eletrônica do benefício no Sistema de Administração de Benefícios por Incapacidade — SABI, que estará sob efeito suspensivo, deixando para alterar a espécie após o julgamento do recurso pelo CRPS, quando for o caso.

O disposto no § 7º da IN n. 31/08 não prejudica o pagamento regular do benefício, desde que atendidos os requisitos de carência que permitam a manutenção do reconhecimento do direito ao benefício como auxílio-doença previdenciário.

Será considerada apenas a documentação probante que contiver a indicação, assinatura e número de registro, anotação técnica, ou equivalente do responsável legalmente habilitado, para os respectivos períodos e escopos, perante o conselho de profissão.

O segurado em situação de desemprego, no período de graça, terá todos os direitos característicos da forma de filiação de empregado.

Aplicam-se as disposições da Instrução Normativa n. 31/08 aos benefícios requeridos ou cuja perícia inicial foi realizada a partir de 1º de abril de 2007, data de início da aplicação das novas regras de estabelecimento do nexo técnico previdenciário:

I — possibilidade de estabelecimento do nexo técnico pelo INSS sem a vinculação de uma CAT ao número do benefício;

II — incorporação automatizada das listas A e B do anexo II do Decreto n. 3.048/99, ao SABI; e

III — início da aplicação do Nexo Técnico Epidemiológico Previdenciário — NTEP.

Na hipótese do *caput* é facultada à empresa a apresentação do requerimento de que trata o art. 6º da IN n. 31/08.

A Comunicação de Decisão quanto ao requerimento de benefício por incapacidade deverá conter informações sobre:

I — a espécie de nexo técnico aplicada ao benefício, bem como a possibilidade de recurso pelo empregador, conforme §§ 1º e 2º dos arts. 3º e 4º da Instrução Normativa n. 31/2008; e

II — a associação entre CNAE e CID, e a conclusão pericial sobre o nexo, em caso de não aplicação do NTEP pela perícia médica, bem como a possibilidade de contestação e/ou recurso pelo segurado, nos mesmos moldes previstos para o empregador pelo art. 6º.

A existência de nexo de qualquer espécie entre o trabalho e o agravo não implica o reconhecimento automático da incapacidade para o trabalho, que deverá ser definida pela perícia médica.

Reconhecida pela perícia médica do INSS a incapacidade para o trabalho e estabelecido o nexo técnico entre o trabalho e o agravo, serão devidas as prestações acidentárias a que o beneficiário tenha direito.

Quando dos exames periciais por Pedido de Prorrogação — PP, ou Pedido de Reconsideração — PR, de benefícios em manutenção, não serão apresentados ao Perito Médico os quesitos sobre as espécies de nexo técnico, haja vista que a eventual prorrogação decorre da incapacidade para o trabalho e não da natureza acidentária do agravo.

Os requerimentos de revisão e recurso tempestivos do segurado visando à transformação do benefício previdenciário em acidentário serão analisados pela perícia médica e operacionalizados no SABI pela ferramenta Revisão Médica.

A perícia médica do INSS, quando constatar indícios de culpa ou dolo por parte do empregador, em relação aos benefícios por incapacidade concedidos, deverá oficiar à Procuradoria Federal Especializada — INSS, subsidiando-a com evidências e demais meios de prova colhidos, notadamente quanto aos programas de gerenciamento de riscos ocupacionais, para as providências cabíveis, inclusive para ajuizamento de ação regressiva contra os responsáveis, conforme previsto nos arts. 120 e 121 da Lei n. 8.213/91, de modo a possibilitar o ressarcimento à Previdência Social do pagamento de benefícios por morte ou por incapacidade, permanente ou temporária.

Quando a perícia médica do INSS, no exercício das atribuições que lhe confere a Lei n. 10.876/04, constatar desrespeito às normas de segurança e saúde do trabalhador, fraude ou simulação na emissão de documentos de interesse da Previdência Social, por parte do empregador ou de seus prepostos, deverá produzir relatório circunstanciado da ocorrência e encaminhá-lo, junto com as evidências e demais meios de prova colhidos, à Procuradoria Federal Especializada — INSS para conhecimento e providências pertinentes, inclusive, quando cabíveis, representações ao Ministério Público e/ou a outros órgãos da Administração Pública encarregados da fiscalização ou controle da atividade.

A perícia médica do INSS representará esta Autarquia nas Comissões Intersetoriais de Saúde do Trabalhador — CIST, para garantir a devida articulação entre a política nacional de saúde do trabalhador e a sua execução, no tocante à concessão de benefícios por incapacidade e reabilitação profissional, nos termos dos arts. 12 e 13 da Lei n. 8.080/90.

A Gerência Regional indicará o servidor Perito Médico no âmbito das CIST estaduais, e a Diretoria de Benefícios em relação à CIST nacional.

Os representantes deverão emitir, mensalmente, Relatório de Acompanhamento do Controle Social relativo às ações e providências da competência do INSS, bem como sugerir as mudanças necessárias à consecução dos objetivos.

A dispensa de vinculação do benefício a uma CAT no Sistema Único de Benefícios, para a sua concessão em espécie acidentária, não desobriga a empresa da emissão da mesma, conforme previsto nos arts. 19 a 23 da Lei n. 8.213/91.

Não caberá aplicação de multa, por não emissão de CAT, quando o enquadramento decorrer de aplicação do NTEP.

No dia 25 de setembro de 2008, o Presidente da República publicou o Decreto n. 6.577, dando nova redação ao inciso III do art. 5º do Decreto n. 6.042, de 12 de fevereiro de 2007, que disciplina a aplicação, acompanhamento e avaliação do Fator Acidentário de Prevenção — FAP e do Nexo Técnico Epidemiológico.

Definindo que o inciso III do art. 5º do Decreto n. 6.042/07 passa a vigorar com a seguinte redação: "III — do mês de setembro de 2009 quanto à aplicação do art. 202-A do Regulamento da Previdência Social, observado, ainda, o disposto no § 6º do mencionado artigo."

Os Anexos II e V do Regulamento da Previdência Social passam a vigorar com alterações conforme a seguir.

## 5.2. Agentes patogênicos causadores de doenças profissionais ou do trabalho

### REGULAMENTO DA PREVIDÊNCIA SOCIAL

### ANEXO I

### RELAÇÃO DAS SITUAÇÕES EM QUE O APOSENTADO POR INVALIDEZ TERÁ DIREITO À MAJORAÇÃO DE VINTE E CINCO POR CENTO PREVISTA NO ART. 45 DESTE REGULAMENTO

1 — Cegueira total.

2 — Perda de nove dedos das mãos ou superior a esta.

3 — Paralisia dos dois membros superiores ou inferiores.

4 — Perda dos membros inferiores, acima dos pés, quando a prótese for impossível.

5 — Perda de uma das mãos e de dois pés, ainda que a prótese seja possível.

6 — Perda de um membro superior e outro inferior, quando a prótese for impossível.

7 — Alteração das faculdades mentais com grave perturbação da vida orgânica e social.

8 — Doença que exija permanência contínua no leito.

9 — Incapacidade permanente para as atividades da vida diária.

## REGULAMENTO DA PREVIDÊNCIA SOCIAL

## ANEXO II

(Alterado pelo DECRETO N. 6.957 — DE 9 DE SETEMBRO DE 2009 — DOU DE 10.9.2009)

### AGENTES PATOGÊNICOS CAUSADORES DE DOENÇAS PROFISSIONAIS OU DO TRABALHO, CONFORME PREVISTO NO ART. 20 DA LEI N. 8.213, DE 1991

| Agentes Patogênicos | Trabalhos que contêm o risco |
|---|---|
| QUÍMICOS | |
| I — ARSÊNIO E SEUS COMPOSTOS ARSENICAIS | 1. metalurgia de minérios arsenicais e indústria eletrônica;<br>2. extração do arsênio e preparação de seus compostos;<br>3. fabricação, preparação e emprego de tintas, lacas (gás arsina), inseticidas, parasiticidas e raticidas;<br>4. processos industriais em que haja desprendimento de hidrogênio arseniado;<br>5. preparação e conservação de peles e plumas (empalhamento de animais) e conservação da madeira;<br>6. agentes na produção de vidro, ligas de chumbo, medicamentos e semicondutores. |
| II — ASBESTO OU AMIANTO | 1. extração de rochas amiantíferas, furação, corte, desmonte, trituração, peneiramento e manipulação;<br>2. despejos do material proveniente da extração, trituração;<br>3. mistura, cardagem, fiação e tecelagam de amianto;<br>4. fabricação de guarnições para freios, materiais isolantes e produtos de fibrocimento;<br>5. qualquer colocação ou demolição de produtos de amianto que produza partículas atmosféricas de amianto. |

| Agentes Patogênicos | Trabalhos que contêm o risco |
| --- | --- |
| III — BENZENO OU SEUS HOMÓLOGOS TÓXICOS | Fabricação e emprego do benzeno, seus homólogos ou seus derivados aminados e nitrosos:<br>1. instalações petroquímicas onde se produzir benzeno;<br>2. indústria química ou de laboratório;<br>3. produção de cola sintética;<br>4. usuários de cola sintética na fabricação de calçados, artigos de couro ou borracha e móveis;<br>5. produção de tintas;<br>6. impressores (especialmente na fotogravura);<br>7. pintura a pistola;<br>8. soldagem. |
| IV — BERÍLIO E SEUS COMPOSTOS TÓXICOS | 1. extração, trituração e tratamento de berílio;<br>2. fabricação e fundição de ligas e compostos;<br>3. utilização na indústria aeroespacial e manufatura de instrumentos de precisão e ordenadores; ferramentas cortantes que não produzam faíscas para a indústria petrolífera;<br>4. fabricação de tubos fluorescentes, de ampolas de raios X, de eletrodos de aspiradores, catodos de queimadores e moderadores de reatores nucleares;<br>5. fabricação de cadinhos, vidros especiais e de porcelana para isolantes térmicos. |
| V — BROMO | Fabricação e emprego do bromo e do ácido brômico. |
| VI — CÁDMIO OU SEUS COMPOSTOS | 1. extração, tratamento, preparação e fundição de ligas metálicas;<br>2. fabricação de compostos de cádmio para soldagem;<br>3. soldagem;<br>4. utilização em revestimentos metálicos (galvanização), como pigmentos e estabilizadores em plásticos, nos acumuladores de níquel-cádmio e soldagem de prata. |
| VII — CARBONETOS METÁLICOS DE TUNGSTÊNIO SINTERIZADOS | Produção de carbonetos sinterizados (mistura, pulverização, modelado, aquecimento em forno, ajuste, pulverização de precisão), na fabricação de ferramentas e de componentes para máquinas e no afiamento das ferramentas. Trabalhadores situados nas proximidades e dentro da mesma oficina. |

| Agentes Patogênicos | Trabalhos que contêm o risco |
|---|---|
| VIII — CHUMBO OU SEUS COMPOSTOS TÓXICOS | 1. extração de minérios, metalurgia e refinação do chumbo;<br>2. fabricação de acumuladores e baterias (placas);<br>3. fabricação e emprego de chumbo-tetraetila e chumbo-tetrametila;<br>4. fabricação e aplicação de tintas, esmaltes e vernizes à base de compostos de chumbo;<br>5. fundição e laminação de chumbo, de bronze, etc.;<br>6. fabricação ou manipulação de ligas e compostos de chumbo;<br>7. fabricação de objetos e artefatos de chumbo, inclusive munições;<br>8. vulcanização da borracha pelo litargírio ou outros compostos de chumbo;<br>9. soldagem;<br>10. indústria de impressão;<br>11. fabricação de vidro, cristal e esmalte vitrificado;<br>12. sucata, ferro-velho;<br>13. fabricação de pérolas artificiais;<br>14. olaria;<br>15. fabricação de fósforos. |
| IX — CLORO | Fabricação e emprego de cloro e ácido clorídrico. |
| X — CROMO OU SEUS COMPOSTOS TÓXICOS | 1. fabricação de ácido crômico, de cromatos e bicromatos e ligas de ferrocromo;<br>2. cromagem eletrolítica de metais (galvanoplastia);<br>3. curtição e outros trabalhos com o couro;<br>4. pintura a pistola com pigmentos de compostos de cromo, polimento de móveis;<br>5. manipulação de ácido crômico, de cromatos e bicromatos;<br>6. soldagem de aço inoxidável;<br>7. fabricação de cimento e trabalhos da construção civil;<br>8. impressão e técnica fotográfica. |
| XI — FLÚOR OU SEUS COMPOSTOS TÓXICOS | 1. fabricação e emprego de flúor e de ácido fluorídrico;<br>2. siderurgia (como fundentes); |

| Agentes Patogênicos | Trabalhos que contêm o risco |
|---|---|
| | 3. fabricação de ladrilhos, telhas, cerâmica, cimento, vidro, esmalte, fibra de vidro, fertilizantes fosfatados;<br>4. produção de gasolina (como catalisador alquilante);<br>5. soldagem elétrica;<br>6. galvanoplastia;<br>7. calefação de superfícies;<br>8. sistema de combustível para foguetes. |
| XII — FÓSFORO OU SEUS COMPOSTOS TÓXICOS | 1. extração e preparação do fósforo branco e de seus compostos;<br>2. fabricação e aplicação de produtos fosforados e organofosforados (sínteses orgânicas, fertilizantes, praguicidas);<br>3. fabricação de projéteis incendiários, explosivos e gases asfixiantes à base de fósforo branco;<br>4. fabricação de ligas de bronze;<br>5. borrifadores, trabalhadores agrícolas e responsáveis pelo armazenamento, transporte e distribuição dos praguicidas organofosforados. |
| XIII — HIDROCARBONETOS ALIFÁTICOS OU AROMÁTICOS (seus derivados halogenados tóxicos) | |
| — Cloreto de metila | Síntese química (metilação), refrigerante, agente especial para extrações. |
| — Cloreto de metileno | Solvente (azeites, graxas, ceras, acetato de celulose), desengordurante, removedor de pinturas. |
| — Clorofórmio | Solvente (lacas), agente de extração. |
| — Tetracloreto de carbono | Síntese química, extintores de incêndio. |
| — Cloreto de etila | Síntese química, anestésico local (refrigeração). |
| 1.1. Dicloroetano | Síntese química, solvente (resinas, borracha, asfalto, pinturas), desengraxante. |
| 1.1.1. Tricloroetano | Agente desengraxante para limpeza de metais e limpeza a seco. |
| 1.1.2. Tricloroetano | Solvente. |
| — Tetracloroetano | Solvente. |
| — Tricloroetileno | Desengraxante, agente de limpeza a seco e de extração, sínteses químicas. |

| Agentes Patogênicos | Trabalhos que contêm o risco |
|---|---|
| — Tetracloroetileno | Desengraxante, agente de limpeza a seco e de extração, sínteses químicas. |
| — Cloreto de vinila | Intermediário na fabricação de cloreto de polivinila. |
| — Brometo de metila | Inseticida em fumigação (cereais), sínteses químicas. |
| — Brometo de etila | Sínteses químicas, agente especial de extração. |
| 1.2. Dibromoetano | Inseticida em fumigação (solos), extintor de incêndios, solvente (celuloide, graxas, azeite, ceras). |
| — Clorobenzeno | Sínteses químicas, solvente. |
| — Diclorobenzeno | Sínteses químicas, solvente. |
| XIV — IODO | Fabricação e emprego do iodo. |
| XV — MANGANÊS E SEUS COMPOSTOS TÓXICOS | 1. extração, tratamento e trituração de pirolusita (dióxido de manganês);<br>2. fabricação de ligas e compostos do manganês;<br>3. siderurgia;<br>4. fabricação de pilhas secas e acumuladores;<br>5. preparação de permanganato de potássio e fabricação de corantes;<br>6. fabricação de vidros especiais e cerâmica;<br>7. soldagem com eletrodos contendo manganês;<br>8. fabricação de tintas e fertilizantes;<br>9. curtimento de couro. |
| XVI — MERCÚRIO E SEUS COMPOSTOS TÓXICOS | 1. extração e fabricação do mineral de mercúrio e de seus compostos;<br>2. fabricação de espoletas com fulminato de mercúrio;<br>3. fabricação de tintas;<br>4. fabricação de solda;<br>5. fabricação de aparelhos: barômetros, manômetros, termômetros, interruptores, lâmpadas, válvulas eletrônicas, ampolas de raio X, retificadores;<br>6. amalgamação de zinco para fabricação de eletrodos, pilhas e acumuladores;<br>7. douração e estanhagem de espelhos; |

| Agentes Patogênicos | Trabalhos que contêm o risco |
|---|---|
| | 8. empalhamento de animais com sais de mercúrio;<br>9. recuperação de mercúrio por destilação de resíduos industriais;<br>10. tratamento a quente de amálgamas de ouro e prata para recuperação desses metais;<br>11. secretagem de pelos, crinas e plumas, e feltragem à base de compostos de mercúrio;<br>12. fungicida no tratamento de sementes e brilhos vegetais e na proteção da madeira. |
| XVII — SUBSTÂNCIAS ASFIXIANTES<br>1. Monóxido de carbono | Produção e distribuição de gás obtido de combustíveis sólidos (gaseificação do carvão); mecânica de motores, principalmente movidos a gasolina, em recintos semifechados; soldagem acetilênica e a arco; caldeiras, indústria química; siderurgia, fundição, mineração de subsolo; uso de explosivos; controle de incêndios; controle de tráfego; construção de túneis; cervejarias. |
| 2. Cianeto de hidrogênio ou seus derivados tóxicos | Operações de fumigação de inseticidas, síntese de produtos químicos orgânicos; eletrogalvanoplastia; extração de ouro e prata; produção de aço e de plásticos (especialmente o acrilonitrilo-estireno); siderurgia (fornos de coque). |
| 3. Sulfeto de hidrogênio (Ácido sulfídrico) | Estações de tratamento de águas residuais; mineração; metalurgia; trabalhos em silos; processamento de açúcar da beterraba; curtumes e matadouros; produção de viscose e celofane; indústria química (produção de ácido sulfúrico, sais de bário); construção de túneis; perfuração de poços petrolíferos e gás; carbonização do carvão a baixa temperatura; litografia e fotogravura. |
| XVIII — SÍLICA LIVRE (Óxido de silício — $Si\,O_2$) | 1. extração de minérios (trabalhos no subsolo e a céu aberto);<br>2. decapagem, limpeza de metais, foscamento de vidros com jatos de areia, e outras atividades em que se usa areia como abrasivo; |

| Agentes Patogênicos | Trabalhos que contêm o risco |
|---|---|
| | 3. fabricação de material refratário para fornos, chaminés e cadinhos, recuperação de resíduos;<br>4. fabricação de mós, rebolos, saponáceos, pós e pastas para polimento de metais;<br>5. moagem e manipulação de sílica na indústria de vidros e porcelanas;<br>6. trabalho em pedreiras;<br>7. trabalho em construção de túneis;<br>8. desbastes e polimento de pedras. |
| XIX — SULFETO DE CARBONO OU DISSULFETO DE CARBONO | 1. fabricação de sulfeto de carbono;<br>2. indústria da viscose, raiom (seda artificial);<br>3. fabricação e emprego de solventes, inseticidas, parasiticidas e herbicidas;<br>4. fabricação de vernizes, resinas, sais de amoníaco, tetracloreto de carbono, têxteis, tubos eletrônicos a vácuo, gorduras;<br>5. limpeza a seco; galvanização; fumigação de grãos; processamento de azeite, enxofre, bromo, cera, graxas e iodo. |
| XX — ALCATRÃO, BREU, BETUME, HULHA MINERAL, PARAFINA E PRODUTOS OU RESÍDUOS DESSAS SUBSTÂNCIAS, CAUSADORES DE EPITELIOMAS PRIMITIVOS DA PELE | Processos e operações industriais ou não, em que sejam utilizados alcatrão, breu, betume, hulha mineral, parafina e produtos ou resíduos dessas substâncias. |
| FÍSICOS | |
| XXI — RUÍDO E AFECÇÃO AUDITIVA | Mineração, construção de túneis, exploração de pedreiras (detonação, perfuração); engenharia pesada (fundição de ferro, prensa de forja); trabalho com máquinas que funcionam com potentes motores a combustão; utilização de máquinas têxteis; testes de reatores de aviões. |
| XXII — VIBRAÇÕES (Afecções dos músculos, tendões, ossos, articulações, vasos sanguíneos periféricos ou dos nervos periféricos) | Indústria metalúrgica, construção naval e automobilística; mineração; agricultura (motosserras); instrumentos pneumáticos; ferramentas vibratórias, elétricas e manuais; condução de caminhões e ônibus. |

| Agentes Patogênicos | Trabalhos que contêm o risco |
|---|---|
| XXIII — AR COMPRIMIDO | 1. trabalhos em caixões ou câmaras pneumáticas e em tubulões pneumáticos;<br>2. operações com uso de escafandro;<br>3. operações de mergulho;<br>4. trabalho com ar comprimido em túneis pressurizados. |
| XXIV — RADIAÇÕES IONIZANTES | 1. extração de minerais radioativos (tratamento, purificação, isolamento e preparo para distribuição), como o urânio;<br>2. operação com reatores nucleares ou com fontes de nêutrons ou de outras radiações corpusculares;<br>3. trabalhos executados com exposições a raios X, rádio e substâncias radioativas para fins industriais, terapêuticos e diagnósticos;<br>4. fabricação e manipulação de produtos químicos e farmacêuticos radioativos (urânio, radônio, mesotório, tório X, césio 137 e outros);<br>5. fabricação e aplicação de produtos luminescentes radíferos;<br>6. pesquisas e estudos dos raios X e substâncias radioativas em laboratórios. |
| BIOLÓGICOS | |
| XXV — MICRO-ORGANISMOS E PARASITAS INFECCIOSOS VIVOS E SEUS PRODUTOS TÓXICOS | |
| 1. Mycobacterium; vírus hospedados por artrópodes; coccicliodes; fungos; histoplasma; leptospira; ricketsia; bacilo (carbúnculo, tétano); ancilóstomo; tripanossoma; pasteurella. | Agricultura; pecuária; silvicultura; caça (inclusive a caça com armadilhas); veterinária; curtume. |
| 2. Ancilóstomo; histoplasma; coccicliodes; leptospira; bacilo; sepse. | |
| 3. Mycobacterium; brucellas; estreptococo (erisipela); fungo; ricketsia; pasteurella. | Construção; escavação de terra; esgoto; canal de irrigação; mineração. |

| Agentes Patogênicos | Trabalhos que contêm o risco |
|---|---|
| 4. Fungos; bactérias; mixovírus (doença de Newcastle).<br>5. Bacilo (carbúnculo) e pasteurella. | Manipulação e embalagem de carne e pescado. |
| 6. Bactérias; mycobacteria; brucella; fungos; leptospira; vírus; mixovírus; ricketsia; pasteurella. | Manipulação de aves confinadas e pássaros. |
| 7. Mycobacteria, vírus; outros organismos responsáveis por doenças transmissíveis. | Trabalho com pelo, pele ou lã. Veterinária. |
| 8. Fungos (micose cutânea). | Hospital; laboratórios e outros ambientes envolvidos no tratamento de doenças transmissíveis.<br>Trabalhos em condições de temperatura elevada e umidade (cozinhas; ginásios; piscinas; etc.). |
| POEIRAS ORGÂNICAS | |
| XXVI — ALGODÃO, LINHO, CÂNHAMO, SISAL | Trabalhadores nas diversas operações com poeiras provenientes desses produtos. |
| XXVII — AGENTES FÍSICOS, QUÍMICOS OU BIOLÓGICOS, QUE AFETAM A PELE, NÃO CONSIDERADOS EM OUTRAS RUBRICAS | Trabalhadores mais expostos: agrícolas; da construção civil em geral; da indústria química; de eletrogalvanoplastia; de tinturaria; da indústria de plásticos reforçados com fibra de vidro; da pintura; dos serviços de engenharia (óleo de corte ou lubrificante); dos serviços de saúde (medicamentos, anestésicos locais, desinfetantes); do tratamento de gado; dos açougues. |

## LISTA A

## AGENTES OU FATORES DE RISCO DE NATUREZA OCUPACIONAL RELACIONADOS COM A ETIOLOGIA DE DOENÇAS PROFISSIONAIS E DE OUTRAS DOENÇAS RELACIONADAS COM O TRABALHO

Notas:

1. A doença profissional ou do trabalho será caracterizada quando, diagnosticada a intoxicação ou afecção, se verifica que o empregado exerce atividade que o expõe ao respectivo agente patogênico, mediante nexo de causa a ser estabelecido conforme o disposto nos Manuais de Procedimentos Médico-Periciais em Doenças Profissionais ou do Trabalho, levando-se em consideração a correlação entre a doença e a atividade exercida pelo segurado.
2. O Instituto Nacional do Seguro Social adotará as providências necessárias para edição dos Manuais de Procedimentos Médico-Periciais em Doenças Profissionais ou do Trabalho, para aplicação a partir de 1º de setembro de 1999.

| Agentes Etiológicos ou Fatores de Risco de Natureza Ocupacional | Doenças Causalmente relacionadas com os Respectivos Agentes ou Fatores de Risco (Denominadas e Codificadas segundo a CID-10) |
|---|---|
| I — Arsênio e seus compostos arsenicais | 1. Angiossarcoma do fígado (C22.3)<br>2. Neoplasia maligna dos brônquios e do pulmão (C34.-)<br>3. Outras neoplasias malignas da pele (C44.-)<br>4. Polineuropatia devida a outros agentes tóxicos (G52.2)<br>5. Encefalopatia Tóxica Aguda (G92.1)<br>6. Blefarite (H01.0)<br>7. Conjuntivite (H10)<br>8. Queratite e Queratoconjuntivite (H16)<br>9. Arritmias cardíacas (I49.-)<br>10. Rinite Crônica (J31.0)<br>11. Ulceração ou Necrose do Septo Nasal (J34.0)<br>12. Bronquiolite Obliterante Crônica, Enfisema Crônico Difuso ou Fibrose Pulmonar Crônica (J68.4)<br>13. Estomatite Ulcerativa Crônica (K12.1)<br>14. Gastroenterite e Colites tóxicas (K52.-)<br>15. Hipertensão Portal (K76.6)<br>16. Dermatite de Contato por Irritantes (L24.-)<br>17. Outras formas de hiperpigmentação pela melanina: "Melanodermia" (L81.4) |

| Agentes Etiológicos ou Fatores de Risco de Natureza Ocupacional | Doenças Causalmente relacionadas com os Respectivos Agentes ou Fatores de Risco (Denominadas e Codificadas segundo a CID-10) |
|---|---|
| | 18. Leucodermia, não classificada em outra parte (Inclui "Vitiligo Ocupacional") (L81.5)<br>19. Ceratose Palmar e Plantar Adquirida (L85.1)<br>20. Efeitos Tóxicos Agudos (T57.0) |
| II — Asbesto ou Amianto | 1. Neoplasia maligna do estômago (C16.-)<br>2. Neoplasia maligna da laringe (C32.-)<br>3. Neoplasia maligna dos brônquios e do pulmão (C34.-)<br>4. Mesotelioma da pleura (C45.0)<br>5. Mesotelioma do peritônio (C45.1)<br>6. Mesotelioma do pericárdio (C45.2)<br>7. Placas epicárdicas ou pericárdicas (I34.8)<br>8. Asbestose (J60.-)<br>9. Derrame Pleural (J90.-)<br>10. Placas Pleurais (J92.-) |
| III — Benzeno e seus homólogos tóxicos | 1. Leucemias (C91-C95.-)<br>2. Síndromes Mielodisplásicas (D46.-)<br>3. Anemia Aplástica devida a outros agentes externos (D61.2)<br>4. Hipoplasia Medular (D61.9)<br>5. Púrpura e outras manifestações hemorrágicas (D69.-)<br>6. Agranulocitose (Neutropenia tóxica) (D70)<br>7. Outros transtornos especificados dos glóbulos brancos: Leucocitose, Reação Leucemoide (D72.8)<br>8. Outros transtornos mentais decorrentes de lesão e disfunção cerebrais e de doença física (F06.-) (Tolueno e outros solventes aromáticos neurotóxicos)<br>9. Transtornos de personalidade e de comportamento decorrentes de doença, lesão e de disfunção de personalidade (F07.-) (Tolueno e outros solventes aromáticos neurotóxicos)<br>10. Transtorno Mental Orgânico ou Sintomático não especificado (F09.-) (Tolueno e outros solventes aromáticos neurotóxicos) |

| Agentes Etiológicos ou Fatores de Risco de Natureza Ocupacional | Doenças Causalmente relacionadas com os Respectivos Agentes ou Fatores de Risco (Denominadas e Codificadas segundo a CID-10) |
|---|---|
| | 11. Episódios depressivos (F32.-) (Tolueno e outros solventes aromáticos neurotóxicos)<br>12. Neurastenia (Inclui "Síndrome de Fadiga") (F48.0) (Tolueno e outros solventes aromáticos neurotóxicos)<br>13. Encefalopatia Tóxica Crônica (G92.2)<br>14. Hipoacusia Ototóxica (H91.0) (Tolueno e Xileno)<br>15. Dermatite de Contato por Irritantes (L24.-)<br>16. Efeitos Tóxicos Agudos (T52.1 e T52.2) |
| IV — Berílio e seus compostos tóxicos | 1. Neoplasia maligna dos brônquios e do pulmão (C34.-)<br>2. Conjuntivite (H10)<br>3. Beriliose (J63.2)<br>4. Bronquite e Pneumonite devida a produtos químicos, gases, fumaças e vapores ("Bronquite Química Aguda") (J68.0)<br>5. Edema Pulmonar Agudo devido a produtos químicos, gases, fumaças e vapores ("Edema Pulmonar Químico") (J68.1)<br>6. Bronquiolite Obliterante Crônica, Enfisema Crônico Difuso ou Fibrose Pulmonar Crônica (J68.4)<br>7. Dermatite de Contato por Irritantes (L24.-)<br>8. Efeitos Tóxicos Agudos (T56.7) |
| V — Bromo | 1. Faringite Aguda ("Angina Aguda", "Dor de Garganta") (J02.9)<br>2. Laringotraqueíte Aguda (J04.2)<br>3. Faringite Crônica (J31.2)<br>4. Sinusite Crônica (J32.-)<br>5. Laringotraqueíte Crônica (J37.1)<br>6. Bronquite e Pneumonite devida a produtos químicos, gases, fumaças e vapores ("Bronquite Química Aguda") (J68.0)<br>7. Edema Pulmonar Agudo devido a produtos químicos, gases, fumaças e vapores ("Edema Pulmonar Químico") (J68.1) |

| Agentes Etiológicos ou Fatores de Risco de Natureza Ocupacional | Doenças Causalmente relacionadas com os Respectivos Agentes ou Fatores de Risco (Denominadas e Codificadas segundo a CID-10) |
|---|---|
| | 8. Síndrome de Disfunção Reativa das Vias Aéreas (SDVA/RADS) (J68.3)<br>9. Bronquiolite Obliterante Crônica, Enfisema Crônico Difuso ou Fibrose Pulmonar Crônica (J68.4)<br>10. Estomatite Ulcerativa Crônica (K12.1)<br>11. Dermatite de Contato por Irritantes (L24.-)<br>12. Efeitos Tóxicos Agudos (T57.8.) |
| VI — Cádmio ou seus compostos | 1. Neoplasia maligna dos brônquios e do pulmão (C34.-)<br>2. Transtornos do nervo olfatório (Inclui "Anosmia") (G52.0)<br>3. Bronquite e Pneumonite devida a produtos químicos, gases, fumaças e vapores ("Bronquite Química Aguda") (J68.0)<br>4. Edema Pulmonar Agudo devido a produtos químicos, gases, fumaças e vapores ("Edema Pulmonar Químico") (J68.1)<br>5. Síndrome de Disfunção Reativa das Vias Aéreas (SDVA/RADS) (J68.3)<br>6. Bronquiolite Obliterante Crônica, Enfisema Crônico Difuso ou Fibrose Pulmonar Crônica (J68.4)<br>7. Enfisema intersticial (J98.2)<br>8. Alterações pós-eruptivas da cor dos tecidos duros dos dentes (K03.7)<br>9. Gastroenterite e Colites tóxicas (K52.-)<br>10. Osteomalácia do Adulto Induzida por Drogas (M83.5)<br>11. Nefropatia Túbulo-Intersticial induzida por metais pesados (N14.3)<br>12. Efeitos Tóxicos Agudos (T56.3) |
| VII — Carbonetos metálicos de Tungstênio sinterizados | 1. Outras Rinites Alérgicas (J30.3)<br>2. Asma (J45.-)<br>3. Pneumoconiose devida a outras poeiras inorgânicas especificadas (J63.8) |

| Agentes Etiológicos ou Fatores de Risco de Natureza Ocupacional | Doenças Causalmente relacionadas com os Respectivos Agentes ou Fatores de Risco (Denominadas e Codificadas segundo a CID-10) |
|---|---|
| VIII — Chumbo ou seus compostos tóxicos | 1. Outras anemias devidas a transtornos enzimáticos (D55.8)<br>2. Anemia Sideroblástica secundária a toxinas (D64.2)<br>3. Hipotireoidismo devido a substâncias exógenas (E03.-)<br>4. Outros transtornos mentais decorrentes de lesão e disfunção cerebrais e de doença física (F06.-)<br>5. Polineuropatia devida a outros agentes tóxicos (G52.2)<br>6. Encefalopatia Tóxica Aguda (G92.1)<br>7. Encefalopatia Tóxica Crônica (G92.2)<br>8. Hipertensão Arterial (I10.-)<br>9. Arritmias Cardíacas (I49.-)<br>10. "Cólica do Chumbo" (K59.8)<br>11. Gota Induzida pelo Chumbo (M10.1)<br>12. Nefropatia Túbulo-Intersticial induzida por metais pesados (N14.3)<br>13. Insuficiência Renal Crônica (N17)<br>14. Infertilidade Masculina (N46)<br>15. Efeitos Tóxicos Agudos (T56.0) |
| IX — Cloro | 1. Rinite Crônica (J31.0)<br>2. Outras Doenças Pulmonares Obstrutivas Crônicas (Inclui "Asma Obstrutiva", "Bronquite Crônica", "Bronquite Obstrutiva Crônica") (J44.-)<br>3. Bronquite e Pneumonite devida a produtos químicos, gases, fumaças e vapores ("Bronquite Química Aguda") (J68.0)<br>4. Edema Pulmonar Agudo devido a produtos químicos, gases, fumaças e vapores ("Edema Pulmonar Químico") (J68.1)<br>5. Síndrome de Disfunção Reativa das Vias Aéreas (SDVA/RADS) (J68.3)<br>6. Bronquiolite Obliterante Crônica, Enfisema Crônico Difuso ou Fibrose Pulmonar Crônica (J68.4)<br>7. Efeitos Tóxicos Agudos (T59.4) |

| Agentes Etiológicos ou Fatores de Risco de Natureza Ocupacional | Doenças Causalmente relacionadas com os Respectivos Agentes ou Fatores de Risco (Denominadas e Codificadas segundo a CID-10) |
|---|---|
| X — Cromo ou seus compostos tóxicos | 1. Neoplasia maligna dos brônquios e do pulmão (C34.-)<br>2. Outras Rinites Alérgicas (J30.3)<br>3. Rinite Crônica (J31.0)<br>4. Ulceração ou Necrose do Septo Nasal (J34.0)<br>5. Asma (J45.-)<br>6. "Dermatoses Pápulo-Pustulosas e suas complicações infecciosas" (L08.9)<br>7. Dermatite Alérgica de Contato (L23.-)<br>8. Dermatite de Contato por Irritantes (L24.-)<br>9. Úlcera Crônica da Pele, não classificada em outra parte (L98.4)<br>10. Efeitos Tóxicos Agudos (T56.2) |
| XI — Flúor ou seus compostos tóxicos | 1. Conjuntivite (H10)<br>2. Rinite Crônica (J31.0)<br>3. Bronquite e Pneumonite devida a produtos químicos, gases, fumaças e vapores ("Bronquite Química Aguda") (J68.0)<br>4. Edema Pulmonar Agudo devido a produtos químicos, gases, fumaças e vapores ("Edema Pulmonar Químico") (J68.1)<br>5. Bronquiolite Obliterante Crônica, Enfisema Crônico Difuso ou Fibrose Pulmonar Crônica (J68.4)<br>6. Erosão Dentária (K03.2)<br>7. Dermatite de Contato por Irritantes (L24.-)<br>8. Fluorose do Esqueleto (M85.1)<br>9. Intoxicação Aguda (T59.5) |
| XII — Fósforo ou seus compostos tóxicos | 1. Polineuropatia devida a outros agentes tóxicos (G52.2)<br>2. Arritmias cardíacas (I49.-) (Agrotóxicos organofosforados e carbamatos)<br>3. Dermatite Alérgica de Contato (L23.-)<br>4. Dermatite de Contato por Irritantes (L24.-) |

| Agentes Etiológicos ou Fatores de Risco de Natureza Ocupacional | Doenças Causalmente relacionadas com os Respectivos Agentes ou Fatores de Risco (Denominadas e Codificadas segundo a CID-10) |
|---|---|
| | 5. Osteomalácia do Adulto Induzida por Drogas (M83.5)<br>6. Osteonecrose (M87.-): Osteonecrose Devida a Drogas (M87.1); Outras Osteonecroses Secundárias (M87.3)<br>7. Intoxicação Aguda (T57.1) (Intoxicação Aguda por Agrotóxicos Organofosforados: T60.0) |
| XIII — Hidrocarbonetos alifáticos ou aromáticos (seus derivados halogenados tóxicos) | 1. Angiossarcoma do fígado (C22.3)<br>2. Neoplasia maligna do pâncreas (C25.-)<br>3. Neoplasia maligna dos brônquios e do pulmão (C34.-)<br>4. Púrpura e outras manifestações hemorrágicas (D69.-)<br>5. Hipotireoidismo devido a substâncias exógenas (E03.-)<br>6. Outras porfirias (E80.2)<br>7. Delirium, não sobreposto à demência, como descrita (F05.0) (Brometo de Metila)<br>8. Outros transtornos mentais decorrentes de lesão e disfunção cerebrais e de doença física (F06.-)<br>9. Transtornos de personalidade e de comportamento decorrentes de doença, lesão e de disfunção de personalidade (F07.-)<br>10. Transtorno Mental Orgânico ou Sintomático não especificado (F09.-)<br>11. Episódios Depressivos (F32.-)<br>12. Neurastenia (Inclui "Síndrome de Fadiga") (F48.0)<br>13. Outras formas especificadas de tremor (G25.2)<br>14. Transtorno extrapiramidal do movimento não especificado (G25.9)<br>15. Transtornos do nervo trigêmio (G50.-)<br>16. Polineuropatia devida a outros agentes tóxicos (G52.2) (n-Hexano)<br>17. Encefalopatia Tóxica Aguda (G92.1) |

| Agentes Etiológicos ou Fatores de Risco de Natureza Ocupacional | Doenças Causalmente relacionadas com os Respectivos Agentes ou Fatores de Risco (Denominadas e Codificadas segundo a CID-10) |
|---|---|
| | 18. Encefalopatia Tóxica Crônica (G92.2)<br>19. Conjuntivite (H10)<br>20. Neurite Óptica (H46)<br>21. Distúrbios visuais subjetivos (H53.-)<br>22. Outras vertigens periféricas (H81.3)<br>23. Labirintite (H83.0)<br>24. Hipoacusia ototóxica (H91.0)<br>25. Parada Cardíaca (I46.-)<br>26. Arritmias cardíacas (I49.-)<br>27. Síndrome de Raynaud (I73.0) (Cloreto de Vinila)<br>28. Acrocianose e Acroparestesia (I73.8) (Cloreto de Vinila)<br>29. Bronquite e Pneumonite devida a produtos químicos, gases, fumaças e vapores ("Bronquite Química Aguda") (J68.0)<br>30. Edema Pulmonar Agudo devido a produtos químicos, gases, fumaças e vapores ("Edema Pulmonar Químico") (J68.1)<br>31. Síndrome de Disfunção Reativa das Vias Aéreas (SDVA/RADS) (J68.3)<br>32. Bronquiolite Obliterante Crônica, Enfisema Crônico Difuso ou Fibrose Pulmonar Crônica (J68.4)<br>33. Doença Tóxica do Fígado (K71.-): Doença Tóxica do Fígado, com Necrose Hepática (K71.1); Doença Tóxica do Fígado, com Hepatite Aguda (K71.2); Doença Tóxica do Fígado com Hepatite Crônica Persistente (K71.3); Doença Tóxica do Fígado com Outros Transtornos Hepáticos (K71.8)<br>34. Hipertensão Portal (K76.6) (Cloreto de Vinila)<br>35. "Dermatoses Pápulo-Pustulosas e suas complicações infecciosas" (L08.9)<br>36. Dermatite de Contato por Irritantes (L24.-)<br>37. "Cloracne" (L70.8)<br>38. Outras formas de hiperpigmentação pela melanina: "Melanodermia" (L81.4) |

| Agentes Etiológicos ou Fatores de Risco de Natureza Ocupacional | Doenças Causalmente relacionadas com os Respectivos Agentes ou Fatores de Risco (Denominadas e Codificadas segundo a CID-10) |
|---|---|
| | 39. Outros transtornos especificados de pigmentação: "Porfiria Cutânea Tardia" (L81.8)<br>40. Geladura (Frostbite) Superficial: Eritema Pérnio (T33) (Anestésicos clorados locais)<br>41. Geladura (Frostbite) com Necrose de Tecidos (T34) (Anestésicos clorados locais)<br>42. Osteólise (M89.5) (de falanges distais de quirodáctilos) (Cloreto de Vinila)<br>43. Síndrome Nefrítica Aguda (N00.-)<br>44. Insuficiência Renal Aguda (N17)<br>45. Efeitos Tóxicos Agudos (T53.-) |
| XIV — Iodo | 1. Conjuntivite (H10)<br>2. Faringite Aguda ("Angina Aguda", "Dor de Garganta") (J02.9)<br>3. Laringotraqueíte Aguda (J04.2)<br>4. Sinusite Crônica (J32.-)<br>5. Bronquite e Pneumonite devida a produtos químicos, gases, fumaças e vapores ("Bronquite Química Aguda")<br>6. Edema Pulmonar Agudo devido a produtos químicos, gases, fumaças e vapores ("Edema Pulmonar Químico") (J68.1)<br>7. Síndrome de Disfunção Reativa das Vias Aéreas (SDVA/RADS) (J68.3)<br>8. Bronquiolite Obliterante Crônica, Enfisema Crônico Difuso ou Fibrose Pulmonar Crônica (J68.4)<br>9. Dermatite Alérgica de Contato (L23.-)<br>10. Efeitos Tóxicos Agudos (T57.8) |
| XV — Manganês e seus compostos tóxicos | 1. Demência em outras doenças específicas classificadas em outros locais (F02.8)<br>2. Outros transtornos mentais decorrentes de lesão e disfunção cerebrais e de doença física (F06.-)<br>3. Transtornos de personalidade e de comportamento decorrentes de doença, lesão e de disfunção de personalidade (F07.-) |

| Agentes Etiológicos ou Fatores de Risco de Natureza Ocupacional | Doenças Causalmente relacionadas com os Respectivos Agentes ou Fatores de Risco (Denominadas e Codificadas segundo a CID-10) |
|---|---|
| | 4. Transtorno Mental Orgânico ou Sintomático não especificado (F09.-)<br>5. Episódios Depressivos (F32.-)<br>6. Neurastenia (Inclui "Síndrome de Fadiga") (F48.0)<br>7. Parkisonismo Secundário (G21.2)<br>8. Inflamação Coriorretiniana (H30)<br>9. Bronquite e Pneumonite devida a produtos químicos, gases, fumaças e vapores ("Bronquite Química Aguda") (J68.0)<br>10. Bronquiolite Obliterante Crônica, Enfisema Crônico Difuso ou Fibrose Pulmonar Crônica (J68.4)<br>11. Efeitos Tóxicos Agudos (T57.2) |
| XVI — Mercúrio e seus compostos tóxicos | 1. Outros transtornos mentais decorrentes de lesão e disfunção cerebrais e de doença física (F06.-)<br>2. Transtornos de personalidade e de comportamento decorrentes de doença, lesão e de disfunção de personalidade (F07.-)<br>3. Transtorno Mental Orgânico ou Sintomático não especificado (F09.-)<br>4. Episódios Depressivos (F32.-)<br>5. Neurastenia (Inclui "Síndrome de Fadiga") (F48.0)<br>6. Ataxia Cerebelosa (G11.1)<br>7. Outras formas especificadas de tremor (G25.2)<br>8. Transtorno extrapiramidal do movimento não especificado (G25.9)<br>9. Encefalopatia Tóxica Aguda (G92.1)<br>10. Encefalopatia Tóxica Crônica (G92.2)<br>11. Arritmias cardíacas (I49.-)<br>12. Gengivite Crônica (K05.1)<br>13. Estomatite Ulcerativa Crônica (K12.1)<br>14. Dermatite Alérgica de Contato (L23.-)<br>15. Doença Glomerular Crônica (N03.-) |

| Agentes Etiológicos ou Fatores de Risco de Natureza Ocupacional | Doenças Causalmente relacionadas com os Respectivos Agentes ou Fatores de Risco (Denominadas e Codificadas segundo a CID-10) |
|---|---|
| | 16. Nefropatia Túbulo-Intersticial induzida por metais pesados (N14.3)<br>17. Efeitos Tóxicos Agudos (T57.1) |
| XVII — Substâncias asfixiantes: Monóxido de Carbono, Cianeto de Hidrogênio ou seus derivados tóxicos, Sulfeto de Hidrogênio (Ácido Sulfídrico) | 1. Demência em outras doenças específicas classificadas em outros locais (F02.8)<br>2. Transtornos do nervo olfatório (Inclui "Anosmia") (G52.0) (H2S)<br>3. Encefalopatia Tóxica Crônica (G92.2) (Sequela)<br>4. Conjuntivite (H10) (H2S)<br>5. Queratite e Queratoconjuntivite (H16)<br>6. Angina Pectoris (I20.-) (CO)<br>7. Infarto Agudo do Miocárdio (I21.-) (CO)<br>8. Parada Cardíaca (I46.-) (CO)<br>9. Arritmias cardíacas (I49.-) (CO)<br>10. Bronquite e Pneumonite devida a produtos químicos, gases, fumaças e vapores ("Bronquite Química Aguda") (HCN)<br>11. Edema Pulmonar Agudo devido a produtos químicos, gases, fumaças e vapores ("Edema Pulmonar Químico") (J68.1) (HCN)<br>12. Síndrome de Disfunção Reativa das Vias Aéreas (SDVA/RADS) (J68.3) (HCN)<br>13. Bronquiolite Obliterante Crônica, Enfisema Crônico Difuso ou Fibrose Pulmonar Crônica (J68.4) (HCN; H2S)<br>14. Efeitos Tóxicos Agudos (T57.3; T58; T59.6) |
| XVIII — Sílica Livre | 1. Neoplasia maligna dos brônquios e do pulmão (C34.-)<br>2. Cor Pulmonale (I27.9)<br>3. Outras Doenças Pulmonares Obstrutivas Crônicas (Inclui "Asma Obstrutiva", "Bronquite Crônica", "Bronquite Obstrutiva Crônica") (J44.-)<br>4. Silicose (J62.8) |

| Agentes Etiológicos ou Fatores de Risco de Natureza Ocupacional | Doenças Causalmente relacionadas com os Respectivos Agentes ou Fatores de Risco (Denominadas e Codificadas segundo a CID-10) |
|---|---|
| | 5. Pneumoconiose associada com Tuberculose ("Sílico-Tuberculose") (J63.8)<br>6. Síndrome de Caplan (J99.1; M05.3) |
| XIX — Sulfeto de Carbono ou Dissulfeto de Carbono | 1. Demência em outras doenças específicas classificadas em outros locais (F02.8)<br>2. Outros transtornos mentais decorrentes de lesão e disfunção cerebrais e de doença física (F06.-)<br>3. Transtornos de personalidade e de comportamento decorrentes de doença, lesão e de disfunção de personalidade (F07.-)<br>4. Transtorno Mental Orgânico ou Sintomático não especificado (F09.-)<br>5. Episódios Depressivos (F32.-)<br>6. Neurastenia (Inclui "Síndrome de Fadiga") (F48.0)<br>7. Polineuropatia devida a outros agentes tóxicos (G52.2)<br>8. Encefalopatia Tóxica Crônica (G92.2)<br>9. Neurite Óptica (H46)<br>10. Angina Pectoris (I20.-)<br>11. Infarto Agudo do Miocárdio (I21.-)<br>12. Ateroesclerose (I70.-) e Doença Ateroesclerótica do Coração (I25.1)<br>13. Efeitos Tóxicos Agudos (T52.8) |
| XX — Alcatrão, Breu, Betume, Hulha Mineral, Parafina e produtos ou resíduos dessas substâncias, causadores de epiteliomas primitivos da pele | 1. Neoplasia maligna dos brônquios e do pulmão (C34.-)<br>2. Outras neoplasias malignas da pele (C44.-)<br>3. Neoplasia maligna da bexiga (C67.-)<br>4. Dermatite Alérgica de Contato (L23.-)<br>5. Outras formas de hiperpigmentação pela melanina: "Melanodermia" (L81.4) |
| XXI — Ruído e afecção auditiva | 1. Perda da Audição Provocada pelo Ruído (H83.3)<br>2. Outras percepções auditivas anormais: Alteração Temporária do Limiar Auditivo, Comprometimento da Discriminação Auditiva e Hiperacusia (H93.2) |

| Agentes Etiológicos ou Fatores de Risco de Natureza Ocupacional | Doenças Causalmente relacionadas com os Respectivos Agentes ou Fatores de Risco (Denominadas e Codificadas segundo a CID-10) |
|---|---|
| | 3. Hipertensão Arterial (I10.-)<br>4. Ruptura Traumática do Tímpano (pelo ruído) (S09.2) |
| XXII — Vibrações (afecções dos músculos, tendões, ossos, articulações, vasos sanguíneos periféricos ou dos nervos periféricos) | 1. Síndrome de Raynaud (I73.0)<br>2. Acrocianose e Acroparestesia (I73.8)<br>3. Outros transtornos articulares não classificados em outra parte: Dor Articular (M25.5)<br>4. Síndrome Cervicobraquial (M53.1)<br>5. Fibromatose da Fascia Palmar: "Contratura ou Moléstia de Dupuytren" (M72.0)<br>6. Lesões do Ombro (M75.-): Capsulite Adesiva do Ombro (Ombro Congelado, Periartrite do Ombro) (M75.0); Síndrome do Manguito Rotatório ou Síndrome do Supraespinhoso (M75.1); Tendinite Bicipital (M75.2); Tendinite Calcificante do Ombro (M75.3); Bursite do Ombro (M75.5); Outras Lesões do Ombro (M75.8); Lesões do Ombro, não especificadas (M75.9)<br>7. Outras entesopatias (M77.-): Epicondilite Medial (M77.0); Epicondilite lateral ("Cotovelo de Tenista"); Mialgia (M79.1)<br>8. Outros transtornos especificados dos tecidos moles (M79.8)<br>9. Osteonecrose (M87.-): Osteonecrose Devida a Drogas (M87.1); Outras Osteonecroses Secundárias (M87.3)<br>10. Doença de Kienböck do Adulto (Osteocondrose do Adulto do Semilunar do Carpo) (M93.1) e outras Osteocondropatias especificadas (M93.8) |
| XXIII — Ar Comprimido | 1. Otite Média não supurativa (H65.9)<br>2. Perfuração da Membrama do Tímpano (H72 ou S09.2)<br>3. Labirintite (H83.0)<br>4. Otalgia e Secreção Auditiva (H92.-)<br>5. Outros transtornos especificados do ouvido (H93.8) |

| Agentes Etiológicos ou Fatores de Risco de Natureza Ocupacional | Doenças Causalmente relacionadas com os Respectivos Agentes ou Fatores de Risco (Denominadas e Codificadas segundo a CID-10) |
|---|---|
| | 6. Osteonecrose no "Mal dos Caixões" (M90.3)<br>7. Otite Barotraumática (T70.0)<br>8. Sinusite Barotraumática (T70.1)<br>9. "Mal dos Caixões" (Doença da Descompressão) (T70.4)<br>10. Síndrome devida ao deslocamento de ar de uma explosão (T70.8) |
| XXIV — Radiações Ionizantes | 1. Neoplasia maligna da cavidade nasal e dos seios paranasais (C30-C31.-)<br>2. Neoplasia maligna dos brônquios e do pulmão (C34.-)<br>3. Neoplasia maligna dos ossos e cartilagens articulares dos membros (Inclui "Sarcoma Ósseo")<br>4. Outras neoplasias malignas da pele (C44.-)<br>5. Leucemias (C91-C95.-)<br>6. Síndromes Mielodisplásicas (D46.-)<br>7. Anemia Aplástica devida a outros agentes externos (D61.2)<br>8. Hipoplasia Medular (D61.9)<br>9. Púrpura e outras manifestações hemorrágicas (D69.-)<br>10. Agranulocitose (Neutropenia tóxica) (D70)<br>11. Outros transtornos especificados dos glóbulos brancos: Leucocitose, Reação Leucemoide (D72.8)<br>12. Polineuropatia induzida pela radiação (G62.8)<br>13. Blefarite (H01.0)<br>14. Conjuntivite (H10)<br>15. Queratite e Queratoconjuntivite (H16)<br>16. Catarata (H28)<br>17. Pneumonite por radiação (J70.0 e J70.1)<br>18. Gastroenterite e Colites tóxicas (K52.-)<br>19. Radiodermatite (L58.-): Radiodermatite Aguda (L58.0); Radiodermatite Crônica (L58.1); Radiodermatite, não especificada (L58.9); |

| Agentes Etiológicos ou Fatores de Risco de Natureza Ocupacional | Doenças Causalmente relacionadas com os Respectivos Agentes ou Fatores de Risco (Denominadas e Codificadas segundo a CID-10) |
|---|---|
| | Afecções da pele e do tecido conjuntivo relacionadas com a radiação, não especificadas (L59.9)<br>20. Osteonecrose (M87.-): Osteonecrose Devida a Drogas (M87.1); Outras Osteonecroses Secundárias (M87.3)<br>21. Infertilidade Masculina (N46)<br>22. Efeitos Agudos (não especificados) da Radiação (T66) |
| XXV — Micro-organismos e parasitas infecciosos vivos e seus produtos tóxicos (Exposição ocupacional ao agente e/ou transmissor da doença, em profissões e/ou condições de trabalho especificadas) | 1. Tuberculose (A15-A19.-)<br>2. Carbúnculo (A22.-)<br>3. Brucelose (A23.-)<br>4. Leptospirose (A27.-)<br>5. Tétano (A35.-)<br>6. Psitacose, Ornitose, Doença dos Tratadores de Aves (A70.-)<br>7. Dengue (A90.-)<br>8. Febre Amarela (A95.-)<br>9. Hepatites Virais (B15-B19.-)<br>10. Doença pelo Vírus da Imunodeficiência Humana (HIV) (B20-B24.-)<br>11. Dermatofitose (B35.-) e Outras Micoses Superficiais (B36.-)<br>12. Paracoccidiomicose (Blastomicose Sul Americana, Blastomicose Brasileira, Doença de Lutz) (B41.-)<br>13. Malária (B50-B54.-)<br>14. Leishmaniose Cutânea (B55.1) ou Leishmaniose Cutâneo-Mucosa (B55.2)<br>15. Pneumonite por Hipersensibilidade a Poeira Orgânica (J67.-): Pulmão do Granjeiro (ou Pulmão do Fazendeiro) (J67.0); Bagaçose (J67.1); Pulmão dos Criadores de Pássaros (J67.2); Suberose (J67.3); Pulmão dos Trabalhadores de Malte (J67.4); Pulmão dos que Trabalham com Cogumelos (J67.5); Doença Pulmonar Devida a Sistemas de Ar Condicionado e de Umidificação do Ar (J67.7); Pneumonites de Hipersensibilidade Devidas a |

| Agentes Etiológicos ou Fatores de Risco de Natureza Ocupacional | Doenças Causalmente relacionadas com os Respectivos Agentes ou Fatores de Risco (Denominadas e Codificadas segundo a CID-10) |
|---|---|
| | Outras Poeiras Orgânicas (J67.8); Pneumonite de Hipersensibilidade Devida a Poeira Orgânica não especificada (Alveolite Alérgica Extrínseca SOE; Pneumonite de Hipersensibilidade SOE (J67.0)<br>16. "Dermatoses Pápulo-Pustulosas e suas complicações infecciosas" (L08.9) |
| XXVI — Algodão, Linho, Cânhamo, Sisal | 1. Outras Rinites Alérgicas (J30.3)<br>2. Outras Doenças Pulmonares Obstrutivas Crônicas (Inclui "Asma Obstrutiva", "Bronquite Crônica", "Bronquite Obstrutiva Crônica") (J44.-)<br>3. Asma (J45.-)<br>4. Bissinose (J66.0) |
| XXVII — Agentes físicos, químicos ou biológicos, que afetam a pele, não considerados em outras rubricas | 1. "Dermatoses Pápulo-Pustulosas e suas complicações infecciosas" (L08.9)<br>2. Dermatite Alérgica de Contato (L23.-)<br>3. Dermatite de Contato por Irritantes (L24.-)<br>4. Urticária Alérgica (L50.0)<br>5. "Urticária Física" (devida ao calor e ao frio) (L50.2)<br>6. Urticária de Contato (L50.6)<br>7. Queimadura Solar (L55)<br>8. Outras Alterações Agudas da Pele devidas a Radiação Ultravioleta (L56.-): Dermatite por Fotocontato (Dermatite de Berloque) (L56.2); Urticária Solar (L56.3); Outras Alterações Agudas Especificadas da Pele devidas a Radiação Ultravioleta (L56.8); Outras Alterações Agudas da Pele devidas a Radiação Ultravioleta, sem outra especificação (L56.9)<br>9. Alterações da Pele devidas a Exposição Crônica a Radiação Não Ionizante (L57.-): Ceratose Actínica (L57.0); Outras Alterações: Dermatite Solar, "Pele de Fazendeiro", "Pele de Marinheiro" (L57.8)<br>10. "Cloracne" (L70.8) |

| Agentes Etiológicos ou Fatores de Risco de Natureza Ocupacional | Doenças Causalmente relacionadas com os Respectivos Agentes ou Fatores de Risco (Denominadas e Codificadas segundo a CID-10) |
|---|---|
| | 11. "Elaioconiose" ou "Dermatite Folicular" (L72.8)<br>12. Outras formas de hiperpigmentação pela melanina: "Melanodermia" (L81.4)<br>13. Leucodermia, não classificada em outra parte (Inclui "Vitiligo Ocupacional") (L81.5)<br>14. Úlcera Crônica da Pele, não classificada em outra parte (L98.4)<br>15. Geladura (Frostbite) Superficial: Eritema Pérnio (T33) (Frio)<br>16. Geladura (Frostbite) com Necrose de Tecidos (T34) (Frio) |

## LISTA B

## DOENÇAS INFECCIOSAS E PARASITÁRIAS RELACIONADAS COM O TRABALHO (Grupo I da CID-10)

Nota:

1. As doenças e respectivos agentes etiológicos ou fatores de risco de natureza ocupacional listados são exemplificativos e complementares.

| Doenças | Agentes Etiológicos ou Fatores de Risco de Natureza Ocupacional |
|---|---|
| I — Tuberculose (A15-A19.-) | Exposição ocupacional ao Mycobacterium tuberculosis (Bacilo de Koch) ou Mycobacterium bovis, em atividades em laboratórios de biologia, e atividades realizadas por pessoal de saúde, que propiciam contato direto com produtos contaminados ou com doentes cujos exames bacteriológicos são positivos (Z57.8) (Quadro XXV)<br>Hipersuscetibilidade do trabalhador exposto a poeiras de sílica (Sílico-tuberculose) (J65.-) |

| Doenças | Agentes Etiológicos ou Fatores de Risco de Natureza Ocupacional |
|---|---|
| II — Carbúnculo (A22.-) | Zoonose causada pela exposição ocupacional ao Bacillus anthracis, em atividades suscetíveis de colocar os trabalhadores em contato direto com animais infectados ou com cadáveres desses animais; trabalhos artesanais ou industriais com pelos, pele, couro ou lã. (Z57.8) (Quadro XXV) |
| III — Brucelose (A23.-) | Zoonose causada pela exposição ocupacional a Brucella melitensis, B. abortus, B. suis, B. canis, etc., em atividades em abatedouros, frigoríficos, manipulação de produtos de carne; ordenha e fabricação de laticínios e atividades assemelhadas. (Z57.8) (Quadro XXV) |
| IV — Leptospirose (A27.-) | Exposição ocupacional a Leptospira icterohaemorrhagiae (e outras espécies), em trabalhos expondo ao contato direto com águas sujas, ou efetuado em locais suscetíveis de serem sujos por dejetos de animais portadores de germes; trabalhos efetuados dentro de minas, túneis, galerias, esgotos em locais subterrâneos; trabalhos em cursos d'água; trabalhos de drenagem; contato com roedores; trabalhos com animais domésticos, e com gado; preparação de alimentos de origem animal, de peixes, de laticínios, etc. (Z57.8) (Quadro XXV) |
| V — Tétano (A35.-) | Exposição ao Clostridium tetani, em circunstâncias de acidentes do trabalho na agricultura, na construção civil, na indústria, ou em acidentes de trajeto (Z57.8) (Quadro XXV) |
| VI — Psitacose, Ornitose, Doença dos Tratadores de Aves (A70.-) | Zoonoses causadas pela exposição ocupacional a Chlamydia psittaci ou Chlamydia pneumoniae, em trabalhos em criadouros de aves ou pássaros, atividades de Veterinária, em zoológicos, e em laboratórios biológicos, etc. (Z57.8) (Quadro XXV) |

| Doenças | Agentes Etiológicos ou Fatores de Risco de Natureza Ocupacional |
|---|---|
| VII — Dengue [Dengue Clássico] (A90.-) | Exposição ocupacional ao mosquito (Aedes aegypti), transmissor do arbovírus da Dengue, principalmente em atividades em zonas endêmicas, em trabalhos de saúde pública, e em trabalhos de laboratórios de pesquisa, entre outros.(Z57.8) (Quadro XXV) |
| VIII — Febre Amarela (A95.-) | Exposição ocupacional ao mosquito (Aedes aegypti), transmissor do arbovírus da Febre Amarela, principalmente em atividades em zonas endêmicas, em trabalhos de saúde pública, e em trabalhos de laboratórios de pesquisa, entre outros. (Z57.8) (Quadro XXV) |
| IX — Hepatites Virais (B15-B19.-) | Exposição ocupacional ao Vírus da Hepatite A (HAV); Vírus da Hepatite B (HBV); Vírus da Hepatite C (HCV); Vírus da Hepatite D (HDV); Vírus da Hepatite E (HEV), em trabalhos envolvendo manipulação, acondicionamento ou emprego de sangue humano ou de seus derivados; trabalho com "águas usadas" e esgotos; trabalhos em contato com materiais provenientes de doentes ou objetos contaminados por eles. (Z57.8) (Quadro XXV) |
| X — Doença pelo Vírus da Imunodeficiência Humana (HIV) (B20-B24.-) | Exposição ocupacional ao Vírus da Imunodeficiência Humana (HIV), principalmente em trabalhadores da saúde, em decorrência de acidentes perfurocortantes com agulhas ou material cirúrgico contaminado, e na manipulação, acondicionamento ou emprego de sangue ou de seus derivados, e contato com materiais provenientes de pacientes infectados. (Z57.8) (Quadro XXV) |
| XI — Dermatofitose (B35.-) e Outras Micoses Superficiais (B36.-) | Exposição ocupacional a fungos do gênero Epidermophyton, Microsporum e Trichophyton, em trabalhos em condições de temperatura elevada e umidade (cozinhas, ginásios, piscinas) e outras situações específicas de exposição ocupacional. (Z57.8) (Quadro XXV) |

| Doenças | Agentes Etiológicos ou Fatores de Risco de Natureza Ocupacional |
|---|---|
| XII — Candidíase (B37.-) | Exposição ocupacional a Candida albicans, Candida glabrata, etc., em trabalhos que requerem longas imersões das mãos em água e irritação mecânica das mãos, tais como trabalhadores de limpeza, lavadeiras, cozinheiras, entre outros. (Z57.8) (Quadro XXV) |
| XIII — Paracoccidioidomicose (Blastomicose Sul-Americana, Blastomicose Brasileira, Doença de Lutz) (B41.-) | Exposição ocupacional ao Paracoccidioides brasiliensis, principalmente em trabalhos agrícolas ou florestais e em zonas endêmicas. (Z57.8) (Quadro XXV) |
| XIV — Malária (B50 — B54.-) | Exposição ocupacional ao Plasmodium malariae; Plasmodium vivax; Plasmodium falciparum ou outros protozoários, principalmente em atividades de mineração, construção de barragens ou rodovias, em extração de petróleo e outras atividades que obrigam a entrada dos trabalhadores em zonas endêmicas (Z57.8) (Quadro XXV) |
| XV — Leishmaniose Cutânea (B55.1) ou Leishmaniose Cutâneo-Mucosa (B55.2) | Exposição ocupacional à Leishmania braziliensis, principalmente em trabalhos agrícolas ou florestais e em zonas endêmicas, e outras situações específicas de exposição ocupacional. (Z57.8) (Quadro XXV) |

## NEOPLASIAS (TUMORES) RELACIONADAS COM O TRABALHO (GRUPO II da CID-10)

| Doenças | Agentes Etiológicos ou Fatores de Risco de Natureza Ocupacional |
|---|---|
| I — Neoplasia maligna do estômago (C16.-) | Asbesto ou Amianto (X49.-; Z57.2) (Quadro II) |
| II — Angiossarcoma do fígado (C22.3) | 1. Arsênio e seus compostos arsenicais (X48.-; X49.-; Z57.5) (Quadro I)<br>2. Cloreto de Vinila (X46.-; Z57.5) (Quadro XIII) |

| Doenças | Agentes Etiológicos ou Fatores de Risco de Natureza Ocupacional |
|---|---|
| III — Neoplasia maligna do pâncreas (C25.-) | 1. Cloreto de Vinila (X46.-; Z57.5) (Quadro XIII)<br>2. Epicloridrina (X49.-; Z57.5)<br>3. Hidrocarbonetos alifáfitos e aromáticos na Indústria do Petróleo (X46.-; Z57.5) |
| IV — Neoplasia maligna da cavidade nasal e dos seios paranasais (C30-C31.-) | 1. Radiações ionizantes (W88.-; Z57.1) (Quadro XXIV)<br>2. Níquel e seus compostos (X49.-; Z57.5)<br>3. Poeiras de madeira e outras poeiras orgânicas da indústria do mobiliário (X49.-; Z57.2)<br>4. Poeiras da indústria do couro (X49.-; Z57.2)<br>5. Poeiras orgânicas (na indústria têxtil e em padarias) (X49.-; Z57.2)<br>6. Indústria do petróleo (X46.-; Z57.5) |
| V — Neoplasia maligna da laringe (C32.-) | Asbesto ou Amianto (Z57.2) (Quadro II) |
| VI — Neoplasia maligna dos brônquios e do pulmão (C34.-) | 1. Arsênio e seus compostos arsenicais (X48.-; X49.-; Z57.4 e Z57.5) (Quadro I)<br>2. Asbesto ou Amianto (X49.-; Z57.2) (Quadro II)<br>3. Berílio (X49.-; Z57.5) (Quadro IV)<br>4. Cádmio ou seus compostos (X49.-; Z57.5) (Quadro VI)<br>5. Cromo e seus compostos tóxicos (X49.-; Z57.5) (Quadro X)<br>6. Cloreto de Vinila (X46.-; Z57.5) (Quadro XIII)<br>7. Clorometil éteres (X49.-; Z57.5) (Quadro XIII)<br>8. Sílica-livre (Z57.2) (Quadro XVIII)<br>9. Alcatrão, breu, betume, hulha mineral, parafina e produtos de resíduos dessas substâncias (X49.-; Z57.5) (Quadro XX)<br>10. Radiações ionizantes (W88.-; Z57.1) (Quadro XXIV)<br>11. Emissões de fornos de coque (X49.-; Z57.5)<br>12. Níquel e seus compostos (X49.-; Z57.5)<br>13. Acrilonitrila (X49.-; Z57.5) |

| Doenças | Agentes Etiológicos ou Fatores de Risco de Natureza Ocupacional |
|---|---|
| | 14. Indústria do alumínio (fundições) (X49.-; Z57.5)<br>15. Neblinas de óleos minerais (óleo de corte) (X49.-; Z57.5)<br>16. Fundições de metais (X49.-; Z57.5) |
| VII — Neoplasia maligna dos ossos e cartilagens articulares dos membros (Inclui "Sarcoma Ósseo") (C40.-) | Radiações ionizantes (W88.-; Z57.1) (Quadro XXIV) |
| VIII — Outras neoplasias malignas da pele (C44.-) | 1. Arsênio e seus compostos arsenicais (X49.-; Z57.4 e Z57.5) (Quadro I)<br>2. Alcatrão, breu, betume, hulha mineral, parafina e produtos de resíduos dessas substâncias causadores de epiteliomas da pele (X49.-; Z57.5) (Quadro XX)<br>3. Radiações ionizantes (W88.-; Z57.1) (Quadro XXIV)<br>4. Radiações ultravioletas (W89; Z57.1) |
| IX — Mesotelioma (C45.-): Mesotelioma da pleura (C45.0), Mesotelioma do peritônio (C45.1) e Mesotelioma do pericárdio (C45.2) | Asbesto ou Amianto (X49.-; Z57.2) (Quadro II) |
| X — Neoplasia maligna da bexiga (C67.-) | 1. Alcatrão, breu, betume, hulha mineral, parafina e produtos de resíduos dessas substâncias (X49.-; Z57.5 (Quadro XX)<br>2. Aminas aromáticas e seus derivados (Beta-naftilamina, 2-cloroanilina, benzidina, o-toluidina, 4-cloro-orto-toluidina (X49.-; Z57.5)<br>3. Emissões de fornos de coque (X49.-; Z57.5) |
| XI — Leucemias (C91-C95.-) | 1. Benzeno (X46.-; Z57.5) (Quadro III)<br>2. Radiações ionizantes (W88.-; Z57.1) (Quadro XXIV) |

| Doenças | Agentes Etiológicos ou Fatores de Risco de Natureza Ocupacional |
|---|---|
| | 3. Óxido de etileno (X49.-; Z57.5)<br>4. Agentes antineoplásicos (X49.-; Z57.5)<br>5. Campos eletromagnéticos (W90.-; Z57.5)<br>6. Agrotóxicos clorados (Clordane e Heptaclor) (X48.-; Z57.4) |

## DOENÇAS DO SANGUE E DOS ÓRGÃOS HEMATOPOÉTICOS RELACIONADAS COM O TRABALHO (Grupo III da CID-10)

| Doenças | Agentes Etiológicos ou Fatores de Risco de Natureza Ocupacional |
|---|---|
| I — Síndromes Mielodisplásicas (D46.-) | 1. Benzeno (X46.-; Z57.5) (Quadro III)<br>2. Radiações ionizantes (W88.-; Z57.1) (Quadro XXIV) |
| II — Outras anemias devidas a transtornos enzimáticos (D55.8) | Chumbo ou seus compostos tóxicos (X49.-; Z57.5) (Quadro VIII) |
| III — Anemia Hemolítica adquirida (D59.2) | Derivados nitrados e aminados do Benzeno (X46.-; Z57.5) |
| IV — Aplástica devida a outros agentes externos (D61.2) | 1. Benzeno (X46.-; Z57.5) (Quadro III)<br>2. Radiações ionizantes (W88.-) (Quadro XXIV) |
| V — Anemia Aplástica não especificada, Anemia hipoplástica SOE, Hipoplasia medular (D61.9) | 1. Benzeno (X46.-; Z57.5) (Quadro III)<br>2. Radiações ionizantes (W88.-; Z57.1) (Quadro XXIV) |
| VI — Anemia Sideroblástica secundária a toxinas (Inclui "Anemia Hipocrômica, Microcítica, com Reticulocitose") (D64.2) | Chumbo ou seus compostos tóxicos (X46.-; Z57.5) (Quadro VIII) |

| Doenças | Agentes Etiológicos ou Fatores de Risco de Natureza Ocupacional |
|---|---|
| VII — Púrpura e outras manifestações hemorrágicas (D69.-) | 1. Benzeno (X46.-; Z57.5) (Quadro III)<br>2. Cloreto de Vinila (X46.-) (Quadro XIII)<br>3. Radiações ionizantes (W88.-; Z57.1) (Quadro XXIV) |
| VIII — Agranulocitose (Neutropenia tóxica) (D70) | 1. Benzeno (X46.-; Z57.5) (Quadro III)<br>2. Radiações ionizantes (W88.-; Z57.1) (Quadro XXIV)<br>3. Derivados do Fenol, Pentaclorofenol, Hidroxibenzonitrilo (X49.-; XZ57.5) |
| IX — Outros transtornos especificados dos glóbulos brancos: leucocitose, reação leucemoide (D72.8) | 1. Benzeno (X46.-; Z57.5) (Quadro III)<br>2. Radiações ionizantes (W88.-; Z57.1) (Quadro XXIV) |
| X — Meta-hemoglobinemia (D74.-) | Aminas aromáticas e seus derivados (X49.-; Z57.5) |

## DOENÇAS ENDÓCRINAS, NUTRICIONAIS E METABÓLICAS RELACIONADAS COM O TRABALHO (Grupo IV da CID-10)

| Doenças | Agentes Etiológicos ou Fatores de Risco de Natureza Ocupacional |
|---|---|
| I — Hipotireoidismo devido a substâncias exógenas (E03.-) | 1. Chumbo ou seus compostos tóxicos (X49.-; Z57.5) (Quadro VIII)<br>2. Hidrocarbonetos halogenados (Clorobenzeno e seus derivados) (X46.-; Z57.5) (Quadro XIII)<br>3. Tiuracil (X49.-; Z57.5)<br>4. Tiocinatos (X49.-; Z57.5)<br>5. Tiureia (X49.-; Z57.5) |
| II — Outras Porfirias (E.80.2) | Clorobenzeno e seus derivados (X46.-; Z57.4 e Z57.5) (Quadro XIII) |

TRANSTORNOS MENTAIS E DO COMPORTAMENTO RELACIONADOS COM O TRABALHO (Grupo V da CID-10)

| Doenças | Agentes Etiológicos ou Fatores de Risco de Natureza Ocupacional |
|---|---|
| I — Demência em outras doenças específicas classificadas em outros locais (F02.8) | 1. Manganês (X49.-; Z57.5) (Quadro XV)<br>2. Substâncias asfixiantes: CO, $H_2S$, etc. (sequela) (X47.-; Z57.5) (Quadro XVII)<br>3. Sulfeto de Carbono (X49.-; Z57.5) (Quadro XIX) |
| II — Delirium, não sobreposto a demência, como descrita (F05.0) | 1. Brometo de Metila (X46.-; Z57.4 e Z57.5) (Quadro XIII)<br>2. Sulfeto de Carbono (X49.-; Z57.5) (Quadro XIX) |
| III — Outros transtornos mentais decorrentes de lesão e disfunção cerebrais e de doença física (F06.-): Transtorno Cognitivo Leve (F06.7) | 1. Tolueno e outros solventes aromáticos neurotóxicos (X46.-; Z57.5) (Quadro III)<br>2. Chumbo ou seus compostos tóxicos (X49.-; Z57.5) (Quadro VIII)<br>3. Tricloroetileno, Tetracloroetileno, Tricloroetano e outros solventes orgânicos halogenados neurotóxicos (X46.-; Z57.5) (Quadro XIII)<br>4. Brometo de Metila (X46.-; Z57.4 e Z57.5) (Quadro XIII)<br>5. Manganês e seus compostos tóxicos (X49.-; Z57.5) (Quadro XV)<br>6. Mercúrio e seus compostos tóxicos (X49.-; Z57.4 e Z57.5) (Quadro XVI)<br>7. Sulfeto de Carbono (X49.-; Z57.5) (Quadro XIX)<br>8. Outros solventes orgânicos neurotóxicos (X46.-; X49.-; Z57.5) |
| IV — Transtornos de personalidade e de comportamento decorrentes de doença, lesão e de disfunção de personalidade (F07.-): Transtorno Orgânico de Personalidade (F07.0); Outros transtornos de personalidade e de | 1. Tolueno e outros solventes aromáticos neurotóxicos (X46.-; Z57.5) (Quadro III)<br>2. Tricloroetileno, Tetracloroetileno, Tricloroetano e outros solventes orgânicos halogenados neurotóxicos (X46.-; Z57.5) (Quadro XIII)<br>3. Brometo de Metila (X46.-; Z57.4 e Z57.5) (Quadro XIII)<br>4. Manganês e seus compostos tóxicos (X49.-; Z57.5) (Quadro XV)<br>5. Mercúrio e seus compostos tóxicos (X49.-; Z57.4 e Z57.5) (Quadro XVI) |

| Doenças | Agentes Etiológicos ou Fatores de Risco de Natureza Ocupacional |
|---|---|
| comportamento decorrentes de doença, lesão ou disfunção cerebral (F07.8) | 6. Sulfeto de Carbono (X49.-; Z57.5) (Quadro XIX)<br>7. Outros solventes orgânicos neurotóxicos (X46.-; X49.-; Z57.5) |
| V — Transtorno Mental Orgânico ou Sintomático não especificado (F09.-) | 1. Tolueno e outros solventes aromáticos neurotóxicos (X46.-; Z57.5) (Quadro III)<br>2. Tricloroetileno, Tetracloroetileno, Tricloroetano e outros solventes orgânicos halogenados neurotóxicos (X46.-; Z57.5) (Quadro XIII)<br>3. Brometo de Metila (X46.-; Z57.5) (Quadro XIII)<br>4. Manganês e seus compostos tóxicos (X49.-; Z57.5) (Quadro XV)<br>5. Mercúrio e seus compostos tóxicos (X49.-; Z57.4 e Z57.5) (Quadro XVI)<br>6. Sulfeto de Carbono (X49.-; Z57.5) (Quadro XIX)<br>7. Outros solventes orgânicos neurotóxicos (X46.-; X49.-; Z57.5) |
| VI — Transtornos mentais e comportamentais devidos ao uso do álcool: Alcoolismo Crônico (Relacionado com o Trabalho) (F10.2) | 1. Problemas relacionados com o emprego e com o desemprego: Condições difíceis de trabalho (Z56.5)<br>2. Circunstância relativa às condições de trabalho (Y96) |
| VII — EpisódiosDepressivos (F32.-) | 1. Tolueno e outros solventes aromáticos neurotóxicos (X46.-; Z57.5) (Quadro III)<br>2. Tricloroetileno, Tetracloroetileno, Tricloroetano e outros solventes orgânicos halogenados neurotóxicos (X46.-; Z57.5) (Quadro XIII)<br>3. Brometo de Metila (X46.-; Z57.4 e Z57.5) (Quadro XIII)<br>4. Manganês e seus compostos tóxicos (X49.-; Z57.5) (Quadro XV)<br>5. Mercúrio e seus compostos tóxicos (X49.-; Z57.4 e Z57.5) (Quadro XVI)<br>6. Sulfeto de Carbono (X49.-; Z57.5)(Quadro XIX)<br>7. Outros solventes orgânicos neurotóxicos (X46.-; X49.-; Z57.5) |

| Doenças | Agentes Etiológicos ou Fatores de Risco de Natureza Ocupacional |
|---|---|
| VIII — Reações ao "Stress" Grave e Transtornos de Adaptação (F43.-): Estado de "Stress" Pós-Traumático (F43.1) | 1. Outras dificuldades físicas e mentais relacionadas com o trabalho: reação após acidente do trabalho grave ou catastrófico, ou após assalto no trabalho (Z56.6)<br>2. Circunstância relativa às condições de trabalho (Y96) |
| IX — Neurastenia (Inclui "Síndrome de Fadiga") (F48.0) | 1. Tolueno e outros solventes aromáticos neurotóxicos (X46.-; Z57.5) (Quadro III)<br>2. Tricloroetileno, Tetracloroetileno, Tricloroetano e outros solventes orgânicos halogenados (X46.-; Z57.5) (Quadro XIII)<br>3. Brometo de Metila (X46.-; Z57.4 e Z57.5) (Quadro XIII)<br>4. Manganês e seus compostos tóxicos (X49.-; Z57.5) (Quadro XV)<br>5. Mercúrio e seus compostos tóxicos (X49.-; Z57.4 e Z57.5) (Quadro XVI)<br>6. Sulfeto de Carbono (X49.-; Z57.5) (Quadro XIX)<br>7. Outros solventes orgânicos neurotóxicos (X46.-; X49.-; Z57.5) |
| X — Outros transtornos neuróticos especificados (Inclui "Neurose Profissional") (F48.8) | Problemas relacionados com o emprego e com o desemprego (Z56.-): Desemprego (Z56.0); Mudança de emprego (Z56.1); Ameaça de perda de emprego (Z56.2); Ritmo de trabalho penoso (Z56.3); Desacordo com patrão e colegas de trabalho (Condições difíceis de trabalho) (Z56.5); Outras dificuldades físicas e mentais relacionadas com o trabalho (Z56.6) |
| XI — Transtorno do Ciclo Vigília-Sono devido a Fatores Não Orgânicos (F51.2) | 1. Problemas relacionados com o emprego e com o desemprego: Má adaptação à organização do horário de trabalho (Trabalho em Turnos ou Trabalho Noturno) (Z56.6)<br>2. Circunstância relativa às condições de trabalho (Y96) |
| XII — Sensação de Estar Acabado ("Síndrome de Burn-Out", "Síndrome do Esgotamento Profissional") (Z73.0) | 1. Ritmo de trabalho penoso (Z56.3)<br>2. Outras dificuldades físicas e mentais relacionadas com o trabalho (Z56.6) |

## DOENÇAS DO SISTEMA NERVOSO RELACIONADAS COM O TRABALHO (Grupo VI da CID-10)

| Doenças | Agentes Etiológicos ou Fatores de Risco de Natureza Ocupacional |
|---|---|
| I — Ataxia Cerebelosa (G11.1) | Mercúrio e seus compostos tóxicos (X49.-; Z57.4 e Z57.5) (Quadro XVI) |
| II — Parkisonismo Secundário devido a outros agentes externos (G21.2) | Manganês e seus compostos tóxicos (X49.-; Z57.5) (Quadro XV) |
| III — Outras formas especificadas de tremor (G25.2) | 1. Brometo de metila (X46.-; Z57.4 e Z57.5) (Quadro XIII)<br>2. Tetracloroetano (X46.-; Z57.5) (Quadro XIII)<br>3. Mercúrio e seus compostos tóxicos (X49.-; Z57.4 e Z57.5) (Quadro XVI)<br>4. Outros solventes orgânicos neurotóxicos (X46.-; X49.-; Z57.5) |
| IV — Transtorno extrapiramidal do movimento não especificado (G25.9) | 1. Mercúrio e seus compostos tóxicos (X49.-; Z57.4 e Z57.5) (Quadro XVI)<br>2. Cloreto de metileno (Diclorometano) e outros solventes halogenados neurotóxicos (X46.-; Z57.5) (Quadro XIII) |
| V — Distúrbios do Ciclo Vigília-Sono (G47.2) | Problemas relacionados com o emprego e com o desemprego: Má adaptação à organização do horário de trabalho (Trabalho em Turnos ou Trabalho Noturno) (Z56.6) |
| VI — Transtornos do nervo trigêmio (G50.-) | Tricloroetileno e outros solventes halogenados neurotóxicos (X46.-; Z57.5) (Quadro XIII) |
| VII — Transtornos do nervo olfatório (G52.0) (Inclui "Anosmia") | 1. Cádmio ou seus compostos (X49.-; Z57.5) (Quadro VI)<br>2. Sulfeto de hidrogênio (X49.-; Z57.5) (Quadro XVII) |
| VIII — Transtornos do plexo braquial (Síndrome da Saída do Tórax, Síndrome do Desfiladeiro Torácico) (G54.0) | Posições forçadas e gestos repetitivos (Z57.8) |

| Doenças | Agentes Etiológicos ou Fatores de Risco de Natureza Ocupacional |
|---|---|
| IX — Mononeuropatias dos Membros Superiores (G56.-): Síndrome do Túnel do Carpo (G56.0); Outras Lesões do Nervo Mediano: Síndrome do Pronador Redondo (G56.1); Síndrome do Canal de Guyon (G56.2); Lesão do Nervo Cubital (ulnar): Síndrome do Túnel Cubital (G56.2); Lesão do Nervo Radial (G56.3); Outras Mononeuropatias dos Membros Superiores: Compressão do Nervo Supraescapular (G56.8) | Posições forçadas e gestos repetitivos (Z57.8) |
| X — Mononeuropatias do membro inferior (G57.-): Lesão do Nervo Poplíteo Lateral (G57.3) | Posições forçadas e gestos repetitivos (Z57.8) |
| XI — Polineuropatia devida a outros agentes tóxicos (G62.2) | 1. Arsênio e seus compostos arsenicais (X49.-; Z57.4 e Z57.5) (Quadro I)<br>2. Chumbo e seus compostos tóxicos (X49.-; Z57.5) (Quadro VIII)<br>3. Fósforo (X48.-; X49.-; Z57.4 e Z57.5) (Quadro XII)<br>4. Sulfeto de Carbono (X49.-; Z57.5)(Quadro XIX)<br>5. n-Hexano (X46.-; Z57.5) (Quadro XIII)<br>6. Metil-n-Butil Cetona (MBK) (X46.-; Z57.5) |

| Doenças | Agentes Etiológicos ou Fatores de Risco de Natureza Ocupacional |
|---|---|
| XII — Polineuropatia induzida pela radiação (G62.8) | Radiações ionizantes (X88.-; Z57.1) (Quadro XXIV) |
| XIII — Encefalopatia Tóxica Aguda (G92.1) | 1. Arsênio e seus compostos arsenicais (X49.-; Z57.4 e Z57.5) (Quadro I)<br>2. Chumbo e seus compostos tóxicos (X49.-; Z57.5) (Quadro VIII)<br>3. Hidrocarbonetos alifáticos ou aromáticos (seus derivados halogenados neurotóxicos) (X46.-; Z57.5) (Quadro XIII)<br>4. Mercúrio e seus derivados tóxicos (X49.-; Z57.4 e Z57.5) (Quadro XVI) |
| XIV — Encefalopatia Tóxica Crônica (G92.2) | 1. Tolueno e Xileno (X46.-; Z57.5) (Quadro III)<br>2. Chumbo e seus compostos tóxicos (X49.-; Z57.5) (Quadro VIII)<br>3. Solventes orgânicos halogenados neurotóxicos (X46.-; Z57.5) (Quadro XIII)<br>4. Mercúrio e seus compostos tóxicos (X49.-; Z57.5) (Quadro XVI)<br>5. Substâncias asfixiantes: CO, $H_2S$, etc. (sequela) (X47.-; Z57.5) (Quadro XVII)<br>6. Sulfeto de Carbono (X49.-; Z57.5) (Quadro XIX) |

## DOENÇAS DO OLHO E ANEXOS RELACIONADAS COM O TRABALHO (Grupo VII da CID-10)

| Doenças | Agentes Etiológicos ou Fatores de Risco de Natureza Ocupacional |
|---|---|
| I — Blefarite (H01.0) | 1. Arsênio e seus compostos arsenicais (X49.-; Z57.4 e Z57.5) (Quadro I)<br>2. Radiações Ionizantes (W88.-; Z57.1) (Quadro XXIV)<br>3. Cimento (X49.-; Z57.2) |
| II — Conjuntivite (H10) | 1. Arsênio e seus compostos arsenicais (X49.-; Z57.4 e Z57.5) (Quadro I)<br>2. Berílio e seus compostos tóxicos (X49.-; Z57.5) (Quadro IV) |

| Doenças | Agentes Etiológicos ou Fatores de Risco de Natureza Ocupacional |
|---|---|
| | 3. Flúor e seus compostos tóxicos (X49.-) (Quadro XI)<br>4. Iodo (X49.-; Z57.5) (Quadro XIV)<br>5. Cloreto de etila (X46.-; Z57.5) (Quadro XIII)<br>6. Tetracloreto de carbono (X46.-; Z57.5) (Quadro XIII)<br>7. Outros solventes halogenados tóxicos (X46.-; Z57.4 e Z57.5) (Quadro XIII)<br>8. Ácido sulfídrico (Sulfeto de hidrogênio) (X49.-; Z57.5) (Quadro XVII)<br>9. Radiações ionizantes (W88.-; Z57.1) (Quadro XXIV)<br>10. Radiações Ultravioletas (W89; Z57.1)<br>11. Acrilatos (X49.-; Z57.5)<br>12. Cimento (X49.-; Z57.2)<br>13. Enzimas de origem animal, vegetal ou bacteriana (X44.-; Z57.2)<br>14. Furfural e Álcool Furfurílico (X45.-; Z57.5)<br>15. Isocianatos orgânicos (X49.-; Z57.5)<br>16. Selênio e seus compostos (X49.-; Z57.5) |
| III — Queratite e Queratoconjuntivite (H16) | 1. Arsênio e seus compostos arsenicais (X49.-; Z57.4 e Z57.5) (Quadro I)<br>2. Ácido sulfídrico (Sulfeto de hidrogênio) (X49.-; Z57.5) (Quadro XVII)<br>3. Radiações ionizantes (W88.-; Z57.1) (Quadro XXIV)<br>4. Radiações Infravermelhas (W90.-; Z57.1)<br>5. Radiações Ultravioletas (W89.-; Z57.1) |
| IV — Catarata (H28) | 1. Radiações ionizantes (W88.-; Z57.1) (Quadro XXIV)<br>2. Radiações Infravermelhas (W90.-; Z57.1) |
| V — Inflamação Coriorretiniana (H30) | Manganês e seus compostos tóxicos (X49.-; Z57.5) (Quadro XV) |
| VI — Neurite Óptica (H46) | 1. Brometo de metila (X46.-; Z57.4 e Z57.5) (Quadro XIII)<br>2. Cloreto de metileno (Diclorometano) e outros solventes clorados neurotóxicos (X46.-; Z57.5) (Quadro XIII) |

| Doenças | Agentes Etiológicos ou Fatores de Risco de Natureza Ocupacional |
|---|---|
| | 3. Tetracloreto de carbono (X46.-; Z57.5) (Quadro XIII)<br>4. Sulfeto de Carbono (X49.-; Z57.5) (Quadro XIX)<br>5. Metanol (X45.-; Z57.5) |
| VII — Distúrbios visuais subjetivos (H53.-) | 1. Brometo de metila (X46.-; Z57.4 e Z57.5) (Quadro XIII)<br>2. Cloreto de metileno e outros solventes clorados neurotóxicos (X46.-; Z57.5) (Quadro XIII) |

DOENÇAS DO OUVIDO RELACIONADAS COM O TRABALHO (Grupo VIII da CID-10)

| Doenças | Agentes Etiológicos ou Fatores de Risco de Natureza Ocupacional |
|---|---|
| I — Otite Média não supurativa (H65.9) | 1. "Ar Comprimido" (W94.-; Z57.8) (Quadro XXIII)<br>2. Pressão atmosférica inferior à pressão padrão (W94.-; Z57.8) |
| II — Perfuração da Membrana do Tímpano (H72 ou S09.2) | 1. "Ar Comprimido" (W94.-; Z57.8) (Quadro XXIII)<br>2. Pressão atmosférica inferior à pressão padrão (W94.-; Z57.8) |
| III — Outras vertigens periféricas (H81.3) | Cloreto de metileno e outros solventes halogenados tóxicos (X46.-; Z57.5) (Quadro XIII) |
| IV — Labirintite (H83.0) | 1. Brometo de metila (X46.-; Z57.4 e Z57.5) (Quadro XIII)<br>2. "Ar Comprimido" (W94.-; Z57.8) (Quadro XXIII) |
| V — Efeitos do ruído sobre o ouvido interno/ Perda da Audição Provocada pelo Ruído e Trauma Acústico (H83.3) | Exposição ocupacional ao Ruído (Z57.0; W42.-) (Quadro XXI) |

| Doenças | Agentes Etiológicos ou Fatores de Risco de Natureza Ocupacional |
|---|---|
| VI — Hipoacusia Ototóxica (H91.0) | 1. Homólogos do Benzeno otoneurotóxicos (Tolueno e Xileno) (X46.-; Z57.5) (Quadro III)<br>2. Solventes orgânicos otoneurotóxicos (X46.-; Z57.8) (Quadro XIII) |
| VII — Otalgia e Secreção Auditiva (H92.-): Otalgia (H92.0), Otorreia (H92.1) ou Otorragia (H92.2) | "Ar Comprimido" (W94.-; Z57.8) (Quadro XXIII) |
| VIII — Outras percepções auditivas anormais: Alteração Temporária do Limiar Auditivo, Comprometimento da Discriminação Auditiva e Hiperacusia (H93.2) | Exposição ocupacional ao Ruído (Z57.0; X42.-) (Quadro XXI) |
| IX — Outros transtornos especificados do ouvido (H 93.8) | 1. Brometo de metila (X46.-; Z57.4 e Z57.5) (Quadro XIII)<br>2. "Ar Comprimido" (W94.-; Z57.8) (Quadro XXIII) |
| X — Otite Barotraumática (T70.0) | 1. "Ar Comprimido" (W94.-; Z57.8) (Quadro XXIII)<br>2. Alterações na pressão atmosférica ou na pressão da água no ambiente (W94.-; Z57.8) |
| XI — Sinusite Barotraumática (T70.1) | 1. "Ar Comprimido" (W94.-; Z57.8) (Quadro XXIII)<br>2. Alterações na pressão atmosférica ou na pressão da água no ambiente (W94.-) |
| XII — "Mal dos Caixões" (Doença de Descompressão) (T70.4) | 1. "Ar Comprimido" (W94.-; Z57.8)(Quadro XXIII)<br>2. Alterações na pressão atmosférica ou na pressão da água no ambiente (W94.-; Z57.8) |
| XIII — Síndrome devida ao deslocamento de ar de uma explosão (T70.8) | 1. "Ar Comprimido" (W94.-; Z57.8) (Quadro XXIII)<br>2. Alterações na pressão atmosférica ou na pressão da água no ambiente (W94.-; Z57.8) |

## DOENÇAS DO SISTEMA CIRCULATÓRIO RELACIONADAS COM O TRABALHO (Grupo IX da CID-10)

| Doenças | Agentes Etiológicos ou Fatores de Risco de Natureza Ocupacional |
|---|---|
| I — Hipertensão Arterial (I10.-) | 1. Chumbo ou seus compostos tóxicos (X49.-; Z57.5) (Quadro VIII)<br>2. Exposição ocupacional ao Ruído (Z57.0; X42.-) (Quadro XXI)<br>3. Problemas relacionados com o emprego e com o desemprego (Z56.-) |
| II — Angina Pectoris (I20.-) | 1. Monóxido de Carbono (X47.-; Z57.5) (Quadro XVII)<br>2. Sulfeto de Carbono (X49.-; Z57.5) (Quadro XIX)<br>3. Nitroglicerina e outros ésteres do ácido nítrico (X49.-; Z57.5)<br>4. Problemas relacionados com o emprego e com o desemprego (Z56.-) |
| III — Infarto Agudo do Miocárdio (I21.-) | 1. Monóxido de Carbono (X47.-; Z57.5) (Quadro XVII)<br>2. Sulfeto de Carbono (X49.-; Z57.5) (Quadro XIX)<br>3. Nitroglicerina e outros ésteres do ácido nítrico (X49.-; Z57.5)<br>4. Problemas relacionados com o emprego e com o desemprego (Z56.-) |
| IV — Cor Pulmonale SOE ou Doença Cardiopulmonar Crônica (I27.9) | Complicação evolutiva das pneumoconioses graves, principalmente Silicose (Z57.2) (Quadro XVIII) |
| V — Placas epicárdicas ou pericárdicas (I34.8) | Asbesto ou Amianto (W83.-; Z57.2) (Quadro II) |
| VI — Parada Cardíaca (I46.- ) | 1. Derivados halogenados dos hidrocarbonetos alifáticos (X46.-) (Quadro XIII)<br>2. Monóxido de Carbono (X47.-; Z57.5) (Quadro XVII)<br>3. Outros agentes potencialmente causadores de arritmia cardíaca (Z57.5) |

| Doenças | Agentes Etiológicos ou Fatores de Risco de Natureza Ocupacional |
|---|---|
| VII — Arritmias cardíacas (I49.-) | 1. Arsênio e seus compostos arsenicais (X49.-; Z57.5) (Quadro I)<br>2. Chumbo ou seus compostos tóxicos (X49.-; Z57.5) (Quadro VIII)<br>3. Derivados halogenados dos hidrocarbonetos alifáticos (X46.-; Z57.5) (Quadro XIII)<br>4. Mercúrio e seus compostos tóxicos (X49.-; Z57.5) (Quadro XVI)<br>5. Monóxido de Carbono (X47.-; Z57.5) (Quadro XVII)<br>6. Agrotóxicos organofosforados e carbamatos (X48; Z57.4) (Quadros XII e XXVII)<br>7. Exposição ocupacional a Cobalto (X49.-; Z57.5)<br>8. Nitroglicerina e outros ésteres do ácido nítrico (X49.-; Z57.5)<br>9. Problemas relacionados com o emprego e com o desemprego (Z56.-) |
| VIII — Ateroesclerose (I70.-) e Doença Ateroesclerótica do Coração (I25.1) | Sulfeto de carbono (X49.-; Z57.5) (Quadro XIX) |
| IX — Síndrome de Raynaud (I73.0) | 1. Cloreto de vinila (X46.-; Z57.5) (Quadro XIII)<br>2. Vibrações localizadas (W43.-; Z57.7) (Quadro XXII)<br>3. Trabalho em baixas temperaturas (frio) (W93.-; Z57.6) |
| X — Acrocianose e Acroparestesia (I73.8) | 1. Cloreto de vinila (X46.-; Z57.5) (Quadro XIII)<br>2. Vibrações localizadas (W43.-; Z57.7) (Quadro XXII)<br>3. Trabalho em baixas temperaturas (frio) (W93.-; Z57.6) |

## DOENÇAS DO SISTEMA RESPIRATÓRIO RELACIONADAS COM O TRABALHO (Grupo X da CID-10)

| Doenças | Agentes Etiológicos ou Fatores de Risco de Natureza Ocupacional |
|---|---|
| I — Faringite Aguda, não especificada ("Angina Aguda", "Dor de Garganta") (J02.9) | 1. Bromo (X49.-; Z57.5) (Quadro V)<br>2. Iodo (X49.-; Z57.5) (Quadro XIV) |
| II — Laringotraqueíte Aguda (J04.2) | 1. Bromo (X49.-; Z57.5) (Quadro V)<br>2. Iodo (X49.-; Z57.5) (Quadro XIV) |
| III — Outras Rinites Alérgicas (J30.3) | 1. Carbonetos metálicos de tungstênio sinterizados (X49.-; Z57.2 e Z57.5) (Quadro VII)<br>2. Cromo e seus compostos tóxicos (X49.-; Z57.5) (Quadro X)<br>3. Poeiras de algodão, linho, cânhamo ou sisal (Z57.2) (Quadro XXVI)<br>4. Acrilatos (X49.-; Z57.5)<br>5. Aldeído fórmico e seus polímeros (X49.-; Z57.5)<br>6. Aminas aromáticas e seus derivados (X49.-; Z57.5)<br>7. Anidrido ftálico (X49.-; Z57.5)<br>8. Azodicarbonamida (X49.-; Z57.5)<br>9. Carbetos de metais duros: cobalto e titânio (Z57.2)<br>10. Enzimas de origem animal, vegetal ou bacteriana (X44.-; Z57.3)<br>11. Furfural e Álcool Furfurílico (X45.-; Z57.5)<br>12. Isocianatos orgânicos (X49.-; Z57.5)<br>13. Níquel e seus compostos (X49.-; Z57.5)<br>14. Pentóxido de vanádio (X49.-; Z57.5)<br>15. Produtos da pirólise de plásticos, cloreto de vinila, teflon (X49.-; Z57.5)<br>16. Sulfitos, bissulfitos e persulfatos (X49.-; Z57.5)<br>17. Medicamentos: macrólidos; ranetidina; penicilina e seus sais; cefalosporinas (X44.-; Z57.3)<br>18. Proteínas animais em aerossóis (Z57.3)<br>19. Outras substâncias de origem vegetal (cereais, farinhas, serragem, etc.) (Z57.2) |

| Doenças | Agentes Etiológicos ou Fatores de Risco de Natureza Ocupacional |
|---|---|
| | 20. Outras susbtâncias químicas sensibilizantes da pele e das vias respiratórias (X49.-; Z57.2) (Quadro XXVII) |
| IV — Rinite Crônica (J31.0) | 1. Arsênico e seus compostos arsenicais (X49.-; Z57.4 e Z57.5) (Quadro I)<br>2. Cloro gasoso (X47.-; Z57.5) (Quadro IX)<br>3. Cromo e seus compostos tóxicos (X49.-) (Quadro X)<br>4. Gás de flúor e Fluoreto de Hidrogênio (X47.-; Z57.5) (Quadro XI)<br>5. Amônia (X47.-; Z57.5)<br>6. Anidrido sulfuroso (X49.-; Z57.5)<br>7. Cimento (Z57.2)<br>8. Fenol e homólogos (X46.-; Z57.5)<br>9. Névoas de ácidos minerais (X47.-; Z57.5)<br>10. Níquel e seus compostos (X49.-; Z57.5)<br>11. Selênio e seus compostos (X49.-; Z57.5) |
| V — Faringite Crônica (J31.2) | Bromo (X49.-; Z57.5) (Quadro V) |
| VI — Sinusite Crônica (J32.-) | 1. Bromo (X49.-; Z57.5) (Quadro V)<br>2. Iodo (X49.-; Z57.5) (Quadro XIV) |
| VII — Ulceração ou Necrose do Septo Nasal (J34.0) | 1. Arsênio e seus compostos arsenicais (X49.-; Z57.4 e Z57.5) (Quadro I)<br>2. Cádmio ou seus compostos (X49.-; Z57.5) (Quadro VI)<br>3. Cromo e seus compostos tóxicos (X49.-; Z57.5) (Quadro X)<br>4. Soluções e aerossóis de Ácido Cianídrico e seus derivados (X47.-; Z57.5) (Quadro XVII) |
| VIII — Perfuração do Septo Nasal (J34.8) | 1. Arsênio e seus compostos arsenicais (X49.-; Z57.4 e Z57.5) (Quadro I)<br>2. Cromo e seus compostos tóxicos (X49.-; Z57.5) (Quadro X) |
| IX — Laringotraqueíte Crônica (J37.1) | Bromo (X49.-; Z57.5) (Quadro V) |

| Doenças | Agentes Etiológicos ou Fatores de Risco de Natureza Ocupacional |
|---|---|
| X — Outras Doenças Pulmonares Obstrutivas Crônicas (Inclui: "Asma Obstrutiva", "Bronquite Crônica", "Bronquite Asmática", "Bronquite Obstrutiva Crônica") (J44.-) | 1. Cloro gasoso (X47.-; Z57.5) (Quadro IX)<br>2. Exposição ocupacional à poeira de sílica livre (Z57.2-) (Quadro XVIII)<br>3. Exposição ocupacional a poeiras de algodão, linho, cânhamo ou sisal (Z57.2) (Quadro XXVI)<br>4. Amônia (X49.-; Z57.5)<br>5. Anidrido sulfuroso (X49.-; Z57.5)<br>6. Névoas e aerossóis de ácidos minerais (X47.-; Z57.5)<br>7. Exposição ocupacional a poeiras de carvão mineral (Z57.2) |
| XI — Asma (J45.-) | Mesma lista das substâncias sensibilizantes produtoras de Rinite Alérgica (X49.-; Z57.2, Z57.4 e Z57.5) |
| XII — Pneumoconiose dos Trabalhadores do Carvão (J60.-) | 1. Exposição ocupacional a poeiras de carvão mineral (Z57.2)<br>2. Exposição ocupacional a poeiras de sílica-livre (Z57.2) (Quadro XVIII) |
| XIII — Pneumoconiose devida ao Asbesto (Asbestose) e a outras fibras minerais (J61.-) | Exposição ocupacional a poeiras de asbesto ou amianto (Z57.2) (Quadro II) |
| XIV — Pneumoconiose devida à poeira de Sílica (Silicose) (J62.8) | Exposição ocupacional a poeiras de sílica-livre (Z57.2) (Quadro XVIII) |
| XV — Beriliose (J63.2) | Exposição ocupacional a poeiras de berílio e seus compostos tóxicos (Z57.2) (Quadro IV) |
| XVI — Siderose (J63.4) | Exposição ocupacional a poeiras de ferro (Z57.2) |
| XVII — Estanhose (J63.5) | Exposição ocupacional a poeiras de estanho (Z57.2) |
| XVIII — Pneumoconiose devida a outras poeiras inorgânicas especificadas (J63.8) | 1. Exposição ocupacional a poeiras de carboneto de tungstênio (Z57.2) (Quadro VII)<br>2. Exposição ocupacional a poeiras de carbetos de metais duros (Cobalto, Titânio, etc.) (Z57.2) |

| Doenças | Agentes Etiológicos ou Fatores de Risco de Natureza Ocupacional |
|---|---|
| | 3. Exposição ocupacional a rocha fosfática (Z57.2)<br>4. Exposição ocupacional a poeiras de alumina (Al2O3) ("Doença de Shaver") (Z57.2) |
| XIX — Pneumoconiose associada com Tuberculose ("Sílico-Tuberculose") (J65.-) | Exposição ocupacional a poeiras de sílica--livre (Z57.2) (Quadro XVIII) |
| XX — Doenças das vias aéreas devidas a poeiras orgânicas (J66.-): Bissinose (J66.0), devidas a outras poeiras orgânicas especificadas (J66.8) | Exposição ocupacional a poeiras de algodão, linho, cânhamo, sisal (Z57.2) (Quadro XXVI) |
| XXI — Pneumonite por Hipersensibilidade a Poeira Orgânica (J67.-): Pulmão do Granjeiro (ou Pulmão do Fazendeiro) (J67.0); Bagaçose (J67.1); Pulmão dos Criadores de Pássaros (J67.2); Suberose (J67.3); Pulmão dos Trabalhadores de Malte (J67.4); Pulmão dos que Trabalham com Cogumelos (J67.5); Doença Pulmonar Devida a Sistemas de Ar Condicionado e de Umidificação do Ar (J67.7); Pneumonites de Hipersensibilidade Devidas a Outras Poeiras Orgânicas (J67.8); Pneumonite de Hipersensibilidade Devida a Poeira Orgânica não especificada (Alveolite Alérgica Extrínseca SOE; Pneumonite de Hipersensibilidade SOE (J67.0) | 1. Exposição ocupacional a poeiras contendo micro-organismos e parasitas infecciosos vivos e seus produtos tóxicos (Z57.2) (Quadro XXV)<br>2. Exposição ocupacional a outras poeiras orgânicas (Z57.2) |

| Doenças | Agentes Etiológicos ou Fatores de Risco de Natureza Ocupacional |
|---|---|
| XXII — Bronquite e Pneumonite devida a produtos químicos, gases, fumaças e vapores ("Bronquite Química Aguda") (J68.0) | 1. Berílio e seus compostos tóxicos (X49.-; Z57.5) (Quadro IV)<br>2. Bromo (X49.-; Z57.5) (Quadro V)<br>3. Cádmio ou seus compostos (X49.-; Z57.5) (Quadro VI)<br>4. Gás Cloro (X47.-; Z57.5) (Quadro IX)<br>5. Flúor ou seus compostos tóxicos (X47.-; Z57.5) (Quadro XI)<br>6. Solventes halogenados irritantes respiratórios (X46.-; Z57.5) (Quadro XIII)<br>7. Iodo (X49.-; Z57.5) (Quadro XIV)<br>8. Manganês e seus compostos tóxicos (X49.-; Z57.5) (Quadro XV)<br>9. Cianeto de hidrogênio (X47.-; Z57.5) (Quadro XVII) |
| XXIII — Edema Pulmonar Agudo devido a produtos químicos, gases, fumaças e vapores (Edema Pulmonar Químico) (J68.1) | 1. Berílio e seus compostos tóxicos (X49.-; Z57.5) (Quadro IV)<br>2. Bromo (X49.-; Z57.5) (Quadro V)<br>3. Cádmio ou seus compostos (X49.-; Z57.5) (Quadro VI)<br>4. Gás Cloro (X47.-; Z57.5) (Quadro IX)<br>5. Flúor e seus compostos (X47.-; Z57.5) (Quadro XI)<br>6. Solventes halogenados irritantes respiratórios (X46.-; Z57.5) (Quadro XIII)<br>7. Iodo (X49.-; Z57.5) (Quadro XIV)<br>8. Cianeto de hidrogênio (X47.-; Z57.5) (Quadro XVII) |
| XXIV — Síndrome de Disfunção Reativa das Vias Aéreas (SDVA/RADS) (J68.3) | 1. Bromo (X49.-; Z57.5) (Quadro V)<br>2. Cádmio ou seus compostos (X49.-; Z57.5) (Quadro VI)<br>3. Gás Cloro (X47.-; Z57.5) (Quadro IX)<br>4. Solventes halogenados irritantes respiratórios (X46.-; Z57.5) (Quadro XIII)<br>5. Iodo (X49.-; Z57.5) (Quadro XIV)<br>6. Cianeto de hidrogênio (X47.-; Z57.5) (Quadro XVII)<br>7. Amônia (X49.-; Z57.5) |

| Doenças | Agentes Etiológicos ou Fatores de Risco de Natureza Ocupacional |
|---|---|
| XXV — Afecções respiratórias crônicas devidas à inalação de gases, fumos, vapores e substâncias químicas: Bronquiolite Obliterante Crônica, Enfisema Crônico Difuso, Fibrose Pulmonar Crônica (J68.4) | 1. Arsênico e seus compostos arsenicais (X49.-; Z57.4 e Z57.5) (Quadro I)<br>2. Berílio e seus compostos (X49.-; Z57.5) (Quadro IV)<br>3. Bromo (X49.-; Z57.5) (Quadro V)<br>4. Cádmio ou seus compostos (X49.-; Z57.5) (Quadro VI)<br>5. Gás Cloro (X47.-; Z57.5) (Quadro IX)<br>6. Flúor e seus compostos (X47.-; Z57.5) (Quadro XI)<br>7. Solventes halogenados irritantes respiratórios (X46.-; Z57.5) (Quadro XIII)<br>8. Iodo (X49.-; Z57.5) (Quadro XIV)<br>9. Manganês e seus compostos tóxicos (X49.-; Z57.5) (Quadro XV)<br>10. Cianeto de hidrogênio (X47.-; Z57.5) (Quadro XVII)<br>11. Ácido Sulfídrico (Sulfeto de hidrogênio) (X47.-; Z57.5) (Quadro XVII)<br>12. Carbetos de metais duros (X49.-; Z57.5)<br>13. Amônia (X49.-; Z57.5)<br>14. Anidrido sulfuroso (X49.-; Z57.5)<br>15. Névoas e aerossóis de ácidos minerais (X47.-; Z57.5)<br>16. Acrilatos (X49.-; Z57.5)<br>17. Selênio e seus compostos (X49.-; Z57.5) |
| XXVI — Pneumonite por Radiação (manifestação aguda) (J70.0) e Fibrose Pulmonar Consequente à Radiação (manifestação crônica) (J70.1) | Radiações ionizantes (W88.-; Z57.1) (Quadro XXIV) |
| XXVII — Derrame pleural (J90.-) | Exposição ocupacional a poeiras de Asbesto ou Amianto (Z57.2) (Quadro II) |
| XXVIII — Placas pleurais (J92.-) | Exposição ocupacional a poeiras de Asbesto ou Amianto (Z57.2) (Quadro II) |

| Doenças | Agentes Etiológicos ou Fatores de Risco de Natureza Ocupacional |
|---|---|
| XXIX — Enfisema intersticial (J98.2) | Cádmio ou seus compostos (X49.-; Z57.5) (Quadro VI) |
| XXX — Transtornos respiratórios em outras doenças sistêmicas do tecido conjuntivo classificadas em outra parte (M05.3): "Síndrome de Caplan" (J99.1) | 1. Exposição ocupacional a poeiras de Carvão Mineral (Z57.2)<br>2. Exposição ocupacional a poeiras de Sílica livre (Z57.2) (Quadro XVIII) |

## DOENÇAS DO SISTEMA DIGESTIVO RELACIONADAS COM O TRABALHO (Grupo XI da CID-10)

| Doenças | Agentes Etiológicos ou Fatores de Risco de Natureza Ocupacional |
|---|---|
| I — Erosão Dentária (K03.2) | 1. Névoas de fluoretos ou seus compostos tóxicos (X47.-; Z57.5) (Quadro XI)<br>2. Exposição ocupacional a outras névoas ácidas (X47.-; Z57.5) |
| II — Alterações pós-eruptivas da cor dos tecidos duros dos dentes (K03.7) | 1. Névoas de Cádmio ou seus compostos (X47.-; Z57.5) (Quadro VI)<br>2. Exposição ocupacional a metais: Cobre, Níquel, Prata (X47.-; Z57.5) |
| III — Gengivite Crônica (K05.1) | Mercúrio e seus compostos tóxicos (X49.-; Z57.5) (Quadro XVI) |
| IV — Estomatite Ulcerativa Crônica (K12.1) | 1. Arsênio e seus compostos arsenicais (X49.-; Z57.5) (Quadro I)<br>2. Bromo (X49.-; Z57.5) (Quadro XII)<br>3. Mercúrio e seus compostos tóxicos (X49.-; Z57.5) (Quadro XVI) |
| V — Gastroenterite e Colite tóxicas (K52.-) | 1. Arsênio e seus compostos arsenicais (X49.-; Z57.5) (Quadro I) |

| Doenças | Agentes Etiológicos ou Fatores de Risco de Natureza Ocupacional |
|---|---|
| | 2. Cádmio ou seus compostos (X49.-; Z57.5) (Quadro VI)<br>3. Radiações ionizantes (W88.-; Z57.1) (Quadro XXIV) |
| VI — Outros transtornos funcionais do intestino ("Síndrome dolorosa abdominal paroxística apirética, com estado suboclusivo ("cólica do chumbo") (K59.8) | Chumbo ou seus compostos tóxicos (X49.-; Z57.5) (Quadro VIII) |
| VII — Doença Tóxica do Fígado (K71.-): Doença Tóxica do Fígado, com Necrose Hepática (K71.1); Doença Tóxica do Fígado, com Hepatite Aguda (K71.2); Doença Tóxica do Fígado com Hepatite Crônica Persistente (K71.3); Doença Tóxica do Fígado com Outros Transtornos Hepáticos (K71.8) | 1. Cloreto de Vinila, Clorobenzeno, Tetracloreto de Carbono, Clorofórmio, e outros solventes halogenados hepatotóxicos (X46.- e X48.-; Z57.4 e Z57.5) (Quadro XIII)<br>2. Hexaclorobenzeno (HCB) (X48.-; Z57.4 e Z57.5)<br>3. Bifenilas policloradas (PCBs) (X49.-; Z57.4 e Z57.5)<br>4. Tetraclorodibenzodioxina (TCDD) (X49.-) |
| VIII — Hipertensão Portal (K76.6) | 1. Arsênio e seus compostos arsenicais (X49.-; Z57.4 e Z57.5) (Quadro I)<br>2. Cloreto de Vinila (X46.-; Z57.5) (Quadro XIII)<br>3. Tório (X49.-; Z57.5) |

DOENÇAS DA PELE E DO TECIDO SUBCUTÂNEO RELACIONADAS COM O TRABALHO (Grupo XII da CID-10)

| Doenças | Agentes Etiológicos ou Fatores de Risco de Natureza Ocupacional |
|---|---|
| I — Outras Infecções Locais da Pele e do Tecido Subcutâneo: "Dermatoses Pápulo--Pustulosas e suas complicações infecciosas" (L08.9) | 1. Cromo e seus compostos tóxicos (Z57.5) (Quadro X)<br>2. Hidrocarbonetos alifáticos ou aromáticos (seus derivados tóxicos) (Z57.5) (Quadro XIII)<br>3. Micro-organismos e parasitas infecciosos vivos e seus produtos tóxicos (Z57.5) (Quadro XXV)<br>4. Outros agentes químicos ou biológicos que afetem a pele, não considerados em outras rubricas (Z57.5) (Quadro XXVII) |
| II — Dermatite Alérgica de Contato devida a Metais (L23.0) | 1. Cromo e seus compostos tóxicos (Z57.5) (Quadro X)<br>2. Mercúrio e seus compostos tóxicos (Z57.5) (Quadro XVI) |
| III — Dermatite Alérgica de Contato devida a Adesivos (L23.1) | Adesivos, em exposição ocupacional (Z57.5) (Quadro XXVII) |
| IV — Dermatite Alérgica de Contato devida a Cosméticos (fabricação/manipulação) (L23.2) | Fabricação/manipulação de Cosméticos (Z57.5) (Quadro XXVII) |
| V — Dermatite Alérgica de Contato devida a Drogas em contato com a pele (L23.3) | Drogas, em exposição ocupacional (Z57.5) (Quadro XXVII) |
| VI — Dermatite Alérgica de Contato devida a Corantes (L23.4) | Corantes, em exposição ocupacional (Z57.5) (Quadro XXVII) |
| VII — Dermatite Alérgica de Contato devida a outros produtos químicos (L23.5) | 1. Cromo e seus compostos tóxicos (Z57.5) (Quadro X)<br>2. Fósforo ou seus produtos tóxicos (Z57.5) (Quadro XII) |

| Doenças | Agentes Etiológicos ou Fatores de Risco de Natureza Ocupacional |
|---|---|
| | 3. Iodo (Z57.5) (Quadro XIV)<br>4. Alcatrão, Breu, Betume, Hulha Mineral, Parafina ou resíduos dessas substâncias (Z57.8) (Quadro XX)<br>5. Borracha (Z57.8) (Quadro XXVII)<br>6. Inseticidas (Z57.5) (Quadro XXVII)<br>7. Plásticos (Z57.8) (Quadro XXVII) |
| VIII — Dermatite Alérgica de Contato devida a Alimentos em contato com a pele (fabricação/manipulação) (L23.6) | Fabricação/manipulação de Alimentos (Z57.5) (Quadro XXVII) |
| IX — Dermatite Alérgica de Contato devida a Plantas (Não inclui plantas usadas como alimentos) (L23.7) | Manipulação de Plantas, em exposição ocupacional (Z57.8) (Quadro XXVII) |
| X — Dermatite Alérgica de Contato devida a outros agentes (Causa Externa especificada) (L23.8) | Agentes químicos, não especificados anteriormente, em exposição ocupacional (Z57.5) (Quadro XXVII) |
| XI — Dermatite de Contato por Irritantes devida a Detergentes (L24.0) | Detergentes, em exposição ocupacional (Z57.5) (Quadro XXVII) |
| XII — Dermatite de Contato por Irritantes devida a Óleos e Gorduras (L24.1) | Óleos e Gorduras, em exposição ocupacional (Z57.5) (Quadro XXVII) |
| XIII — Dermatite de Contato por Irritantes devida a Solventes: Cetonas, Ciclohexano, Compostos do Cloro, Ésteres, Glicol, Hidrocarbonetos (L24.2) | 1. Benzeno (X46.-; Z57.5) (Quadro III)<br>2. Hidrocarbonetos aromáticos ou alifáticos ou seus derivados halogenados tóxicos (Z57.5) (Quadro XIII) |

| Doenças | Agentes Etiológicos ou Fatores de Risco de Natureza Ocupacional |
|---|---|
| XIV — Dermatite de Contato por Irritantes devida a Cosméticos (L24.3) | Cosméticos, em exposição ocupacional (Z57.5) (Quadro XXVII) |
| XV — Dermatite de Contato por Irritantes devida a Drogas em contato com a pele (L24.4) | Drogas, em exposição ocupacional (Z57.5) (Quadro XXVII) |
| XVI — Dermatite de Contato por Irritantes devida a outros produtos químicos: Arsênio, Berílio, Bromo, Cromo, Cimento, Flúor, Fósforo, Inseticidas (L24.5) | 1. Arsênio e seus compostos arsenicais (Z57.5) (Quadro I)<br>2. Berílio e seus compostos tóxicos (Z57.5) (Quadro IV)<br>3. Bromo (Z57.5) (Quadro V)<br>4. Cromo e seus compostos tóxicos (Z57.5) (Quadro X)<br>5. Flúor ou seus compostos tóxicos (Z57.5) (Quadro XI)<br>6. Fósforo (Z57.5) (Quadro XII) |
| XVII — Dermatite de Contato por Irritantes devida a Alimentos em contato com a pele (L24.6) | Alimentos, em exposição ocupacional (Z57.8) (Quadro XXVII) |
| XVIII — Dermatite de Contato por Irritantes devida a Plantas, exceto alimentos (L24.7) | Plantas, em exposição ocupacional (Z57.8) (Quadro XXVII) |
| XIX — Dermatite de Contato por Irritantes devida a outros agentes: Corantes (L24.8) | Agentes químicos, não especificados anteriormente, em exposição ocupacional (Z57.5) (Quadro XXVII) |
| XX — Urticária Alérgica (L50.0) | Agrotóxicos e outros produtos químicos (X48.-; Z57.4 e Z57.5) (Quadro XXVII) |
| XXI — Urticária devida ao Calor e ao Frio (L50.2) | Exposição ocupacional a calor e frio (W92,-; W93.-; Z57.6) (Quadro XXVII) |

| Doenças | Agentes Etiológicos ou Fatores de Risco de Natureza Ocupacional |
|---|---|
| XXII — Urticária de Contato (L50.6) | Exposição ocupacional a agentes químicos, físicos e biológicos que afetam a pele (X49.-; Z57.4 e Z57.5) (Quadro XXVII) |
| XXIII — Queimadura Solar (L55) | Exposição ocupacional a radiações actínicas (X32.-; Z57.1) (Quadro XXVII) |
| XXIV — Outras Alterações Agudas da Pele devidas a Radiação Ultravioleta (L56.-): Dermatite por Fotocontato (Dermatite de Berloque) (L56.2); Urticária Solar (L56.3); Outras Alterações Agudas Especificadas da Pele devidas a Radiação Ultravioleta (L56.8); Outras Alterações Agudas da Pele devidas a Radiação Ultravioleta, sem outra especificação (L56.9); | Radiação Ultravioleta (W89.-; Z57.1) (Quadro XXVII) |
| XXV — Alterações da Pele devidas a Exposição Crônica a Radiação Não Ionizante (L57.-): Ceratose Actínica (L57.0); Outras Alterações: Dermatite Solar, "Pele de Fazendeiro", "Pele de Marinheiro" (L57.8) | Radiações não ionizantes (W89.-; X32.-; Z57.1) (Quadro XXVII) |
| XXVI — Radiodermatite (L58.-): Radiodermatite Aguda (L58.0); Radiodermatite Crônica (L58.1); Radiodermatite, não especificada (L58.9); Afecções da pele e do tecido conjuntivo relacionadas com a radiação, não especificadas (L59.9) | Radiações ionizantes (W88.-; Z57.1) (Quadro XXIV) |

| Doenças | Agentes Etiológicos ou Fatores de Risco de Natureza Ocupacional |
|---|---|
| XXVII — Outras formas de Acne: "Cloracne" (L70.8) | 1. Derivados halogenados dos hidrocarbonetos aromáticos, Monoclorobenzeno, Monobromobenzeno, Hexaclorobenzeno (X46.; Z57.5) (Quadro XIII)<br>2. Derivados do fenol, pentaclorofenol e do hidrobenzonitrilo (X49.-; Z57.4 e Z57.5) (Quadro XXVII)<br>3. Policloretos de Bifenila (PCBs) (X49.-; Z57.4 e Z57.5) (Quadro XXVII) |
| XXVIII — Outras formas de Cistos Foliculares da Pele e do Tecido Subcutâneo: "Elaioconiose" ou "Dermatite Folicular" (L72.8) | Óleos e gorduras de origem mineral ou sintéticos (X49.-; Z57.5) (Quadro XXVII) |
| XXIX — Outras formas de hiperpigmentação pela melanina: "Melanodermia" (L81.4) | 1. Arsênio e seus compostos arsenicais (X49.-; Z57.4 e Z57.5) (Quadro I)<br>2. Clorobenzeno e Diclorobenzeno (X46.-; Z57.4 e Z57.5) (Quadro XIII)<br>3. Alcatrão, Breu, Betume, Hulha Mineral, Parafina, Creosoto, Piche, Coaltar ou resíduos dessas substâncias (Z57.8) (Quadro XX)<br>4. Antraceno e Dibenzoantraceno (Z57.5) (Quadro XX)<br>5. Bismuto (X44.-; Z57.5) (Quadro XXVII)<br>6. Citostáticos (X44.-; Z57.5) (Quadro XXVII)<br>7. Compostos nitrogenados: Ácido nítrico, Dinitrofenol (X49.-; Z57.5) (Quadro XXVII)<br>8. Naftóis adicionados a corantes (X49,-; Z57.5) (Quadro XXVII)<br>9. Óleos de corte (Z57.5) (Quadro XXVII)<br>10. Parafenilenodiamina e seus derivados (X49.-; Z57.5) (Quadro XXVII)<br>11. Poeira de determinadas madeiras (Z57.3) (Quadro XXVII)<br>12. Quinino e seus derivados (Z57.5) (Quadro XXVII)<br>13. Sais de ouro (X44.-; Z57.5) (Quadro XXVII)<br>14. Sais de prata (Sequelas de Dermatite Crônica de Contato) (X44.-; Z57.5) (Quadro XXVII) |

| Doenças | Agentes Etiológicos ou Fatores de Risco de Natureza Ocupacional |
|---|---|
| XXX — Leucodermia, não classificada em outra parte (Inclui "Vitiligo Ocupacional") (L81.5) | 1. Arsênio e seus compostos (X49.-; Z57.4 e Z57.5) (Quadro I)<br>2. Hidroquinona e ésteres derivados (X49.-; Z57.5) (Quadro XXVII)<br>3. Monometil éter de hidroquinona (MBEH) (X49.-; Z57.5) (Quadro XXVII)<br>4. para-Aminofenol (X49.-; Z57.5) (Quadro XXVII)<br>5. para-Butilfenol (X49.-; Z57.5) (Quadro XXVII)<br>6. para-Cresol (X49.-; Z57.5) (Quadro XXVII)<br>7. Catecol e Pirocatecol (X49.-; Z57.5) (Quadro XXVII)<br>8. Clorofenol (X46.-; Z57.4 e Z57.5)(Quadro XXVII) |
| XXXI — Outros transtornos especificados da pigmentação: "Porfiria Cutânea Tardia" (L81.8) | Derivados halogenados dos hidrocarbonetos aromáticos: minocloro-benzeno, monobromo-benzeno, hexaclorobenzeno (X46.-; Z57.4 e Z57.5) (Quadro XIII) |
| XXXII — Ceratose Palmar e Plantar Adquirida (L85.1) | Arsênio e seus compostos arsenicais (X49.-; Z57.4 e Z57.5) (Quadro I) |
| XXXIII — Úlcera Crônica da Pele, não classificada em outra parte (L98.4) | 1. Cromo e seus compostos tóxicos (Z57.5) (Quadro X)<br>2. Enzimas de origem animal, vegetal ou bacteriana (Z57.8) (Quadro XXVII) |
| XXXIV — Geladura (Frostbite) Superficial (T33): Eritema Pérnio | 1. Cloreto de etila (anestésico local) (W93.-; Z57.6) (Quadro XIII)<br>2. Frio (X31.-; W93.-; Z57.6) (Quadro XXVII) |
| XXXV — Geladura (Frostbite) com Necrose de Tecidos (T34) | 1. Cloreto de etila (anestésico local) (W93.-; Z57.6) (Quadro XIII)<br>2. Frio (X31.-; W93.-; Z57.6) (Quadro XXVII) |

## DOENÇAS DO SISTEMA OSTEOMUSCULAR E DO TECIDO CONJUNTIVO, RELACIONADAS COM O TRABALHO (Grupo XIII da CID-10)

| Doenças | Agentes Etiológicos ou Fatores de Risco de Natureza Ocupacional |
|---|---|
| I — Artrite Reumatoide associada a Pneumoconiose dos Trabalhadores do Carvão (J60.-): "Síndrome de Caplan" (M05.3) | 1. Exposição ocupacional a poeiras de carvão mineral (Z57.2)<br>2. Exposição ocupacional a poeiras de sílica livre (Z57.2) (Quadro XVIII) |
| II — Gota induzida pelo chumbo (M10.1) | Chumbo ou seus compostos tóxicos (X49.-; Z57.5) (Quadro VIII) |
| III — Outras Artroses (M19.-) | Posições forçadas e gestos repetitivos (Z57.8) |
| IV — Outros transtornos articulares não classificados em outra parte: Dor Articular (M25.5) | 1. Posições forçadas e gestos repetitivos (Z57.8)<br>2. Vibrações localizadas (W43.-; Z57.7) (Quadro XXII) |
| V — Síndrome Cervicobraquial (M53.1) | 1. Posições forçadas e gestos repetitivos (Z57.8)<br>2. Vibrações localizadas (W43.-; Z57.7) (Quadro XXII) |
| VI — Dorsalgia (M54.-): Cervicalgia (M54.2); Ciática (M54.3); Lumbago com Ciática (M54.4) | 1. Posições forçadas e gestos repetitivos (Z57.8)<br>2. Ritmo de trabalho penoso (Z56.3)<br>3. Condições difíceis de trabalho (Z56.5) |
| VII — Sinovites e Tenossinovites (M65.-): Dedo em Gatilho (M65.3); Tenossinovite do Estiloide Radial (De Quervain) (M65.4); Outras Sinovites e Tenossinovites (M65.8); Sinovites e Tenossinovites, não especificadas (M65.9) | 1. Posições forçadas e gestos repetitivos (Z57.8)<br>2. Ritmo de trabalho penoso (Z56.3)<br>3. Condições difíceis de trabalho (Z56.5) |

| Doenças | Agentes Etiológicos ou Fatores de Risco de Natureza Ocupacional |
|---|---|
| VIII — Transtornos dos tecidos moles relacionados com o uso, o uso excessivo e a pressão, de origem ocupacional (M70.-): Sinovite Crepitante Crônica da mão e do punho (M70.0); Bursite da Mão (M70.1); Bursite do Olécrano (M70.2); Outras Bursites do Cotovelo (M70.3); Outras Bursites Pré-rotulianas (M70.4); Outras Bursites do Joelho (M70.5); Outros transtornos dos tecidos moles relacionados com o uso, o uso excessivo e a pressão (M70.8); Transtorno não especificado dos tecidos moles, relacionados com o uso, o uso excessivo e a pressão (M70.9). | 1. Posições forçadas e gestos repetitivos (Z57.8)<br>2. Ritmo de trabalho penoso (Z56.3)<br>3. Condições difíceis de trabalho (Z56.5) |
| IX — Fibromatose da Fascia Palmar: "Contratura ou Moléstia de Dupuytren" (M72.0) | 1. Posições forçadas e gestos repetitivos (Z57.8)<br>2. Vibrações localizadas (W43.-; Z57.7) (Quadro XXII) |
| X —Lesões do Ombro (M75.-) Capsulite Adesiva do Ombro (Ombro Congelado, Periartrite do Ombro) (M75.0); Síndrome do Manguito Rotatório ou Síndrome do Supraespinhoso (M75.1); Tendinite Bicipital (M75.2); Tendinite Calcificante do Ombro (M75.3); Bursite do Ombro | 1. Posições forçadas e gestos repetitivos (Z57.8)<br>2. Ritmo de trabalho penoso (Z56)<br>3. Vibrações localizadas (W43.-; Z57.7) (Quadro XXII) |

| Doenças | Agentes Etiológicos ou Fatores de Risco de Natureza Ocupacional |
|---|---|
| (M75.5); Outras Lesões do Ombro (M75.8); Lesões do Ombro, não especificadas (M75.9) | |
| XI — Outras entesopatias (M77.-): Epicondilite Medial (M77.0); Epicondilite lateral ("Cotovelo de Tenista"); Mialgia (M79.1) | 1. Posições forçadas e gestos repetitivos (Z57.8)<br>2. Vibrações localizadas (W43.-; Z57.7) (Quadro XXII) |
| XII — Outros transtornos especificados dos tecidos moles (M79.8) | 1. Posições forçadas e gestos repetitivos (Z57.8)<br>2. Vibrações localizadas (W43.-; Z57.7) (Quadro XXII) |
| XIII — Osteomalácia do Adulto induzida por drogas (M83.5) | 1. Cádmio ou seus compostos (X49.-) (Quadro VI)<br>2. Fósforo e seus compostos (Sesquissulfeto de Fósforo) (X49.-; Z57.5) (Quadro XII) |
| XIV — Fluorose do Esqueleto (M85.1) | Flúor e seus compostos tóxicos (X49.-; Z57.5) (Quadro XI) |
| XV — Osteonecrose (M87.-): Osteonecrose devida a drogas (M87.1); Outras Osteonecroses secundárias (M87.3) | 1. Fósforo e seus compostos (Sesquissulfeto de Fósforo) (X49.-; Z57.5) (Quadro XII)<br>2. Vibrações localizadas (W43.-; Z57.7) (Quadro XXII)<br>3. Radiações ionizantes (Z57.1) (Quadro XXIV) |
| XVI — Osteólise (M89.5) (de falanges distais de quirodáctilos) | Cloreto de Vinila (X49.-; Z57.5) (Quadro XIII) |
| XVII — Osteonecrose no "Mal dos Caixões" (M90.3) | "Ar Comprimido" (W94.-; Z57.8) (Quadro XXIII) |

| Doenças | Agentes Etiológicos ou Fatores de Risco de Natureza Ocupacional |
|---|---|
| XVIII — Doença de Kienböck do Adulto (Osteocondrose do Adulto do Semilunar do Carpo) (M93.1) e outras Osteocondropatias especificadas (M93.8) | Vibrações localizadas (W43.-; Z57.7) (Quadro XXII) |

## DOENÇAS DO SISTEMA GENITURINÁRIO RELACIONADAS COM O TRABALHO (Grupo XIV da CID-10)

| Doenças | Agentes Etiológicos ou Fatores de Risco de Natureza Ocupacional |
|---|---|
| I — Síndrome Nefrítica Aguda (N00.-) | Hidrocarbonetos alifáticos halogenados nefrotóxicos (X46.-; Z57.5) (Quadro XIII) |
| II — Doença Glomerular Crônica (N03.-) | Mercúrio e seus compostos tóxicos (X49.-; Z57.5) (Quadro XVI) |
| III — Nefropatia túbulo-intersticial induzida por metais pesados (N14.3) | 1. Cádmio ou seus compostos (X49.-; Z57.5) (Quadro VI)<br>2. Chumbo ou seus compostos tóxicos (X49.-; Z57.5) (Quadro VIII)<br>3. Mercúrio e seus compostos tóxicos (X49.-; Z57.4 e Z57.5) (Quadro XVI) |
| IV — Insuficiência Renal Aguda (N17) | Hidrocarbonetos alifáticos halogenados nefrotóxicos (X46.-; Z57.5) (Quadro XIII) |
| V — Insuficiência Renal Crônica (N18) | Chumbo ou seus compostos (X49.-; Z57.5) (Quadro VIII) |
| VI — Cistite Aguda (N30.0) | Aminas aromáticas e seus derivados (X49.-; Z57.5) |
| VII — Infertilidade Masculina (N46) | 1. Chumbo ou seus compostos tóxicos (X49.-; Z57.5) (Quadro VIII) |

| Doenças | Agentes Etiológicos ou Fatores de Risco de Natureza Ocupacional |
|---|---|
| | 2. Radiações ionizantes (W88.-: Z57.1) (Quadro XXIV)<br>3. Chlordecone (X48.-; Z57.4)<br>4. Dibromocloropropano (DBCP) (X48.-; Z57.4 e Z57.5)<br>5. Calor (trabalho em temperaturas elevadas) (Z57.6) |

## TRAUMATISMOS, ENVENENAMENTOS E ALGUMAS OUTRAS CONSEQUÊNCIAS DE CAUSAS EXTERNAS, RELACIONADOS COM O TRABALHO (Grupo XIX da CID-10)

| Doenças | Agentes Etiológicos ou Fatores de Risco de Natureza Ocupacional |
|---|---|
| I — Efeitos tóxicos de Solventes Orgânicos (T52.-): Álcoois (T51.8) e Cetonas (T52.4); Benzeno, Tolueno e Xileno (T52.1 e T52.2); Derivados halogenados dos Hidrocarbonetos Alifáticos e Aromáticos (T53): Tetracloreto de Carbono (T53.0); Clorofórmio (T53.1); Tricloroetileno (T53.2); Tetracloroetileno (T53.3); Dicloroetano (T53.4); Clorofluor-carbonos (T53.5); Outros derivados halogenados de hidrocarbonetos alifáticos (T53.6); Outros derivados halogenados de hidrocarbonetos aromáticos (T53.7); Derivados halogenados de hidrocarbonetos alifáticos e aromáticos, não especificados (T53.9); Sulfeto de Carbono (T65.4) | Exposição ocupacional a agentes tóxicos em outras indústrias (Z57.5) |

| Doenças | Agentes Etiológicos ou Fatores de Risco de Natureza Ocupacional |
|---|---|
| II — Efeito tóxico de Substâncias Corrosivas (T54): Fenol e homólogos do fenol (T54.0); Flúor e seus compostos (T65.8); Selênio e seus compostos (T56.8); Outros compostos orgânicos corrosivos (T54.1); Ácidos corrosivos e substâncias ácidas similares (T54.2); Álcalis cáusticos e substâncias alcalinas similares (T54.3); Efeito tóxico de substância corrosiva, não especificada (T54.9). | Exposição ocupacional a agentes tóxicos em outras indústrias (Z57.5) |
| III — Efeito tóxico de Metais (T56): Arsênico e seus compostos (T57.0); Cádmio e seus compostos (T56.3); Chumbo e seus compostos (T56.0); Cromo e seus compostos (T56.2); Manganês e seus compostos (T57.2); Mercúrio e seus compostos (T56.1); Outros metais (T56.8); Metal, não especificado (T56.9). | Exposição ocupacional a agentes tóxicos em outras indústrias (Z57.5) |
| IV — Asfixiantes Químicos (T57-59): Monóxido de Carbono (T58); Ácido cianídrico e cianetos (T57.3); Sulfeto de hidrogênio (T59.6); Aminas aromáticas e seus derivados (T65.3) | Exposição ocupacional a agentes tóxicos em outras indústrias (Z57.5) |
| V — Praguicidas (Pesticidas, "Agrotóxicos") (T60): Organofosforados e Carbamatos (T60.0); Halogenados (T60.1); Outros praguicidas (T60.2) | Exposição ocupacional a agentes tóxicos na Agricultura (Z57.4) |

| Doenças | Agentes Etiológicos ou Fatores de Risco de Natureza Ocupacional |
|---|---|
| VI — Efeitos da Pressão do Ar e da Pressão da Água (T70): Barotrauma Otítico (T70.0); Barotrauma Sinusal (T70.1); Doença Descompressiva ("Mal dos Caixões") (T70.3); Outros efeitos da pressão do ar e da água (T70.8). | Exposição ocupacional a pressões atmosféricas anormais (W94.-; Z57.8) |

## LISTA C

Nota:

1. São indicados intervalos de CID-10 em que se reconhece Nexo Técnico Epidemiológico na forma do § 3º do art. 337, entre a entidade mórbida e as classes de CNAE indicadas, nelas incluídas todas as subclasses cujos quatro dígitos iniciais sejam comuns.

| INTERVALO CID-10 | CNAE |
|---|---|
| A15-A19 | 0810 1091 1411 1412 1533 1540 2330 3011 3701 3702 3811 3812 3821 3822 3839 3900 4120 4211 4213 4222 4223 4291 4299 4312 4321 4391 4399 4687 4711 4713 4721 4741 4742 4743 4744 4789 4921 4923 4924 4929 5611 7810 7820 7830 8121 8122 8129 8610 9420 9601 |

| INTERVALO CID-10 | CNAE |
|---|---|
| E10-E14 | 1091 3600 3701 3702 3811 3812 3821 3822 3839 3900 4120 4211 4213 4222 4223 4291 4292 4299 4313 4319 4329 4399 4721 4921 4922 4923 4924 4929 4930 5030 5231 5239 8011 8012 8020 8030 8121 8122 8129 8411 9420 |

| INTERVALO CID-10 | CNAE |
|---|---|
| F10-F19 | 0710 0990 1011 1012 1013 1220 1532<br>1622 1732 1733 2211 2330 2342 2451<br>2511 2512 2531 2539 2542 2543 2593<br>2814 2822 2840 2861 2866 2869 2920<br>2930 3101 3102 3329 3600 3701 3702<br>3811 3812 3821 3822 3839 3900 4120<br>4211 4213 4221 4292 4299 4313 4319<br>4321 4329 4399 4520 4912 4921 5030<br>5212 5221 5222 5223 5229 5231 5232<br>5239 5250 5310 6423 7810 7820 7830<br>8121 8122 8129 8411 8423 8424 9420 |
| F20-F29 | 0710 0990 1011 1012 1013 1031 1071<br>1321 1411 1412 2330 2342 2511 2543<br>2592 2861 2866 2869 2942 3701 3702<br>3811 3812 3821 3822 3839 3900 4120<br>4211 4213 4222 4223 4291 4292 4299<br>4312 4391 4399 4921 4922 4923 4924<br>4929 5212 5310 6423 7732 7810 7820<br>7830 8011 8012 8020 8030 8121 8122<br>8129 8423 9420 |
| F30-F39 | 0710 0892 0990 1011 1012 1013 1031<br>1220 1311 1313 1314 1321 1330 1340<br>1351 1359 1411 1412 1413 1422 1531<br>1532 1540 2091 2123 2511 2710 2751<br>2861 2930 2945 3299 3600 4636 4711<br>4753 4756 4759 4762 4911 4912 4921<br>4922 4923 4924 4929 5111 5120 5221<br>5222 5223 5229 5310 5620 6110 6120<br>6130 6141 6142 6143 6190 6311 6422<br>6423 6431 6550 8121 8122 8129 8411<br>8413 8423 8424 8610 8711 8720 8730<br>8800 |
| F40-F48 | 0710 0990 1311 1321 1351 1411 1412<br>1421 1532 2945 3600 4711 4753 4756<br>4759 4762 4911 4912 4921 4922 4923<br>4924 4929 5111 5120 5221 5222 5223<br>5229 5310 6110 6120 6130 6141 6142<br>6143 6190 6311 6422 6423 8011 8012<br>8020 8030 8121 8122 8129 8411 8423<br>8424 8610 |

| INTERVALO CID-10 | CNAE |
|---|---|
| G40-G47 | 0113 0210 0220 0810 1011 1012 1013 1321 1411 1412 1610 1621 1732 1733 1931 2330 2342 2511 2539 2861 3701 3702 3811 3812 3821 3822 3839 3900 4120 4211 4213 4222 4223 4291 4292 4299 4313 4319 4399 4921 4922 4923 4924 4929 4930 5212 8011 8012 8020 8030 8121 8122 8129 |
| G50-G59 | 0155 1011 1012 1013 1062 1093 1095 1313 1351 1411 1412 1421 1529 1531 1532 1533 1539 1540 2063 2123 2211 2222 2223 2229 2349 2542 2593 2640 2710 2759 2944 2945 3240 3250 4711 5611 5612 5620 6110 6120 6130 6141 6142 6143 6190 6422 6423 8121 8122 8129 8610 |

| INTERVALO CID-10 | CNAE |
|---|---|
| H53-H54 | 0210 0220 0810 1071 1220 1610 1622 2330 2342 3701 3702 3811 3812 3821 3822 3839 3900 4120 4211 4212 4213 4222 4223 4291 4299 4312 4313 4319 4321 4329 4391 4399 4741 4742 4743 4744 4789 4921 4922 4923 4924 4929 4930 8011 8012 8020 8030 8121 8122 8129 |

| INTERVALO CID-10 | CNAE |
|---|---|
| I05-I09 | 4921 |
| I10-I15 | 0111 1411 1412 4921 4922 4923 4924 4929 5111 5120 |
| I20-I25 | 1621 4120 4211 4213 4221 4222 4223 4291 4299 4329 4399 4921 4922 4930 6110 6120 6130 6141 6142 6143 6190 |

| INTERVALO CID-10 | CNAE |
|---|---|
| I30-I52 | 0113 0210 0220 0810 1011 1012 1013 1061<br>1071 1411 1412 1610 1931 2029 2330 2342<br>3600 3701 3702 3811 3812 3821 3822 3839<br>3900 4120 4211 4213 4222 4223 4291 4292<br>4299 4312 4313 4319 4391 4399 4621 4622<br>4623 4921 4922 4923 4924 4929 4930 8121<br>8122 8129 8411 9420 |
| I60-I69 | 0810 1071 2330 2342 3600 3701 3702 3811<br>3812 3821 3822 3839 3900 4120 4211 4213<br>4222 4223 4291 4299 4312 4313 4319 4321<br>4391 4399 4921 4922 4923 4924 4929 4930<br>8112 8121 8122 8129 8411 8591 9200 9311<br>9312 9313 9319 9420 |
| I80-I89 | 1011 1012 1013 1020 1031 1033 1091 1092<br>1220 1311 1321 1351 1411 1412 1413 1422<br>1510 1531 1532 1540 1621 1622 2123 2342<br>2542 2710 2813 2832 2833 2920 2930 2944<br>2945 3101 3102 3329 3701 3702 3811 3812<br>3821 3822 3839 3900 4621 4622 4623 4721<br>4722 4921 4922 5611 5612 5620 8011 8012<br>8020 8030 8121 8122 8129 8411 8610 9420<br>9491 9601 |

| INTERVALO CID-10 | CNAE |
|---|---|
| J40-J47 | 0810 1031 1220 1311 1321 1351 1411 1412<br>1610 1622 1629 2330 2342 2539 3101 3102<br>3329 4120 4211 4213 4292 4299 4313 4319<br>4399 4921 8121 8122 8129 8411 |

| INTERVALO CID-10 | CNAE |
|---|---|
| K35-K38 | 0810 1011 1012 1013 1071 1411 1412 1531<br>1540 1610 1621 1732 1733 2451 2511 2512<br>2832 2833 2930 3101 3329 4621 4622 4623<br>4921 4922 8610 |

| INTERVALO CID-10 | CNAE |
|---|---|
| K40-K46 | 0113 0210 0220 0230 0810 1011 1012 1013 1020 1031 1033 1041 1051 1061 1066 1071 1091 1122 1321 1354 1510 1610 1621 1622 1629 1722 1732 1733 1931 2211 2212 2219 2330 2341 2342 2349 2443 2449 2451 2511 2512 2521 2539 2541 2542 2543 2592 2593 2710 2815 2822 2832 2833 2861 2866 2869 2930 2943 2944 2945 3011 3101 3102 3329 3701 3702 3811 3812 3821 3822 3839 3900 4120 4211 4212 4213 4221 4222 4223 4291 4292 4299 4312 4313 4319 4321 4329 4391 4399 4621 4622 4623 4632 4634 4687 4721 4722 4741 4742 4743 4744 4789 4921 4922 4930 5212 8121 8122 8129 9420 |

| INTERVALO CID-10 | CNAE |
|---|---|
| L60-L75 | 8610 |
| L80-L99 | 0113 1011 1012 1013 1071 1411 1412 1610 1621 1931 2451 5611 5620 8121 8122 8129 8610 |

| INTERVALO CID-10 | CNAE |
|---|---|
| M00-M25 | 0113 0131 0133 0210 0220 0810 0892 0910 1011 1012 1013 1020 1031 1033 1041 1051 1052 1061 1064 1071 1072 1091 1122 1220 1311 1321 1351 1354 1411 1412 1413 1532 1621 1732 1733 1931 2012 2019 2312 2330 2341 2342 2349 2431 2443 2449 2511 2522 2539 2543 2550 2710 2813 2815 2822 2852 2853 2854 2861 2862 2865 2866 2869 2920 2930 2944 2945 2950 3011 3102 3600 3701 3702 3811 3812 3821 3822 3839 3900 4120 4211 4212 4213 4221 4222 4223 4291 4292 4299 4312 4313 4319 4321 4329 4391 4399 4621 4622 4623 4636 4661 4711 4721 4921 4922 4923 4924 4929 4930 5012 5021 5212 5310 5611 5620 7719 8121 8122 8129 8411 8424 8430 8591 8610 9200 9311 9312 9313 9319 9420 9491 9601 |

| INTERVALO CID-10 | CNAE |
|---|---|
| M30-M36 | 1412 8121 8122 8129 8610 |
| M40-M54 | 0113 0131 0133 0210 0220 0230 0500 0710 0810 0892 0910 0990 1011 1012 1013 1020 1031 1033 1041 1051 1052 1061 1062 1064 1071 1072 1092 1122 1311 1312 1321 1323 1340 1351 1354 1411 1412 1413 1421 1422 1510 1532 1610 1621 1622 1623 1629 1710 1721 1722 1732 1733 1931 2012 2019 2029 2040 2091 2093 2123 2211 2212 2219 2221 2222 2312 2320 2330 2341 2342 2349 2391 2431 2439 2441 2443 2449 2451 2511 2513 2521 2522 2539 2542 2543 2550 2592 2593 2710 2722 2733 2813 2815 2822 2832 2833 2852 2853 2854 2861 2862 2864 2866 2869 2920 2930 2942 2943 2944 2945 2950 3011 3101 3102 3240 3321 3329 3600 3701 3702 3811 3812 3821 3822 3839 3900 4120 4211 4212 4213 4222 4223 4291 4292 4299 4311 4312 4313 4319 4321 4329 4391 4399 4621 4622 4623 4632 4636 4661 4681 4682 4685 4686 4687 4689 4921 4922 4923 4924 4929 4930 5012 5021 5211 5212 5221 5222 5223 5229 5310 5612 5620 6431 7719 7732 8121 8122 8129 8424 8430 8610 9420 |
| M60-M79 | 0113 0155 0210 0220 1011 1012 1013 1020 1031 1033 1051 1052 1062 1064 1092 1093 1094 1095 1096 1099 1122 1311 1314 1321 1323 1340 1351 1352 1354 1359 1411 1412 1413 1414 1421 1510 1521 1529 1531 1532 1533 1540 1623 1732 1733 1742 1749 2040 2063 2091 2110 2121 2123 2211 2219 2221 2222 2223 2229 2312 2319 2342 2349 2439 2443 2449 2451 2531 2539 2541 2542 2543 2550 2591 2592 2593 2610 2631 2632 2640 2651 2710 2721 2722 2732 2733 2740 2751 2759 2813 2814 2815 2822 2823 2824 2840 2853 2854 2861 2864 2866 2869 2920 2930 2941 2942 2943 2944 2945 2949 3092 3101 3102 3104 3230 3240 3250 3291 3299 3316 3329 3701 3702 3811 3812 3821 3822 3839 3900 4221 4632 4634 4711 4713 4912 5111 5120 5212 5221 5222 5223 5229 5310 5320 5612 5620 6021 6022 6110 6120 6130 6141 6142 6143 6190 6209 6311 6399 6422 6423 6431 6550 7410 7490 7719 7733 8121 8122 8129 8211 8219 8220 8230 8291 8292 8299 8610 9420 9601 |

| INTERVALO CID-10 | CNAE |
|---|---|
| S00-S09 | 0210 0220 0230 0810 1011 1012 1013 1033 1041<br>1061 1071 1122 1321 1510 1532 1610 1621 1622<br>1732 1733 1931 2212 2330 2342 2391 2511 2512<br>2539 2542 2543 2593 2832 2833 2866 2869 2930<br>3011 3101 3102 3329 3701 3702 3811 3812 3821<br>3822 3839 3900 4120 4211 4213 4221 4222 4223<br>4291 4292 4299 4312 4313 4319 4321 4329 4391<br>4399 4520 4530 4541 4542 4621 4622 4623 4635<br>4671 4672 4673 4674 4679 4687 4731 4732 4741<br>4742 4743 4744 4789 4921 4922 4930 5212 5320<br>7810 7820 7830 8011 8012 8020 8030 8121 8122<br>8129 9420 |
| S20-S29 | 0113 0131 0133 0210 0220 0230 0810 1011 1012<br>1013 1071 1321 1510 1610 1621 1622 1629 1732<br>1733 1931 2330 2342 2512 2539 2543 2832 2833<br>2866 2869 3600 3701 3702 3811 3812 3821 3822<br>3839 3900 4120 4211 4213 4221 4222 4223 4291<br>4292 4299 4321 4399 4621 4622 4623 4632 4687<br>4741 4742 4743 4744 4789 4921 4922 4930 5212<br>5310 8121 8122 8129 9420 |
| S30-S39 | 0131 0133 0210 0220 1011 1012 1013 1061 1071<br>1610 1621 2330 2342 2511 2512 3101 3329 3701<br>3702 3811 3812 3821 3822 3839 3900 4120 4211<br>4213 4221 4222 4223 4291 4299 4312 4313 4319<br>4321 4329 4391 4399 4621 4622 4623 4687 4722<br>4741 4742 4743 4744 4789 4921 4930 5212 5221<br>5222 5223 5229 7810 7820 7830 8121 8122 8129<br>9420 |
| S40-S49 | 0131 0133 0210 0220 0500 0810 1011 1012 1013<br>1031 1033 1041 1051 1061 1064 1071 1091 1122<br>1321 1351 1354 1411 1412 1510 1531 1532 1533<br>1540 1610 1621 1622 1623 1629 1722 1732 1733<br>1931 2212 2221 2222 2223 2229 2330 2342 2349<br>2391 2451 2511 2512 2539 2542 2543 2592 2593<br>2710 2813 2815 2822 2823 2832 2833 2861 2866<br>2869 2930 2944 2945 2950 3101 3102 3329 3701<br>3702 3811 3812 3821 3822 3839 3900 4120 4211<br>4213 4221 4222 4223 4291 4292 4299 4312 4313<br>4319 4321 4329 4391 4399 4520 4530 4541 4542 |

| INTERVALO CID-10 | CNAE |
|---|---|
| | 4618 4621 4622 4623 4635 4661 4671 4672 4673<br>4674 4679 4687 4721 4722 4731 4732 4741 4742<br>4743 4744 4784 4789 4921 4922 4930 5212 5221<br>5222 5223 5229 5310 5320 7719 7810 7820 7830<br>8011 8012 8020 8030 8121 8122 8129 9420 |
| S50-S59 | 0210 0220 0810 1011 1012 1013 1031 1033 1041<br>1051 1061 1064 1071 1091 1092 1093 1096 1099<br>1122 1311 1321 1354 1411 1412 1510 1531 1532<br>1533 1540 1610 1621 1622 1623 1629 1722 1732<br>1733 2211 2221 2222 2223 2229 2330 2341 2342<br>2391 2511 2512 2539 2542 2543 2592 2593 2710<br>2759 2813 2822 2823 2832 2833 2861 2866 2869<br>2930 2944 2945 2950 3011 3101 3102 3329 3701<br>3702 3811 3812 3821 3822 3839 3900 4120 4211<br>4213 4221 4222 4223 4291 4292 4299 4312 4313<br>4319 4321 4322 4329 4391 4399 4520 4621 4622<br>4623 4635 4661 4685 4686 4687 4689 4711 4721<br>4722 4741 4742 4743 4744 4784 4789 4921 4923<br>4924 4929 4930 5212 5221 5222 5223 5229 5310<br>5320 7719 7732 7810 7820 7830 8011 8012 8020<br>8030 8121 8122 8129 9420 |
| S60-S69 | 0113 0210 0220 0500 0810 1011 1012 1013 1031<br>1033 1041 1042 1051 1052 1061 1062 1063 1064<br>1071 1072 1091 1092 1093 1094 1096 1099 1122<br>1311 1312 1321 1323 1340 1351 1353 1354 1359<br>1411 1412 1510 1529 1531 1532 1533 1540 1610<br>1621 1622 1623 1629 1710 1721 1722 1731 1732<br>1733 1741 1742 1749 1813 1931 2012 2019 2029<br>2061 2063 2091 2092 2123 2211 2212 2219 2221<br>2222 2223 2229 2311 2312 2319 2330 2341 2342<br>2349 2391 2392 2399 2431 2439 2441 2443 2449<br>2451 2452 2511 2512 2513 2521 2522 2531 2532<br>2539 2541 2542 2543 2550 2591 2592 2593 2599<br>2632 2651 2710 2721 2722 2732 2733 2740 2751<br>2759 2790 2811 2812 2813 2814 2815 2821 2822<br>2823 2824 2825 2829 2831 2832 2833 2840 2852<br>2853 2854 2861 2862 2864 2865 2866 2869 2920<br>2930 2941 2942 2943 2944 2945 2949 2950 3011<br>3012 3032 3091 3092 3099 3101 3102 3103 3104 |

| INTERVALO CID-10 | CNAE |
|---|---|
| | 3220 3230 3240 3250 3291 3299 3319 3329 3701<br>3702 3811 3812 3821 3822 3832 3839 3900 4120<br>4211 4213 4221 4222 4223 4291 4292 4299 4312<br>4313 4319 4321 4322 4329 4391 4399 4520 4621<br>4622 4623 4632 4634 4661 4671 4672 4673 4674<br>4679 4681 4682 4685 4686 4687 4689 4711 4721<br>4722 4741 4742 4743 4744 4789 4930 5211 5212<br>5320 5819 5829 7719 7732 7810 7820 7830 8121<br>8122 8129 8423 9420 9529 |
| S70-S79 | 0210 0220 1011 1012 1013 1033 1122 1610 1621<br>1622 2330 2391 2511 2512 2539 3101 3329 3701<br>3702 3811 3812 3821 3822 3839 3900 4120 4211<br>4213 4221 4222 4223 4291 4299 4312 4321 4391<br>4399 4520 4530 4541 4542 4618 4687 4731 4732<br>4741 4742 4743 4744 4784 4789 4921 4930 5212<br>5221 5222 5223 5229 5232 5250 5320 7810 7820<br>7830 8011 8012 8020 8030 8121 8122 8129 9420 |
| S80-S89 | 0210 0220 0230 0500 0710 0810 0990 1011 1012<br>1013 1031 1033 1041 1051 1061 1062 1064 1071<br>1072 1092 1096 1099 1122 1321 1351 1354 1411<br>1412 1510 1531 1532 1540 1610 1621 1622 1623<br>1629 1710 1721 1722 1732 1733 1931 2012 2019<br>2029 2073 2091 2211 2219 2222 2312 2320 2330<br>2341 2342 2391 2439 2443 2449 2451 2511 2512<br>2521 2522 2539 2542 2543 2550 2592 2593 2651<br>2710 2812 2813 2815 2821 2822 2823 2831 2832<br>2833 2840 2852 2854 2861 2862 2864 2865 2866<br>2869 2930 2943 2944 2945 2950 3011 3101 3102<br>3329 3600 3701 3702 3811 3812 3821 3822 3839<br>3900 4120 4211 4213 4221 4222 4223 4291 4292<br>4299 4312 4313 4319 4321 4322 4329 4391 4399<br>4520 4530 4541 4542 4618 4621 4622 4623 4632<br>4635 4636 4637 4639 4661 4671 4672 4673 4674<br>4679 4681 4682 4685 4686 4687 4689 4711 4722<br>4723 4731 4732 4741 4742 4743 4744 4784 4789<br>4912 4921 4922 4923 4924 4929 4930 5211 5212<br>5221 5222 5223 5229 5232 5250 5310 5320 7719<br>7732 7810 7820 7830 8011 8012 8020 8030 8121<br>8122 8129 8423 8424 9420 |

| INTERVALO CID-10 | CNAE |
|---|---|
| S90-S99 | 0210 0220 0500 0810 1011 1012 1013 1031 1033 1041 1051 1061 1062 1064 1071 1072 1092 1093 1122 1311 1321 1351 1354 1411 1412 1510 1532 1610 1621 1622 1623 1629 1710 1721 1722 1732 1733 1931 2029 2091 2219 2221 2222 2312 2330 2341 2342 2391 2431 2439 2441 2443 2449 2451 2511 2512 2513 2521 2522 2531 2539 2542 2543 2592 2593 2710 2722 2815 2822 2831 2832 2833 2840 2852 2853 2854 2861 2862 2865 2866 2869 2920 2930 2943 2944 2945 2950 3011 3101 3102 3329 3600 3701 3702 3811 3812 3821 3822 3839 3900 4120 4211 4213 4221 4222 4223 4291 4292 4299 4312 4313 4319 4321 4322 4329 4391 4399 4621 4622 4623 4661 4681 4682 4685 4686 4687 4689 4711 4784 4912 4921 4922 4930 5111 5120 5212 5221 5222 5223 5229 5232 5250 5310 5320 6423 6431 6550 7719 7732 7810 7820 7830 8011 8012 8020 8030 8121 8122 8129 8423 8424 8610 9420 |
| T90-T98 | 0210 0220 0710 0810 0892 0910 1011 1013 1020 1031 1033 1041 1042 1061 1062 1071 1072 1091 1092 1093 1122 1220 1311 1312 1321 1351 1352 1353 1411 1412 1510 1531 1532 1533 1540 1610 1621 1622 1629 1733 1932 2014 2019 2029 2032 2091 2211 2221 2223 2229 2312 2320 2330 2341 2342 2391 2451 2511 2512 2521 2522 2539 2542 2592 2593 2640 2740 2751 2790 2813 2814 2822 2862 2864 2866 2869 2920 2930 2944 2945 2950 3091 3092 3101 3102 3600 3701 3702 3811 3812 3821 3822 3839 3900 4120 4211 4213 4221 4291 4292 4299 4312 4313 4319 4321 4322 4391 4399 4635 4661 4681 4682 4687 4721 4741 4743 4744 4784 4922 4923 4924 4929 4930 5012 5021 5030 5212 5221 5222 5223 5229 5231 5232 5239 5250 5310 5320 7719 7732 8011 8012 8020 8030 8121 8122 9420 |

## ART. 20 DA LEI N. 8.213, DE 1991

Consideram-se acidente do trabalho as seguintes entidades mórbidas:

I — doença profissional, assim entendida a produzida ou desencadeada pelo exercício do trabalho peculiar a determinada atividade e constante da respectiva relação elaborada pelo Ministério do Trabalho e da Previdência Social;

Nota: Atualmente Ministério da Previdência Social — MPS. Denominação instituída pelo art. 25, inciso XVIII da Medida Provisória n. 103, de 1º.1.2003, posteriormente convertida na Lei n. 10.683, de 28.5.2003.

II — doença do trabalho, assim entendida a adquirida ou desencadeada em função de condições especiais em que o trabalho é realizado e com ele se relacione diretamente, constante da relação mencionada no inciso I.

§ 1º Não são consideradas como doença do trabalho:

a) a doença degenerativa;

b) a inerente a grupo etário;

c) a que não produza incapacidade laborativa;

d) a doença endêmica adquirida por segurado habitante de região em que ela se desenvolva, salvo comprovação de que é resultante de exposição ou contato direto determinado pela natureza do trabalho.

§ 2º Em caso excepcional, constatando-se que a doença não incluída na relação prevista nos inciso I e II deste artigo resultou das condições especiais em que o trabalho é executado e com ele se relaciona diretamente, a Previdência Social deve considerá-la acidente do trabalho.

## 5.3. Enquadramento empresarial na relação de atividades preponderantes

### DECRETO N. 6.957, DE 9 DE SETEMBRO DE 2009 – DOU DE 10.9.2009

*Altera o Regulamento da Previdência Social, aprovado pelo Decreto n. 3.048, de 6 de maio de 1999, no tocante à aplicação, acompanhamento e avaliação do Fator Acidentário de Prevenção — FAP.*

### ANEXO V

### RELAÇÃO DE ATIVIDADES PREPONDERANTES E CORRESPONDENTES GRAUS DE RISCO (CONFORME A CLASSIFICAÇÃO NACIONAL DE ATIVIDADES ECONÔMICAS)

| CNAE 2.0 | DESCRIÇÃO | Alíquota |
|---|---|---|
| 0111-3/01 | Cultivo de arroz | 3 |
| 0111-3/02 | Cultivo de milho | 3 |
| 0111-3/03 | Cultivo de trigo | 2 |
| 0111-3/99 | Cultivo de outros cereais não especificados anteriormente | 3 |
| 0112-1/01 | Cultivo de algodão herbáceo | 3 |
| 0112-1/02 | Cultivo de juta | 3 |
| 0112-1/99 | Cultivo de outras fibras de lavoura temporária não especificadas anteriormente | 3 |
| 0113-0/00 | Cultivo de cana-de-açúcar | 3 |
| 0114-8/00 | Cultivo de fumo | 3 |
| 0115-6/00 | Cultivo de soja | 3 |
| 0116-4/01 | Cultivo de amendoim | 2 |
| 0116-4/02 | Cultivo de girassol | 2 |
| 0116-4/03 | Cultivo de mamona | 3 |
| 0116-4/99 | Cultivo de outras oleaginosas de lavoura temporária não especificadas anteriormente | 3 |
| 0119-9/01 | Cultivo de abacaxi | 2 |

| CNAE 2.0 | DESCRIÇÃO | Alíquota |
|---|---|---|
| 0119-9/02 | Cultivo de alho | 2 |
| 0119-9/03 | Cultivo de batata-inglesa | 3 |
| 0119-9/04 | Cultivo de cebola | 2 |
| 0119-9/05 | Cultivo de feijão | 3 |
| 0119-9/06 | Cultivo de mandioca | 3 |
| 0119-9/07 | Cultivo de melão | 3 |
| 0119-9/08 | Cultivo de melancia | 2 |
| 0119-9/09 | Cultivo de tomate rasteiro | 2 |
| 0119-9/99 | Cultivo de outras plantas de lavoura temporária não especificadas anteriormente | 2 |
| 0121-1/01 | Horticultura, exceto morango | 3 |
| 0121-1/02 | Cultivo de morango | 3 |
| 0122-9/00 | Cultivo de flores e plantas ornamentais | 3 |
| 0131-8/00 | Cultivo de laranja | 3 |
| 0132-6/00 | Cultivo de uva | 3 |
| 0133-4/01 | Cultivo de açaí | 1 |
| 0133-4/02 | Cultivo de banana | 3 |
| 0133-4/03 | Cultivo de caju | 2 |
| 0133-4/04 | Cultivo de cítricos, exceto laranja | 3 |
| 0133-4/05 | Cultivo de coco-da-baía | 3 |
| 0133-4/06 | Cultivo de guaraná | 3 |
| 0133-4/07 | Cultivo de maçã | 3 |
| 0133-4/08 | Cultivo de mamão | 2 |
| 0133-4/09 | Cultivo de maracujá | 3 |
| 0133-4/10 | Cultivo de manga | 3 |
| 0133-4/11 | Cultivo de pêssego | 3 |
| 0133-4/99 | Cultivo de frutas de lavoura permanente não especificadas anteriormente | 3 |
| 0134-2/00 | Cultivo de café | 3 |
| 0135-1/00 | Cultivo de cacau | 3 |

| CNAE 2.0 | DESCRIÇÃO | Alíquota |
|---|---|---|
| 0139-3/01 | Cultivo de chá-da-índia | 3 |
| 0139-3/02 | Cultivo de erva-mate | 3 |
| 0139-3/03 | Cultivo de pimenta-do-reino | 3 |
| 0139-3/04 | Cultivo de plantas para condimento, exceto pimenta-do-reino | 3 |
| 0139-3/05 | Cultivo de dendê | 3 |
| 0139-3/06 | Cultivo de seringueira | 3 |
| 0139-3/99 | Cultivo de outras plantas de lavoura permanente não especificadas anteriormente | 3 |
| 0141-5/01 | Produção de sementes certificadas, exceto de forrageiras para pasto | 3 |
| 0141-5/02 | Produção de sementes certificadas de forrageiras para formação de pasto | 3 |
| 0142-3/00 | Produção de mudas e outras formas de propagação vegetal, certificadas | 2 |
| 0151-2/01 | Criação de bovinos para corte | 3 |
| 0151-2/02 | Criação de bovinos para leite | 3 |
| 0151-2/03 | Criação de bovinos, exceto para corte e leite | 3 |
| 0152-1/01 | Criação de bufalinos | 3 |
| 0152-1/02 | Criação de equinos | 2 |
| 0152-1/03 | Criação de asininos e muares | 3 |
| 0153-9/01 | Criação de caprinos | 3 |
| 0153-9/02 | Criação de ovinos, inclusive para produção de lã | 3 |
| 0154-7/00 | Criação de suínos | 3 |
| 0155-5/01 | Criação de frangos para corte | 3 |
| 0155-5/02 | Produção de pintos de um dia | 3 |
| 0155-5/03 | Criação de outros galináceos, exceto para corte | 2 |
| 0155-5/04 | Criação de aves, exceto galináceos | 2 |
| 0155-5/05 | Produção de ovos | 3 |
| 0159-8/01 | Apicultura | 2 |
| 0159-8/02 | Criação de animais de estimação | 3 |

| CNAE 2.0 | DESCRIÇÃO | Alíquota |
|---|---|---|
| 0159-8/03 | Criação de escargô | 1 |
| 0159-8/04 | Criação de bicho-da-seda | 1 |
| 0159-8/99 | Criação de outros animais não especificados anteriormente | 2 |
| 0161-0/01 | Serviço de pulverização e controle de pragas agrícolas | 3 |
| 0161-0/02 | Serviço de poda de árvores para lavouras | 3 |
| 0161-0/03 | Serviço de preparação de terreno, cultivo e colheita | 3 |
| 0161-0/99 | Atividades de apoio à agricultura não especificadas anteriormente | 3 |
| 0162-8/01 | Serviço de inseminação artificial em animais | 2 |
| 0162-8/02 | Serviço de tosquiamento de ovinos | 3 |
| 0162-8/03 | Serviço de manejo de animais | 3 |
| 0162-8/99 | Atividades de apoio à pecuária não especificadas anteriormente | 3 |
| 0163-6/00 | Atividades de pós-colheita | 3 |
| 0170-9/00 | Caça e serviços relacionados | 1 |
| 0210-1/01 | Cultivo de eucalipto | 3 |
| 0210-1/02 | Cultivo de acácia-negra | 3 |
| 0210-1/03 | Cultivo de pinus | 3 |
| 0210-1/04 | Cultivo de teca | 3 |
| 0210-1/05 | Cultivo de espécies madeireiras, exceto eucalipto, acácia-negra, pinus e teca | 2 |
| 0210-1/06 | Cultivo de mudas em viveiros florestais | 3 |
| 0210-1/07 | Extração de madeira em florestas plantadas | 3 |
| 0210-1/08 | Produção de carvão vegetal — florestas plantadas | 3 |
| 0210-1/09 | Produção de casca de acácia-negra — florestas plantadas | 2 |
| 0210-1/99 | Produção de produtos não madeireiros não especificados anteriormente em florestas plantadas | 3 |
| 0220-9/01 | Extração de madeira em florestas nativas | 3 |
| 0220-9/02 | Produção de carvão vegetal — florestas nativas | 2 |

| CNAE 2.0 | DESCRIÇÃO | Alíquota |
|---|---|---|
| 0220-9/03 | Coleta de castanha-do-pará em florestas nativas | 3 |
| 0220-9/04 | Coleta de látex em florestas nativas | 1 |
| 0220-9/05 | Coleta de palmito em florestas nativas | 3 |
| 0220-9/06 | Conservação de florestas nativas | 3 |
| 0220-9/99 | Coleta de produtos não madeireiros não especificados anteriormente em florestas nativas | 3 |
| 0230-6/00 | Atividades de apoio à produção florestal | 3 |
| 0311-6/01 | Pesca de peixes em água salgada | 3 |
| 0311-6/02 | Pesca de crustáceos e moluscos em água salgada | 3 |
| 0311-6/03 | Coleta de outros produtos marinhos | 3 |
| 0311-6/04 | Atividades de apoio à pesca em água salgada | 2 |
| 0312-4/01 | Pesca de peixes em água doce | 2 |
| 0312-4/02 | Pesca de crustáceos e moluscos em água doce | 1 |
| 0312-4/03 | Coleta de outros produtos aquáticos de água doce | 1 |
| 0312-4/04 | Atividades de apoio à pesca em água doce | 2 |
| 0321-3/01 | Criação de peixes em água salgada e salobra | 2 |
| 0321-3/02 | Criação de camarões em água salgada e salobra | 2 |
| 0321-3/03 | Criação de ostras e mexilhões em água salgada e salobra | 3 |
| 0321-3/04 | Criação de peixes ornamentais em água salgada e salobra | 2 |
| 0321-3/05 | Atividades de apoio à aquicultura em água salgada e salobra | 2 |
| 0321-3/99 | Cultivos e semicultivos da aquicultura em água salgada e salobra não especificados anteriormente | 2 |
| 0322-1/01 | Criação de peixes em água doce | 3 |
| 0322-1/02 | Criação de camarões em água doce | 2 |
| 0322-1/03 | Criação de ostras e mexilhões em água doce | 2 |
| 0322-1/04 | Criação de peixes ornamentais em água doce | 2 |
| 0322-1/05 | Ranicultura | 3 |
| 0322-1/06 | Criação de jacaré | 3 |

| CNAE 2.0 | DESCRIÇÃO | Alíquota |
|---|---|---|
| 0322-1/07 | Atividades de apoio à aquicultura em água doce | 2 |
| 0322-1/99 | Cultivos e semicultivos da aquicultura em água doce não especificados anteriormente | 3 |
| 0500-3/01 | Extração de carvão mineral | 3 |
| 0500-3/02 | Beneficiamento de carvão mineral | 3 |
| 0600-0/01 | Extração de petróleo e gás natural | 3 |
| 0600-0/02 | Extração e beneficiamento de xisto | 3 |
| 0600-0/03 | Extração e beneficiamento de areias betuminosas | 3 |
| 0710-3/01 | Extração de minério de ferro | 3 |
| 0710-3/02 | Pelotização, sinterização e outros beneficiamentos de minério de ferro | 3 |
| 0721-9/01 | Extração de minério de alumínio | 3 |
| 0721-9/02 | Beneficiamento de minério de alumínio | 3 |
| 0722-7/01 | Extração de minério de estanho | 3 |
| 0722-7/02 | Beneficiamento de minério de estanho | 3 |
| 0723-5/01 | Extração de minério de manganês | 3 |
| 0723-5/02 | Beneficiamento de minério de manganês | 3 |
| 0724-3/01 | Extração de minério de metais preciosos | 3 |
| 0724-3/02 | Beneficiamento de minério de metais preciosos | 3 |
| 0725-1/00 | Extração de minerais radioativos | 3 |
| 0729-4/01 | Extração de minérios de nióbio e titânio | 3 |
| 0729-4/02 | Extração de minério de tungstênio | 3 |
| 0729-4/03 | Extração de minério de níquel | 3 |
| 0729-4/04 | Extração de minérios de cobre, chumbo, zinco e outros minerais metálicos não ferrosos não especificados anteriormente | 3 |
| 0729-4/05 | Beneficiamento de minérios de cobre, chumbo, zinco e outros minerais metálicos não ferrosos não especificados anteriormente | 2 |
| 0810-0/01 | Extração de ardósia e beneficiamento associado | 3 |
| 0810-0/02 | Extração de granito e beneficiamento associado | 3 |
| 0810-0/03 | Extração de mármore e beneficiamento associado | 2 |

| CNAE 2.0 | DESCRIÇÃO | Alíquota |
|---|---|---|
| 0810-0/04 | Extração de calcário e dolomita e beneficiamento associado | 3 |
| 0810-0/05 | Extração de gesso e caulim | 2 |
| 0810-0/06 | Extração de areia, cascalho ou pedregulho e beneficiamento associado | 3 |
| 0810-0/07 | Extração de argila e beneficiamento associado | 3 |
| 0810-0/08 | Extração de saibro e beneficiamento associado | 3 |
| 0810-0/09 | Extração de basalto e beneficiamento associado | 3 |
| 0810-0/10 | Beneficiamento de gesso e caulim associado à extração | 1 |
| 0810-0/99 | Extração e britamento de pedras e outros materiais para construção e beneficiamento associado | 3 |
| 0891-6/00 | Extração de minerais para fabricação de adubos, fertilizantes e outros produtos químicos | 3 |
| 0892-4/01 | Extração de sal marinho | 3 |
| 0892-4/02 | Extração de sal-gema | 3 |
| 0892-4/03 | Refino e outros tratamentos do sal | 3 |
| 0893-2/00 | Extração de gemas (pedras preciosas e semipreciosas) | 3 |
| 0899-1/01 | Extração de grafita | 3 |
| 0899-1/02 | Extração de quartzo | 3 |
| 0899-1/03 | Extração de amianto | 3 |
| 0899-1/99 | Extração de outros minerais não metálicos não especificados anteriormente | 3 |
| 0910-6/00 | Atividades de apoio à extração de petróleo e gás natural | 3 |
| 0990-4/01 | Atividades de apoio à extração de minério de ferro | 3 |
| 0990-4/02 | Atividades de apoio à extração de minerais metálicos não ferrosos | 3 |
| 0990-4/03 | Atividades de apoio à extração de minerais não metálicos | 3 |
| 1011-2/01 | Frigorífico — abate de bovinos | 3 |
| 1011-2/02 | Frigorífico — abate de equinos | 3 |

| CNAE 2.0 | DESCRIÇÃO | Alíquota |
|---|---|---|
| 1011-2/03 | Frigorífico — abate de ovinos e caprinos | 3 |
| 1011-2/04 | Frigorífico — abate de bufalinos | 3 |
| 1011-2/05 | Matadouro — abate de reses sob contrato — exceto abate de suínos | 3 |
| 1012-1/01 | Abate de aves | 3 |
| 1012-1/02 | Abate de pequenos animais | 3 |
| 1012-1/03 | Frigorífico — abate de suínos | 3 |
| 1012-1/04 | Matadouro — abate de suínos sob contrato | 3 |
| 1013-9/01 | Fabricação de produtos de carne | 3 |
| 1013-9/02 | Preparação de subprodutos do abate | 3 |
| 1020-1/01 | Preservação de peixes, crustáceos e moluscos | 3 |
| 1020-1/02 | Fabricação de conservas de peixes, crustáceos e moluscos | 3 |
| 1031-7/00 | Fabricação de conservas de frutas | 3 |
| 1032-5/01 | Fabricação de conservas de palmito | 2 |
| 1032-5/99 | Fabricação de conservas de legumes e outros vegetais, exceto palmito | 3 |
| 1033-3/01 | Fabricação de sucos concentrados de frutas, hortaliças e legumes | 3 |
| 1033-3/02 | Fabricação de sucos de frutas, hortaliças e legumes, exceto concentrados | 3 |
| 1041-4/00 | Fabricação de óleos vegetais em bruto, exceto óleo de milho | 3 |
| 1042-2/00 | Fabricação de óleos vegetais refinados, exceto óleo de milho | 3 |
| 1043-1/00 | Fabricação de margarina e outras gorduras vegetais e de óleos não comestíveis de animais | 2 |
| 1051-1/00 | Preparação do leite | 3 |
| 1052-0/00 | Fabricação de laticínios | 3 |
| 1053-8/00 | Fabricação de sorvetes e outros gelados comestíveis | 2 |
| 1061-9/01 | Beneficiamento de arroz | 3 |
| 1061-9/02 | Fabricação de produtos do arroz | 3 |

| CNAE 2.0 | DESCRIÇÃO | Alíquota |
|---|---|---|
| 1062-7/00 | Moagem de trigo e fabricação de derivados | 3 |
| 1063-5/00 | Fabricação de farinha de mandioca e derivados | 3 |
| 1064-3/00 | Fabricação de farinha de milho e derivados, exceto óleos de milho | 3 |
| 1065-1/01 | Fabricação de amidos e féculas de vegetais | 3 |
| 1065-1/02 | Fabricação de óleo de milho em bruto | 3 |
| 1065-1/03 | Fabricação de óleo de milho refinado | 3 |
| 1066-0/00 | Fabricação de alimentos para animais | 3 |
| 1069-4/00 | Moagem e fabricação de produtos de origem vegetal não especificados anteriormente | 3 |
| 1071-6/00 | Fabricação de açúcar em bruto | 3 |
| 1072-4/01 | Fabricação de açúcar de cana refinado | 3 |
| 1072-4/02 | Fabricação de açúcar de cereais (dextrose) e de beterraba | 3 |
| 1081-3/01 | Beneficiamento de café | 3 |
| 1081-3/02 | Torrefação e moagem de café | 3 |
| 1082-1/00 | Fabricação de produtos à base de café | 2 |
| 1091-1/00 | Fabricação de produtos de panificação | 3 |
| 1092-9/00 | Fabricação de biscoitos e bolachas | 3 |
| 1093-7/01 | Fabricação de produtos derivados do cacau e de chocolates | 3 |
| 1093-7/02 | Fabricação de frutas cristalizadas, balas e semelhantes | 3 |
| 1094-5/00 | Fabricação de massas alimentícias | 3 |
| 1095-3/00 | Fabricação de especiarias, molhos, temperos e condimentos | 3 |
| 1096-1/00 | Fabricação de alimentos e pratos prontos | 3 |
| 1099-6/01 | Fabricação de vinagres | 3 |
| 1099-6/02 | Fabricação de pós alimentícios | 2 |
| 1099-6/03 | Fabricação de fermentos e leveduras | 1 |
| 1099-6/04 | Fabricação de gelo comum | 3 |

| CNAE 2.0 | DESCRIÇÃO | Alíquota |
|---|---|---|
| 1099-6/05 | Fabricação de produtos para infusão (chá, mate, etc.) | 3 |
| 1099-6/06 | Fabricação de adoçantes naturais e artificiais | 3 |
| 1099-6/99 | Fabricação de outros produtos alimentícios não especificados anteriormente | 3 |
| 1111-9/01 | Fabricação de aguardente de cana-de-açúcar | 3 |
| 1111-9/02 | Fabricação de outras aguardentes e bebidas destiladas | 3 |
| 1112-7/00 | Fabricação de vinho | 3 |
| 1113-5/01 | Fabricação de malte, inclusive malte uísque | 3 |
| 1113-5/02 | Fabricação de cervejas e chopes | 3 |
| 1121-6/00 | Fabricação de águas envasadas | 3 |
| 1122-4/01 | Fabricação de refrigerantes | 3 |
| 1122-4/02 | Fabricação de chá mate e outros chás prontos para consumo | 3 |
| 1122-4/03 | Fabricação de refrescos, xaropes e pós para refrescos, exceto refrescos de frutas | 3 |
| 1122-4/99 | Fabricação de outras bebidas não alcoólicas não especificadas anteriormente | 3 |
| 1210-7/00 | Processamento industrial do fumo | 3 |
| 1220-4/01 | Fabricação de cigarros | 2 |
| 1220-4/02 | Fabricação de cigarrilhas e charutos | 3 |
| 1220-4/03 | Fabricação de filtros para cigarros | 3 |
| 1220-4/99 | Fabricação de outros produtos do fumo, exceto cigarros, cigarrilhas e charutos | 3 |
| 1311-1/00 | Preparação e fiação de fibras de algodão | 3 |
| 1312-0/00 | Preparação e fiação de fibras têxteis naturais, exceto algodão | 3 |
| 1313-8/00 | Fiação de fibras artificiais e sintéticas | 3 |
| 1314-6/00 | Fabricação de linhas para costurar e bordar | 3 |
| 1321-9/00 | Tecelagem de fios de algodão | 3 |
| 1322-7/00 | Tecelagem de fios de fibras têxteis naturais, exceto algodão | 3 |

| CNAE 2.0 | DESCRIÇÃO | Alíquota |
|---|---|---|
| 1323-5/00 | Tecelagem de fios de fibras artificiais e sintéticas | 3 |
| 1330-8/00 | Fabricação de tecidos de malha | 3 |
| 1340-5/01 | Estamparia e texturização em fios, tecidos, artefatos têxteis e peças do vestuário | 3 |
| 1340-5/02 | Alvejamento, tingimento e torção em fios, tecidos, artefatos têxteis e peças do vestuário | 3 |
| 1340-5/99 | Outros serviços de acabamento em fios, tecidos, artefatos têxteis e peças do vestuário | 3 |
| 1351-1/00 | Fabricação de artefatos têxteis para uso doméstico | 3 |
| 1352-9/00 | Fabricação de artefatos de tapeçaria | 3 |
| 1353-7/00 | Fabricação de artefatos de cordoaria | 3 |
| 1354-5/00 | Fabricação de tecidos especiais, inclusive artefatos | 3 |
| 1359-6/00 | Fabricação de outros produtos têxteis não especificados anteriormente | 3 |
| 1411-8/01 | Confecção de roupas íntimas | 3 |
| 1411-8/02 | Facção de roupas íntimas | 1 |
| 1412-6/01 | Confecção de peças de vestuário, exceto roupas íntimas e as confeccionadas sob medida | 3 |
| 1412-6/02 | Confecção, sob medida, de peças do vestuário, exceto roupas íntimas | 2 |
| 1412-6/03 | Facção de peças do vestuário, exceto roupas íntimas | 3 |
| 1413-4/01 | Confecção de roupas profissionais, exceto sob medida | 2 |
| 1413-4/02 | Confecção, sob medida, de roupas profissionais | 2 |
| 1413-4/03 | Facção de roupas profissionais | 2 |
| 1414-2/00 | Fabricação de acessórios do vestuário, exceto para segurança e proteção | 3 |
| 1421-5/00 | Fabricação de meias | 3 |
| 1422-3/00 | Fabricação de artigos do vestuário, produzidos em malharias e tricotagens, exceto meias | 3 |
| 1510-6/00 | Curtimento e outras preparações de couro | 3 |

| CNAE 2.0 | DESCRIÇÃO | Alíquota |
|---|---|---|
| 1521-1/00 | Fabricação de artigos para viagem, bolsas e semelhantes de qualquer material | 2 |
| 1529-7/00 | Fabricação de artefatos de couro não especificados anteriormente | 3 |
| 1531-9/01 | Fabricação de calçados de couro | 2 |
| 1531-9/02 | Acabamento de calçados de couro sob contrato | 3 |
| 1532-7/00 | Fabricação de tênis de qualquer material | 2 |
| 1533-5/00 | Fabricação de calçados de material sintético | 2 |
| 1539-4/00 | Fabricação de calçados de materiais não especificados anteriormente | 3 |
| 1540-8/00 | Fabricação de partes para calçados, de qualquer material | 3 |
| 1610-2/01 | Serrarias com desdobramento de madeira | 3 |
| 1610-2/02 | Serrarias sem desdobramento de madeira | 3 |
| 1621-8/00 | Fabricação de madeira laminada e de chapas de madeira compensada, prensada e aglomerada | 3 |
| 1622-6/01 | Fabricação de casas de madeira pré-fabricadas | 3 |
| 1622-6/02 | Fabricação de esquadrias de madeira e de peças de madeira para instalações industriais e comerciais | 3 |
| 1622-6/99 | Fabricação de outros artigos de carpintaria para construção | 3 |
| 1623-4/00 | Fabricação de artefatos de tanoaria e de embalagens de madeira | 3 |
| 1629-3/01 | Fabricação de artefatos diversos de madeira, exceto móveis | 3 |
| 1629-3/02 | Fabricação de artefatos diversos de cortiça, bambu, palha, vime e outros materiais trançados, exceto móveis | 1 |
| 1710-9/00 | Fabricação de celulose e outras pastas para a fabricação de papel | 3 |
| 1721-4/00 | Fabricação de papel | 3 |
| 1722-2/00 | Fabricação de cartolina e papel-cartão | 3 |

| CNAE 2.0 | DESCRIÇÃO | Alíquota |
|---|---|---|
| 1731-1/00 | Fabricação de embalagens de papel | 3 |
| 1732-0/00 | Fabricação de embalagens de cartolina e papel-cartão | 3 |
| 1733-8/00 | Fabricação de chapas e de embalagens de papelão ondulado | 3 |
| 1741-9/01 | Fabricação de formulários contínuos | 2 |
| 1741-9/02 | Fabricação de produtos de papel, cartolina, papel cartão e papelão ondulado para uso comercial e de escritório | 3 |
| 1742-7/01 | Fabricação de fraldas descartáveis | 3 |
| 1742-7/02 | Fabricação de absorventes higiênicos | 3 |
| 1742-7/99 | Fabricação de produtos de papel para uso doméstico e higiênico-sanitário não especificados anteriormente | 3 |
| 1749-4/00 | Fabricação de produtos de pastas celulósicas, papel, cartolina, papel-cartão e papelão ondulado não especificados anteriormente | 3 |
| 1811-3/01 | Impressão de jornais | 3 |
| 1811-3/02 | Impressão de livros, revistas e outras publicações periódicas | 3 |
| 1812-1/00 | Impressão de material de segurança | 2 |
| 1813-0/01 | Impressão de material para uso publicitário | 3 |
| 1813-0/99 | Impressão de material para outros usos | 2 |
| 1821-1/00 | Serviços de pré-impressão | 3 |
| 1822-9/00 | Serviços de acabamentos gráficos | 2 |
| 1830-0/01 | Reprodução de som em qualquer suporte | 2 |
| 1830-0/02 | Reprodução de vídeo em qualquer suporte | 2 |
| 1830-0/03 | Reprodução de software em qualquer suporte | 1 |
| 1910-1/00 | Coquerias | 3 |
| 1921-7/00 | Fabricação de produtos do refino de petróleo | 3 |
| 1922-5/01 | Formulação de combustíveis | 3 |
| 1922-5/02 | Rerrefino de óleos lubrificantes | 3 |

| CNAE 2.0 | DESCRIÇÃO | Alíquota |
|---|---|---|
| 1922-5/99 | Fabricação de outros produtos derivados do petróleo, exceto produtos do refino | 3 |
| 1931-4/00 | Fabricação de álcool | 3 |
| 1932-2/00 | Fabricação de biocombustíveis, exceto álcool | 3 |
| 2011-8/00 | Fabricação de cloro e álcalis | 2 |
| 2012-6/00 | Fabricação de intermediários para fertilizantes | 3 |
| 2013-4/00 | Fabricação de adubos e fertilizantes | 2 |
| 2014-2/00 | Fabricação de gases industriais | 2 |
| 2019-3/01 | Elaboração de combustíveis nucleares | 3 |
| 2019-3/99 | Fabricação de outros produtos químicos inorgânicos não especificados anteriormente | 2 |
| 2021-5/00 | Fabricação de produtos petroquímicos básicos | 3 |
| 2022-3/00 | Fabricação de intermediários para plastificantes, resinas e fibras | 3 |
| 2029-1/00 | Fabricação de produtos químicos orgânicos não especificados anteriormente | 2 |
| 2031-2/00 | Fabricação de resinas termoplásticas | 3 |
| 2032-1/00 | Fabricação de resinas termofixas | 2 |
| 2033-9/00 | Fabricação de elastômeros | 3 |
| 2040-1/00 | Fabricação de fibras artificiais e sintéticas | 3 |
| 2051-7/00 | Fabricação de defensivos agrícolas | 3 |
| 2052-5/00 | Fabricação de desinfestantes domissanitários | 2 |
| 2061-4/00 | Fabricação de sabões e detergentes sintéticos | 3 |
| 2062-2/00 | Fabricação de produtos de limpeza e polimento | 3 |
| 2063-1/00 | Fabricação de cosméticos, produtos de perfumaria e de higiene pessoal | 3 |
| 2071-1/00 | Fabricação de tintas, vernizes, esmaltes e lacas | 3 |
| 2072-0/00 | Fabricação de tintas de impressão | 3 |
| 2073-8/00 | Fabricação de impermeabilizantes, solventes e produtos afins | 3 |
| 2091-6/00 | Fabricação de adesivos e selantes | 3 |
| 2092-4/01 | Fabricação de pólvoras, explosivos e detonantes | 3 |

| CNAE 2.0 | DESCRIÇÃO | Alíquota |
|---|---|---|
| 2092-4/02 | Fabricação de artigos pirotécnicos | 2 |
| 2092-4/03 | Fabricação de fósforos de segurança | 3 |
| 2093-2/00 | Fabricação de aditivos de uso industrial | 3 |
| 2094-1/00 | Fabricação de catalisadores | 1 |
| 2099-1/01 | Fabricação de chapas, filmes, papéis e outros materiais e produtos químicos para fotografia | 2 |
| 2099-1/99 | Fabricação de outros produtos químicos não especificados anteriormente | 3 |
| 2110-6/00 | Fabricação de produtos farmoquímicos | 3 |
| 2121-1/01 | Fabricação de medicamentos alopáticos para uso humano | 3 |
| 2121-1/02 | Fabricação de medicamentos homeopáticos para uso humano | 2 |
| 2121-1/03 | Fabricação de medicamentos fitoterápicos para uso humano | 2 |
| 2122-0/00 | Fabricação de medicamentos para uso veterinário | 3 |
| 2123-8/00 | Fabricação de preparações farmacêuticas | 1 |
| 2211-1/00 | Fabricação de pneumáticos e de câmaras de ar | 3 |
| 2212-9/00 | Reforma de pneumáticos usados | 3 |
| 2219-6/00 | Fabricação de artefatos de borracha não especificados anteriormente | 3 |
| 2221-8/00 | Fabricação de laminados planos e tubulares de material plástico | 3 |
| 2222-6/00 | Fabricação de embalagens de material plástico | 3 |
| 2223-4/00 | Fabricação de tubos e acessórios de material plástico para uso na construção | 3 |
| 2229-3/01 | Fabricação de artefatos de material plástico para uso pessoal e doméstico | 3 |
| 2229-3/02 | Fabricação de artefatos de material plástico para usos industriais | 3 |
| 2229-3/03 | Fabricação de artefatos de material plástico para uso na construção, exceto tubos e acessórios | 3 |
| 2229-3/99 | Fabricação de artefatos de material plástico para outros usos não especificados anteriormente | 3 |

| CNAE 2.0 | DESCRIÇÃO | Alíquota |
|---|---|---|
| 2311-7/00 | Fabricação de vidro plano e de segurança | 3 |
| 2312-5/00 | Fabricação de embalagens de vidro | 3 |
| 2319-2/00 | Fabricação de artigos de vidro | 3 |
| 2320-6/00 | Fabricação de cimento | 3 |
| 2330-3/01 | Fabricação de estruturas pré-moldadas de concreto armado, em série e sob encomenda | 3 |
| 2330-3/02 | Fabricação de artefatos de cimento para uso na construção | 3 |
| 2330-3/03 | Fabricação de artefatos de fibrocimento para uso na construção | 2 |
| 2330-3/04 | Fabricação de casas pré-moldadas de concreto | 3 |
| 2330-3/05 | Preparação de massa de concreto e argamassa para construção | 3 |
| 2330-3/99 | Fabricação de outros artefatos e produtos de concreto, cimento, fibrocimento, gesso e materiais semelhantes | 3 |
| 2341-9/00 | Fabricação de produtos cerâmicos refratários | 3 |
| 2342-7/01 | Fabricação de azulejos e pisos | 3 |
| 2342-7/02 | Fabricação de artefatos de cerâmica e barro cozido para uso na construção, exceto azulejos e pisos | 3 |
| 2349-4/01 | Fabricação de material sanitário de cerâmica | 3 |
| 2349-4/99 | Fabricação de produtos cerâmicos não refratários não especificados anteriormente | 3 |
| 2391-5/01 | Britamento de pedras, exceto associado à extração | 3 |
| 2391-5/02 | Aparelhamento de pedras para construção, exceto associado à extração | 3 |
| 2391-5/03 | Aparelhamento de placas e execução de trabalhos em mármore, granito, ardósia e outras pedras | 3 |
| 2392-3/00 | Fabricação de cal e gesso | 3 |
| 2399-1/01 | Decoração, lapidação, gravação, vitrificação e outros trabalhos em cerâmica, louça, vidro e cristal | 3 |
| 2399-1/99 | Fabricação de outros produtos de minerais não metálicos não especificados anteriormente | 3 |
| 2411-3/00 | Produção de ferro-gusa | 3 |

| CNAE 2.0 | DESCRIÇÃO | Alíquota |
|---|---|---|
| 2412-1/00 | Produção de ferroligas | 3 |
| 2421-1/00 | Produção de semiacabados de aço | 1 |
| 2422-9/01 | Produção de laminados planos de aço ao carbono, revestidos ou não | 3 |
| 2422-9/02 | Produção de laminados planos de aços especiais | 2 |
| 2423-7/01 | Produção de tubos de aço sem costura | 3 |
| 2423-7/02 | Produção de laminados longos de aço, exceto tubos | 2 |
| 2424-5/01 | Produção de arames de aço | 2 |
| 2424-5/02 | Produção de relaminados, trefilados e perfilados de aço, exceto arames | 3 |
| 2431-8/00 | Produção de tubos de aço com costura | 3 |
| 2439-3/00 | Produção de outros tubos de ferro e aço | 3 |
| 2441-5/01 | Produção de alumínio e suas ligas em formas primárias | 2 |
| 2441-5/02 | Produção de laminados de alumínio | 3 |
| 2442-3/00 | Metalurgia dos metais preciosos | 2 |
| 2443-1/00 | Metalurgia do cobre | 2 |
| 2449-1/01 | Produção de zinco em formas primárias | 3 |
| 2449-1/02 | Produção de laminados de zinco | 3 |
| 2449-1/03 | Produção de soldas e ânodos para galvanoplastia | 3 |
| 2449-1/99 | Metalurgia de outros metais não ferrosos e suas ligas não especificados anteriormente | 3 |
| 2451-2/00 | Fundição de ferro e aço | 3 |
| 2452-1/00 | Fundição de metais não ferrosos e suas ligas | 3 |
| 2511-0/00 | Fabricação de estruturas metálicas | 3 |
| 2512-8/00 | Fabricação de esquadrias de metal | 3 |
| 2513-6/00 | Fabricação de obras de caldeiraria pesada | 3 |
| 2521-7/00 | Fabricação de tanques, reservatórios metálicos e caldeiras para aquecimento central | 3 |
| 2522-5/00 | Fabricação de caldeiras geradoras de vapor, exceto para aquecimento central e para veículos | 3 |

| CNAE 2.0 | DESCRIÇÃO | Alíquota |
|---|---|---|
| 2531-4/01 | Produção de forjados de aço | 3 |
| 2531-4/02 | Produção de forjados de metais não ferrosos e suas ligas | 3 |
| 2532-2/01 | Produção de artefatos estampados de metal | 3 |
| 2532-2/02 | Metalurgia do pó | 3 |
| 2539-0/00 | Serviços de usinagem, solda, tratamento e revestimento em metais | 3 |
| 2541-1/00 | Fabricação de artigos de cutelaria | 3 |
| 2542-0/00 | Fabricação de artigos de serralheria, exceto esquadrias | 3 |
| 2543-8/00 | Fabricação de ferramentas | 3 |
| 2550-1/01 | Fabricação de equipamento bélico pesado, exceto veículos militares de combate | 3 |
| 2550-1/02 | Fabricação de armas de fogo e munições | 3 |
| 2591-8/00 | Fabricação de embalagens metálicas | 3 |
| 2592-6/01 | Fabricação de produtos de trefilados de metal padronizados | 3 |
| 2592-6/02 | Fabricação de produtos de trefilados de metal, exceto padronizados | 3 |
| 2593-4/00 | Fabricação de artigos de metal para uso doméstico e pessoal | 3 |
| 2599-3/01 | Serviços de confecção de armações metálicas para a construção | 2 |
| 2599-3/99 | Fabricação de outros produtos de metal não especificados anteriormente | 3 |
| 2610-8/00 | Fabricação de componentes eletrônicos | 3 |
| 2621-3/00 | Fabricação de equipamentos de informática | 2 |
| 2622-1/00 | Fabricação de periféricos para equipamentos de informática | 2 |
| 2631-1/00 | Fabricação de equipamentos transmissores de comunicação, peças e acessórios | 3 |
| 2632-9/00 | Fabricação de aparelhos telefônicos e de outros equipamentos de comunicação, peças e acessórios | 3 |

| CNAE 2.0 | DESCRIÇÃO | Alíquota |
|---|---|---|
| 2640-0/00 | Fabricação de aparelhos de recepção, reprodução, gravação e amplificação de áudio e vídeo | 3 |
| 2651-5/00 | Fabricação de aparelhos e equipamentos de medida, teste e controle | 2 |
| 2652-3/00 | Fabricação de cronômetros e relógios | 2 |
| 2660-4/00 | Fabricação de aparelhos eletromédicos e eletroterapêuticos e equipamentos de irradiação | 2 |
| 2670-1/01 | Fabricação de equipamentos e instrumentos ópticos, peças e acessórios | 2 |
| 2670-1/02 | Fabricação de aparelhos fotográficos e cinematográficos, peças e acessórios | 3 |
| 2680-9/00 | Fabricação de mídias virgens, magnéticas e ópticas | 3 |
| 2710-4/01 | Fabricação de geradores de corrente contínua e alternada, peças e acessórios | 3 |
| 2710-4/02 | Fabricação de transformadores, indutores, conversores, sincronizadores e semelhantes, peças e acessórios | 3 |
| 2710-4/03 | Fabricação de motores elétricos, peças e acessórios | 3 |
| 2721-0/00 | Fabricação de pilhas, baterias e acumuladores elétricos, exceto para veículos automotores | 3 |
| 2722-8/01 | Fabricação de baterias e acumuladores para veículos automotores | 3 |
| 2722-8/02 | Recondicionamento de baterias e acumuladores para veículos automotores | 3 |
| 2731-7/00 | Fabricação de aparelhos e equipamentos para distribuição e controle de energia elétrica | 3 |
| 2732-5/00 | Fabricação de material elétrico para instalações em circuito de consumo | 3 |
| 2733-3/00 | Fabricação de fios, cabos e condutores elétricos isolados | 3 |
| 2740-6/01 | Fabricação de lâmpadas | 3 |
| 2740-6/02 | Fabricação de luminárias e outros equipamentos de iluminação | 3 |

| CNAE 2.0 | DESCRIÇÃO | Alíquota |
|---|---|---|
| 2751-1/00 | Fabricação de fogões, refrigeradores e máquinas de lavar e secar para uso doméstico, peças e acessórios | 3 |
| 2759-7/01 | Fabricação de aparelhos elétricos de uso pessoal, peças e acessórios | 3 |
| 2759-7/99 | Fabricação de outros aparelhos eletrodomésticos não especificados anteriormente, peças e acessórios | 3 |
| 2790-2/01 | Fabricação de eletrodos, contatos e outros artigos de carvão e grafita para uso elétrico, eletroímãs e isoladores | 3 |
| 2790-2/02 | Fabricação de equipamentos para sinalização e alarme | 3 |
| 2790-2/99 | Fabricação de outros equipamentos e aparelhos elétricos não especificados anteriormente | 2 |
| 2811-9/00 | Fabricação de motores e turbinas, peças e acessórios, exceto para aviões e veículos rodoviários | 2 |
| 2812-7/00 | Fabricação de equipamentos hidráulicos e pneumáticos, peças e acessórios, exceto válvulas | 3 |
| 2813-5/00 | Fabricação de válvulas, registros e dispositivos semelhantes, peças e acessórios | 3 |
| 2814-3/01 | Fabricação de compressores para uso industrial, peças e acessórios | 3 |
| 2814-3/02 | Fabricação de compressores para uso não industrial, peças e acessórios | 3 |
| 2815-1/01 | Fabricação de rolamentos para fins industriais | 2 |
| 2815-1/02 | Fabricação de equipamentos de transmissão para fins industriais, exceto rolamentos | 3 |
| 2821-6/01 | Fabricação de fornos industriais, aparelhos e equipamentos não elétricos para instalações térmicas, peças e acessórios | 3 |
| 2821-6/02 | Fabricação de estufas e fornos elétricos para fins industriais, peças e acessórios | 3 |
| 2822-4/01 | Fabricação de máquinas, equipamentos e aparelhos para transporte e elevação de pessoas, peças e acessórios | 3 |

| CNAE 2.0 | DESCRIÇÃO | Alíquota |
|---|---|---|
| 2822-4/02 | Fabricação de máquinas, equipamentos e aparelhos para transporte e elevação de cargas, peças e acessórios | 3 |
| 2823-2/00 | Fabricação de máquinas e aparelhos de refrigeração e ventilação para uso industrial e comercial, peças e acessórios | 3 |
| 2824-1/01 | Fabricação de aparelhos e equipamentos de ar condicionado para uso industrial | 2 |
| 2824-1/02 | Fabricação de aparelhos e equipamentos de ar condicionado para uso não industrial | 2 |
| 2825-9/00 | Fabricação de máquinas e equipamentos para saneamento básico e ambiental, peças e acessórios | 2 |
| 2829-1/01 | Fabricação de máquinas de escrever, calcular e outros equipamentos não eletrônicos para escritório, peças e acessórios | 2 |
| 2829-1/99 | Fabricação de outras máquinas e equipamentos de uso geral não especificados anteriormente, peças e acessórios | 3 |
| 2831-3/00 | Fabricação de tratores agrícolas, peças e acessórios | 3 |
| 2832-1/00 | Fabricação de equipamentos para irrigação agrícola, peças e acessórios | 3 |
| 2833-0/00 | Fabricação de máquinas e equipamentos para a agricultura e pecuária, peças e acessórios, exceto para irrigação | 3 |
| 2840-2/00 | Fabricação de máquinas-ferramenta, peças e acessórios | 3 |
| 2851-8/00 | Fabricação de máquinas e equipamentos para a prospecção e extração de petróleo, peças e acessórios | 3 |
| 2852-6/00 | Fabricação de outras máquinas e equipamentos para uso na extração mineral, peças e acessórios, exceto na extração de petróleo | 3 |
| 2853-4/00 | Fabricação de tratores, peças e acessórios, exceto agrícolas | 3 |
| 2854-2/00 | Fabricação de máquinas e equipamentos para terraplenagem, pavimentação e construção, peças e acessórios, exceto tratores | 3 |

| CNAE 2.0 | DESCRIÇÃO | Alíquota |
|---|---|---|
| 2861-5/00 | Fabricação de máquinas para a indústria metalúrgica, peças e acessórios, exceto máquinas-ferramenta | 3 |
| 2862-3/00 | Fabricação de máquinas e equipamentos para as indústrias de alimentos, bebidas e fumo, peças e acessórios | 3 |
| 2863-1/00 | Fabricação de máquinas e equipamentos para a indústria têxtil, peças e acessórios | 3 |
| 2864-0/00 | Fabricação de máquinas e equipamentos para as indústrias do vestuário, do couro e de calçados, peças e acessórios | 3 |
| 2865-8/00 | Fabricação de máquinas e equipamentos para as indústrias de celulose, papel e papelão e artefatos, peças e acessórios | 3 |
| 2866-6/00 | Fabricação de máquinas e equipamentos para a indústria do plástico, peças e acessórios | 3 |
| 2869-1/00 | Fabricação de máquinas e equipamentos para uso industrial específico não especificados anteriormente, peças e acessórios | 3 |
| 2910-7/01 | Fabricação de automóveis, camionetas e utilitários | 3 |
| 2910-7/02 | Fabricação de chassis com motor para automóveis, camionetas e utilitários | 3 |
| 2910-7/03 | Fabricação de motores para automóveis, camionetas e utilitários | 3 |
| 2920-4/01 | Fabricação de caminhões e ônibus | 3 |
| 2920-4/02 | Fabricação de motores para caminhões e ônibus | 2 |
| 2930-1/01 | Fabricação de cabines, carrocerias e reboques para caminhões | 3 |
| 2930-1/02 | Fabricação de carrocerias para ônibus | 3 |
| 2930-1/03 | Fabricação de cabines, carrocerias e reboques para outros veículos automotores, exceto caminhões e ônibus | 3 |
| 2941-7/00 | Fabricação de peças e acessórios para o sistema motor de veículos automotores | 3 |
| 2942-5/00 | Fabricação de peças e acessórios para os sistemas de marcha e transmissão de veículos automotores | 3 |

| CNAE 2.0 | DESCRIÇÃO | Alíquota |
|---|---|---|
| 2943-3/00 | Fabricação de peças e acessórios para o sistema de freios de veículos automotores | 3 |
| 2944-1/00 | Fabricação de peças e acessórios para o sistema de direção e suspensão de veículos automotores | 3 |
| 2945-0/00 | Fabricação de material elétrico e eletrônico para veículos automotores, exceto baterias | 3 |
| 2949-2/01 | Fabricação de bancos e estofados para veículos automotores | 3 |
| 2949-2/99 | Fabricação de outras peças e acessórios para veículos automotores não especificadas anteriormente | 3 |
| 2950-6/00 | Recondicionamento e recuperação de motores para veículos automotores | 3 |
| 3011-3/01 | Construção de embarcações de grande porte | 3 |
| 3011-3/02 | Construção de embarcações para uso comercial e para usos especiais, exceto de grande porte | 3 |
| 3012-1/00 | Construção de embarcações para esporte e lazer | 3 |
| 3031-8/00 | Fabricação de locomotivas, vagões e outros materiais rodantes | 3 |
| 3032-6/00 | Fabricação de peças e acessórios para veículos ferroviários | 3 |
| 3041-5/00 | Fabricação de aeronaves | 2 |
| 3042-3/00 | Fabricação de turbinas, motores e outros componentes e peças para aeronaves | 2 |
| 3050-4/00 | Fabricação de veículos militares de combate | 2 |
| 3091-1/00 | Fabricação de motocicletas, peças e acessórios | 3 |
| 3092-0/00 | Fabricação de bicicletas e triciclos não motorizados, peças e acessórios | 3 |
| 3099-7/00 | Fabricação de equipamentos de transporte não especificados anteriormente | 3 |
| 3101-2/00 | Fabricação de móveis com predominância de madeira | 3 |
| 3102-1/00 | Fabricação de móveis com predominância de metal | 3 |
| 3103-9/00 | Fabricação de móveis de outros materiais, exceto madeira e metal | 3 |

| CNAE 2.0 | DESCRIÇÃO | Alíquota |
|---|---|---|
| 3104-7/00 | Fabricação de colchões | 3 |
| 3211-6/01 | Lapidação de gemas | 2 |
| 3211-6/02 | Fabricação de artefatos de joalheria e ourivesaria | 2 |
| 3211-6/03 | Cunhagem de moedas e medalhas | 2 |
| 3212-4/00 | Fabricação de bijuterias e artefatos semelhantes | 3 |
| 3220-5/00 | Fabricação de instrumentos musicais, peças e acessórios | 3 |
| 3230-2/00 | Fabricação de artefatos para pesca e esporte | 3 |
| 3240-0/01 | Fabricação de jogos eletrônicos | 2 |
| 3240-0/02 | Fabricação de mesas de bilhar, de sinuca e acessórios não associada à locação | 2 |
| 3240-0/03 | Fabricação de mesas de bilhar, de sinuca e acessórios associada à locação | 2 |
| 3240-0/99 | Fabricação de outros brinquedos e jogos recreativos não especificados anteriormente | 3 |
| 3250-7/01 | Fabricação de instrumentos não eletrônicos e utensílios para uso médico, cirúrgico, odontológico e de laboratório | 2 |
| 3250-7/02 | Fabricação de mobiliário para uso médico, cirúrgico, odontológico e de laboratório | 3 |
| 3250-7/03 | Fabricação de aparelhos e utensílios para correção de defeitos físicos e aparelhos ortopédicos em geral sob encomenda | 2 |
| 3250-7/04 | Fabricação de aparelhos e utensílios para correção de defeitos físicos e aparelhos ortopédicos em geral, exceto sob encomenda | 2 |
| 3250-7/05 | Fabricação de materiais para medicina e odontologia | 3 |
| 3250-7/06 | Serviços de prótese dentária | 2 |
| 3250-7/07 | Fabricação de artigos ópticos | 3 |
| 3250-7/08 | Fabricação de artefatos de tecido não tecido para uso odonto-médico-hospitalar | 2 |
| 3291-4/00 | Fabricação de escovas, pincéis e vassouras | 3 |
| 3292-2/01 | Fabricação de roupas de proteção e segurança e resistentes a fogo | 3 |

| CNAE 2.0 | DESCRIÇÃO | Alíquota |
|---|---|---|
| 3292-2/02 | Fabricação de equipamentos e acessórios para segurança pessoal e profissional | 3 |
| 3299-0/01 | Fabricação de guarda-chuvas e similares | 2 |
| 3299-0/02 | Fabricação de canetas, lápis e outros artigos para escritório | 2 |
| 3299-0/03 | Fabricação de letras, letreiros e placas de qualquer material, exceto luminosos | 2 |
| 3299-0/04 | Fabricação de painéis e letreiros luminosos | 3 |
| 3299-0/05 | Fabricação de aviamentos para costura | 3 |
| 3299-0/99 | Fabricação de produtos diversos não especificados anteriormente | 3 |
| 3311-2/00 | Manutenção e reparação de tanques, reservatórios metálicos e caldeiras, exceto para veículos | 3 |
| 3312-1/01 | Manutenção e reparação de equipamentos transmissores de comunicação | 2 |
| 3312-1/02 | Manutenção e reparação de aparelhos e instrumentos de medida, teste e controle | 2 |
| 3312-1/03 | Manutenção e reparação de aparelhos eletromédicos e eletroterapêuticos e equipamentos de irradiação | 1 |
| 3312-1/04 | Manutenção e reparação de equipamentos e instrumentos ópticos | 3 |
| 3313-9/01 | Manutenção e reparação de geradores, transformadores e motores elétricos | 3 |
| 3313-9/02 | Manutenção e reparação de baterias e acumuladores elétricos, exceto para veículos | 2 |
| 3313-9/99 | Manutenção e reparação de máquinas, aparelhos e materiais elétricos não especificados anteriormente | 3 |
| 3314-7/01 | Manutenção e reparação de máquinas motrizes não elétricas | 1 |
| 3314-7/02 | Manutenção e reparação de equipamentos hidráulicos e pneumáticos, exceto válvulas | 3 |
| 3314-7/03 | Manutenção e reparação de válvulas industriais | 2 |
| 3314-7/04 | Manutenção e reparação de compressores | 3 |

| CNAE 2.0 | DESCRIÇÃO | Alíquota |
|---|---|---|
| 3314-7/05 | Manutenção e reparação de equipamentos de transmissão para fins industriais | 2 |
| 3314-7/06 | Manutenção e reparação de máquinas, aparelhos e equipamentos para instalações térmicas | 3 |
| 3314-7/07 | Manutenção e reparação de máquinas e aparelhos de refrigeração e ventilação para uso industrial e comercial | 3 |
| 3314-7/08 | Manutenção e reparação de máquinas, equipamentos e aparelhos para transporte e elevação de cargas | 3 |
| 3314-7/09 | Manutenção e reparação de máquinas de escrever, calcular e de outros equipamentos não eletrônicos para escritório | 3 |
| 3314-7/10 | Manutenção e reparação de máquinas e equipamentos para uso geral não especificados anteriormente | 3 |
| 3314-7/11 | Manutenção e reparação de máquinas e equipamentos para agricultura e pecuária | 3 |
| 3314-7/12 | Manutenção e reparação de tratores agrícolas | 3 |
| 3314-7/13 | Manutenção e reparação de máquinas-ferramenta | 3 |
| 3314-7/14 | Manutenção e reparação de máquinas e equipamentos para a prospecção e extração de petróleo | 3 |
| 3314-7/15 | Manutenção e reparação de máquinas e equipamentos para uso na extração mineral, exceto na extração de petróleo | 2 |
| 3314-7/16 | Manutenção e reparação de tratores, exceto agrícolas | 3 |
| 3314-7/17 | Manutenção e reparação de máquinas e equipamentos de terraplenagem, pavimentação e construção, exceto tratores | 3 |
| 3314-7/18 | Manutenção e reparação de máquinas para a indústria metalúrgica, exceto máquinas-ferramenta | 3 |
| 3314-7/19 | Manutenção e reparação de máquinas e equipamentos para as indústrias de alimentos, bebidas e fumo | 3 |
| 3314-7/20 | Manutenção e reparação de máquinas e equipamentos para a indústria têxtil, do vestuário, do couro e calçados | 2 |

| CNAE 2.0 | DESCRIÇÃO | Alíquota |
|---|---|---|
| 3314-7/21 | Manutenção e reparação de máquinas e aparelhos para a indústria de celulose, papel e papelão e artefatos | 3 |
| 3314-7/22 | Manutenção e reparação de máquinas e aparelhos para a indústria do plástico | 3 |
| 3314-7/99 | Manutenção e reparação de outras máquinas e equipamentos para usos industriais não especificados anteriormente | 3 |
| 3315-5/00 | Manutenção e reparação de veículos ferroviários | 3 |
| 3316-3/01 | Manutenção e reparação de aeronaves, exceto a manutenção na pista | 2 |
| 3316-3/02 | Manutenção de aeronaves na pista | 1 |
| 3317-1/01 | Manutenção e reparação de embarcações e estruturas flutuantes | 3 |
| 3317-1/02 | Manutenção e reparação de embarcações para esporte e lazer | 2 |
| 3319-8/00 | Manutenção e reparação de equipamentos e produtos não especificados anteriormente | 3 |
| 3321-0/00 | Instalação de máquinas e equipamentos industriais | 3 |
| 3329-5/01 | Serviços de montagem de móveis de qualquer material | 3 |
| 3329-5/99 | Instalação de outros equipamentos não especificados anteriormente | 3 |
| 3511-5/00 | Geração de energia elétrica | 3 |
| 3512-3/00 | Transmissão de energia elétrica | 3 |
| 3513-1/00 | Comércio atacadista de energia elétrica | 1 |
| 3514-0/00 | Distribuição de energia elétrica | 3 |
| 3520-4/01 | Produção de gás; processamento de gás natural | 2 |
| 3520-4/02 | Distribuição de combustíveis gasosos por redes urbanas | 2 |
| 3530-1/00 | Produção e distribuição de vapor, água quente e ar condicionado | 2 |
| 3600-6/01 | Captação, tratamento e distribuição de água | 3 |
| 3600-6/02 | Distribuição de água por caminhões | 2 |

| CNAE 2.0 | DESCRIÇÃO | Alíquota |
|---|---|---|
| 3701-1/00 | Gestão de redes de esgoto | 3 |
| 3702-9/00 | Atividades relacionadas a esgoto, exceto a gestão de redes | 3 |
| 3811-4/00 | Coleta de resíduos não perigosos | 3 |
| 3812-2/00 | Coleta de resíduos perigosos | 2 |
| 3821-1/00 | Tratamento e disposição de resíduos não perigosos | 3 |
| 3822-0/00 | Tratamento e disposição de resíduos perigosos | 3 |
| 3831-9/01 | Recuperação de sucatas de alumínio | 3 |
| 3831-9/99 | Recuperação de materiais metálicos, exceto alumínio | 3 |
| 3832-7/00 | Recuperação de materiais plásticos | 3 |
| 3839-4/01 | Usinas de compostagem | 3 |
| 3839-4/99 | Recuperação de materiais não especificados anteriormente | 3 |
| 3900-5/00 | Descontaminação e outros serviços de gestão de resíduos | 2 |
| 4110-7/00 | Incorporação de empreendimentos imobiliários | 3 |
| 4120-4/00 | Construção de edifícios | 3 |
| 4211-1/01 | Construção de rodovias e ferrovias | 3 |
| 4211-1/02 | Pintura para sinalização em pistas rodoviárias e aeroportos | 3 |
| 4212-0/00 | Construção de obras de arte especiais | 3 |
| 4213-8/00 | Obras de urbanização — ruas, praças e calçadas | 3 |
| 4221-9/01 | Construção de barragens e represas para geração de energia elétrica | 3 |
| 4221-9/02 | Construção de estações e redes de distribuição de energia elétrica | 3 |
| 4221-9/03 | Manutenção de redes de distribuição de energia elétrica | 3 |
| 4221-9/04 | Construção de estações e redes de telecomunicações | 3 |
| 4221-9/05 | Manutenção de estações e redes de telecomunicações | 3 |

| CNAE 2.0 | DESCRIÇÃO | Alíquota |
|---|---|---|
| 4222-7/01 | Construção de redes de abastecimento de água, coleta de esgoto e construções correlatas, exceto obras de irrigação | 3 |
| 4222-7/02 | Obras de irrigação | 3 |
| 4223-5/00 | Construção de redes de transportes por dutos, exceto para água e esgoto | 3 |
| 4291-0/00 | Obras portuárias, marítimas e fluviais | 3 |
| 4292-8/01 | Montagem de estruturas metálicas | 3 |
| 4292-8/02 | Obras de montagem industrial | 3 |
| 4299-5/01 | Construção de instalações esportivas e recreativas | 3 |
| 4299-5/99 | Outras obras de engenharia civil não especificadas anteriormente | 3 |
| 4311-8/01 | Demolição de edifícios e outras estruturas | 3 |
| 4311-8/02 | Preparação de canteiro e limpeza de terreno | 3 |
| 4312-6/00 | Perfurações e sondagens | 3 |
| 4313-4/00 | Obras de terraplenagem | 3 |
| 4319-3/00 | Serviços de preparação do terreno não especificados anteriormente | 2 |
| 4321-5/00 | Instalação e manutenção elétrica | 3 |
| 4322-3/01 | Instalações hidráulicas, sanitárias e de gás | 3 |
| 4322-3/02 | Instalação e manutenção de sistemas centrais de ar condicionado, de ventilação e refrigeração | 3 |
| 4322-3/03 | Instalações de sistema de prevenção contra incêndio | 3 |
| 4329-1/01 | Instalação de painéis publicitários | 2 |
| 4329-1/02 | Instalação de equipamentos para orientação à navegação marítima fluvial e lacustre | 2 |
| 4329-1/03 | Instalação, manutenção e reparação de elevadores, escadas e esteiras rolantes, exceto de fabricação própria | 2 |
| 4329-1/04 | Montagem e instalação de sistemas e equipamentos de iluminação e sinalização em vias públicas, portos e aeroportos | 3 |

| CNAE 2.0 | DESCRIÇÃO | Alíquota |
|---|---|---|
| 4329-1/05 | Tratamentos térmicos, acústicos ou de vibração | 3 |
| 4329-1/99 | Outras obras de instalações em construções não especificadas anteriormente | 3 |
| 4330-4/01 | Impermeabilização em obras de engenharia civil | 3 |
| 4330-4/02 | Instalação de portas, janelas, tetos, divisórias e armários embutidos de qualquer material | 3 |
| 4330-4/03 | Obras de acabamento em gesso e estuque | 3 |
| 4330-4/04 | Serviços de pintura de edifícios em geral | 3 |
| 4330-4/05 | Aplicação de revestimentos e de resinas em interiores e exteriores | 3 |
| 4330-4/99 | Outras obras de acabamento da construção | 3 |
| 4391-6/00 | Obras de fundações | 3 |
| 4399-1/01 | Administração de obras | 3 |
| 4399-1/02 | Montagem e desmontagem de andaimes e outras estruturas temporárias | 3 |
| 4399-1/03 | Obras de alvenaria | 3 |
| 4399-1/04 | Serviços de operação e fornecimento de equipamentos para transporte e elevação de cargas e pessoas para uso em obras | 3 |
| 4399-1/05 | Perfuração e construção de poços de água | 3 |
| 4399-1/99 | Serviços especializados para construção não especificados anteriormente | 3 |
| 4511-1/01 | Comércio a varejo de automóveis, camionetas e utilitários novos | 2 |
| 4511-1/02 | Comércio a varejo de automóveis, camionetas e utilitários usados | 3 |
| 4511-1/03 | Comércio por atacado de automóveis, camionetas e utilitários novos e usados | 2 |
| 4511-1/04 | Comércio por atacado de caminhões novos e usados | 2 |
| 4511-1/05 | Comércio por atacado de reboques e semirreboques novos e usados | 3 |
| 4511-1/06 | Comércio por atacado de ônibus e micro-ônibus novos e usados | 1 |

| CNAE 2.0 | DESCRIÇÃO | Alíquota |
|---|---|---|
| 4512-9/01 | Representantes comerciais e agentes do comércio de veículos automotores | 2 |
| 4512-9/02 | Comércio sob consignação de veículos automotores | 3 |
| 4520-0/01 | Serviços de manutenção e reparação mecânica de veículos automotores | 3 |
| 4520-0/02 | Serviços de lanternagem ou funilaria e pintura de veículos automotores | 3 |
| 4520-0/03 | Serviços de manutenção e reparação elétrica de veículos automotores | 3 |
| 4520-0/04 | Serviços de alinhamento e balanceamento de veículos automotores | 2 |
| 4520-0/05 | Serviços de lavagem, lubrificação e polimento de veículos automotores | 3 |
| 4520-0/06 | Serviços de borracharia para veículos automotores | 3 |
| 4520-0/07 | Serviços de instalação, manutenção e reparação de acessórios para veículos automotores | 3 |
| 4530-7/01 | Comércio por atacado de peças e acessórios novos para veículos automotores | 2 |
| 4530-7/02 | Comércio por atacado de pneumáticos e câmaras de ar | 2 |
| 4530-7/03 | Comércio a varejo de peças e acessórios novos para veículos automotores | 2 |
| 4530-7/04 | Comércio a varejo de peças e acessórios usados para veículos automotores | 2 |
| 4530-7/05 | Comércio a varejo de pneumáticos e câmaras de ar | 2 |
| 4530-7/06 | Representantes comerciais e agentes do comércio de peças e acessórios novos e usados para veículos automotores | 2 |
| 4541-2/01 | Comércio por atacado de motocicletas e motonetas | 2 |
| 4541-2/02 | Comércio por atacado de peças e acessórios para motocicletas e motonetas | 3 |
| 4541-2/03 | Comércio a varejo de motocicletas e motonetas novas | 3 |
| 4541-2/04 | Comércio a varejo de motocicletas e motonetas usadas | 3 |

| CNAE 2.0 | DESCRIÇÃO | Alíquota |
|---|---|---|
| 4541-2/05 | Comércio a varejo de peças e acessórios para motocicletas e motonetas | 3 |
| 4542-1/01 | Representantes comerciais e agentes do comércio de motocicletas e motonetas, peças e acessórios | 1 |
| 4542-1/02 | Comércio sob consignação de motocicletas e motonetas | 2 |
| 4543-9/00 | Manutenção e reparação de motocicletas e motonetas | 2 |
| 4611-7/00 | Representantes comerciais e agentes do comércio de matérias-primas agrícolas e animais vivos | 3 |
| 4612-5/00 | Representantes comerciais e agentes do comércio de combustíveis, minerais, produtos siderúrgicos e químicos | 2 |
| 4613-3/00 | Representantes comerciais e agentes do comércio de madeira, material de construção e ferragens | 3 |
| 4614-1/00 | Representantes comerciais e agentes do comércio de máquinas, equipamentos, embarcações e aeronaves | 2 |
| 4615-0/00 | Representantes comerciais e agentes do comércio de eletrodomésticos, móveis e artigos de uso doméstico | 2 |
| 4616-8/00 | Representantes comerciais e agentes do comércio de têxteis, vestuário, calçados e artigos de viagem | 1 |
| 4617-6/00 | Representantes comerciais e agentes do comércio de produtos alimentícios, bebidas e fumo | 3 |
| 4618-4/01 | Representantes comerciais e agentes do comércio de medicamentos, cosméticos e produtos de perfumaria | 2 |
| 4618-4/02 | Representantes comerciais e agentes do comércio de instrumentos e materiais odonto-médico-hospitalares | 2 |
| 4618-4/03 | Representantes comerciais e agentes do comércio de jornais, revistas e outras publicações | 3 |
| 4618-4/99 | Outros representantes comerciais e agentes do comércio especializado em produtos não especificados anteriormente | 2 |

| CNAE 2.0 | DESCRIÇÃO | Alíquota |
|---|---|---|
| 4619-2/00 | Representantes comerciais e agentes do comércio de mercadorias em geral não especializado | 2 |
| 4621-4/00 | Comércio atacadista de café em grão | 3 |
| 4622-2/00 | Comércio atacadista de soja | 3 |
| 4623-1/01 | Comércio atacadista de animais vivos | 3 |
| 4623-1/02 | Comércio atacadista de couros, lãs, peles e outros subprodutos não comestíveis de origem animal | 3 |
| 4623-1/03 | Comércio atacadista de algodão | 2 |
| 4623-1/04 | Comércio atacadista de fumo em folha não beneficiado | 3 |
| 4623-1/05 | Comércio atacadista de cacau | 2 |
| 4623-1/06 | Comércio atacadista de sementes, flores, plantas e gramas | 3 |
| 4623-1/07 | Comércio atacadista de sisal | 2 |
| 4623-1/08 | Comércio atacadista de matérias-primas agrícolas com atividade de fracionamento e acondicionamento associada | 3 |
| 4623-1/09 | Comércio atacadista de alimentos para animais | 3 |
| 4623-1/99 | Comércio atacadista de matérias-primas agrícolas não especificadas anteriormente | 3 |
| 4631-1/00 | Comércio atacadista de leite e laticínios | 3 |
| 4632-0/01 | Comércio atacadista de cereais e leguminosas beneficiados | 3 |
| 4632-0/02 | Comércio atacadista de farinhas, amidos e féculas | 3 |
| 4632-0/03 | Comércio atacadista de cereais e leguminosas beneficiados, farinhas, amidos e féculas, com atividade de fracionamento e acondicionamento associada | 3 |
| 4633-8/01 | Comércio atacadista de frutas, verduras, raízes, tubérculos, hortaliças e legumes frescos | 3 |
| 4633-8/02 | Comércio atacadista de aves vivas e ovos | 2 |
| 4633-8/03 | Comércio atacadista de coelhos e outros pequenos animais vivos para alimentação | 2 |
| 4634-6/01 | Comércio atacadista de carnes bovinas e suínas e derivados | 3 |

| CNAE 2.0 | DESCRIÇÃO | Alíquota |
|---|---|---|
| 4634-6/02 | Comércio atacadista de aves abatidas e derivados | 3 |
| 4634-6/03 | Comércio atacadista de pescados e frutos do mar | 3 |
| 4634-6/99 | Comércio atacadista de carnes e derivados de outros animais | 2 |
| 4635-4/01 | Comércio atacadista de água mineral | 3 |
| 4635-4/02 | Comércio atacadista de cerveja, chope e refrigerante | 3 |
| 4635-4/03 | Comércio atacadista de bebidas com atividade de fracionamento e acondicionamento associada | 3 |
| 4635-4/99 | Comércio atacadista de bebidas não especificadas anteriormente | 3 |
| 4636-2/01 | Comércio atacadista de fumo beneficiado | 3 |
| 4636-2/02 | Comércio atacadista de cigarros, cigarrilhas e charutos | 2 |
| 4637-1/01 | Comércio atacadista de café torrado, moído e solúvel | 3 |
| 4637-1/02 | Comércio atacadista de açúcar | 2 |
| 4637-1/03 | Comércio atacadista de óleos e gorduras | 2 |
| 4637-1/04 | Comércio atacadista de pães, bolos, biscoitos e similares | 2 |
| 4637-1/05 | Comércio atacadista de massas alimentícias | 3 |
| 4637-1/06 | Comércio atacadista de sorvetes | 2 |
| 4637-1/07 | Comércio atacadista de chocolates, confeitos, balas, bombons e semelhantes | 3 |
| 4637-1/99 | Comércio atacadista especializado em outros produtos alimentícios não especificados anteriormente | 3 |
| 4639-7/01 | Comércio atacadista de produtos alimentícios em geral | 3 |
| 4639-7/02 | Comércio atacadista de produtos alimentícios em geral, com atividade de fracionamento e acondicionamento associada | 3 |
| 4641-9/01 | Comércio atacadista de tecidos | 2 |
| 4641-9/02 | Comércio atacadista de artigos de cama, mesa e banho | 3 |
| 4641-9/03 | Comércio atacadista de artigos de armarinho | 3 |

| CNAE 2.0 | DESCRIÇÃO | Alíquota |
|---|---|---|
| 4642-7/01 | Comércio atacadista de artigos do vestuário e acessórios, exceto profissionais e de segurança | 1 |
| 4642-7/02 | Comércio atacadista de roupas e acessórios para uso profissional e de segurança do trabalho | 2 |
| 4643-5/01 | Comércio atacadista de calçados | 2 |
| 4643-5/02 | Comércio atacadista de bolsas, malas e artigos de viagem | 1 |
| 4644-3/01 | Comércio atacadista de medicamentos e drogas de uso humano | 2 |
| 4644-3/02 | Comércio atacadista de medicamentos e drogas de uso veterinário | 2 |
| 4645-1/01 | Comércio atacadista de instrumentos e materiais para uso médico, cirúrgico, hospitalar e de laboratórios | 1 |
| 4645-1/02 | Comércio atacadista de próteses e artigos de ortopedia | 2 |
| 4645-1/03 | Comércio atacadista de produtos odontológicos | 2 |
| 4646-0/01 | Comércio atacadista de cosméticos e produtos de perfumaria | 2 |
| 4646-0/02 | Comércio atacadista de produtos de higiene pessoal | 2 |
| 4647-8/01 | Comércio atacadista de artigos de escritório e de papelaria | 2 |
| 4647-8/02 | Comércio atacadista de livros, jornais e outras publicações | 3 |
| 4649-4/01 | Comércio atacadista de equipamentos elétricos de uso pessoal e doméstico | 2 |
| 4649-4/02 | Comércio atacadista de aparelhos eletrônicos de uso pessoal e doméstico | 3 |
| 4649-4/03 | Comércio atacadista de bicicletas, triciclos e outros veículos recreativos | 3 |
| 4649-4/04 | Comércio atacadista de móveis e artigos de colchoaria | 3 |
| 4649-4/05 | Comércio atacadista de artigos de tapeçaria; persianas e cortinas | 2 |
| 4649-4/06 | Comércio atacadista de lustres, luminárias e abajures | 2 |

| CNAE 2.0 | DESCRIÇÃO | Alíquota |
|---|---|---|
| 4649-4/07 | Comércio atacadista de filmes, CDs, DVDs, fitas e discos | 1 |
| 4649-4/08 | Comércio atacadista de produtos de higiene, limpeza e conservação domiciliar | 3 |
| 4649-4/09 | Comércio atacadista de produtos de higiene, limpeza e conservação domiciliar, com atividade de fracionamento e acondicionamento associada | 2 |
| 4649-4/10 | Comércio atacadista de joias, relógios e bijuterias, inclusive pedras preciosas e semipreciosas lapidadas | 1 |
| 4649-4/99 | Comércio atacadista de outros equipamentos e artigos de uso pessoal e doméstico não especificados anteriormente | 2 |
| 4651-6/01 | Comércio atacadista de equipamentos de informática | 1 |
| 4651-6/02 | Comércio atacadista de suprimentos para informática | 1 |
| 4652-4/00 | Comércio atacadista de componentes eletrônicos e equipamentos de telefonia e comunicação | 1 |
| 4661-3/00 | Comércio atacadista de máquinas, aparelhos e equipamentos para uso agropecuário; partes e peças | 2 |
| 4662-1/00 | Comércio atacadista de máquinas, equipamentos para terraplenagem, mineração e construção; partes e peças | 3 |
| 4663-0/00 | Comércio atacadista de máquinas e equipamentos para uso industrial; partes e peças | 2 |
| 4664-8/00 | Comércio atacadista de máquinas, aparelhos e equipamentos para uso odonto-médico-hospitalar; partes e peças | 2 |
| 4665-6/00 | Comércio atacadista de máquinas e equipamentos para uso comercial; partes e peças | 2 |
| 4669-9/01 | Comércio atacadista de bombas e compressores; partes e peças | 2 |
| 4669-9/99 | Comércio atacadista de outras máquinas e equipamentos não especificados anteriormente; partes e peças | 2 |

| CNAE 2.0 | DESCRIÇÃO | Alíquota |
|---|---|---|
| 4671-1/00 | Comércio atacadista de madeira e produtos derivados | 3 |
| 4672-9/00 | Comércio atacadista de ferragens e ferramentas | 3 |
| 4673-7/00 | Comércio atacadista de material elétrico | 2 |
| 4674-5/00 | Comércio atacadista de cimento | 2 |
| 4679-6/01 | Comércio atacadista de tintas, vernizes e similares | 2 |
| 4679-6/02 | Comércio atacadista de mármores e granitos | 3 |
| 4679-6/03 | Comércio atacadista de vidros, espelhos e vitrais | 3 |
| 4679-6/04 | Comércio atacadista especializado de materiais de construção não especificados anteriormente | 2 |
| 4679-6/99 | Comércio atacadista de materiais de construção em geral | 3 |
| 4681-8/01 | Comércio atacadista de álcool carburante, biodiesel, gasolina e demais derivados de petróleo, exceto lubrificantes, não realizado por transportador retalhista (TRR) | 3 |
| 4681-8/02 | Comércio atacadista de combustíveis realizado por transportador retalhista (TRR) | 3 |
| 4681-8/03 | Comércio atacadista de combustíveis de origem vegetal, exceto álcool carburante | 3 |
| 4681-8/04 | Comércio atacadista de combustíveis de origem mineral em bruto | 2 |
| 4681-8/05 | Comércio atacadista de lubrificantes | 2 |
| 4682-6/00 | Comércio atacadista de gás liquefeito de petróleo (GLP) | 3 |
| 4683-4/00 | Comércio atacadista de defensivos agrícolas, adubos, fertilizantes e corretivos do solo | 2 |
| 4684-2/01 | Comércio atacadista de resinas e elastômeros | 2 |
| 4684-2/02 | Comércio atacadista de solventes | 3 |
| 4684-2/99 | Comércio atacadista de outros produtos químicos e petroquímicos não especificados anteriormente | 3 |
| 4685-1/00 | Comércio atacadista de produtos siderúrgicos e metalúrgicos, exceto para construção | 3 |

| CNAE 2.0 | DESCRIÇÃO | Alíquota |
|---|---|---|
| 4686-9/01 | Comércio atacadista de papel e papelão em bruto | 2 |
| 4686-9/02 | Comércio atacadista de embalagens | 3 |
| 4687-7/01 | Comércio atacadista de resíduos de papel e papelão | 3 |
| 4687-7/02 | Comércio atacadista de resíduos e sucatas não metálicos, exceto de papel e papelão | 3 |
| 4687-7/03 | Comércio atacadista de resíduos e sucatas metálicos | 3 |
| 4689-3/01 | Comércio atacadista de produtos da extração mineral, exceto combustíveis | 2 |
| 4689-3/02 | Comércio atacadista de fios e fibras beneficiados | 2 |
| 4689-3/99 | Comércio atacadista especializado em outros produtos intermediários não especificados anteriormente | 2 |
| 4691-5/00 | Comércio atacadista de mercadorias em geral, com predominância de produtos alimentícios | 2 |
| 4692-3/00 | Comércio atacadista de mercadorias em geral, com predominância de insumos agropecuários | 2 |
| 4693-1/00 | Comércio atacadista de mercadorias em geral, sem predominância de alimentos ou de insumos agropecuários | 2 |
| 4711-3/01 | Comércio varejista de mercadorias em geral, com predominância de produtos alimentícios — hipermercados | 3 |
| 4711-3/02 | Comércio varejista de mercadorias em geral, com predominância de produtos alimentícios — supermercados | 3 |
| 4712-1/00 | Comércio varejista de mercadorias em geral, com predominância de produtos alimentícios — minimercados, mercearias e armazéns | 2 |
| 4713-0/01 | Lojas de departamentos ou magazines | 3 |
| 4713-0/02 | Lojas de variedades, exceto lojas de departamentos ou magazines | 2 |
| 4713-0/03 | Lojas *duty free* de aeroportos internacionais | 2 |

| CNAE 2.0 | DESCRIÇÃO | Alíquota |
|---|---|---|
| 4721-1/01 | Padaria e confeitaria com predominância de produção própria | 3 |
| 4721-1/02 | Padaria e confeitaria com predominância de revenda | 2 |
| 4721-1/03 | Comércio varejista de laticínios e frios | 2 |
| 4721-1/04 | Comércio varejista de doces, balas, bombons e semelhantes | 3 |
| 4722-9/01 | Comércio varejista de carnes — açougues | 3 |
| 4722-9/02 | Peixaria | 2 |
| 4723-7/00 | Comércio varejista de bebidas | 3 |
| 4724-5/00 | Comércio varejista de hortifrutigranjeiros | 3 |
| 4729-6/01 | Tabacaria | 1 |
| 4729-6/99 | Comércio varejista de produtos alimentícios em geral ou especializado em produtos alimentícios não especificados anteriormente | 2 |
| 4731-8/00 | Comércio varejista de combustíveis para veículos automotores | 3 |
| 4732-6/00 | Comércio varejista de lubrificantes | 2 |
| 4741-5/00 | Comércio varejista de tintas e materiais para pintura | 2 |
| 4742-3/00 | Comércio varejista de material elétrico | 3 |
| 4743-1/00 | Comércio varejista de vidros | 3 |
| 4744-0/01 | Comércio varejista de ferragens e ferramentas | 3 |
| 4744-0/02 | Comércio varejista de madeira e artefatos | 3 |
| 4744-0/03 | Comércio varejista de materiais hidráulicos | 2 |
| 4744-0/04 | Comércio varejista de cal, areia, pedra britada, tijolos e telhas | 3 |
| 4744-0/05 | Comércio varejista de materiais de construção não especificados anteriormente | 3 |
| 4744-0/99 | Comércio varejista de materiais de construção em geral | 3 |
| 4751-2/00 | Comércio varejista especializado de equipamentos e suprimentos de informática | 2 |

| CNAE 2.0 | DESCRIÇÃO | Alíquota |
|---|---|---|
| 4752-1/00 | Comércio varejista especializado de equipamentos de telefonia e comunicação | 2 |
| 4753-9/00 | Comércio varejista especializado de eletrodomésticos e equipamentos de áudio e vídeo | 2 |
| 4754-7/01 | Comércio varejista de móveis | 2 |
| 4754-7/02 | Comércio varejista de artigos de colchoaria | 2 |
| 4754-7/03 | Comércio varejista de artigos de iluminação | 2 |
| 4755-5/01 | Comércio varejista de tecidos | 2 |
| 4755-5/02 | Comercio varejista de artigos de armarinho | 2 |
| 4755-5/03 | Comercio varejista de artigos de cama, mesa e banho | 3 |
| 4756-3/00 | Comércio varejista especializado de instrumentos musicais e acessórios | 2 |
| 4757-1/00 | Comércio varejista especializado de peças e acessórios para aparelhos eletroeletrônicos para uso doméstico, exceto informática e comunicação | 2 |
| 4759-8/01 | Comércio varejista de artigos de tapeçaria, cortinas e persianas | 2 |
| 4759-8/99 | Comércio varejista de outros artigos de uso pessoal e doméstico não especificados anteriormente | 2 |
| 4761-0/01 | Comércio varejista de livros | 1 |
| 4761-0/02 | Comércio varejista de jornais e revistas | 1 |
| 4761-0/03 | Comércio varejista de artigos de papelaria | 2 |
| 4762-8/00 | Comércio varejista de discos, CDs, DVDs e fitas | 1 |
| 4763-6/01 | Comércio varejista de brinquedos e artigos recreativos | 2 |
| 4763-6/02 | Comércio varejista de artigos esportivos | 1 |
| 4763-6/03 | Comércio varejista de bicicletas e triciclos; peças e acessórios | 1 |
| 4763-6/04 | Comércio varejista de artigos de caça, pesca e *camping* | 1 |
| 4763-6/05 | Comércio varejista de embarcações e outros veículos recreativos; peças e acessórios | 2 |

| CNAE 2.0 | DESCRIÇÃO | Alíquota |
|---|---|---|
| 4771-7/01 | Comércio varejista de produtos farmacêuticos, sem manipulação de fórmulas | 2 |
| 4771-7/02 | Comércio varejista de produtos farmacêuticos, com manipulação de fórmulas | 2 |
| 4771-7/03 | Comércio varejista de produtos farmacêuticos homeopáticos | 1 |
| 4771-7/04 | Comércio varejista de medicamentos veterinários | 3 |
| 4772-5/00 | Comércio varejista de cosméticos, produtos de perfumaria e de higiene pessoal | 2 |
| 4773-3/00 | Comércio varejista de artigos médicos e ortopédicos | 1 |
| 4774-1/00 | Comércio varejista de artigos de óptica | 2 |
| 4781-4/00 | Comércio varejista de artigos do vestuário e acessórios | 2 |
| 4782-2/01 | Comércio varejista de calçados | 2 |
| 4782-2/02 | Comércio varejista de artigos de viagem | 1 |
| 4783-1/01 | Comércio varejista de artigos de joalheria | 1 |
| 4783-1/02 | Comércio varejista de artigos de relojoaria | 2 |
| 4784-9/00 | Comércio varejista de gás liquefeito de petróleo (GLP) | 3 |
| 4785-7/01 | Comércio varejista de antiguidades | 2 |
| 4785-7/99 | Comércio varejista de outros artigos usados | 3 |
| 4789-0/01 | Comércio varejista de suvenires, bijuterias e artesanatos | 2 |
| 4789-0/02 | Comércio varejista de plantas e flores naturais | 3 |
| 4789-0/03 | Comércio varejista de objetos de arte | 1 |
| 4789-0/04 | Comércio varejista de animais vivos e de artigos e alimentos para animais de estimação | 3 |
| 4789-0/05 | Comércio varejista de produtos saneantes domissanitários | 3 |
| 4789-0/06 | Comércio varejista de fogos de artifício e artigos pirotécnicos | 2 |
| 4789-0/07 | Comércio varejista de equipamentos para escritório | 2 |

| CNAE 2.0 | DESCRIÇÃO | Alíquota |
|---|---|---|
| 4789-0/08 | Comércio varejista de artigos fotográficos e para filmagem | 1 |
| 4789-0/09 | Comércio varejista de armas e munições | 2 |
| 4789-0/99 | Comércio varejista de outros produtos não especificados anteriormente | 2 |
| 4911-6/00 | Transporte ferroviário de carga | 3 |
| 4912-4/01 | Transporte ferroviário de passageiros intermunicipal e interestadual | 3 |
| 4912-4/02 | Transporte ferroviário de passageiros municipal e em região metropolitana | 3 |
| 4912-4/03 | Transporte metroviário | 3 |
| 4921-3/01 | Transporte rodoviário coletivo de passageiros, com itinerário fixo, municipal | 3 |
| 4921-3/02 | Transporte rodoviário coletivo de passageiros, com itinerário fixo, intermunicipal em região metropolitana | 3 |
| 4922-1/01 | Transporte rodoviário coletivo de passageiros, com itinerário fixo, intermunicipal, exceto em região metropolitana | 3 |
| 4922-1/02 | Transporte rodoviário coletivo de passageiros, com itinerário fixo, interestadual | 3 |
| 4922-1/03 | Transporte rodoviário coletivo de passageiros, com itinerário fixo, internacional | 3 |
| 4923-0/01 | Serviço de táxi | 3 |
| 4923-0/02 | Serviço de transporte de passageiros — locação de automóveis com motorista | 3 |
| 4924-8/00 | Transporte escolar | 3 |
| 4929-9/01 | Transporte rodoviário coletivo de passageiros, sob regime de fretamento, municipal | 3 |
| 4929-9/02 | Transporte rodoviário coletivo de passageiros, sob regime de fretamento, intermunicipal, interestadual e internacional | 3 |
| 4929-9/03 | Organização de excursões em veículos rodoviários próprios, municipal | 3 |

| CNAE 2.0 | DESCRIÇÃO | Alíquota |
|---|---|---|
| 4929-9/04 | Organização de excursões em veículos rodoviários próprios, intermunicipal, interestadual e internacional | 3 |
| 4929-9/99 | Outros transportes rodoviários de passageiros não especificados anteriormente | 2 |
| 4930-2/01 | Transporte rodoviário de carga, exceto produtos perigosos e mudanças, municipal | 3 |
| 4930-2/02 | Transporte rodoviário de carga, exceto produtos perigosos e mudanças, intermunicipal, interestadual e internacional | 3 |
| 4930-2/03 | Transporte rodoviário de produtos perigosos | 3 |
| 4930-2/04 | Transporte rodoviário de mudanças | 3 |
| 4940-0/00 | Transporte dutoviário | 1 |
| 4950-7/00 | Trens turísticos, teleféricos e similares | 3 |
| 5011-4/01 | Transporte marítimo de cabotagem — Carga | 3 |
| 5011-4/02 | Transporte marítimo de cabotagem — passageiros | 2 |
| 5012-2/01 | Transporte marítimo de longo curso — Carga | 3 |
| 5012-2/02 | Transporte marítimo de longo curso — Passageiros | 2 |
| 5021-1/01 | Transporte por navegação interior de carga, municipal, exceto travessia | 3 |
| 5021-1/02 | Transporte por navegação interior de carga, intermunicipal, interestadual e internacional, exceto travessia | 3 |
| 5022-0/01 | Transporte por navegação interior de passageiros em linhas regulares, municipal, exceto travessia | 2 |
| 5022-0/02 | Transporte por navegação interior de passageiros em linhas regulares, intermunicipal, interestadual e internacional, exceto travessia | 2 |
| 5030-1/01 | Navegação de apoio marítimo | 3 |
| 5030-1/02 | Navegação de apoio portuário | 1 |
| 5091-2/01 | Transporte por navegação de travessia, municipal | 3 |
| 5091-2/02 | Transporte por navegação de travessia, intermunicipal | 3 |

| CNAE 2.0 | DESCRIÇÃO | Alíquota |
|---|---|---|
| 5099-8/01 | Transporte aquaviário para passeios turísticos | 1 |
| 5099-8/99 | Outros transportes aquaviários não especificados anteriormente | 1 |
| 5111-1/00 | Transporte aéreo de passageiros regular | 3 |
| 5112-9/01 | Serviço de táxi aéreo e locação de aeronaves com tripulação | 3 |
| 5112-9/99 | Outros serviços de transporte aéreo de passageiros não regular | 3 |
| 5120-0/00 | Transporte aéreo de carga | 2 |
| 5130-7/00 | Transporte espacial | 1 |
| 5211-7/01 | Armazéns gerais — emissão de *warrant* | 3 |
| 5211-7/02 | Guarda-móveis | 2 |
| 5211-7/99 | Depósitos de mercadorias para terceiros, exceto armazéns gerais e guarda-móveis | 3 |
| 5212-5/00 | Carga e descarga | 3 |
| 5221-4/00 | Concessionárias de rodovias, pontes, túneis e serviços relacionados | 3 |
| 5222-2/00 | Terminais rodoviários e ferroviários | 3 |
| 5223-1/00 | Estacionamento de veículos | 3 |
| 5229-0/01 | Serviços de apoio ao transporte por táxi, inclusive centrais de chamada | 1 |
| 5229-0/02 | Serviços de reboque de veículos | 3 |
| 5229-0/99 | Outras atividades auxiliares dos transportes terrestres não especificadas anteriormente | 3 |
| 5231-1/01 | Administração da infraestrutura portuária | 2 |
| 5231-1/02 | Operações de terminais | 3 |
| 5232-0/00 | Atividades de agenciamento marítimo | 2 |
| 5239-7/00 | Atividades auxiliares dos transportes aquaviários não especificadas anteriormente | 3 |
| 5240-1/01 | Operação dos aeroportos e campos de aterrissagem | 2 |
| 5240-1/99 | Atividades auxiliares dos transportes aéreos, exceto operação dos aeroportos e campos de aterrissagem | 3 |

| CNAE 2.0 | DESCRIÇÃO | Alíquota |
|---|---|---|
| 5250-8/01 | Comissaria de despachos | 1 |
| 5250-8/02 | Atividades de despachantes aduaneiros | 3 |
| 5250-8/03 | Agenciamento de cargas, exceto para o transporte marítimo | 3 |
| 5250-8/04 | Organização logística do transporte de carga | 3 |
| 5250-8/05 | Operador de transporte multimodal — OTM | 3 |
| 5310-5/01 | Atividades do Correio Nacional | 3 |
| 5310-5/02 | Atividades de franqueadas e permissionárias do Correio Nacional | 2 |
| 5320-2/01 | Serviços de malote não realizados pelo Correio Nacional | 3 |
| 5320-2/02 | Serviços de entrega rápida | 3 |
| 5510-8/01 | Hotéis | 2 |
| 5510-8/02 | *Apart-hotéis* | 2 |
| 5510-8/03 | Motéis | 2 |
| 5590-6/01 | Albergues, exceto assistenciais | 3 |
| 5590-6/02 | *Campings* | 1 |
| 5590-6/03 | Pensões (alojamento) | 2 |
| 5590-6/99 | Outros alojamentos não especificados anteriormente | 2 |
| 5611-2/01 | Restaurantes e similares | 2 |
| 5611-2/02 | Bares e outros estabelecimentos especializados em servir bebidas | 3 |
| 5611-2/03 | Lanchonetes, casas de chá, de sucos e similares | 3 |
| 5612-1/00 | Serviços ambulantes de alimentação | 3 |
| 5620-1/01 | Fornecimento de alimentos preparados preponderantemente para empresas | 3 |
| 5620-1/02 | Serviços de alimentação para eventos e recepções — bufê | 2 |
| 5620-1/03 | Cantinas — serviços de alimentação privativos | 3 |
| 5620-1/04 | Fornecimento de alimentos preparados preponderantemente para consumo domiciliar | 3 |

| CNAE 2.0 | DESCRIÇÃO | Alíquota |
|---|---|---|
| 5811-5/00 | Edição de livros | 2 |
| 5812-3/00 | Edição de jornais | 2 |
| 5813-1/00 | Edição de revistas | 3 |
| 5819-1/00 | Edição de cadastros, listas e de outros produtos gráficos | 2 |
| 5821-2/00 | Edição integrada à impressão de livros | 2 |
| 5822-1/00 | Edição integrada à impressão de jornais | 2 |
| 5823-9/00 | Edição integrada à impressão de revistas | 2 |
| 5829-8/00 | Edição integrada à impressão de cadastros, listas e de outros produtos gráficos | 2 |
| 5911-1/01 | Estúdios cinematográficos | 1 |
| 5911-1/02 | Produção de filmes para publicidade | 3 |
| 5911-1/99 | Atividades de produção cinematográfica, de vídeos e de programas de televisão não especificadas anteriormente | 1 |
| 5912-0/01 | Serviços de dublagem | 2 |
| 5912-0/02 | Serviços de mixagem sonora em produção audiovisual | 2 |
| 5912-0/99 | Atividades de pós-produção cinematográfica, de vídeos e de programas de televisão não especificadas anteriormente | 1 |
| 5913-8/00 | Distribuição cinematográfica, de vídeo e de programas de televisão | 1 |
| 5914-6/00 | Atividades de exibição cinematográfica | 3 |
| 5920-1/00 | Atividades de gravação de som e de edição de música | 2 |
| 6010-1/00 | Atividades de rádio | 1 |
| 6021-7/00 | Atividades de televisão aberta | 3 |
| 6022-5/01 | Programadoras | 3 |
| 6022-5/02 | Atividades relacionadas à televisão por assinatura, exceto programadoras | 3 |
| 6110-8/01 | Serviços de telefonia fixa comutada — STFC | 2 |

| CNAE 2.0 | DESCRIÇÃO | Alíquota |
|---|---|---|
| 6110-8/02 | Serviços de redes de transportes de telecomunicações — SRTT | 2 |
| 6110-8/03 | Serviços de comunicação multimídia — SCM | 2 |
| 6110-8/99 | Serviços de telecomunicações por fio não especificados anteriormente | 3 |
| 6120-5/01 | Telefonia móvel celular | 2 |
| 6120-5/02 | Serviço móvel especializado — SME | 3 |
| 6120-5/99 | Serviços de telecomunicações sem fio não especificados anteriormente | 1 |
| 6130-2/00 | Telecomunicações por satélite | 1 |
| 6141-8/00 | Operadoras de televisão por assinatura por cabo | 3 |
| 6142-6/00 | Operadoras de televisão por assinatura por micro-ondas | 2 |
| 6143-4/00 | Operadoras de televisão por assinatura por satélite | 3 |
| 6190-6/01 | Provedores de acesso às redes de comunicações | 3 |
| 6190-6/02 | Provedores de voz sobre protocolo *internet* — VoIP | 2 |
| 6190-6/99 | Outras atividades de telecomunicações não especificadas anteriormente | 2 |
| 6201-5/00 | Desenvolvimento de programas de computador sob encomenda | 1 |
| 6202-3/00 | Desenvolvimento e licenciamento de programas de computador customizáveis | 2 |
| 6203-1/00 | Desenvolvimento e licenciamento de programas de computador não customizáveis | 1 |
| 6204-0/00 | Consultoria em tecnologia da informação | 2 |
| 6209-1/00 | Suporte técnico, manutenção e outros serviços em tecnologia da informação | 2 |
| 6311-9/00 | Tratamento de dados, provedores de serviços de aplicação e serviços de hospedagem na *internet* | 2 |
| 6319-4/00 | Portais, provedores de conteúdo e outros serviços de informação na *internet* | 1 |
| 6391-7/00 | Agências de notícias | 2 |

| CNAE 2.0 | DESCRIÇÃO | Alíquota |
|---|---|---|
| 6399-2/00 | Outras atividades de prestação de serviços de informação não especificadas anteriormente | 3 |
| 6410-7/00 | Banco Central | 1 |
| 6421-2/00 | Bancos comerciais | 2 |
| 6422-1/00 | Bancos múltiplos, com carteira comercial | 3 |
| 6423-9/00 | Caixas econômicas | 2 |
| 6424-7/01 | Bancos cooperativos | 1 |
| 6424-7/02 | Cooperativas centrais de crédito | 1 |
| 6424-7/03 | Cooperativas de crédito mútuo | 2 |
| 6424-7/04 | Cooperativas de crédito rural | 1 |
| 6431-0/00 | Bancos múltiplos, sem carteira comercial | 1 |
| 6432-8/00 | Bancos de investimento | 1 |
| 6433-6/00 | Bancos de desenvolvimento | 2 |
| 6434-4/00 | Agências de fomento | 1 |
| 6435-2/01 | Sociedades de crédito imobiliário | 1 |
| 6435-2/02 | Associações de poupança e empréstimo | 1 |
| 6435-2/03 | Companhias hipotecárias | 1 |
| 6436-1/00 | Sociedades de crédito, financiamento e investimento — financeiras | 1 |
| 6437-9/00 | Sociedades de crédito ao microempreendedor | 1 |
| 6440-9/00 | Arrendamento mercantil | 1 |
| 6450-6/00 | Sociedades de capitalização | 3 |
| 6461-1/00 | *Holdings* de instituições financeiras | 2 |
| 6462-0/00 | *Holdings* de instituições não financeiras | 3 |
| 6463-8/00 | Outras sociedades de participação, exceto *holdings* | 2 |
| 6470-1/01 | Fundos de investimento, exceto previdenciários e imobiliários | 1 |
| 6470-1/02 | Fundos de investimento previdenciários | 1 |
| 6470-1/03 | Fundos de investimento imobiliários | 1 |
| 6491-3/00 | Sociedades de fomento mercantil — *factoring* | 1 |
| 6492-1/00 | Securitização de créditos | 3 |

| CNAE 2.0 | DESCRIÇÃO | Alíquota |
|---|---|---|
| 6493-0/00 | Administração de consórcios para aquisição de bens e direitos | 2 |
| 6499-9/01 | Clubes de investimento | 1 |
| 6499-9/02 | Sociedades de investimento | 1 |
| 6499-9/03 | Fundo garantidor de crédito | 1 |
| 6499-9/04 | Caixas de financiamento de corporações | 1 |
| 6499-9/05 | Concessão de crédito pelas OSCIP | 1 |
| 6499-9/99 | Outras atividades de serviços financeiros não especificadas anteriormente | 1 |
| 6511-1/01 | Seguros de vida | 1 |
| 6511-1/02 | Planos de auxílio-funeral | 2 |
| 6512-0/00 | Seguros não vida | 2 |
| 6520-1/00 | Seguros-saúde | 1 |
| 6530-8/00 | Resseguros | 2 |
| 6541-3/00 | Previdência complementar fechada | 1 |
| 6542-1/00 | Previdência complementar aberta | 1 |
| 6550-2/00 | Planos de saúde | 2 |
| 6611-8/01 | Bolsa de valores | 1 |
| 6611-8/02 | Bolsa de mercadorias | 1 |
| 6611-8/03 | Bolsa de mercadorias e futuros | 1 |
| 6611-8/04 | Administração de mercados de balcão organizados | 2 |
| 6612-6/01 | Corretoras de títulos e valores mobiliários | 1 |
| 6612-6/02 | Distribuidoras de títulos e valores mobiliários | 1 |
| 6612-6/03 | Corretoras de câmbio | 1 |
| 6612-6/04 | Corretoras de contratos de mercadorias | 1 |
| 6612-6/05 | Agentes de investimentos em aplicações financeiras | 2 |
| 6613-4/00 | Administração de cartões de crédito | 2 |
| 6619-3/01 | Serviços de liquidação e custódia | 1 |
| 6619-3/02 | Correspondentes de instituições financeiras | 2 |
| 6619-3/03 | Representações de bancos estrangeiros | 1 |

| CNAE 2.0 | DESCRIÇÃO | Alíquota |
|---|---|---|
| 6619-3/04 | Caixas eletrônicos | 1 |
| 6619-3/05 | Operadoras de cartões de débito | 1 |
| 6619-3/99 | Outras atividades auxiliares dos serviços financeiros não especificadas anteriormente | 2 |
| 6621-5/01 | Peritos e avaliadores de seguros | 1 |
| 6621-5/02 | Auditoria e consultoria atuarial | 1 |
| 6622-3/00 | Corretores e agentes de seguros, de planos de previdência complementar e de saúde | 1 |
| 6629-1/00 | Atividades auxiliares dos seguros, da previdência complementar e dos planos de saúde não especificadas anteriormente | 2 |
| 6630-4/00 | Atividades de administração de fundos por contrato ou comissão | 2 |
| 6810-2/01 | Compra e venda de imóveis próprios | 3 |
| 6810-2/02 | Aluguel de imóveis próprios | 2 |
| 6821-8/01 | Corretagem na compra e venda e avaliação de imóveis | 2 |
| 6821-8/02 | Corretagem no aluguel de imóveis | 2 |
| 6822-6/00 | Gestão e administração da propriedade imobiliária | 2 |
| 6911-7/01 | Serviços advocatícios | 1 |
| 6911-7/02 | Atividades auxiliares da justiça | 1 |
| 6911-7/03 | Agente de propriedade industrial | 1 |
| 6912-5/00 | Cartórios | 1 |
| 6920-6/01 | Atividades de contabilidade | 1 |
| 6920-6/02 | Atividades de consultoria e auditoria contábil e tributária | 2 |
| 7020-4/00 | Atividades de consultoria em gestão empresarial, exceto consultoria técnica específica | 2 |
| 7111-1/00 | Serviços de arquitetura | 3 |
| 7112-0/00 | Serviços de engenharia | 3 |
| 7119-7/01 | Serviços de cartografia, topografia e geodésia | 2 |
| 7119-7/02 | Atividades de estudos geológicos | 3 |

| CNAE 2.0 | DESCRIÇÃO | Alíquota |
|---|---|---|
| 7119-7/03 | Serviços de desenho técnico relacionados à arquitetura e engenharia | 2 |
| 7119-7/04 | Serviços de perícia técnica relacionados à segurança do trabalho | 1 |
| 7119-7/99 | Atividades técnicas relacionadas à engenharia e arquitetura não especificadas anteriormente | 2 |
| 7120-1/00 | Testes e análises técnicas | 1 |
| 7210-0/00 | Pesquisa e desenvolvimento experimental em ciências físicas e naturais | 2 |
| 7220-7/00 | Pesquisa e desenvolvimento experimental em ciências sociais e humanas | 1 |
| 7311-4/00 | Agências de publicidade | 1 |
| 7312-2/00 | Agenciamento de espaços para publicidade, exceto em veículos de comunicação | 2 |
| 7319-0/01 | Criação de estandes para feiras e exposições | 2 |
| 7319-0/02 | Promoção de vendas | 3 |
| 7319-0/03 | *Marketing* direto | 3 |
| 7319-0/04 | Consultoria em publicidade | 2 |
| 7319-0/99 | Outras atividades de publicidade não especificadas anteriormente | 2 |
| 7320-3/00 | Pesquisas de mercado e de opinião pública | 3 |
| 7410-2/01 | *Design* | 3 |
| 7410-2/02 | Decoração de interiores | 3 |
| 7420-0/01 | Atividades de produção de fotografias, exceto aérea e submarina | 2 |
| 7420-0/02 | Atividades de produção de fotografias aéreas e submarinas | 2 |
| 7420-0/03 | Laboratórios fotográficos | 2 |
| 7420-0/04 | Filmagem de festas e eventos | 2 |
| 7420-0/05 | Serviços de microfilmagem | 3 |
| 7490-1/01 | Serviços de tradução, interpretação e similares | 3 |
| 7490-1/02 | Escafandria e mergulho | 3 |

| CNAE 2.0 | DESCRIÇÃO | Alíquota |
|---|---|---|
| 7490-1/03 | Serviços de agronomia e de consultoria às atividades agrícolas e pecuárias | 3 |
| 7490-1/04 | Atividades de intermediação e agenciamento de serviços e negócios em geral, exceto imobiliários | 2 |
| 7490-1/05 | Agenciamento de profissionais para atividades esportivas, culturais e artísticas | 3 |
| 7490-1/99 | Outras atividades profissionais, científicas e técnicas não especificadas anteriormente | 2 |
| 7500-1/00 | Atividades veterinárias | 2 |
| 7711-0/00 | Locação de automóveis sem condutor | 2 |
| 7719-5/01 | Locação de embarcações sem tripulação, exceto para fins recreativos | 2 |
| 7719-5/02 | Locação de aeronaves sem tripulação | 3 |
| 7719-5/99 | Locação de outros meios de transporte não especificados anteriormente, sem condutor | 3 |
| 7721-7/00 | Aluguel de equipamentos recreativos e esportivos | 2 |
| 7722-5/00 | Aluguel de fitas de vídeo, DVDs e similares | 3 |
| 7723-3/00 | Aluguel de objetos do vestuário, joias e acessórios | 2 |
| 7729-2/01 | Aluguel de aparelhos de jogos eletrônicos | 3 |
| 7729-2/02 | Aluguel de móveis, utensílios e aparelhos de uso doméstico e pessoal; instrumentos musicais | 3 |
| 7729-2/03 | Aluguel de material médico | 1 |
| 7729-2/99 | Aluguel de outros objetos pessoais e domésticos não especificados anteriormente | 3 |
| 7731-4/00 | Aluguel de máquinas e equipamentos agrícolas sem operador | 3 |
| 7732-2/01 | Aluguel de máquinas e equipamentos para construção sem operador, exceto andaimes | 3 |
| 7732-2/02 | Aluguel de andaimes | 3 |
| 7733-1/00 | Aluguel de máquinas e equipamentos para escritórios | 1 |
| 7739-0/01 | Aluguel de máquinas e equipamentos para extração de minérios e petróleo, sem operador | 1 |

| CNAE 2.0 | DESCRIÇÃO | Alíquota |
|---|---|---|
| 7739-0/02 | Aluguel de equipamentos científicos, médicos e hospitalares, sem operador | 3 |
| 7739-0/03 | Aluguel de palcos, coberturas e outras estruturas de uso temporário, exceto andaimes | 3 |
| 7739-0/99 | Aluguel de outras máquinas e equipamentos comerciais e industriais não especificados anteriormente, sem operador | 3 |
| 7740-3/00 | Gestão de ativos intangíveis não financeiros | 1 |
| 7810-8/00 | Seleção e agenciamento de mão de obra | 3 |
| 7820-5/00 | Locação de mão de obra temporária | 3 |
| 7830-2/00 | Fornecimento e gestão de recursos humanos para terceiros | 2 |
| 7911-2/00 | Agências de viagens | 1 |
| 7912-1/00 | Operadores turísticos | 1 |
| 7990-2/00 | Serviços de reservas e outros serviços de turismo não especificados anteriormente | 1 |
| 8011-1/01 | Atividades de vigilância e segurança privada | 3 |
| 8011-1/02 | Serviços de adestramento de cães de guarda | 2 |
| 8012-9/00 | Atividades de transporte de valores | 3 |
| 8020-0/00 | Atividades de monitoramento de sistemas de segurança | 3 |
| 8030-7/00 | Atividades de investigação particular | 2 |
| 8111-7/00 | Serviços combinados para apoio a edifícios, exceto condomínios prediais | 3 |
| 8112-5/00 | Condomínios prediais | 2 |
| 8121-4/00 | Limpeza em prédios e em domicílios | 3 |
| 8122-2/00 | Imunização e controle de pragas urbanas | 3 |
| 8129-0/00 | Atividades de limpeza não especificadas anteriormente | 3 |
| 8130-3/00 | Atividades paisagísticas | 3 |
| 8211-3/00 | Serviços combinados de escritório e apoio administrativo | 2 |
| 8219-9/01 | Fotocópias | 1 |

| CNAE 2.0 | DESCRIÇÃO | Alíquota |
|---|---|---|
| 8219-9/99 | Preparação de documentos e serviços especializados de apoio administrativo não especificados anteriormente | 3 |
| 8220-2/00 | Atividades de teleatendimento | 3 |
| 8230-0/01 | Serviços de organização de feiras, congressos, exposições e festas | 3 |
| 8230-0/02 | Casas de festas e eventos | 1 |
| 8291-1/00 | Atividades de cobranças e informações cadastrais | 2 |
| 8292-0/00 | Envasamento e empacotamento sob contrato | 3 |
| 8299-7/01 | Medição de consumo de energia elétrica, gás e água | 3 |
| 8299-7/02 | Emissão de vales-alimentação, vales-transporte e similares | 1 |
| 8299-7/03 | Serviços de gravação de carimbos, exceto confecção | 2 |
| 8299-7/04 | Leiloeiros independentes | 2 |
| 8299-7/05 | Serviços de levantamento de fundos sob contrato | 2 |
| 8299-7/06 | Casas lotéricas | 2 |
| 8299-7/07 | Salas de acesso à internet | 2 |
| 8299-7/99 | Outras atividades de serviços prestados principalmente às empresas não especificadas anteriormente | 2 |
| 8411-6/00 | Administração pública em geral | 2 |
| 8412-4/00 | Regulação das atividades de saúde, educação, serviços culturais e outros serviços sociais | 1 |
| 8413-2/00 | Regulação das atividades econômicas | 2 |
| 8421-3/00 | Relações exteriores | 1 |
| 8422-1/00 | Defesa | 1 |
| 8423-0/00 | Justiça | 1 |
| 8424-8/00 | Segurança e ordem pública | 2 |
| 8425-6/00 | Defesa Civil | 1 |
| 8430-2/00 | Seguridade social obrigatória | 1 |
| 8511-2/00 | Educação infantil — creche | 2 |
| 8512-1/00 | Educação infantil — pré-escola | 1 |
| 8513-9/00 | Ensino fundamental | 1 |

| CNAE 2.0 | DESCRIÇÃO | Alíquota |
|---|---|---|
| 8520-1/00 | Ensino médio | 1 |
| 8531-7/00 | Educação superior — graduação | 1 |
| 8532-5/00 | Educação superior — graduação e pós-graduação | 1 |
| 8533-3/00 | Educação superior — pós-graduação e extensão | 1 |
| 8541-4/00 | Educação profissional de nível técnico | 1 |
| 8542-2/00 | Educação profissional de nível tecnológico | 2 |
| 8550-3/01 | Administração de caixas escolares | 1 |
| 8550-3/02 | Atividades de apoio à educação, exceto caixas escolares | 2 |
| 8591-1/00 | Ensino de esportes | 2 |
| 8592-9/01 | Ensino de dança | 1 |
| 8592-9/02 | Ensino de artes cênicas, exceto dança | 1 |
| 8592-9/03 | Ensino de música | 1 |
| 8592-9/99 | Ensino de arte e cultura não especificado anteriormente | 1 |
| 8593-7/00 | Ensino de idiomas | 1 |
| 8599-6/01 | Formação de condutores | 1 |
| 8599-6/02 | Cursos de pilotagem | 3 |
| 8599-6/03 | Treinamento em informática | 1 |
| 8599-6/04 | Treinamento em desenvolvimento profissional e gerencial | 1 |
| 8599-6/05 | Cursos preparatórios para concursos | 1 |
| 8599-6/99 | Outras atividades de ensino não especificadas anteriormente | 2 |
| 8610-1/01 | Atividades de atendimento hospitalar, exceto pronto-socorro e unidades para atendimento a urgências | 2 |
| 8610-1/02 | Atividades de atendimento em pronto-socorro e unidades hospitalares para atendimento a urgências | 2 |
| 8621-6/01 | UTI móvel | 2 |
| 8621-6/02 | Serviços móveis de atendimento a urgências, exceto por UTI móvel | 2 |

| CNAE 2.0 | DESCRIÇÃO | Alíquota |
|---|---|---|
| 8622-4/00 | Serviços de remoção de pacientes, exceto os serviços móveis de atendimento a urgências | 2 |
| 8630-5/01 | Atividade médica ambulatorial com recursos para realização de procedimentos cirúrgicos | 1 |
| 8630-5/02 | Atividade médica ambulatorial com recursos para realização de exames complementares | 2 |
| 8630-5/03 | Atividade médica ambulatorial restrita a consultas | 1 |
| 8630-5/04 | Atividade odontológica com recursos para realização de procedimentos cirúrgicos | 1 |
| 8630-5/05 | Atividade odontológica sem recursos para realização de procedimentos cirúrgicos | 1 |
| 8630-5/06 | Serviços de vacinação e imunização humana | 1 |
| 8630-5/07 | Atividades de reprodução humana assistida | 2 |
| 8630-5/99 | Atividades de atenção ambulatorial não especificadas anteriormente | 2 |
| 8640-2/01 | Laboratórios de anatomia patológica e citológica | 2 |
| 8640-2/02 | Laboratórios clínicos | 2 |
| 8640-2/03 | Serviços de diálise e nefrologia | 2 |
| 8640-2/04 | Serviços de tomografia | 1 |
| 8640-2/05 | Serviços de diagnóstico por imagem com uso de radiação ionizante, exceto tomografia | 2 |
| 8640-2/06 | Serviços de ressonância magnética | 2 |
| 8640-2/07 | Serviços de diagnóstico por imagem sem uso de radiação ionizante, exceto ressonância magnética | 1 |
| 8640-2/08 | Serviços de diagnóstico por registro gráfico — ECG, EEG e outros exames análogos | 3 |
| 8640-2/09 | Serviços de diagnóstico por métodos ópticos — endoscopia e outros exames análogos | 2 |
| 8640-2/10 | Serviços de quimioterapia | 2 |
| 8640-2/11 | Serviços de radioterapia | 2 |
| 8640-2/12 | Serviços de hemoterapia | 1 |
| 8640-2/13 | Serviços de litotripsia | 1 |
| 8640-2/14 | Serviços de bancos de células e tecidos humanos | 1 |

| CNAE 2.0 | DESCRIÇÃO | Alíquota |
|---|---|---|
| 8640-2/99 | Atividades de serviços de complementação diagnóstica e terapêutica não especificadas anteriormente | 2 |
| 8650-0/01 | Atividades de enfermagem | 1 |
| 8650-0/02 | Atividades de profissionais da nutrição | 3 |
| 8650-0/03 | Atividades de psicologia e psicanálise | 1 |
| 8650-0/04 | Atividades de fisioterapia | 1 |
| 8650-0/05 | Atividades de terapia ocupacional | 2 |
| 8650-0/06 | Atividades de fonoaudiologia | 1 |
| 8650-0/07 | Atividades de terapia de nutrição enteral e parenteral | 1 |
| 8650-0/99 | Atividades de profissionais da área de saúde não especificadas anteriormente | 2 |
| 8660-7/00 | Atividades de apoio à gestão de saúde | 2 |
| 8690-9/01 | Atividades de práticas integrativas e complementares em saúde humana | 2 |
| 8690-9/02 | Atividades de banco de leite humano | 1 |
| 8690-9/99 | Outras atividades de atenção à saúde humana não especificadas anteriormente | 2 |
| 8711-5/01 | Clínicas e residências geriátricas | 2 |
| 8711-5/02 | Instituições de longa permanência para idosos | 2 |
| 8711-5/03 | Atividades de assistência a deficientes físicos, imunodeprimidos e convalescentes | 1 |
| 8711-5/04 | Centros de apoio a pacientes com câncer e com AIDS | 3 |
| 8711-5/05 | Condomínios residenciais para idosos e deficientes físicos | 2 |
| 8712-3/00 | Atividades de fornecimento de infraestrutura de apoio e assistência a paciente no domicílio | 2 |
| 8720-4/01 | Atividades de centros de assistência psicossocial | 1 |
| 8720-4/99 | Atividades de assistência psicossocial e à saúde a portadores de distúrbios psíquicos, deficiência mental e dependência química não especificadas anteriormente | 2 |

| CNAE 2.0 | DESCRIÇÃO | Alíquota |
|---|---|---|
| 8730-1/01 | Orfanatos | 2 |
| 8730-1/02 | Albergues assistenciais | 2 |
| 8730-1/99 | Atividades de assistência social prestadas em residências coletivas e particulares não especificadas anteriormente | 2 |
| 8800-6/00 | Serviços de assistência social sem alojamento | 2 |
| 9001-9/01 | Produção teatral | 1 |
| 9001-9/02 | Produção musical | 2 |
| 9001-9/03 | Produção de espetáculos de dança | 2 |
| 9001-9/04 | Produção de espetáculos circenses, de marionetes e similares | 1 |
| 9001-9/05 | Produção de espetáculos de rodeios, vaquejadas e similares | 3 |
| 9001-9/06 | Atividades de sonorização e de iluminação | 1 |
| 9001-9/99 | Artes cênicas, espetáculos e atividades complementares não especificadas anteriormente | 3 |
| 9002-7/01 | Atividades de artistas plásticos, jornalistas independentes e escritores | 1 |
| 9002-7/02 | Restauração de obras de arte | 1 |
| 9003-5/00 | Gestão de espaços para artes cênicas, espetáculos e outras atividades artísticas | 3 |
| 9101-5/00 | Atividades de bibliotecas e arquivos | 2 |
| 9102-3/01 | Atividades de museus e de exploração de lugares e prédios históricos e atrações similares | 1 |
| 9102-3/02 | Restauração e conservação de lugares e prédios históricos | 1 |
| 9103-1/00 | Atividades de jardins botânicos, zoológicos, parques nacionais, reservas ecológicas e áreas de proteção ambiental | 2 |
| 9200-3/01 | Casas de bingo | 1 |
| 9200-3/02 | Exploração de apostas em corridas de cavalos | 2 |
| 9200-3/99 | Exploração de jogos de azar e apostas não especificados anteriormente | 1 |

| CNAE 2.0 | DESCRIÇÃO | Alíquota |
|---|---|---|
| 9311-5/00 | Gestão de instalações de esportes | 2 |
| 9312-3/00 | Clubes sociais, esportivos e similares | 2 |
| 9313-1/00 | Atividades de condicionamento físico | 1 |
| 9319-1/01 | Produção e promoção de eventos esportivos | 2 |
| 9319-1/99 | Outras atividades esportivas não especificadas anteriormente | 2 |
| 9321-2/00 | Parques de diversão e parques temáticos | 2 |
| 9329-8/01 | Discotecas, danceterias, salões de dança e similares | 1 |
| 9329-8/02 | Exploração de boliches | 3 |
| 9329-8/03 | Exploração de jogos de sinuca, bilhar e similares | 1 |
| 9329-8/04 | Exploração de jogos eletrônicos recreativos | 3 |
| 9329-8/99 | Outras atividades de recreação e lazer não especificadas anteriormente | 2 |
| 9411-1/00 | Atividades de organizações associativas patronais e empresariais | 3 |
| 9412-0/00 | Atividades de organizações associativas profissionais | 3 |
| 9420-1/00 | Atividades de organizações sindicais | 2 |
| 9430-8/00 | Atividades de associações de defesa de direitos sociais | 2 |
| 9491-0/00 | Atividades de organizações religiosas | 2 |
| 9492-8/00 | Atividades de organizações políticas | 1 |
| 9493-6/00 | Atividades de organizações associativas ligadas à cultura e à arte | 2 |
| 9499-5/00 | Atividades associativas não especificadas anteriormente | 2 |
| 9511-8/00 | Reparação e manutenção de computadores e de equipamentos periféricos | 3 |
| 9512-6/00 | Reparação e manutenção de equipamentos de comunicação | 2 |
| 9521-5/00 | Reparação e manutenção de equipamentos eletroeletrônicos de uso pessoal e doméstico | 3 |

| CNAE 2.0 | DESCRIÇÃO | Alíquota |
|---|---|---|
| 9529-1/01 | Reparação de calçados, bolsas e artigos de viagem | 1 |
| 9529-1/02 | Chaveiros | 3 |
| 9529-1/03 | Reparação de relógios | 1 |
| 9529-1/04 | Reparação de bicicletas, triciclos e outros veículos não motorizados | 3 |
| 9529-1/05 | Reparação de artigos do mobiliário | 2 |
| 9529-1/06 | Reparação de joias | 2 |
| 9529-1/99 | Reparação e manutenção de outros objetos e equipamentos pessoais e domésticos não especificados anteriormente | 3 |
| 9601-7/01 | Lavanderias | 3 |
| 9601-7/02 | Tinturarias | 3 |
| 9601-7/03 | Toalheiros | 3 |
| 9602-5/01 | Cabeleireiros | 2 |
| 9602-5/02 | Outras atividades de tratamento de beleza | 2 |
| 9603-3/01 | Gestão e manutenção de cemitérios | 3 |
| 9603-3/02 | Serviços de cremação | 2 |
| 9603-3/03 | Serviços de sepultamento | 2 |
| 9603-3/04 | Serviços de funerárias | 2 |
| 9603-3/05 | Serviços de somatoconservação | 3 |
| 9603-3/99 | Atividades funerárias e serviços relacionados não especificados anteriormente | 3 |
| 9609-2/01 | Clínicas de estética e similares | 1 |
| 9609-2/02 | Agências matrimoniais | 3 |
| 9609-2/03 | Alojamento, higiene e embelezamento de animais | 2 |
| 9609-2/04 | Exploração de máquinas de serviços pessoais acionadas por moeda | 1 |
| 9609-2/99 | Outras atividades de serviços pessoais não especificadas anteriormente | 2 |
| 9700-5/00 | Serviços domésticos | 2 |
| 9900-8/00 | Organismos internacionais e outras instituições extraterritoriais | 1 |

# 6. Apêndice

## 6.1. Quadro anexo ao Decreto n. 53.831, de 25.3.1964

| Código | Campo de Aplicação | Serviços e Atividades Profissionais | Classificação | Tempo de Trabalho Mínimo | Observações |
|---|---|---|---|---|---|
| 1.0.0 | AGENTE | | | | |
| 1.1.0 | FÍSICOS | | | | |
| 1.1.1 | Calor<br>Operações em locais com temperatura excessivamente alta, capaz de ser nociva à saúde e proveniente de fontes artificiais. | Trabalhos de tratamento térmico ou em ambientes excessivamente quentes — forneiros, foguistas, fundidores, forjadores, calandristas, operadores de cabinas cinematográficas e outros. | Insalubre | 25 anos | Jornada normal em locais com TE acima de 28° C. Arts. 165, 187 e 234 da CLT. Portarias Ministeriais ns. 30, de 7.2.1958, e 262, de 6.8.1962. |
| 1.1.2 | Frio<br>Operações em locais com temperatura excessivamente baixa, capaz de ser nociva à saúde e proveniente de fontes artificiais. | Trabalhos na indústria do frio – operadores de câmaras frigoríficas e outros | | | Jornada normal em locais com temperatura inferior a 12° C. Arts. 165 e 187 da CLT e Portaria Ministerial n. 262, de 6.8.1962. |
| 1.1.3 | Umidade<br>Operações em locais com umidade excessiva, capaz de ser nociva à saúde e proveniente de fontes artificiais. | Trabalhos em contato direto e permanente com água — lavadores, tintureiros, operários nas salinas e outros. | | | Jornada normal em locais com umidade excessiva. Art. 187 da CLT. Portaria Ministerial n. 262, de 6.8.1962. |

| Código | Campo de Aplicação | Serviços e Atividades Profissionais | Classificação | Tempo de Trabalho Mínimo | Observações |
|---|---|---|---|---|---|
| 1.1.4 | Radiação<br>Operações em locais com radiações capazes de serem nocivas à saúde — infravermelho, ultravioleta, raios X, *radium*, e substâncias radioativas. | Trabalhos expostos a radiações para fins industriais, diagnósticos e terapêuticos — Operadores de raios X, *radium* e substâncias radioativas, soldadores com arco elétrico e com oxiacelilênio, aeroviários de manutenção de aeronaves e motores turboélices e outros. | Insalubre | 25 anos | Jornada normal ou especial fixada em lei — Lei n. 1.234, de 11.11.1950; Lei n. 3.999, de 15.12.1961, art. 187 da CLT. Decreto n. 1.232, de 22.6.1962, e Portaria Ministerial n. 262, de 6.8.1962. |
| 1.1.5 | Trepidação<br>Operações com trepidações capazes de serem nocivas à saúde. | Trepidações e vibrações industriais — Operadores de perfuratrizes e marteletes pneumáticos, e outros. | Insalubre | 25 anos | Jornada normal com máquinas acionadas a ar comprimido e velocidade acima de 120 golpes por minuto. Art. 187 da CLT e Portaria Ministerial n. 262, de 6.8.1962. |
| 1.1.6 | Ruído<br>Operações em locais com ruído excessivo capaz de ser nocivo à saúde. | Trabalhos sujeitos aos efeitos de ruídos industriais excessivos — Caldeireiros, operadores de máquinas pneumáticas, de motores, turbinas e outros. | Insalubre | 25 anos | Jornada normal ou especial fixada em lei em locais com ruídos acima de 80 decibéis. Decreto n. 1.232, de 22.6.1962, e Portaria Ministerial n. 262, de 6.8.1962, e art. 187 da CLT. |
| 1.1.7 | Pressão<br>Operações em locais com pressão atmosférica anormal, capaz de ser nociva à saúde. | Trabalhos em ambientes com alta ou baixa pressão — escafandristas, mergulhadores, operadores em caixões ou tubulões pneumáticos e outros. | Insalubre | 25 anos | Jornada normal ou especial fixada em lei. Arts. 187 e 219 da CLT. Portarias Ministeriais ns. 73, de 2.1.1960, e 262, de 6.8.1962. |

| Código | Campo de Aplicação | Serviços e Atividades Profissionais | Classificação | Tempo de Trabalho Mínimo | Observações |
|---|---|---|---|---|---|
| 1.1.8 | Eletricidade<br>Operações em locais com eletricidade em condições de perigo de vida. | Trabalhos permanentes em instalações ou equipamentos elétricos com risco de acidentes — eletricistas, cabistas, montadores e outros. | Insalubre | 25 anos | Jornada normal ou especial fixada em lei, em serviços expostos à tensão superior a 250 volts. Arts. 187, 195 e 196 da CLT. Portaria Ministerial n. 34, de 8.4.1954. |
| 1.2.0 | QUÍMICOS | | | | |
| 1.2.1 | Arsênico<br>Operações com arsênico e seus compostos. | I — Extração.<br>II — Fabricação de seus compostos e derivados — tintas, parasiticidas e inseticidas, etc.<br>III — Emprego de derivados arsenicais — pintura, galvanotécnica, depilação, empalhamento, etc. | Insalubre<br>Insalubre<br>Insalubre | 20 anos<br>20 anos<br>25 anos | Jornada normal. Art. 187 da CLT e Portaria Ministerial n. 262, de 6.8.1962. |
| 1.2.2 | Berílio<br>Operações com berílio e seus compostos. | Trabalhos permanentes expostos a poeiras e fumos — fundição de ligas metálicas. | Insalubre | 25 anos | Jornada normal. Art. 187 da CLT e Portaria Ministerial n. 262, de 6.8.1962. |
| 1.2.3 | Cádmio<br>Operações com cádmio e seus compostos. | Trabalhos permanentes expostos a poeiras e fumos — fundição de ligas metálicas. | Insalubre | 25 anos | Jornada normal. Art. 187 da CLT e Portaria Ministerial n. 262, de 6.8.1962. |
| 1.2.4 | Chumbo<br>Operações com chumbo, seus sais e ligas. | I — Fundição, refino, moldagens, trefilação e laminação.<br>II — Fabricação de artefatos e de produtos de chumbo — baterias, acumuladores, tintas, etc. | Insalubre<br>Insalubre | 20 anos<br>25 anos | Jornada normal. Art. 187 da CLT e Portaria Ministerial n. 262, de 6.8.1962. |

| Código | Campo de Aplicação | Serviços e Atividades Profissionais | Classificação | Tempo de Trabalho Mínimo | Observações |
|---|---|---|---|---|---|
| | | III — Limpeza, raspagens e demais trabalhos em tanques de gasolina contendo chumbo, tetraetil, polimento e acabamento de ligas de chumbo, etc. | Insalubre | 25 anos | |
| | | IV — Soldagem e desoldagem com ligas à base de chumbo, vulcanização da borracha, tinturaria, estamparia, pintura e outros. | Insalubre | 25 anos | |
| 1.2.5 | Cromo<br>Operações com o cromo e seus sais. | Trabalhos permanentes expostos ao tóxico — fabricação, tanagem de couros, cromagem eletrolítica de metais e outros. | Insalubre | 25 anos | Jornada normal. Art. 187 da CLT e Portaria Ministerial n. 262, de 6.8.1962. |
| 1.2.6 | Fósforo<br>Operações com fósforo e seus compostos. | I — Extração e depuração do fósforo branco e seus compostos. | Insalubre | 20 anos | Jornada normal. Art. 187 da CLT e Portaria Ministerial n. 262, de 6.8.1962. |
| | | II — Fabricação de produtos fosforados asfixiantes, tóxicos, incendiários ou explosivos. | Insalubre | 20 anos | |
| | | III — Emprego de líquidos, pastas, pós e gases à base de fósforo branco para destruição de ratos e parasitas. | Perigoso | | |
| 1.2.7 | Manganês<br>Operações com o manganês. | Trabalhos permanentes expostos a poeiras e fumos do | Insalubre | 25 anos | Jornada normal. Art. 187 da CLT e Portaria Ministerial n. 262, de 6.8.1962. |

| Código | Campo de Aplicação | Serviços e Atividades Profissionais | Classificação | Tempo de Trabalho Mínimo | Observações |
|---|---|---|---|---|---|
| | | manganês e seus compostos (bióxido) — metalurgia, cerâmica, indústria de vidros e outras. | | | |
| 1.2.8 | Mercúrio<br>Operações com mercúrio, seus sais e amálgamas. | I — Extração e tratamento de amálgamas e compostos — cloreto e fulminato de mercúrio.<br>II — Emprego de amálgama e derivados, galvanoplastia, estanhagem e outros. | Insalubre | 25 anos | Jornada normal. Art. 187 da CLT e Portaria Ministerial n. 262, de 6.8.1962. |
| 1.2.9 | Outros Tóxicos Inorgânicos<br>Operações com outros tóxicos inorgânicos capazes de fazerem mal à saúde. | Trabalhos permanentes expostos a poeiras, gases, vapores, neblinas e fumos de outros metais, metaloides halógenos e seus eletrólitos tóxicos — ácidos base e sais — Relação das substâncias nocivas publicadas no Regulamento Tipo de Segurança da OIT. | Insalubre<br>Perigoso<br>Insalubre | 20 anos<br>25 anos | Jornada normal. Art. 187 da CLT e Portaria Ministerial n. 262, de 6.8.1962. |
| 1.2.10 | Poeiras Minerais Nocivas<br>Operações industriais com desprendimento de poeiras capazes de fazerem mal à saúde — sílica, carvão, cimento, asbestos e talco. | I — Trabalhos permanentes no subsolo em operações de corte, furação, desmonte e carregamento nas frentes de trabalho.<br>II — Trabalhos permanentes em locais de subsolo afastados das frentes de trabalho — galerias, rampas, | Insalubre<br>Perigoso<br>Perigoso<br>Insalubre<br>Penoso | 15 anos<br>20 anos | Jornada normal ou especial fixada em lei. Arts. 187 e 293 da CLT e Portarias Ministeriais ns. 262, de 6.8.1962; 31, de 15.1.1960, e 49, de 25.3.1960. |

| Código | Campo de Aplicação | Serviços e Atividades Profissionais | Classificação | Tempo de Trabalho Mínimo | Observações |
|---|---|---|---|---|---|
| | | poços, depósitos, etc.<br>III — Trabalhos permanentes a céu aberto — corte, furação, desmonte, carregamento, britagem, classificação, carga e descarga de silos, transportadores de correias e teleférreos, moagem, calcinação, ensacamento e outros. | Insalubre | 25 anos | |
| 1.2.11 | Tóxicos Orgânicos<br>Operações executadas com derivados tóxicos do carbono — Nomenclatura internacional.<br>I — Hidrocarbonetos (ano, eno, ino).<br>II — Ácidos carboxílicos (oico).<br>III — Álcoois (ol).<br>IV — Aldehydos (al).<br>V — Cetona (ona).<br>VI — Ésteres (ocissais em ato — ila).<br>VII — Éteres (óxidos — oxi).<br>VIII — Amidas — amidos.<br>IX — Aminos — aminas.<br>X — Nitrilas e isonitrilas (nitrilas e carbilaminas).<br>XI — Compostos organometálicos halogenados, metaloides e nitratos. | Trabalhos permanentes expostos a poeiras, gases, vapores, neblinas e fumos de derivados do carbono constantes de Relação Internacional das Substâncias Nocivas publicada no Regulamento Tipo de Segurança da OIT — Tais como: cloreto de metila, tetracloreto de carbono, tricoloetileno, ciorofórmio, bromureto de netila, nitrobenzeno, gasolina, álcoois, acetona, acetatos, pentano, metano, hexano, sulfureto de carbono, etc. | Insalubre | 25 anos | Jornada normal. Art. 187 da CLT e Portaria Ministerial n. 262, de 6.8.1962. |

| Código | Campo de Aplicação | Serviços e Atividades Profissionais | Classificação | Tempo de Trabalho Mínimo | Observações |
|---|---|---|---|---|---|
| 1.3.0 | BIOLÓGICOS | | | | |
| 1.3.1 | Carbúnculo, Brucela, Mormo e Tétano<br>Operações industriais com animais ou produtos oriundos de animais infectados. | Trabalhos permanentes expostos ao contato direto com germes infecciosos — assistência veterinária, serviços em matadouros, cavalariças e outros. | Insalubre | 25 anos | Jornada normal. Art. 187 da CLT e Portaria Ministerial n. 262, de 6.8.1962. |
| 1.3.2 | Germes infecciosos ou parasitários humanos<br>Animais — serviço de assistência médica, odontológica, hospitalar em que haja contato obrigatório com organismos doentes ou com materiais infectocontagiantes. | Trabalhos permanentes expostos ao contato com doentes ou materiais infecto-contagiantes — assistência médica, odontológica, hospitalar e outras atividades afins. | Insalubre | 25 anos | Jornada normal ou especial fixada em Lei n. 3.999, de 15.12.1961. Art. 187 da CLT e Portaria Ministerial n. 262, de 6.8.1962. |
| 2.0.0 | OCUPAÇÕES | | | | |
| 2.1.0 | LIBERAIS, TÉCNICAS, ASSEMELHADAS | | | | |
| 2.1.1 | Engenharia | Engenheiros de construção civil, de minas, de metalurgia, eletricistas. | Insalubre | 25 anos | Jornada normal ou especial fixada em lei. Decreto n. 46.131, de 3.6.1959. |
| 2.1.2 | Química | Químicos, toxicologistas, podologistas. | Insalubre | 25 anos | Jornada normal ou especial fixada em lei. Decreto n. 48.285, de 1960. |
| 2.1.3 | Medicina, Odontologia, Enfermagem | Médicos, dentistas, enfermeiros. | Insalubre | 25 anos | Jornada normal ou especial fixada em lei. Decreto n. 43.185, de 6.2.1958. |
| 2.1.4 | Magistério | Professores | Penoso | 25 anos | Jornada normal ou especial, fixada em Lei Estadual, GB n. 286; RJ n. 1.970, de 25.4.1953, e art. 318, da CLT. |

| Código | Campo de Aplicação | Serviços e Atividades Profissionais | Classificação | Tempo de Trabalho Mínimo | Observações |
|---|---|---|---|---|---|
| 2.2.0 | AGRÍCOLAS, FLORESTAIS, AQUÁTICAS | | | | |
| 2.2.1 | Agricultura | Trabalhadores na agropecuária. | Insalubre | 25 anos | Jornada normal. |
| 2.2.2 | Caça | Trabalhadores florestais, caçadores. | Insalubre | 25 anos | Jornada normal. |
| 2.2.3 | Pesca | Pescadores. | Insalubre | 25 anos | Jornada normal. |
| 2.3.0 | PERFURAÇÃO, CONSTRUÇÃO CIVIL, ASSEMELHADOS | | | | |
| 2.3.1 | Escavações de superfície — poços | Trabalhos em túneis e galerias. | Insalubre Perigoso | 20 anos | Jornada normal ou especial, fixada em lei. Art. 295 da CLT. |
| 2.3.2 | Escavações de subsolo — poços | Trabalhadores em escavações a céu aberto. | Insalubre | 25 anos | Jornada normal. |
| 2.3.3 | Edifícios, barragens, pontes | Trabalhadores em edifícios, barragens, pontes, torres. | Perigoso | 25 anos | Jornada normal. |
| 2.4.0 | TRANSPORTES E COMUNICAÇÕES | | | | |
| 2.4.1 | Transporte aéreo | Aeronautas. Aeroviários de serviços de pista e de oficinas de manutenção, de conservação, de carga e descarga, de recepção e de despacho de aeronaves. | Perigoso | 25 anos | Jornada normal ou especial, fixada em Lei n. 3.501, de 21.12.1958; Lei n. 2.573, de 15.8.1955. Decreto n. 50.660, de 26.6.1961, e n. 1.232, de 22.6.1962. |
| 2.4.2 | Transporte marítimo, Fluvial e Lacustre | Marítimos de convés de máquinas, de câmara e de saúde — operários de construção e reparos navais. | Insalubre | 25 anos | Jornada normal ou especial, fixada em lei. Art. 248 da CLT. Decretos ns. 52.475, de 13.9.1963; 5.270, de 18.10.1963, e 53.514, de 30.1.1964. |

| Código | Campo de Aplicação | Serviços e Atividades Profissionais | Classificação | Tempo de Trabalho Mínimo | Observações |
|---|---|---|---|---|---|
| 2.4.3 | Transporte Ferroviário | Maquinistas, guarda-freios, trabalhadores na via permanente. | Insalubre | 25 anos | Jornada normal ou especial, fixada em lei. Art. 238,da CLT. |
| 2.4.4 | Transporte Rodoviário | Motorneiros e condutores de bondes, motoristas e cobradores de ônibus, motoristas e ajudantes de caminhão. | Penoso | 25 anos | Jornada normal. |
| 2.4.5 | Telegrafia, telefonia, radiocomunicação | Profissionais telegrafistas, telefonistas, radioperadores de telecomunicações. | Insalubre | 25 anos | Jornada normal ou especial fixada em lei. Art. 227 da CLT e Portaria Ministerial n. 262, de 6.8.1962. |
| 2.5.0 | ARTESANATO E OUTRAS OCUPAÇÕES QUALIFICADAS | | | | |
| 2.5.1 | Lavanderia e tinturaria | Lavadores, passadores, calandristas, tintureiros. | Insalubre | 25 anos | Jornada normal. |
| 2.5.2 | Fundição, cozimento, laminação, trefilação, moldagem | Trabalhadores nas indústrias metalúrgicas, de vidro, de cerâmica e de plásticos — fundidores, laminadores, moldadores, trefiladores, forjadores. | Insalubre | 25 anos | Jornada normal. |
| 2.5.3 | Soldagem, galvanização, caldeiraria | Trabalhadores nas indústrias metalúrgicas, de vidro, de cerâmica e de plásticos — soldadores, galvanizadores, chapeados, caldeireiros. | Insalubre | 25 anos | Jornada normal. |
| 2.5.4 | Pintura | Pintores de pistola. | Insalubre | 25 anos | Jornada normal. |

| Código | Campo de Aplicação | Serviços e Atividades Profissionais | Classificação | Tempo de Trabalho Mínimo | Observações |
|---|---|---|---|---|---|
| 2.5.5 | Composição tipográfica e mecânica, linotipia, estereotipia, eletrotipia, litografia e *offset*, fotogravura, rotogravura e gravura, encadernação e impressão em geral | Trabalhadores permanentes nas indústrias poligráficas — linotipistas, monotipistas, tipógrafos, impressores, margeadores, montadores, compositores, pautadores, gravadores, granitadores, galvanotipistas, trezadores, titulistas. | Insalubre | 25 anos | Jornada normal. |
| 2.5.6 | Estiva e armazenagem | Estivadores, arrumadores, trabalhadores em capatazia, consertadores, conterentes. | Perigoso | 25 anos | Jornada normal ou especial, fixada em lei. Art. 278,da CLT; item VII, quadro II, do art. 65 do Decreto n. 48.959, de 29.9.1960. |
| 2.5.7 | Extinção de fogo, guarda | Bombeiros, investigadores, guardas. | Perigoso | 25 anos | Jornada normal. |

## 6.2. Anexos I e II do Decreto n. 83.080, de 24.1.1979

| Código | Campo de Aplicação | Atividade Profissional (trabalhadores ocupados em caráter permanente) | Tempo Mínimo de Trabalho |
|---|---|---|---|
| 1.0.0 | Agentes Nocivos | | |
| 1.1.0 | Físicos | | |
| 1.1.1. | Calor | Indústria metalúrgica e mecânica (atividades discriminadas nos Códigos 2.5.1 e 2.5.2 do Anexo II). Fabricação de vidros e cristais (atividades discriminadas no Código 2.5.5 do Anexo II)<br>Alimentação de caldeiras a vapor, a carvão ou à lenha | 25 anos |

| Código | Campo de Aplicação | Atividade Profissional (trabalhadores ocupados em caráter permanente) | Tempo Mínimo de Trabalho |
|---|---|---|---|
| 1.1.2 | Frio | Câmaras frigoríficas e fabricação de gelo | 25 anos |
| 1.1.3 | Radiações Ionizantes | Extração de minerais radioativos (tratamento, purificação, isolamento e preparo para distribuição)<br>Operações com reatores nucleares com fontes de nêutrons ou de outras radiações corpusculares<br>Trabalhos executados com exposições aos raios X, rádio e substâncias radioativas para fins industriais, terapêuticos e diagnósticos<br>Fabricação de ampolas de raios X e radioterapia (inspeção de qualidade)<br>Fabricação e manipulação de produtos químicos e farmacêuticos radioativos (urânio, rádon, mesotório, tório X, césio 137 e outros)<br>Fabricação e aplicação de produtos luminescentes radíferos<br>Pesquisas e estudos dos raios X e substâncias radioativas em laboratórios | 25 anos |
| 1.1.4 | Trepidação | Trabalhos com perfuratrizes e marteletes pneumáticos | 25 anos |
| 1.1.5 | Ruído | Caldeiraria (atividades discriminadas no código 2.5.2 do Anexo II)<br>Trabalhos em usinas geradoras de eletricidade (sala de turbinas e geradores)<br>Trabalhos com exposição permanente a ruído acima de 99 db<br>Operação com máquinas pneumáticas (atividades discriminadas entre as do Código 2.5.3 do Anexo II)<br>Trabalhos em cabinas de prova de motores de avião | 20 anos |

| Código | Campo de Aplicação | Atividade Profissional (trabalhadores ocupados em caráter permanente) | Tempo Mínimo de Trabalho |
|---|---|---|---|
| 1.1.6 | Pressão Atmosférica | Trabalhos em caixões ou câmaras pneumáticas subaquáticas e em tubulões pneumáticos<br>Operação com uso de escafandro<br>Operação de mergulho<br>Trabalho sob ar comprimido em túneis pressurizados | 25 anos |
| 1.2.0 | Químicos | | |
| 1.2.1 | Arsênico | Metalurgia de minérios arsenicais<br>Extração de arsênico<br>Fabricação de compostos de arsênico<br>Fabricação de tintas à base de compostos de arsênico (atividades discriminadas no Código 2.5.6 do Anexo II)<br>Fabricação e aplicação de produtos inseticidas, parasiticidas e raticidas à base de compostos de arsênico | 25 anos |
| 1.2.2 | Berílio ou Glicínio | Extração, trituração e tratamento de berílio<br>Fabricação de ligas de berílio e seus compostos<br>Fundição de ligas metálicas<br>Utilização do berílio ou seus compostos na fabricação de tubos fluorescentes, de ampolas de raios X e de vidros especiais | 25 anos |
| 1.2.3 | Cádmio | Extração, tratamento e preparação de ligas de cádmio<br>Fundição de ligas metálicas<br>Fabricação de compostos de cádmio<br>Solda com cádmio<br>Utilização de cádmio em revestimentos metálicos | 25 anos |
| 1.2.4 | Chumbo | Extração de chumbo<br>Fabricação e emprego de chumbo tetraetila ou tetrametila | 25 anos |

| Código | Campo de Aplicação | Atividade Profissional (trabalhadores ocupados em caráter permanente) | Tempo Mínimo de Trabalho |
|---|---|---|---|
| | | Fabricação de objetos e artefatos de chumbo<br>Fabricação de acumuladores, pilhas e baterias elétricas contendo chumbo ou compostos de chumbo<br>Fabricação de tintas, esmaltes e vernizes à base de compostos de chumbo (atividades discriminadas no Código 2.5.6 do Anexo II)<br>Fundição e laminação de chumbo, zinco velho, cobre e latão<br>Limpeza, raspagem e reparação de tanques de mistura e armazenamento de gasolina contendo chumbo tetraetila<br>Metalurgia e refinação de chumbo<br>Vulcanização de borracha pelo litargírio ou outros compostos de chumbo | |
| 1.2.5 | Cromo | Fabricação de ácido crômico, de cromatos e bicromatos | 25 anos |
| 1.2.6 | Fósforo | Extração e preparação de fósforo branco e seus compostos<br>Fabricação e aplicação de produtos fosforados e organofosforados, inseticidas, parasiticidas e raticidas<br>Fabricação de projéteis incendiários, explosivos e gases asfixiantes à base de fósforo branco | 25 anos |
| 1.2.7 | Manganês | Extração, tratamento e trituração do minério por processos manuais ou semiautomáticos<br>Fabricação de compostos de manganês<br>Fabricação de pilhas secas contendo compostos de manganês<br>Fabricação de vidros especiais, indústrias de cerâmicas e outras operações com exposição permanente a poeiras de pirolusita ou de outros compostos de manganês | 25 anos |

| Código | Campo de Aplicação | Atividade Profissional (trabalhadores ocupados em caráter permanente) | Tempo Mínimo de Trabalho |
|---|---|---|---|
| 1.2.8 | Mercúrio | Extração e fabricação de compostos de mercúrio<br>Fabricação de espoletas com fulminato de mercúrio<br>Fabricação de tintas à base de composto de mercúrio<br>Fabricação de solda à base de mercúrio<br>Fabricação de aparelhos de mercúrio: barômetro, manômetro, termômetro, interruptor, lâmpadas, válvulas eletrônicas, ampolas de raios X e outros<br>Amalgamação de zinco para fabricação de eletródios, pilhas e acumuladores<br>Douração e estanhagem de espelhos à base de mercúrio<br>Empalhamento de animais com sais de mercúrio<br>Recuperação de mercúrio por destilação de resíduos industriais<br>Tratamento a quente das amálgamas de ouro e prata para recuperação desses metais preciosos<br>Secretagem de pelos, crinas e plumas, feltragem à base de compostos de mercúrio | 25 anos |
| 1.2.9 | Ouro | Redução, separação e fundição do ouro | 25 anos |
| 1.2.10 | Hidrocarbonetos e outros Compostos de Carbono | Fabricação de benzol, toluol, xilol (benzeno, tolueno e xileno)<br>Fabricação e aplicação de inseticidas clorados derivados de hidrocarbonetos<br>Fabricação e aplicação de inseticidas e fungicidas derivados do ácido carbônico<br>Fabricação de derivados halogenados de hidrocarbonetos alifáticos: cloreto de metila, brometo de metila, clorofórmio, tetracloreto de carbono, dicloretano, tetracloretano, tricloretileno e bromofórmio | 25 anos |

<table>
<tr><th>Código</th><th>Campo de Aplicação</th><th>Atividade Profissional (trabalhadores ocupados em caráter permanente)</th><th>Tempo Mínimo de Trabalho</th></tr>
<tr><td></td><td></td><td>Fabricação e aplicação de inseticida à base de sulfeto de carbono<br>Fabricação de seda artificial (viscose)<br>Fabricação de sulfeto de carbono<br>Fabricação de carbonilida<br>Fabricação de gás de iluminação<br>Fabricação de solventes para tintas, lacas e vernizes, contendo benzol, toluol e xilol</td><td></td></tr>
<tr><td>1.2.11</td><td>Outros Tóxicos, Associação de Agentes</td><td>Fabricação de flúor e ácido fluorídrico, cloro e ácido clorídrico e bromo e ácido bromídrico<br>Aplicação de revestimentos metálicos, eletroplastia, compreendendo: niquelagem, cromagem, douração, anodização de alumínio e outras operações assemelhadas (atividades discriminadas no Código 2.5.4 do Anexo II)<br>Pintura à pistola — associação de solventes e hidrocarbonados e partículas suspensas (atividades discriminadas entre as do Código 2.5.3 do Anexo II)<br>Trabalhos em galerias e tanques de esgoto (monóxido de carbono, gás metano, gás sulfídrico e outros)<br>Solda elétrica e a oxiacetileno (fumos metálicos)<br>Indústrias têxteis: alvejadores, tintureiros, lavadores e estampadores à mão</td><td>25 anos</td></tr>
<tr><td>1.2.12</td><td>Sílica, Silicatos, Carvão, Cimento e Amianto</td><td>Extração de minérios (atividades discriminadas nos Códigos 2.3.1 a 2.3.5 do Anexo II)<br>Extração de rochas amiantíferas (furação, corte, desmonte, trituração, peneiramento e manipulação)<br>Extração, trituração e moagem de talco<br>Decapagem, limpeza de metais, foscamento de vidros com jatos de areia (atividades discriminadas entre as do Código 2.5.3 do Anexo II)<br>Fabricação de cimento</td><td>15, 20 ou 25 anos</td></tr>
</table>

| Código | Campo de Aplicação | Atividade Profissional (trabalhadores ocupados em caráter permanente) | Tempo Mínimo de Trabalho |
|---|---|---|---|
| | | Fabricação de guarnições para freios, materiais isolantes e produtos de fibrocimento<br>Fabricação de material refratário para fornos, chaminés e cadinhos, recuperação de resíduos<br>Fabricação de mós, rebolos, saponáceos, pós e pastas para polimento de metais<br>Moagem e manipulação de sílica na indústria de vidros, porcelanas e outros produtos cerâmicos<br>Mistura, cardagem, fiação e tecelagem de amianto<br>Trabalho em pedreiras (atividades discriminadas no Código 2.3.4 do Anexo II)<br>Trabalho em construção de túneis (atividades discriminadas nos Códigos 2.3.3 e 2.3.4 do Anexo II) | |
| 1.3.0 | Biológicos | | |
| 1.3.1 | Carbúnculo, Brucela, Mormo, Tuberculose e Tétano | Trabalhos permanentes em que haja contato com produtos de animais infectados<br>Trabalhos permanentes em que haja contato com carnes, vísceras, glândulas, sangue, ossos, pelos, dejeções de animais infectados (atividades discriminadas entre as do Código 2.1.3 do Anexo II: médicos, veterinários, enfermeiros e técnicos de laboratórios) | 25 anos |
| 1.3.2 | Animais doentes e Materiais Infecto-contagiantes | Trabalhos permanentes expostos ao contato com animais doentes ou materiais infectocontagiantes (atividades discriminadas entre as do Código 2.1.3 do Anexo II: médicos, veterinários, enfermeiros e técnicos de laboratórios) | |
| 1.3.3 | Preparação de Soros, Vacinas e outros Produtos | Trabalhos pertinentes em laboratórios com animais destinados ao preparo de soro, vacinas e outros produtos (atividades discriminadas entre as do Código 2.1.3 do Anexo II: médicos laboratoristas, técnicos de laboratórios, biologistas) | 25 anos |

| Código | Campo de Aplicação | Atividade Profissional (trabalhadores ocupados em caráter permanente) | Tempo Mínimo de Trabalho |
|---|---|---|---|
| 1.3.4 | Doentes ou Materiais Infecto-contagiantes | Trabalhos em que haja contato permanente com doentes ou materiais infectocontagiantes [atividades discriminadas entre as do Código 2.1.3 do Anexo II: médicos, médicos laboratoristas (patologistas), técnicos de laboratório, dentistas, enfermeiros] | 25 anos |
| 1.3.5 | Germes | Trabalhos nos gabinetes de autópsia, de anatomia e anátomo-histopatologia (atividades discriminadas entre as do Código 2.1.3 do Anexo II: médicos toxicologistas, técnicos de laboratório de anatomopatologia ou histopatologia, técnicos de laboratório de gabinetes de necropsia, técnicos de anatomia) | 25 anos |

## Anexo II
## REGULAMENTO DOS BENEFÍCIOS DA PREVIDÊNCIA SOCIAL
## (Decreto n. 83.080, de 24 de janeiro de 1979)

## CLASSIFICAÇÃO DAS ATIVIDADES PROFISSIONAIS SEGUNDO OS GRUPOS PROFISSIONAIS

| Código | Atividade Profissional | Tempo Mínimo de Trabalho |
|---|---|---|
| 2.0.0 | Grupos Profissionais | |
| 2.1.0 | Profissões Liberais e Técnicas | |
| 2.1.1 | Engenharia:<br>Engenheiros-químicos<br>Engenheiros-metalúrgicos<br>Engenheiros de minas | 25 anos |
| 2.1.2 | Química-Radioatividade:<br>Químicos-industriais<br>Químicos-toxicologistas<br>Técnicos em laboratórios de análises<br>Técnicos em laboratórios químicos<br>Técnicos de radioatividade | 25 anos |

| Código | Atividade Profissional | Tempo Mínimo de Trabalho |
|---|---|---|
| 2.1.3 | Medicina-Odontologia-Farmácia e Bioquímica-Enfermagem-Veterinária:<br>Médicos (expostos aos agentes nocivos — Código 1.3.0 do Anexo I)<br>Médicos-anatomopatologistas ou histopatologistas<br>Médicos-toxicologistas<br>Médicos-laboratoristas (patologistas)<br>Médicos-radiologistas ou radioterapeutas<br>Técnicos de raios X<br>Técnicos de laboratório de anatomopatologia ou histopatologia<br>Farmacêuticos-toxicologistas e bioquímicos<br>Técnicos de laboratório de gabinete de necropsia<br>Técnicos de anatomia<br>Dentistas (expostos aos agentes nocivos — Código 1.3.0 do Anexo I)<br>Enfermeiros (expostos aos agentes nocivos — Código 1.3.0 do Anexo I)<br>Médicos veterinários (expostos aos agentes nocivos — Código 1.3.0 do Anexo I) | 25 anos |
| 2.2.0 | Pesca | |
| 2.2.1 | Pescadores | 25 anos |
| 2.3.0 | Extração de Minérios | |
| 2.3.1 | MINEIROS DE SUBSOLO<br>(Operações de corte, furação e desmonte e atividades de manobras nos pontos de transferências de cargas e viradores e outras atividades exercidas na frente de trabalho)<br>Perfuradores de rochas, cortadores de rochas, carregadores, britadores, cavouqueiros e choqueiros | 15 anos |
| 2.3.2 | TRABALHADORES PERMANENTES EM LOCAIS DE SUBSOLO, AFASTADOS DAS FRENTES DE TRABALHO (GALERIAS, RAMPAS, POÇOS, DEPÓSITOS)<br>Motoristas, carregadores, condutores de vagonetas, carregadores de explosivos, encarregados do fogo (*blasters*), eletricistas, engatadores, bombeiros, madeireiros e outros profissionais com atribuições permanentes em minas de subsolo | 20 anos |
| 2.3.3 | MINEIROS DE SUPERFÍCIE<br>Trabalhadores no exercício de atividades de extração em minas ou depósitos minerais na superfície | 25 anos |

| Código | Atividade Profissional | Tempo Mínimo de Trabalho |
|---|---|---|
| | Perfuradores de rochas, cortadores de rochas, carregadores, operadores de escavadeiras, motoreiros, condutores de vagonetas, britadores, carregadores de explosivos, encarregados do fogo (*blasters*) e outros profissionais com atribuições permanentes de extração em minas ou depósitos minerais na superfície | |
| 2.3.4 | TRABALHADORES EM PEDREIRAS, TÚNEIS, GALERIAS<br>Perfuradores, cavouqueiros, canteiros, encarregados do fogo (*blasters*) e operadores de pás mecânicas | 25 anos |
| 2.3.5 | TRABALHADORES EM EXTRAÇÃO DE PETRÓLEO<br>Trabalhadores ocupados em caráter permanente na perfuração de poços petrolíferos e na extração de petróleo | 25 anos |
| 2.4.0 | Transportes | |
| 2.4.1 | TRANSPORTE FERROVIÁRIO<br>Maquinista de máquinas acionadas a lenha ou a carvão.<br>Foguista | 25 anos |
| 2.4.2 | TRANSPORTE URBANO E RODOVIÁRIO<br>Motorista de ônibus e de caminhões de cargas (ocupados em caráter permanente) | 25 anos |
| 2.4.3 | TRANSPORTE AÉREO<br>Aeronautas | 25 anos |
| 2.4.4 | TRANSPORTE MARÍTIMO<br>Foguistas<br>Trabalhadores em casa de máquinas | 25 anos |
| 2.4.5 | TRANSPORTE MANUAL DE CARGA NA ÁREA PORTUÁRIA<br>Estivadores (trabalhadores ocupados em caráter permanente, em embarcações, no carregamento e descarregamento de carga)<br>Arrumadores e ensacadores<br>Operadores de carga e descarga nos portos | 25 anos |
| 2.5.0 | Artífices, trabalhadores ocupados em diversos processos de produção e outros | |
| 2.5.1 | INDÚSTRIAS METALÚRGICAS E MECÂNICAS<br>(Aciarias, fundições de ferro e metais não ferrosos, laminações), forneiros, mãos de forno, reservas de forno, fundidores, soldadores, lingoteiros, tenazeiros, caçambeiros, amarradores, dobradores e desbastadores | 25 anos |

| Código | Atividade Profissional | Tempo Mínimo de Trabalho |
|---|---|---|
| | Rebarbadores, esmerilhadores, marteleteiros de rebarbação<br>Operadores de tambores rotativos e outras máquinas de rebarbação<br>Operadores de máquinas para fabricação de tubos por centrifugação<br>Operadores de pontes rolantes ou de equipamentos para transporte de peças e caçambas com metal liquefeito, nos recintos de aciarias, fundições e laminações<br>Operadores nos fornos de recozimento ou de têmpera--recozedores, temperadores | |
| 2.5.2 | FERRARIAS, ESTAMPARIAS DE METAL A QUENTE E CALDEIRARIA<br>Ferreiros, marteleteiros, forjadores, estampadores, caldeireiros e prensadores<br>Operadores de forno de recozimento, de têmpera, de cementação, forneiros, recozedores, temperadores, cementadores<br>Operadores de pontes rolantes ou talha elétrica | 25 anos |
| 2.5.3 | OPERAÇÕES DIVERSAS<br>Operadores de máquinas pneumáticas<br>Rebitadores com marteletes pneumáticos<br>Cortadores de chapa a oxiacetileno<br>Esmerilhadores<br>Soldadores (solda elétrica e a oxiacetileno)<br>Operadores de jatos de areia com exposição direta à poeira<br>Pintores à pistola (com solventes hidrocarbonados e tintas tóxicas)<br>Foguistas | 25 anos |
| 2.5.4 | APLICAÇÃO DE REVESTIMENTOS METÁLICOS E ELETROPLASTIA<br>Galvanizadores, niqueladores, cromadores, cobreadores, estanhadores, douradores e profissionais em trabalhos de exposição permanente nos locais | 25 anos |
| 2.5.5 | FABRICAÇÃO DE VIDROS E CRISTAIS<br>Vidreiros, operadores de forno, forneiros, sopradores de vidros e cristais<br>Operadores de máquinas de fabricação de vidro plano, sacadores de vidros e cristais, operadores de máquinas de soprar vidros e outros profissionais em trabalhos permanentes nos recintos de fabricação de vidros e cristais | 25 anos |

| Código | Atividade Profissional | Tempo Mínimo de Trabalho |
|---|---|---|
| 2.5.6 | FABRICAÇÃO DE TINTAS, ESMALTES E VERNIZES<br>Trituradores, moedores, operadores de máquinas moedoras, misturadores, preparadores, envasilhadores e outros profissionais em trabalhos de exposição permanente nos recintos de fabricação | 25 anos |
| 2.5.7 | PREPARAÇÃO DE COUROS<br>Caleadores de couros<br>Curtidores de couros<br>Trabalhadores em tanagem de couros | 25 anos |
| 2.5.8 | INDÚSTRIA GRÁFICA E EDITORIAL<br>Monotipistas, linotipistas, fundidores de monotipo, fundidores de linotipo, fundidores de estereotipia, eletrotipistas, estereotipistas, galvanotipistas, titulistas, compositores, biqueiros, chapistas, tipógrafos, caixistas, distribuidores, paginadores, emendadores, impressores, minervistas, prelistas, ludistas, litógrafos e fotogravadores | 25 anos |

## 6.3. Lei n. 7.850, de 23.10.1989(*)

Considera penosa, para efeito de concessão de aposentadoria especial aos 25 (vinte e cinco) anos de serviço, a atividade profissional de telefonista.

O PRESIDENTE DA REPÚBLICA

Faço saber que o Congresso Nacional decreta e eu sanciono a seguinte Lei:

**Art. 1º** É considerada penosa, para os efeitos da concessão da aposentadoria especial prevista no art. 9º da Lei n. 5.890, de 8 de junho de 1973, a atividade profissional de telefonista, onde quer que seja exercida.

**Parágrafo único.** A aposentadoria especial referida no *caput* deste artigo será concedida pela Previdência Social ao profissional que completar 25 (vinte e cinco) anos de efetivo exercício da atividade de telefonista.

**Art. 2º** O Poder Executivo regulamentará esta Lei no prazo de 60 (sessenta) dias.

**Art. 3º** Esta Lei entra em vigor na data de sua publicação.

**Art. 4º** Revogam-se as disposições em contrário.

Brasília, 23 de outubro de 1989; 168º da Independência e 101º da República.

JOSÉ SARNEY
*Jáder Fontenelle Barbalho*

(*) Revogada pela Lei n. 9.528, de 10.12.97.

## 6.4. Norma de Higiene Ocupacional — NHO-1 — Procedimento Técnico para Avaliação da Exposição Ocupacional ao Ruído

RUÍDO OCUPACIONAL

*Contínuo/Intermitente e de Impacto*

NHO-1 Norma de Higiene Ocupacional da Fundacentro

A NHO-1 faz parte da Série de Normas de Higiene Ocupacional (NHO's) elaborada por técnicos da Coordenação de Higiene do Trabalho da FUNDACENTRO, por meio do Projeto Difusão de Informações em Higiene do Trabalho, 1997/1998.

São destacados a seguir os principais tópicos tratados pelos técnicos da FUNDACENTRO que a elaboraram:

Esta Norma cancela e substitui as seguintes Normas da FUNDACENTRO:

— HHT-6 R/E — 1985: Norma para avaliação da exposição ocupacional ao ruído contínuo ou intermitente em fase experimental.

— NHT-7 R/E — 1985: Norma para avaliação da exposição ocupacional ao ruído — ruído de impacto.

— NHT-9 R/E — 1986: Norma para avaliação da exposição ocupacional ao ruído contínuo ou intermitente através de dosímetros.

As principais modificações e avanços técnicos em relação às Normas anteriores são:

— substituir as três Normas anteriormente existentes e trata tanto da avaliação da exposição ocupacional ao ruído contínuo ou intermitente, quanto da avaliação da exposição ocupacional ao ruído de impacto;

— introduz o conceito de nível de exposição como um dos critérios para a quantificação e caracterização da exposição ocupacional ao ruído contínuo ou intermitente e o conceito de nível de exposição normalizado para interpretação dos resultados;

— adota o valor "3" como incremento de duplicação de dose (q = 3);

— considera a possibilidade de utilização de medidores integradores e de medidores de leituras instantâneas.

### 1. Objetivo

Esta Norma Técnica tem por objetivo estabelecer critérios e procedimentos para a avaliação da exposição ocupacional ao ruído, que implique risco potencial de surdez ocupacional.

## 2. Aplicação

A Norma aplica-se à exposição ocupacional a ruído contínuo ou intermitente e a ruído de impacto, em quaisquer situações de trabalho, contudo não está voltada para a caracterização das condições de conforto acústico.

## 3. Terminologia e definições

*3.1. Para os fins desta Norma aplicam-se as seguintes Definições, Símbolos e Abreviaturas:*

*Ciclo de exposição:* conjunto de situações acústicas ao qual é submetido o trabalho, em sequência definida, e que se repete de forma contínua no decorrer da jornada de trabalho.

*Critério de Referência (CR):* nível médio para o qual a exposição, por um período de 8 horas, corresponderá a uma dose de 100%.

*Dose:* parâmetro utilizado para caracterização da exposição ocupacional ao ruído, expresso em porcentagem de energia sonora, tendo por referência o valor máximo da energia sonora diária admitida, definida com base em parâmetros preestabelecidos (q. CR, NLI).

*Dose Diária:* dose referente à jornada diária de trabalho.

*Dosímetro de Ruído:* medidor integrador de uso pessoal que fornece a dose da exposição ocupacional ao ruído.

*Grupo Homogêneo (GHE):* corresponde a um grupo de trabalhadores que experimentam exposição semelhante, de forma que o resultado fornecido pela avaliação da exposição de parte do grupo seja representativo da exposição de todos os trabalhadores que compõem o mesmo grupo.

*Incremento de Duplicação de Dose (q):* incremento em decibéis que, quando adicionado a um determinado nível, implica a duplicação da dose de exposição ou a redução para a metade do tempo máximo permitido.

*Limite de Exposição (LE):* parâmetro de exposição ocupacional que representa condições sob as quais se acredita que a maioria dos trabalhadores possa estar exposta, repetidamente, sem sofrer efeitos adversos à sua capacidade de ouvir e entender uma conversão normal.

*Limite de Exposição Valor Teto (LE-VT):* corresponde ao valor máximo, acima do qual não é permitida exposição em nenhum momento da jornada de trabalho.

*Medidor Integrador de Uso Pessoal:* medidor que possa ser fixado no trabalhador durante o período de medição, fornecendo por meio de integração, a dose ou nível médio.

*Medidor Integrador Portado pelo Avaliador:* medidor operado diretamente pelo avaliador, que fornece, por meio de integração, a dose ou o nível médio.

*Nível de Ação:* valor acima do qual devem ser iniciadas ações preventivas de forma a minimizar a probabilidade de que as exposições ao ruído causem prejuízos à audição do trabalhador e evitar que o limite de exposição seja ultrapassado.

*Nível Equivalente (Neq):* nível médio baseado na equivalência de energia, conhecido como LEQ.

*Nível de Exposição (NE):* nível médio representativo da exposição ocupacional diária.

*Nível de Exposição Normalizado (NEN):* nível de exposição, convertido para uma jornada padrão de 8 horas diárias, para fins de comparação com o limite de exposição.

*Nível Limiar de Integração (NLI):* nível de ruído a partir do qual os valores devem ser computados na integração para fins de determinação de nível médio ou da dose de exposição.

*Nível Médio (NM):* nível de ruído representativo da exposição ocupacional relativo ao período de medição, que considera os diversos valores de níveis instantâneos ocorridos no período e os parâmetros de medição predefinidos.

*Ruído Contínuo ou Intermitente:* todo e qualquer ruído que não está classificado como ruído de impacto ou impulsivo.

*Ruído de Impacto ou Impulsivo:* ruído que apresenta picos de energia acústica de duração inferior a 1 (um) segundo, a intervalos superiores a 1 (um) segundo).

*Situação Acústica:* cada parte do ciclo de exposição na qual o trabalhador está exposto a níveis de ruído considerados estáveis.

*Zona Auditiva:* região do espaço delimitada por um raio de 150 mm +/- 50 mm, medido a partir da entrada do canal auditivo.

*3.2. As principais correlações entre a terminologia em Português e Inglês são as seguintes:*

Critério de Referência (CR): *Criterion Level* (CL)

Incremento de Duplicação de Dose (q): *Exchange Rate* (q ou ER)

Limite de Exposição (LE): *Threshold Limit Value* (TLV)

Limite de Exposição Valor Teto (LE-VT): *Threshold Limit Value-Ceiling* (TLV-C)

Nível Equivalente (Neq): *Equivalent Level* (Leq)

Nível Médio (NM): *Average Level* (Lavg ou TWA)

Nível Limiar de Integração (NLI): *Threshold Level* (TL)

## 4. Critérios de avaliação da exposição ocupacional ao ruído

### *4.1. Ruído contínuo ou intermitente*

O critério de referência que embasa os limites de exposição diária adotados para ruído contínuo ou intermitente corresponde a uma dose de 100% para exposição de 8 horas ao nível de 85 dB(A).

O critério de avaliação considera, além do critério de referência, o incremento de dose (q) igual a 3 e o nível limiar de integração igual a 80 dB(A).

A avaliação da exposição ocupacional ao ruído contínuo ou intermitente deverá ser feita por meio da determinação da dose diária de ruído ou do nível de exposição, parâmetros representativos da exposição diária do trabalhador. Esses parâmetros são totalmente equivalentes, sendo possível, a partir de um, obter-se o outro, mediante as expressões matemáticas que seguem:

$$NE = 10 \times \text{Log} \left[ \frac{480}{T_E} \times \frac{D}{100} \right] + 85 \quad [\text{dB}]$$

$$D = \frac{T_E}{480} \times 100 \times 2^{\left[\frac{NE-85}{3}\right]} \quad [\%]$$

onde:

NE = nível de exposição

D = dose diária de ruído em porcentagem

$T_E$ = tempo de duração, em minutos, da jornada diária de trabalho

A avaliação deve ser realizada utilizando-se medidores integradores (IEC 804) de uso individual, fixados no trabalhador.

Na indisponibilidade destes equipamentos, a Norma oferece procedimentos alternativos para outros tipos de medidores integradores ou medidores de leitura instantânea, não fixados no trabalhador, que poderão ser utilizados na avaliação de determinadas situações de exposição ocupacional. Em cada caso deverão ser seguidos os procedimentos de medição específicos estabelecidos na presente Norma.

No entanto, as condições de trabalho que apresentem dinâmica operacional complexa, como, por exemplo, a condução de empilhadeiras, atividades de manutenção, entre outras, ou que envolvam movimentação constante do trabalhador, não deverão ser avaliadas por esses métodos alternativos.

Nota: como verificado acima o dosímetro de ruído ou áudio — dosímetro será sempre o equipamento mais adequado nas avaliações.

4.1.1. Avaliação da exposição de um trabalhador ao ruído contínuo ou intermitente por meio da dose diária

4.1.1.1. Utilizando medidor integrador de uso pessoal

A determinação da dose de exposição ao ruído deve ser feita, preferencialmente, por meio de medidores integradores de uso pessoal (dosímetros de ruído), ajustados de forma a atender as especificações contidas no item 5.2.1.1 (equipamentos de medição).

Neste caso o limite de exposição ocupacional diário no ruído contínuo ou intermitente corresponde à dose diária igual a 100%.

O nível de ação para a exposição ocupacional ao ruído é de dose diária igual a 50%.

O limite de exposição valor teto para o ruído contínuo ou intermitente é 115 dB(A).

Exposições a níveis inferiores a 80 dB(A) não serão considerados no cálculo da dose.

Quando a exposição for a um único nível de ruído o cálculo da dose diária também é feito utilizando a expressão apresentada, ou seja, simplesmente dividindo "$C_1$" por "$T_1$".

Neste critério, o limite de exposição ocupacional diária ao ruído contínuo ou intermitente corresponde à dose diária igual a 100%.

4.1.2. Avaliação da exposição de um trabalhador ao ruído contínuo ou intermitente por meio do nível de exposição

A avaliação da exposição pelo nível de exposição deve ser realizada, preferencialmente, utilizando-se medidores integradores de uso individual. Na indisponibilidade destes equipamentos, poderão ser utilizados outros tipos de medidores integradores ou medidores de leitura instantânea, portados pelo avaliador.

*O Nível de Exposição (NE)* é o Nível Médio representativo da exposição diária do trabalhador avaliado.

Para fins de comparação com o limite de exposição, deve-se determinar o Nível de Exposição Normalizado (NEN), que corresponde ao Nível de Exposição (NE) convertido para a jornada padrão de 8 horas diárias.

*O Nível de Exposição Normalizado (NEN)* é determinado pela seguinte expressão:

$$NEN = NE + 10 \log \frac{T_E}{480} \quad [dB]$$

onde:

NE = nível médio representativo da exposição ocupacional diária.

$T_E$ = tempo de duração, em minutos, da jornada diária de trabalho.

Neste critério o limite de exposição ocupacional diária ao ruído correspondente a NEN igual a 85 dB(A), e o limite de exposição valor teto para ruído contínuo ou intermitente é de 115 dB(A).

Para este critério considera-se como nível de ação o valor NEN igual a 82 dB(A).

Tabela 1
**Tempo máximo diário de exposição permissível em função do nível de ruído**

| Nível de ruído dB(A) | Tempo máximo diário permissível (Tn) (minutos) |
|---|---|
| 80 | 1.523,90 |
| 81 | 1.209,52 |
| 82 | 960,00 |
| 83 | 761,95 |
| 84 | 604,76 |
| 85 | 480,00 |
| 86 | 380,97 |
| 87 | 240,00 |
| 89 | 190,48 |
| 90 | 151,19 |
| 91 | 120,00 |
| 92 | 95,24 |
| 93 | 75,59 |
| 94 | 60,00 |
| 95 | 47,62 |
| 96 | 37,79 |
| 97 | 30,00 |
| 98 | 23,81 |
| 99 | 18,89 |

| Nível de ruído dB(A) | Tempo máximo diário permissível (Tn) (minutos) |
|---|---|
| 100 | 15,00 |
| 101 | 11,90 |
| 102 | 9,44 |
| 103 | 7,50 |
| 104 | 5,95 |
| 105 | 4,72 |
| 106 | 3,75 |
| 107 | 2,97 |
| 108 | 2,36 |
| 109 | 1,87 |
| 110 | 1,48 |
| 111 | 1,18 |
| 112 | 0,93 |
| 113 | 0,74 |
| 114 | 0,59 |
| 115 | 0,46 |

*4.2. Ruído de impacto*

A determinação da exposição ao ruído de impacto ou impulsivo deve ser feita por meio de medidor de nível de pressão sonora operando em (Linear) e circuito de resposta para medição de nível de pico.

Neste critério o limite de exposição diária ao ruído de impacto é determinado pela expressão a seguir:

$$Np = 160 - 10 \operatorname{Log} n \qquad [dB]$$

onde:

$N_p$ = nível de pico, em dB(Lin), máximo admissível.

n = número de impactos ou impulsos ocorridos durante a jornada diária de trabalho.

A Tabela 2, obtida com base na expressão anterior, apresenta a correlação entre os níveis de pico máximo admissíveis e o número de impactos ocorridos durante a jornada diária de trabalho, extraída a partir da expressão de determinação do limite de exposição diária ao ruído de impacto.

Tabela 2
**Níveis de pico máximo admissíveis em função do número de impactos**

| $N_p$ | n | $N_p$ | n | $N_p$ | n |
|---|---|---|---|---|---|
| 120 | 10000 | 127 | 1995 | 134 | 398 |
| 121 | 7943 | 128 | 1584 | 135 | 316 |
| 122 | 6309 | 129 | 1258 | 136 | 251 |
| 123 | 5011 | 130 | 1000 | 137 | 199 |
| 124 | 3981 | 131 | 794 | 138 | 158 |
| 125 | 3162 | 132 | 630 | 139 | 125 |
| 126 | 2511 | 133 | 501 | 140 | 100 |

Quando o número de impactos ou de impulsos diário exceder a 10.000 (n > 10.000), o ruído deverá ser considerado como contínuo ou intermitente.

O limite de tolerância valor teto para ruído de impacto corresponde ao valor de nível de pico de 140 dB(Lin).

O nível de ação para a exposição ocupacional ao ruído de impacto corresponde ao valor Np obtido na expressão acima, subtraído de 3 decibéis ® (Np = 3) dB.

Nota:

Os critérios estabelecidos na presente Norma estão baseados em conceitos e parâmetros técnico-científicos modernos, seguindo tendências internacionais atuais, NÃO HAVENDO UM COMPROMISSO DE EQUIVALÊNCIA COM O CRITÉRIO LEGAL. Desta forma, os resultados obtidos e sua interpretação quando da aplicação da presente Norma podem diferir daqueles obtidos na caracterização da insalubridade pela aplicação do disposto na NR-15, anexo 1, da Portaria n. 3.214, de 1978.

## 5. Procedimentos de avaliação

### *5.1. Abordagem dos locais e das condições de trabalho*

A avaliação de ruído deverá ser feita de forma a caracterizar a exposição de todos os trabalhadores considerados no estudo.

Identificando-se grupos de trabalhadores que apresentem iguais características de exposição (**grupos homogêneos de exposição**) não precisarão ser avaliados todos os trabalhadores. As avaliações podem ser realizadas cobrindo um ou mais trabalhadores cuja situação corresponde à exposição (típica) de cada grupo considerado.

Havendo dúvidas quanto à possibilidade de redução do número de trabalhadores a serem avaliados, a abordagem deve considerar necessariamente a totalidade dos expostos no grupo considerado.

O conjunto de medições deve ser representativo das condições reais de exposição ocupacional do grupo de trabalhadores objeto do estudo. Desta forma, a avaliação deve cobrir todas as condições, operacionais e ambientais habituais, que envolvem o trabalhador no exercício de suas funções.

Para que as medições sejam representativas da exposição de toda a jornada de trabalho é importante que o período de amostragem seja adequadamente escolhido. Se forem identificados ciclos de exposição repetitivos durante a jornada, a amostragem deverá incluir um número suficiente de ciclos. A amostragem deverá cobrir um número maior de ciclos, caso estes não sejam regulares ou apresentem níveis com grandes variações de valores.

No decorrer da jornada diária, quando o trabalhador executar duas ou mais rotinas independentes de trabalho, a avaliação da exposição ocupacional poderá ser feita avaliando-se, separadamente, as condições de exposição em cada uma das rotinas e determinando-se a exposição ocupacional diária pela composição dos dados obtidos.

Havendo dúvidas quanto à representatividade da amostragem, esta deverá envolver necessariamente toda a jornada de trabalho.

Os procedimentos de avaliação devem interferir o mínimo possível nas condições ambientais e operacionais características da condição de trabalho em estudo.

Condições de exposição não rotineiras, decorrentes de operações ou procedimentos de trabalho previsíveis, mas não habituais, tais como manutenções preventivas, devem ser avaliadas e interpretadas isoladamente, considerando-se a sua contribuição na dose diária ou no nível de exposição.

Deverão ser obtidas informações administrativas, a serem corroboradas por observação de campo, necessárias na caracterização da exposição dos trabalhadores, com base no critério utilizado.

### *5.2. Equipamento de medição*

#### 5.2.1. Especificações mínimas

##### 5.2.1.1. Medidores integradores de uso pessoal

Os medidores integradores de uso pessoal, também denominados de dosímetros de ruído, a serem utilizados na avaliação da exposição ocupacional ao ruído devem atender às especificações constantes da Norma ANSI S1.25-1991 ou de suas futuras revisões, ter classificação mínima do tipo 2 e estar ajustados de forma a atender aos seguintes parâmetros:

— circuito de ponderação — "A"

— circuito de resposta = lenta (slow)

— critério de referência = 85 dB(A), que corresponde à dose de 100% para uma exposição de 8 horas

— nível limiar de integração = 80 dB(A)

— faixa de medição mínima = 80 a 115 dB(A)

— incremento de duplicação de dose = 3 (q = 3)

— indicação da ocorrência de níveis superiores a 115 dB(A)

5.2.1.2. Medidores integradores portados pelo avaliador

Os medidores integradores a serem utilizados na avaliação da exposição ocupacional ao ruído devem atender às especificações da Norma IEC 804 ou de suas futuras revisões e ter classificação mínima do tipo 2. Para a determinação de níveis médios de ruído devem estar ajustados de forma a atender aos seguintes parâmetros:

— circuito de ponderação = "A"

— circuito de resposta = lenta (slow) ou rápida (fast), quando especificado pelo fabricante

— critério de referência = 85 dB(A), que corresponde à dose de 100% para uma exposição de 8 horas

— nível limiar de integração = 80 dB(A)

— faixa de medição mínima = 80 a 115 dB(A)

— incremento de duplicação de dose = 3 (q = 3)

— indicação da ocorrência de níveis superiores a 115 dB(A)

5.2.1.3. Medidores de leitura instantânea

Os medidores de leitura instantânea a serem utilizados na avaliação da exposição ocupacional ao ruído contínuo ou intermitente, ou de impacto, devem ser no mínimo do tipo 2, segundo especificações constantes das Normas ANSI S1.4-1983 e IEC 651, ou de suas futuras revisões.

Para a medição de ruído contínuo ou intermitente, os medidores devem estar ajustados de forma a operar no circuito de ponderação "A", circuito de resposta lenta (slow) e cobrir uma faixa de medição mínima de 80 a 115 dB(A).

Para a medição de ruído de impacto os medidores devem estar ajustados de forma a operar no circuito "linear", circuito de resposta para medição de nível de pico, e cobrir uma faixa de medição de pico mínima de 100 a 150 dB.

5.2.1.4. Calibradores acústicos

Os equipamentos utilizados na calibração dos medidores de nível de pressão sonora devem atender às especificações da Norma ANSI S1.40-1984 ou IEC 942-1988.

Os calibradores, preferencialmente, devem ser da mesma marca que o medidor e, obrigatoriamente, permitir o adequado acoplamento entre o microfone e o calibrador, diretamente ou por meio do uso de adaptador.

5.2.2. Interferentes ambientais no desempenho dos equipamentos

O uso de protetor de vento sobre o microfone é sempre recomendável a fim de evitar possíveis interferências da velocidade do ar e proteger o microfone contra poeira.

Os medidores só poderão ser utilizados dentro das condições de umidade e temperatura especificados pelos fabricantes.

Se os medidores forem utilizados em ambientes com a presença de campos magnéticos significativos, devem ser considerados os cuidados e as limitações previstas pelo fabricante.

5.2.3. Aferição e certificação dos equipamentos

Os medidores e os calibradores deverão ser periodicamente aferidos e certificados pelo fabricante, assistência técnica autorizada, ou laboratórios credenciados para esta finalidade.

*5.3. Procedimentos gerais de medição*

Os equipamentos de medição, quando em uso, devem estar calibrados e em perfeitas condições eletromecânicas. Antes de iniciar as medições deve-se:

— verificar a integridade eletromecânica e coerência na resposta do instrumento;

— verificar as condições de carga das baterias;

— ajustar os parâmetros de medição, conforme o critério a ser utilizado;

— efetuar a calibração de acordo com as instruções do fabricante.

As medições devem ser feitas com o microfone posicionado dentro da zona auditiva do trabalhador, de forma a fornecer dados representativos da exposição ocupacional diária ao ruído a que submetido o trabalhador no exercício de suas funções. No caso de medidores de uso pessoal, o microfone deve ser posicionado sobre o ombro, preso na vestimenta, dentro da zona auditiva do trabalhador.

Quando forem identificadas diferenças significativas entre os níveis de pressão sonora que atingem os dois ouvidos, as medições deverão ser realizadas do lado exposto ao maior nível.

O direcionamento do microfone deve obedecer às orientações do fabricante, constantes do manual do equipamento, de forma a garantir a melhor resposta do medidor.

O posicionamento e a conduta do avaliador não devem interferir no campo acústico ou nas condições de trabalho, para não falsear os resultados obtidos. Se necessário, deve ser utilizada avaliação remota, por meio do uso de cabo de extensão para o microfone, a fim de permitir leitura a distância.

Antes de iniciar a medição o trabalhador a ser avaliado deve ser informado:

— do objetivo do trabalho;

— que a medição não deve interferir em suas atividades habituais, devendo manter a sua rotina de trabalho;

— que as medições não efetuam gravação de conversas;

— que o equipamento ou microfone nele fixado só pode ser removido pelo avaliador;

— que o microfone nele fixado não pode ser tocado ou obstruído;

— sobre outros aspectos pertinentes.

Os dados obtidos só serão validados se, após a medição, o equipamento mantiver as condições adequadas de uso. Deverão ser invalidados, efetuando-se nova medição, sempre que:

— a aferição (VERIFICAÇÃO) da calibração acusar variação fora da faixa tolerada de > 1 dB;

— o nível de tensão de bateria estiver abaixo do mínimo aceitável;

— houver qualquer prejuízo à integridade eletromecânica do equipamento.

Quando ocorrer a presença simultânea de ruído contínuo ou intermitente e ruído de impacto, a avaliação da exposição ao ruído contínuo ou intermitente. Quando forem utilizados medidores integradores, o ruído de impacto será automaticamente computado na integração. No caso de utilização de medidores de leitura instantânea, as leituras que coincidirem com a ocorrência dos picos de impacto deverão ser normalmente computadas nos dados da medição.

### *5.4. Procedimentos específicos de medição de ruído contínuo ou intermitente*

5.4.1. Utilizando medidor integrador de uso pessoal

a) Realize os ajustes preliminares no equipamento e sua calibração, com base nas instruções do manual de operação e nos parâmetros especificados no item 5.2.1.1.

b) Coloque o medidor no trabalhador a ser avaliado e fixe o microfone dentro da zona auditiva, conforme item 6.3.

c) Posicione e fixe qualquer excesso de cabo de microfone para evitar qualquer dificuldade ou inconveniente ao usuário.

d) Adote as medidas necessárias para impedir que o usuário, ou outra pessoa, possa fazer alterações na programação do equipamento, comprometendo os resultados obtidos.

e) Inicie o processo de integração somente após o microfone estar devidamente ajustado e fixado no trabalhador.

f) Cheque o dosímetro periodicamente, durante a avaliação, para se assegurar de que o microfone está adequadamente posicionado e que o equipamento está em condições normais de operação.

g) Retire o microfone do trabalhador somente após a interrupção da medição.

h) Determine e registre o tempo efetivo de medição, sempre que a medição não cobrir a jornada integral de trabalho.

i) Quando a medição não cobrir toda a jornada de trabalho, a dose determinada para o período medido deve ser projetada para a jornada diária efetiva de trabalho, determinando-se a dose diária.

5.4.2. Utilizando medidor integrador portado pelo avaliador

a) Realize os ajustes preliminares no equipamento e sua calibração, com base nas instruções do manual de operação e nos parâmetros especificados no item 5.2.1.2.

b) Mantenha o microfone do medidor dentro da zona auditiva do trabalhador e posicione-se de forma a minimizar a interferência na medição.

c) Determine e registre o tempo efetivo de medição, sempre que a medição não cobrir a jornada integral de trabalho.

d) Quando a medição cobrir um período representativo da exposição ocupacional, o nível médio fornecido pelo medidor será representativo da exposição do trabalhador avaliado durante toda a sua jornada de trabalho, correspondendo ao nível de exposição. Se for determinada a fração de dose, esta deverá ser projetada para a jornada diária efetiva de trabalho.

e) Acompanhe toda a movimentação do trabalhador no exercício de suas funções, de forma que durante toda a medição o microfone mantenha-se posicionado dentro da zona auditiva.

f) Quando forem utilizados medidores cujo tempo de integração seja prefixado e não cubra o período mínimo representativo da exposição, deverão ser seguidos os procedimentos complementares relacionados a seguir:

— medições sequenciais, cada uma com tempo de duração dentro do limite imposto pelo medidor;

— número de medições suficiente para cobrir um período representativo da exposição;

— registro de todas as leituras das medições para permitir a determinação do nível médio ou da fração de dose relativos ao período avaliado, mediante a seguinte expressão matemática:

$$NM = 10 \log \left[ \frac{1}{n} \left( n_1 \times 10^{0,1NM_1} + n_2 \times 10^{0,1NM_2} + ... + n_i \times 10^{0,1NM_i} + ... + n_n \times 10^{0,1NM} \right) \right]$$

onde:

NM = Nível médio representativo da exposição do trabalhador avaliado

$n_i$ = número de leituras obtidas para um mesmo nível médio parcial assumido — $NM_i$

n = número total de leituras = $n_1 + n_2 + ... + n_i + ... + n_n$

$NM_i$ = iésimo nível médio de pressão sonora assumido, em dB(A)

g) As medições devem ser feitas em um período representativo da exposição ocupacional, por meio de n leituras sequenciais colhidas a intervalos de tempo fixos e predefinidos, identificados por "Dt", de no máximo 15 segundos.

h) Cada leitura corresponde ao valor efetivamente lido no medidor no instante da medição, arredondado para o valor mais próximo, dentro de um intervalo de 0,5 dB. Não devem ser tomadas, portanto, médias subjetivas (média por interpolação visual) durante a realização de cada leitura. (Exemplos: valor lido: 80,7 ® valor assumido: 80,5; valor lido: 80,8 ® 81,0).

*5.5. Procedimentos específicos de medição de ruído de impacto*

a) Realize os ajustes preliminares no equipamento e sua calibração, com base nas instruções do manual de operação e parâmetros especificados no item 5.2.1.3.

b) Mantenha o microfone do medidor dentro da zona auditiva do trabalhador e posicione-se de forma a minimizar a interferência na medição.

c) Acompanhe toda a movimentação do trabalhador no exercício de suas funções, de forma a manter o microfone posicionado dentro da zona auditiva, durante todo o período de medição.

d) Efetue medições em número suficiente para determinar os níveis de impacto a que fica submetido o trabalhador avaliado.

e) Determine o número de impactos por dia a que fica exposto o trabalhador avaliado.

f) O número de impactos e os níveis medidos em um período menor que a jornada diária de trabalho poderão ser extrapolados para toda a jornada, desde que o período avaliado representativo de toda a exposição do trabalhador.

*5.6. Interpretação dos resultados*

5.6.1. Ruído contínuo ou intermitente

5.6.1.1. Dose diária

Com base no critério apresentado no item 4.1.1, sempre que a dose diária de exposição a ruído determinada for superior a 100%, o limite de exposição estará excedido e exigirá a adoção imediata de medidas de controle.

Se a dose diária estiver entre 50% e 100% a exposição deve ser considerada acima do nível de ação, devendo ser adotadas medidas preventivas de forma a minimizar a probabilidade de que as exposições aos ruídos causem prejuízos à audição do trabalhador e evitar que o limite de exposição seja ultrapassado.

Não é permitida, em nenhum momento da jornada de trabalho, exposição a níveis de ruído contínuo ou intermitente acima de 115 dB(A) para indivíduos que não estejam protegidos, independentemente dos valores obtidos para dose diária ou para o nível de exposição.

5.6.1.2. Nível de exposição normalizado

Com base no critério apresentado no item 5.1.2, sempre que o nível de exposição normalizado (NEN) for superior a 85 dB(A), o limite de exposição estará excedido e exigirá a adoção imediata de medidas de controle.

Se o NEN estiver entre 82 dB(A) e 85 dB(A) a exposição deve ser considerada acima do nível de ação, devendo ser adotadas medidas preventivas a fim de minimizar a probabilidade de que as exposições causem prejuízos à audição do trabalhador e evitar que o limite de exposição seja ultrapassado.

Não é permitida, em nenhum momento da jornada de trabalho, exposição a níveis de ruído contínuo ou intermitente acima de 115 dB(A) para indivíduos que não estejam adequadamente protegidos, independentemente dos valores obtidos para dose diária ou para o nível de exposição.

5.6.1.3. Critério de julgamento e tomada de decisão

O Quadro a seguir apresenta considerações técnicas e a situação recomendada em função da Dose Diária ou do Nível de Exposição Normalizado encontrados na condição de exposição avaliada.

| Dose Diária (%) | NEN dB(A) | Consideração Técnica | Atuação Recomendada |
|---|---|---|---|
| 0 a 50 | até 82 | aceitável | no mínimo manutenção da condição existente |
| 50 a 80 | 82 a 84 | acima do nível de ação | adoção de medidas preventivas |
| 80 a 100 | 84 a 85 | região de incerteza | adoção de medidas preventivas e corretivas visando a redução da dose diária |
| acima de 100 | > 85 | acima do limite de exposição | adoção imediata de medidas corretivas |

5.6.2. Ruído de impacto

Com base no critério apresentado no item 4.2, sempre que o nível de pico ultrapassar o nível máximo permitido Np, calculado para o número de impactos a que o trabalhador está exposto em sua jornada diária de trabalho, o limite de exposição estará excedido e exigirá a adoção imediata de medidas de controle.

Não é permitida exposição a ruídos de impacto ou impulsivos com níveis de pico superiores a 140 dB para indivíduos que não estejam adequadamente protegidos.

Se o nível de pico estiver entre (Np — 3) e Np a exposição deve ser considerada acima do nível de ação, devendo ser adotadas medidas preventivas para minimizar a probabilidade de que as exposições ao ruído ultrapassem o limite de exposição.

5.6.3. Ruído contínuo ou intermitente simultâneo com ruído de impacto

Na ocorrência simultânea de ruído contínuo ou intermitente e ruído de impacto, a exposição ocupacional estará acima do limite de exposição, quando pelo menos o limite para um dos tipos de ruído for excedido.

Não é permitida, em nenhum momento da jornada de trabalho, exposição a níveis de ruído contínuo ou intermitente acima de 115 dB(A) para indivíduos que não estejam adequadamente protegidos, independentemente dos valores obtidos para dose diária ou para o nível de exposição.

Não é permitida exposição a ruídos de impacto ou impulsos com níveis de pico superiores a 140 dB para indivíduos que não estejam adequadamente protegidos.

## 6.5. Modelo de Programas de Prevenção de Riscos Ambientais — PPRA/NR-9, PPRA/NR-32 e PPRA/DA (INSS)

| PROGRAMA DE PREVENÇÃO DE RISCOS AMBIENTAIS: NR-9 |
| --- |
| PROGRAMA DE PREVENÇÃO DE RISCOS AMBIENTAIS: NR-32 |
| PROGRAMA DE PREVENÇÃO DE RISCOS AMBIENTAIS: DA PPP |

*ORIENTAÇÕES BÁSICAS*

Seguem abaixo as orientações básicas que devem ser utilizadas como uma diretriz, para a elaboração, avaliação ou adequação de um PPRA (NR-9/NR-32 da PPP).

O conteúdo do PPRA/DA deverá atender na íntegra o que preconiza a NR-9 e a NR-32 do Ministério do Trabalho e Emprego e as diversas legislações do Ministério da Previdência em especial o Decreto n. 3.048/99 e a Instrução Normativa n. 11/06.

O PPRA/DA deverá se estender a todas as áreas e ambientes de trabalho ocupados pela empresa, estando articulado com o PCMSO.

Podem ocorrer pelo menos três situações diversas durante a realização de um PPRA, tais como:

A — Empresas que elaboram o PPRA pela primeira vez.

Utilizar as orientações abaixo na sua totalidade.

B — Empresas que já possuem o PPRA/DA, porém não foram realizadas medições dos agentes agressivos.

Verificar se os agentes reconhecidos, mas não avaliados, indicados no PPRA anterior representam a totalidade dos agentes existentes no estabelecimento.

Em caso negativo, revisar o Documento-base incluindo os novos agentes.

Em seguida, realizar as medições necessárias utilizando as especificações constantes do item "Técnica de Avaliação dos Agentes".

As etapas anteriores já estarão cumpridas, uma vez que o PPRA já existe, bastando apenas a sua revisão.

Concluídas as medições, revisar o Plano de Ação anexando quando necessário os laudos técnicos no PPRA e preencher o formulário de registro de revisões.

C — Instalações que possuem PPRA com medições efetuadas.

Avaliar o atendimento ao Plano de Ação.

Atentar para as reavaliações anuais necessárias previstas ou não no PPRA.

Nestas reavaliações, deve ser considerado se houve alterações de processo, *layout* ou atividades que contribuíram para modificar os riscos reconhecidos.

Em caso positivo, atualizar o PPRA conforme as etapas previstas abaixo.

Em seguida, revisar o Plano de Ação, anexar os laudos técnicos no PPRA/DA e preencher o formulário de registro de revisões do PPRA/DA.

## TÉCNICAS DE AVALIAÇÃO DOS AGENTES

| Técnica da Medição | Objeto da Medição | Aplicação |
|---|---|---|
| Medir a Intensidade/ Concentração da Fonte | Máquina | Avaliação do efeito que tem uma máquina ou processo no ambiente de trabalho |
| Medições Ambientais | Ambientes | Avaliação do ambiente geral |
| Medição da Exposição | Pessoas | Avaliação da exposição das pessoas em seu posto de trabalho individual |

*Ruído*

A dose e o nível de pressão sonora médio (Lavg) deverão ser obtidos através de utilização de audiodosímetro, ou de decibelímetro que deverão receber os seguintes ajustes:

— Curva de compensação "A".

— Exposição tipo contínua de 5 dB(A) ou 3 dB(A) de relação amplitude/dobro de tempo (q).

— Contagem da dose a partir de 80 db(A) ou 82 db(A).

— Dose de 100% para 8 h de exposição a 85 dB(A).

O empregado portador do audiodosímetro deverá ser acompanhado durante todo o tempo, não podendo desviar-se de sua rotina de trabalho.

A seleção do ponto de medição e a localização do objeto de medida são regidas pelo objetivo que tenha a medição de ruído.

As medições da exposição deverão ser feitas próximo da orelha do trabalhador a uma distância de 5 a 10 cm.

*Exemplo de Medição:*

| Medição | Varredura | Avaliação | Controle |
|---|---|---|---|
| Emissão | Medição do nível de ruído ou do nível de ruído equivalente em diferentes situações de ruído. | Complementar a varredura com análise de frequência. É conveniente gravar o sinal de medição. Apenas devem ser efetuadas medições de acordo com as normas reconhecidas e locais a medir devem cumprir com certos requisitos. | Gravação ou medição por leitura direta do sinal através de um microfone. Nível de pressão sonora do sinal de frequência analisada. Requisitos específicos para medição em ambientes e aparelhos de medição. |
| Ambiente | Medição do nível de ruído em pontos de medição selecionados. | Realizar uma supervisão sistemática dos níveis de ruído em pontos de medição selecionados. | De acordo com o método indicado para a medição do ambiente de trabalho. |
| Exposição | De ruído equivalente no ambiente normal de trabalho. Fazer uma estimativa aproximada dos tempos de exposição. | Realizar medições de acordo com as instruções de trabalho do PPRA. | De acordo com a medição da exposição do avaliado. |

*Agentes Químicos*

Deverão ser avaliados, onde existirem, os agentes químicos podendo ser utilizados monitores de difusão passiva ou métodos de amostragem instantânea para avaliação de campo dos empregados.

O empregado portador do monitor deverá ser acompanhado durante todo o tempo, não podendo desviar-se de sua rotina de trabalho.

A metodologia e tempo de amostragem deverão seguir as Normas da FUNDACENTRO, NIOSH e/ou ACGIH.

Após amostragem, os monitores deverão ser avaliados por laboratórios reconhecidos nacional ou internacionalmente.

Não é recomendada a utilização de tubos colorimétricos para avaliação dos agentes.

A avaliação dos agentes deverá considerar as atividades necessárias para quantificar a concentração ou intensidade através de equipamentos e instrumentos compatíveis aos riscos identificados, utilizando-se de técnicas apropriadas.

Nesta etapa é primordial caracterizar, através de metodologias técnicas, a exposição de trabalhadores a agentes de risco, considerando-se os Limites de Tolerância e o tempo de exposição, registrando-se sempre o tipo de instrumental utilizado, marca, modelo e calibragem.

*Exemplo de Medição:*

| Medição | Varredura | Avaliação | Controle |
|---|---|---|---|
| Emissão | Realizar medições por métodos de leitura direta numa fonte de emissão bem definida. Se houver outros contaminantes ambientais selecionar uma substância como indicador. | Depois de criar a estratégia, realizar medições mais precisas utilizando métodos de leitura direta/indireta. Identificar e se possível quantificar as substâncias mais importantes. | Fazer revisões das medições regularmente. Os valores de concentração relativos são muitas vezes insuficientes. |
| Ambiente | Utilizar métodos de leitura direta e tomar amostras em alguns postos representativos. | Utilizar método de leitura direta/indireta e tomar amostras em alguns postos de trabalho. Realizar medições sobre diferentes condições de produção. | Utilizar métodos de leitura direta. Realizar medições a intervalos regulares em alguns lugares representativos. |
| Exposição | Utilização de instrumentos de leitura direta ou um método indireto de medida. Eleger uma substância como indicador. | Depois de criar uma estratégia, realizar uma medição completa da exposição. Utilização de equipamento de amostragem pessoal. Determinar qualitativamente e quantitativamente as substâncias mais importantes. | Realizar medições periódicas de uma ou mais substâncias usadas como indicador. |

## Quadro de Metodologia de Avaliação por Tipo de Agente e Equipamentos a serem utilizados

| Agente | NR-15 | Metodologia | Equipamentos | Técnica Utilizada |
|---|---|---|---|---|
| Ruído | Anexos 1 e 2 | NHO-1 da Fundacentro | 1 — Medidor de pressão sonora<br>2 — Dosímetros | 1 — Leitura instantânea<br>2 — Dosimetria |
| Calor | Anexo 3 | NHO-6 Fundacentro IBUTG — ISO 7.243 | Árvore de termômetros ou medidor de *stress* térmio eletrônico | Avaliação do IBUTG |
| Radiação Ionizante | Anexo 5 | NHO-5 — Fundacentro (Raio X)<br>CNEN-NE 3.01/88 (demais casos) | 1 — Dosímetros de bolso, filmes, canetas<br>2 — Contador Geiger Muller, cintiladores e câmaras de ionização | 1 — Amostragem passiva<br>2 — Leitura instantânea |
| Vibração | Anexo 8 | ISO 2.631 — Corpo Inteiro<br>ISO 5.349 — Mãos e Braços | Medidor de vibração com Analisador de frequência e acelerômetros | Leitura instantânea |
| Frio | Anexo 9 | Art. 253 da CLT ACGIH | Termômetro e anemômetro | Leitura instantânea |
| Agentes Químicos Gases e Vapores | Anexo 11 | NHO-2 Fundacentro<br>NHO-3 Fundacentro<br>NHO-4 Fundacentro<br>NHO-7 Fundacentro<br>Métodos da NIOSH | 1 — Tubos passivos, tubos colorimétricos e dosímetros passivos<br>2 — Bombas de fole ou pistão e bomba de amostragem de baixa vazão com tubos de carvão e sílica, porta tubos e *impingers*<br>3 — Instrumentos de leitura direta | 1 — Amostragem passiva<br>2 — Aspiração mecânica<br>3 — Leitura instantânea |
| Asbesto | Anexo 12 | NIOSH: 7.400; 7.402; 9.000; 9.002 | Bombas de amostragem com cassete condutivo e filtro éster de celulose com calibrador | Aspiração mecânica |
| Manganês e seus compostos | Anexo 12 | NIOSH 7.300 | Bomba de amostragem com Cassete, filtro e calibrador | Aspiração mecânica |
| Sílica livre | Anexo 12 | MHA-1 D — Fundacentro<br>NIOSH7.501; 7.500; 7.601; 7.602; 7.603 | Bomba de amostragem com Cassete, filtro de PVC, ciclone e calibrador | Aspiração mecânica |
| Benzeno | Anexo 13-A | Instrução Normativa MTE n. 1 e n. 2, de 20.12.1995 | 1 — Bomba de amostragem<br>2 — Instrumentos de leitura direta | 1 — Aspiração mecânica<br>2 — Leitura instantânea |

| Agente | NR-15 | Metodologia | Equipamentos | Técnica Utilizada |
|---|---|---|---|---|
| Poeiras Minerais | ACGIH | NHO-2 Fundacentro<br>NIOSH: 7.500 | Bomba de amostragem com Cassete, filtro, ciclone e calibrador | Aspiração mecânica |
| Fumos e partículas metálicas | Anexos 11 e 12 | NIOSH 7.300<br>OSHA ID — 125 | Bomba de amostragem com Cassete, filtro, éster de celulose, ciclone e calibrador | Aspiração mecânica |
| Agentes Biológicos | Anexo 14 | Portaria n. 3.523/98 GM-MS e Resolução n. 9/03 ANVISA | 1 — Qualitativa<br>2 — Quantitativa | 1 — Inspeção no local<br>2 — Sedimentação, filtração, borbulhação ou impactação |

## PROGRAMA DE PREVENÇÃO DE RISCOS AMBIENTAIS — PPRA/NR-9

## PROGRAMA DE PREVENÇÃO DE RISCOS AMBIENTAIS — PPRA/NR-32

## DEMONSTRAÇÃO AMBIENTAL — DA (INSS)

## (NOME DA EMPRESA)

## ÍNDICE

1 — Introdução

2 — Objetivo

3 — Identificação da Empresa

4 — Atividades da Empresa

5 — Características do Ambiente de Trabalho

6 — Descrição das Atividades Realizadas nos Setores de Trabalho

7 — Qualificação dos Responsáveis

8 — Definição das Responsabilidades

9 — Integração com a CIPA

10 — Definições

11 — Estratégias e Metodologias de Avaliação

12 — Estrutura do PPRA

13 — Desenvolvimento do PPRA

14 — Antecipação, Reconhecimento e Avaliação dos Riscos Ambientais

15 — Métodos, Técnica, Aparelhagens e Equipamentos Utilizados para a Elaboração do PPRA

16 — Controle dos Riscos Ambientais

17 — Medidas de Proteção e Existência e Aplicação Efetiva de EPI

18 — Nível de Ação

19 — Periodicidade, Forma de Avaliação e Revisão do PPRA

20 — Estabelecimento de Plano de Ação com Metas, Prioridades e Cronograma

21 — Recomendações Gerais

22 — Registro, Manutenção e Divulgação dos Dados

23 — Planejamento Anual, Metas e Prioridades

24 — Exame, Discussão do Plano e Conclusões Finais

25 — Critérios para a Emissão do PPP e do Enquadramento na GFIP

26 — Enquadramento dos Empregados com Relação à GFIP

27 — Glossário e Bibliografia

28 — Data do Documento e Assinatura do Profissional

*Documento base*

*1. Introdução*

Em 29 de dezembro de 1994, a Portaria n. 25 aprovou o texto da Norma Regulamentadora NR-9, que estabelece a obrigatoriedade da elaboração e implantação, por parte de todos os empregadores e instituições que admitam trabalhadores como empregados, do Programa de Prevenção dos Riscos Ambientais — PPRA/DA.

Em 11 de novembro de 2005, a Portaria MTE n. 485 aprovou o texto da Norma Regulamentadora NR-32, que trata da Segurança e Saúde no Trabalho em Estabelecimentos de Saúde, com a finalidade de estabelecer as diretrizes básicas para a implementação de medidas de proteção à segurança e à saúde dos trabalhadores dos serviços de saúde, bem como daqueles que exercem atividades de promoção e assistência à saúde em geral.

O PPRA do estabelecimento deve estar descrito no Documento Base que contém os aspectos estruturais do programa, a estratégia e metodologia de ação, forma de registro, manutenção e divulgação dos dados, a periodicidade e forma de avaliação do desenvolvimento do programa e o planejamento anual com o estabelecimento das metas a serem cumpridas com os prazos para a sua implantação conforme cronograma anual.

Este programa constitui-se numa ferramenta de extrema importância para a segurança e saúde dos empregados, proporcionando identificar as medidas de proteção ao trabalhador a serem implementadas e também serve de base para a elaboração do Programa de Controle Médico e Saúde Ocupacional — PCMSO, obrigatório pela NR-7.

O PPRA tem também por finalidade atender às exigências previstas nos Decretos, Ordens de Serviço e Instruções Normativas oriundas do Ministério da Previdência Social — MPS e do Instituto Nacional do Seguro Social — INSS.

A partir de 29 de abril de 1995, data da publicação da Lei n. 9.032, a caracterização de atividade como especial depende de comprovação do tempo de trabalho permanente, não ocasional nem intermitente, durante quinze, vinte ou vinte e cinco anos em atividade com efetiva exposição a agentes nocivos químicos, físicos, biológicos ou associação de agentes prejudiciais à saúde ou à integridade física, observada a carência exigida.

*2. Objetivo*

O PPRA tem como objetivo a preservação da saúde e a integridade física dos trabalhadores, através do desenvolvimento das etapas de antecipação, reconhecimento, avaliação e consequentemente o controle da ocorrência dos riscos ambientais existentes ou que venham a existir nos locais de trabalho, levando-se sempre em consideração a proteção do meio ambiente e dos recursos naturais.

O PPRA é parte integrante do conjunto mais amplo de iniciativas da empresa, no campo da preservação da saúde e da integridade física dos trabalhadores, estando articulado com o disposto nas demais Normas Regulamentadoras e Legislações Previdenciárias.

Tendo também por objetivo avaliar as atividades desenvolvidas pelos empregados no exercício de todas as suas funções e ou atividades, determinando se os mesmos estiveram expostos a agentes nocivos, com potencialidade de causar prejuízo à saúde ou a sua integridade física, em conformidade com os parâmetros estabelecidos na legislação previdenciária vigente.

A caracterização da exposição deve ser realizada em conformidade com os parâmetros estabelecidos na legislação trabalhista e previdenciária vigentes, e realizadas através de inspeção nos locais de trabalho do empregado considerando os dados constantes nos diversos documentos apresentados pela empresa.

Tem ainda o objetivo de atender as obrigatoriedades legais, previstas nas normas específicas.

Este programa, conforme NR-9, foi desenvolvido considerando-se riscos ambientais referentes aos agentes físicos, químicos e biológicos existentes no ambiente de trabalho, que em função de sua natureza e intensidade, associadas ao tempo de exposição, podem causar danos à saúde dos funcionários do estabelecimento.

Este documento também terá a função de se adequar às novas exigências da NR-32, Norma específica para trabalhos em Estabelecimentos de Saúde.

O PPRA objetiva minimizar riscos e estabelecer uma linha de ação no tocante à Segurança do Trabalho, tendo sempre como meta o bem-estar físico e mental dos funcionários.

O cumprimento deste Programa caberá à Direção do estabelecimento.

*3. Identificação da empresa*

Razão Social:

CNPJ N.:

CNAE:

Atividade Principal:

Grupo:

Subgrupo:

Grau de Risco:

Endereço Completo:

Telefone:

Horário de Funcionamento da Empresa:

Jornada Diária:

Data do levantamento de campo:

Responsável pela Inspeção:

Nome do Informante da empresa:

Número de empregados:

Empregados Afastados:

Empregados Readaptados:

Cargos existentes no estabelecimento: (exemplo das funções mais frequentes encontradas em hospital):

— enfermeira

— auxiliar de enfermagem

— técnica de enfermagem

— atendente de enfermagem

— escriturário

— chefe de serviço

— recepcionista

— fisioterapeuta

— telefonista

— caixa

— motorista

— auxiliar de almoxarife

— auxiliar de farmácia

— farmacêutico

— servente

— nutricionista

— chefe de seção

— mensageiro

— técnico de segurança do trabalho

— engenheiro de segurança do trabalho

— enfermeira do trabalho

— médico do trabalho

*4. Atividades da empresa*

Descrever de forma sucinta as principais atividades e processos que ocorrem no estabelecimento e como estas tarefas são realizadas nos diversos setores de trabalho.

Sugestão de texto A:

"A empresa XXXX, objeto deste PPRA, desenvolve atividades de Produção de Embalagens, estando instalada em uma edificação do tipo Galpão industrial. No setor de estamparia estão localizadas as prensas e calandras que têm por finalidade a formação da embalagem, no setor de galvanoplastia estão localizados os tanques de galvanização eletrolítica, etc."

Sugestão de texto B:

"A empresa Hospital XXXX, objeto deste PPRA, desenvolve atividades de atendimento hospitalar, ambulatorial, laboratorial e diagnóstico por imagem. As suas atividades são desenvolvidas em uma edificação do tipo convencional, com estrutura de concreto em alvenaria de blocos, com 15 pavimentos sendo um térreo e dois subsolos, perfazendo um total de 68.000 m de área construída."

*5. Características do ambiente de trabalho*

Fazer a caracterização física do ambiente de trabalho, conforme o quadro abaixo.

Se a empresa tiver apenas um ambiente, utilizar a tabela abaixo:

| CARACTERÍSTICAS DO AMBIENTE DE TRABALHO | |
|---|---|
| Pé Direito: | |
| Piso: | |
| Paredes: | |
| Cobertura: | |
| Ventilação artificial: | |
| Iluminação artificial: | |

Se a empresa possuir mais de um ambiente, usar a tabela a seguir:

| CARACTERÍSTICAS DO AMBIENTE DE TRABALHO | | | | | | | |
|---|---|---|---|---|---|---|---|
| Andar | Local/ Setor | Pé Direito | Paredes | Piso | Cobertura | Tipo de Iluminação | Tipo de Ventilação |
| | | | | | | | |
| | | | | | | | |
| | | | | | | | |

*6. Descrição das atividades realizadas nos setores de trabalho*

Desenvolver planilha contendo a relação de setores, as funções dos trabalhadores, o quantitativo de empregados e descrição das atividades realizadas, conforme modelo abaixo:

| Setor | Funções Existentes | N. de Empregados | Descrição das Atividades | Descrição do Posto de Trabalho/Localização |
|---|---|---|---|---|
| | | | | |
| | | | | |
| | | | | |
| | | | | |
| | | | | |

Exemplo de Setores encontrados em Estabelecimentos de Saúde:

— Farmácia

— Diretoria

— SESMT

— Setor de Pessoal

— Banco de Sangue

— Manutenção

— Diagnóstico por Imagem

— Centro Cirúrgico

— Laboratório de Análises Clínicas

— Laboratório de Anatomia Patológica

— Comunicações

— Almoxarifado

— Faturamento

— Hemodiálise

— Centro Ambulatorial

— Chefia de Enfermagem, CCIH, Educação Continuada

— Serviço de Nutrição e Dietética

— Unidade de Terapia Intensiva

— Pronto Socorro

— Unidades de Internação

— Central de Quimioterapia

— Fisioterapia

— Radiologia Digital

— Arquivo Médico

— UTI Pediátrica

— UTI Adulto

*7. Qualificação dos responsáveis*

Informar o nome e o cargo dos responsáveis pelo acompanhamento dos serviços nos diversos setores da empresa.

Nome e Formação do profissional responsável pela visita de campo e levantamento das informações.

Nome e Formação do profissional responsável pelo SESMT, quando houver.

*8. Definição das responsabilidades*

DO EMPREGADOR:

O empregador é o responsável por estabelecer, implementar e assegurar o cumprimento do PPRA, como atividade permanente da empresa.

Informar aos trabalhadores sobre os riscos ambientais e meios disponíveis de proteção.

DOS TRABALHADORES:

Os trabalhadores têm como responsabilidade colaborar e participar na implantação e execução do PPRA.

Seguir as orientações recebidas nos treinamentos oferecidos dentro do PPRA; e informar ao seu superior hierárquico direto as ocorrências que, a seu julgamento, possam implicar riscos à saúde dos trabalhadores.

DO SERVIÇO ESPECIALIZADO EM SEGURANÇA E MEDICINA DO TRABALHO — SESMT:

Assessorar as unidades do estabelecimento na efetiva implantação do PPRA e em todos os demais assuntos relacionados com a Engenharia de Segurança do Trabalho e Medicina do Trabalho, com a finalidade de promover a saúde e proteger a integridade física dos funcionários.

Realizar anualmente junto com a administração do estabelecimento e com a CIPA a reavaliação do PPRA.

Se a empresa não necessitar de SESMT, acrescentar:

Segundo o Quadro II "Dimensionamento dos SESMT" da NR-4 a empresa está dispensada de ter em seus quadros os Serviços Especializados em Engenharia de Segurança e em Medicina do Trabalho.

*9. Integração com a CIPA*

Os empregados terão participação efetiva no programa, através dos seus representantes da CIPA que estiver em gestão, dando sugestões e informando a administração sobre condições que julgarem de risco.

O documento base, suas alterações e complementações deverão ser apresentados e discutidos na CIPA, quando existente na empresa, de acordo com a NR-5, sendo uma cópia anexada ao livro de ata dessa comissão.

Se não precisar de CIPA, acrescentar o seguinte texto:

Segundo a NR-5 — CIPA, a empresa está desobrigada de organizar e manter em funcionamento uma Comissão Interna de Prevenção de Acidentes — CIPA.

*10. Definições*

HIGIENE OCUPACIONAL

É a ciência e arte dedicada à prevenção, reconhecimento, avaliação e controle dos riscos existentes ou originados nos locais de trabalho, os quais podem prejudicar a saúde e o bem-estar das pessoas no trabalho, enquanto considera os possíveis impactos sobre o meio ambiente em geral.

RISCOS AMBIENTAIS

Para efeito da NR-9, item 9.1.5, que trata do PPRA, são considerados riscos ambientais os agentes físicos, químicos e biológicos que, em função de sua natureza, concentração ou intensidade e tempo de exposição, forem capazes de causar dano à saúde do trabalhador.

De acordo com a NR-32, item 32.2, que trata dos Riscos Biológicos, subitem 32.2.1, para fins de aplicação desta NR, considera-se Risco Biológico a probabilidade da exposição ocupacional a agentes biológicos.

De acordo com a IN n. 11/06, são consideradas condições especiais que prejudicam a saúde ou a integridade física, conforme aprovado pelo Decreto n. 3.048, de 6 de maio de 1999, a exposição a agentes nocivos químicos, físicos ou biológicos ou a exposição à associação desses agentes, em concentração ou intensidade e tempo de exposição que ultrapasse os limites de tolerância ou que, dependendo do agente, torne a simples exposição em condição especial prejudicial à saúde.

O núcleo da hipótese de incidência tributária, objeto do direito à aposentadoria especial, é composto de:

I — nocividade, que no ambiente de trabalho é entendida como situação combinada ou não de substâncias, energias e demais fatores de riscos reconhecidos, capazes de trazer ou ocasionar danos à saúde ou à integridade física do trabalhador;

II — permanência, assim entendida como o trabalho não ocasional nem intermitente, durante quinze, vinte ou vinte cinco anos, no qual a exposição do empregado, do trabalhador avulso ou do cooperado ao agente nocivo seja indissociável da produção do bem ou da prestação do serviço, em decorrência da subordinação jurídica à qual se submete.

Para a apuração do disposto no inciso I, há que se considerar se o agente nocivo é:

a) apenas qualitativo, sendo a nocividade presumida e independente de mensuração, constatada pela simples presença do agente no ambiente de trabalho, conforme constante nos Anexos 6, 13, 13-A e 14 da Norma Regulamentadora n. 15 (NR-15) do Ministério do Trabalho e Emprego — MTE e no Anexo IV do RPS, para os agentes iodo e níquel;

b) quantitativo, sendo a nocividade considerada pela ultrapassagem dos limites de tolerância ou doses, dispostos nos Anexos 1, 2, 3, 5, 8, 11 e 12 da NR-15 do MTE, por meio da mensuração da intensidade ou da concentração, consideradas no tempo efetivo da exposição no ambiente de trabalho.

O agente constante no Anexo 9 da NR-15 do MTE poderá ser considerado nocivo, mediante laudo de inspeção do ambiente de trabalho, baseado em investigação acurada sobre o caso concreto.

Quanto ao disposto no inciso II, não quebra a permanência o exercício de função de supervisão, controle ou comando em geral ou outra atividade equivalente, desde que seja exclusivamente em ambientes de trabalho cuja nocividade tenha sido constatada.

AGENTES FÍSICOS

São as diversas formas de energia a que possam estar expostos os trabalhadores.

Devem ser considerados durante as avaliações os agentes físicos que se apresentam nas seguintes formas de energia: Ruído; Calor; Radiações Ionizantes; Trabalho sob Condições Hiperbáricas; Radiação Não Ionizantes; Vibrações; Frio e Umidade.

AGENTES QUÍMICOS

São substâncias compostas ou produtos que podem penetrar no organismo pela via respiratória, ou pela natureza da atividade de exposição possam ter contato por meio da pele ou serem absorvidos pelo organismo por ingestão, conforme abaixo: Poeiras; Fumos; Névoas; Neblina; Gases e Vapores.

Para fins de reconhecimento como atividade especial, em razão da exposição a agentes químicos, considerado o RPS vigente à época dos períodos laborados, a avaliação deverá contemplar todas aquelas substâncias existentes no processo produtivo.

AGENTES BIOLÓGICOS

São os agentes biológicos que se apresentam nas formas de micro-organismos e parasitas infecciosos vivos e suas toxinas, tais como: Bactérias; Fungos; Bacilos; Parasitas; Protozoários e Vírus, entre outros.

O subitem 32.2.1.1 define como Agentes Biológicos os microrganismos, geneticamente modificados ou não; as culturas de células; os parasitas; as toxinas e os príons.

ASSOCIAÇÃO DE AGENTES

O reconhecimento de atividade como especial, em razão de associação de agentes será determinado pela exposição aos agentes combinados exclusivamente nas tarefas especificadas, devendo ser analisado considerando os itens dos Anexos dos Regulamentos da Previdência Social, vigentes à época dos períodos laborados.

CLASSIFICAÇÃO DO GRAU DE RISCO

Para efeito deste trabalho, adotamos as seguintes definições para os graus de riscos, que podem ser classificados em cinco níveis conforme a sua categoria:

Marcar com sombreamento 15% a linha do grau de risco classificada.

| GRAU DE RISCO | CATEGORIA | SIGNIFICADO |
|---|---|---|
| 0 | Insignificante | Fatores do ambiente ou elementos materiais que não constituem nenhum incômodo e nem risco para a saúde ou integridade física |
| 1 | Baixo | Fatores do ambiente ou elementos materiais que constituem um incômodo sem ser uma fonte de risco para a saúde ou integridade física |
| 2 | Moderado | Fatores do ambiente ou elementos materiais que constituem um incômodo podendo ser de baixo risco para a saúde ou integridade física |
| 3 | Alto ou Sério | Fatores do ambiente ou elementos materiais que constituem um risco para a saúde e integridade física do trabalhador, cujos valores ou importâncias estão notavelmente próximos dos limites regulamentares |
| 4 | Muito Alto ou Crítico | Fatores do ambiente ou elementos materiais que constituem um risco para a saúde e integridade física do trabalhador, com uma probabilidade de acidente ou doença, elevada |

*11. Estratégias e metodologias de avaliação*

A estratégia e respectiva forma de atuação deverão ser desenvolvidas por meio de reuniões de planejamento, confrontação de relatos e dos dados de avaliações ambientais.

Na metodologia de avaliação dos agentes ambientais, quando necessárias, deverão ser utilizadas as normas da Fundacentro e da ABNT usadas em Higiene do Trabalho, relacionadas no final deste documento.

A priorização de avaliações quantitativas para os contaminantes atmosféricos e agentes físicos do ponto de vista do Programa de Prevenção de Riscos Ambientais pode ser definida conforme a tabela abaixo, partindo-se sempre do nível do Grau de Risco identificado para a definição da prioridade das avaliações quantitativas a serem realizadas.

PRIORIZAÇÃO DE AVALIAÇÕES QUANTITATIVAS PARA O PPRA

Marcar com sombreamento 15% a linha do grau de risco classificada.

| GRAU DE RISCO | CATEGORIA | SIGNIFICADO |
|---|---|---|
| 0 a 1 | Baixa | Não é necessária a realização de avaliações quantitativas das exposições |
| 2 | Média | A avaliação quantitativa pode ser necessária porém não é prioritária. Será prioritária somente se for necessária para verificar a eficácia das medidas de controle e demonstrar que os riscos estão controlados |
| 3 | Alta | Avaliação quantitativa prioritária para estimar as exposições e verificar a necessidade ou não de melhorar ou implantar medidas de controle |
| 4 | Baixa | Avaliação quantitativa não é prioritária, não é necessária a realização de avaliações quantitativas para se demonstrar a exposição excessiva e a necessidade de implantar ou melhorar as medidas de controle |
| | Alta | A avaliação quantitativa somente será prioritária para o grau de risco 4 quando for relevante para planejamento das medidas de controle a serem adotadas ou para registro da exposição |

*12. Estrutura do PPRA*

O PPRA descrito nesse Documento Base contém os aspectos estruturais do programa, tais como: o planejamento anual com o estabelecimento das metas a serem cumpridas e com os prazos para a sua implantação; a estratégia e a metodologia de ação; a forma de registro; manutenção e divulgação dos dados bem como a periodicidade e forma de avaliação do seu desenvolvimento.

*13. Desenvolvimento do PPRA*

O PPRA foi elaborado com base no desenvolvimento das etapas que seguem um programa de Higiene Ocupacional, que consiste em antecipação, reconhecimento, avaliação, monitoramento e controle dos riscos ambientais existentes no ambiente de trabalho.

A amplitude e a complexidade do PPRA dependerá da identificação dos riscos ambientais encontrados na fase da antecipação ou do reconhecimento. Caso não sejam identificados riscos ambientais, o PPRA se resumirá à fase de antecipação dos riscos, registro e divulgação dos dados encontrados.

*14. Antecipação, Reconhecimento e Avaliação dos Riscos Ambientais*

ANTECIPAÇÃO

Esta etapa envolve a análise de novos projetos, instalações, produtos, métodos ou processos de trabalho ou de modificação das já existentes.

O objetivo é a identificação dos riscos potenciais e a introdução das medidas de controle necessárias, antecipando-se à exposição ao risco ambiental.

RECONHECIMENTO

Esta etapa envolve a identificação qualitativa e a explicitação dos riscos existentes nos ambientes de trabalho. As informações necessárias nesta etapa são:

A determinação e localização das possíveis fontes geradoras, trajetórias e meios de propagação, caracterização das atividades e do tipo de exposição, identificação das funções e determinação do número de trabalhadores expostos ao risco.

A obtenção de dados existentes na empresa, indicativos de possível comprometimento da saúde decorrentes do trabalho, possíveis danos à saúde relacionados aos riscos identificados disponíveis na literatura técnica.

A descrição das medidas de controle já existentes na empresa e das possíveis alterações para aumentar a sua eficiência na redução ou eliminação dos riscos ambientais e informações obtidas nos seguintes documentos:

— Mapas de Riscos Ambientais.

— Levantamentos de Riscos nos Postos de Trabalho.

— Análise Preliminar de Riscos — APR.

Nota: "NR-9, item 9.1.2.1 — Quando não forem identificados riscos ambientais nas fases de antecipação ou reconhecimento, descritas no item 9.3.2 e 9.3.3, o PPRA poderá resumir-se às etapas previstas nas alíneas *a* (antecipação e reconhecimento dos riscos) e *f* (registro e divulgação dos dados) do subitem 9.3.1.

Através de visita a campo serão identificados os possíveis riscos (situação não avaliada) contra a integridade física e a saúde dos funcionários do estabelecimento, bem como ao meio ambiente.

A fase de reconhecimento será revista periodicamente a cada 12 meses; será executada antes do período preestabelecido, quando ocorrerem modificações, ampliações ou novas operações no estabelecimento.

Fazer o reconhecimento dos riscos no ambiente de trabalho, conforme o quadro abaixo.

| Setor | Risco | Causa/Fonte Geradora | Tempo de Exposição | Empregados Expostos | Medidas de Controle Existentes |
|---|---|---|---|---|---|
| | | | | | |
| | | | | | |
| | | | | | |
| | | | | | |

De acordo com a NR-32, quando da elaboração de um PPRA, referente aos serviços de saúde, item 32.2.2, subitem 32.2.2.1, é informado que no PPRA desses estabelecimentos, além do previsto na NR-9, a fase de reconhecimento deve conter:

I. Identificação dos riscos biológicos mais prováveis, em função da localização geográfica e da característica do serviço de saúde e seus setores, considerando:

a) fontes de exposição e reservatórios;

b) vias de transmissão e de entrada;

c) transmissibilidade, patogenicidade e virulência do agente;

d) persistência do agente biológico no ambiente;

e) estudos epidemiológicos ou dados estatísticos;

f) outras informações científicas.

### Modelo de Planilha para Identificação dos Riscos Biológicos mais Prováveis

| Riscos Biológicos mais Prováveis | Locali-zação Geo-gráfica | Carac-terística do Serviço de Saúde | Fontes de Exposição e Reserva-tórios | Vias de Trans-missão e de Entrada | Transmissi-bilidade, Patogenici-dade e Virulência do Agente | Persistência do Agente Biológico no Ambiente | Estudos Epidemio-lógicos ou Dados Estatísticos | Outras Informa-ções Científicas |
|---|---|---|---|---|---|---|---|---|
| | | | | | | | | |
| | | | | | | | | |
| | | | | | | | | |
| | | | | | | | | |
| | | | | | | | | |

AVALIAÇÃO DOS RISCOS

Envolve o monitoramento dos riscos ambientais para a determinação da intensidade dos agentes físicos a concentração dos agentes químicos, visando o dimensionamento da exposição dos trabalhadores.

A avaliação quantitativa deverá ser realizada sempre que necessária para comprovar o controle da exposição ou a inexistência dos riscos identificados na etapa de reconhecimento, dimensionar a exposição dos trabalhadores e subsidiar o equacionamento das medidas de controle.

A avaliação deverá considerar as seguintes atividades:

a — Definir e planejar a estratégia de quantificação dos riscos, baseando-se nos dados e informações coletados na etapa anterior;

b — Quantificar a concentração ou intensidade através de equipamentos e instrumentos compatíveis aos riscos identificados e utilizando-se de técnicas indicadas a seguir;

c — Verificar se os valores encontrados estão em conformidade com os Limites de Tolerância estabelecidos e o tempo de exposição dos trabalhadores;

d — Verificar se as medidas de controle implantadas são eficientes.

Nesta fase de avaliação, é primordial caracterizar, através de metodologias técnicas, à exposição de trabalhadores a agentes de risco, considerando-se os Limites de Tolerância e o tempo de exposição.

Deverá ser transcrita a conclusão quanto à caracterização de dano à saúde do trabalhador.

Exemplo de planilha para Avaliação do Agente Físico Ruído:

| Setor | Funções Expostas | Local/ Atividades | Nível de ruído | | Dose de Exposição | Dose de Exposição dB(A) | Limite de Tolerância dB(A) |
|---|---|---|---|---|---|---|---|
| | | | Tempo de Exposição | dB(A) | | | |
| | | | | | | | |
| | | | | | | | |
| | | | | | | | |
| | | | | | | | |

Caso haja ruído acima de 85 dB (A), realizar cálculo de dose, conforme exemplo abaixo:

*Limite de Tolerância para Ruído Contínuo e Intermitente*

Segundo o Item 6 do Anexo 1 da Norma Regulamentadora n. 15 do MTE, se durante a jornada de trabalho ocorrerem dois ou mais períodos de exposição a ruído de diferentes níveis, devem ser considerados os seus efeitos combinados, de forma que, se a soma indicada abaixo exceder a unidade, a exposição estará acima do limite de tolerância. Em todos os casos avaliados o ruído nos demais períodos de trabalho não excedeu 80dB(A).

O cálculo de dose foi realizado para os locais onde foi reconhecido e avaliado ruído acima de 85 dB(A) e assim verificado a máxima exposição diária permissível.

D = C1/T1 + C2/T2.....Cn/Tn

Onde: D = Dose de exposição diária ao ruído

T = Máxima exposição diária permitida (NR15 — Anexo n. 1)

C = Tempo de exposição do trabalhador no exercício de sua atividade

*Avaliação do Agente Físico Calor:*

Caso não exista agente, registrar o comentário pertinente. Exemplo: Não há fonte geradora de calor no ambiente de trabalho dos empregados.

*Exemplo de planilha*

| Local Avaliado | Causa/ Fonte Geradora | Funções Expostas | Tempo/ Tipo de Exposição | Avaliação Quantitativa (°C) | IBUTG média ponderada (°C) | Limite de Tolerância | Medidas de Controle Existentes |
|---|---|---|---|---|---|---|---|
| | | | | | | | |
| | | | | | | | |
| | | | | | | | |
| | | | | | | | |

*Avaliação do Agente Físico Frio:*

| Funções Expostas | Causa/ Fonte Geradora | Tempo/ Tipo de Exposição | Avaliação Quantitativa (ºC) | Medidas de Controle Existentes |
|---|---|---|---|---|
| | | | | |
| | | | | |
| | | | | |

*Avaliação de Agentes Químicos:*

Caso não exista agente, registrar o comentário pertinente. Exemplo: Não há contato e/ou manipulação com agentes químicos no ambiente de trabalho dos empregados.

*Exemplo de planilha*

| Causa/ Fonte Geradora | Agente | Tempo/ Tipo de Exposição | Funções Expostas | Avaliação Quantitativa | Limite de Tolerância | Medidas de Controle Existente |
|---|---|---|---|---|---|---|
| | | | | | | |
| | | | | | | |
| | | | | | | |
| | | | | | | |
| | | | | | | |

*Avaliação de Agentes Biológicos:*

Informar os prováveis agentes e riscos e respectivas avaliações de acordo com os Quadros I e II e Anexo I da NR-7 e/ou previstos no Anexo 14 da NR-15.

Caso não exista agente, registrar o comentário pertinente.

EXEMPLO: Não foi identificada a presença de agente biológico nos ambientes de trabalho.

*Exemplo de Planilha:*

| Local | Causa/ Fonte Geradora | Tempo/ Tipo de Exposição | Funções Expostas | Avaliação Quantitativa | Medidas de Controle Existente |
|---|---|---|---|---|---|
| | | | | | |
| | | | | | |
| | | | | | |

De acordo com a NR-32, quando da elaboração de um PPRA, referente aos serviços de saúde, item 32.2.2, subitem 32.2.2.1, é informado que no PPRA desses estabelecimentos, além do previsto na NR-9, a fase de reconhecimento deve conter:

II. Avaliação do local de trabalho e do trabalhador, considerando:

a) a finalidade e descrição do local de trabalho;

b) a organização e procedimentos de trabalho;

c) a possibilidade de exposição;

d) a descrição das atividades e funções de cada local de trabalho;

e) as medidas preventivas aplicáveis e seu acompanhamento.

*Planilha para Avaliação do Local de Trabalho e do Trabalhador*

| Local de Trabalho/ setores | Finalidade e Descrição do Local de Trabalho | Organização e Procedimentos de Trabalho | Possibilidade de Exposição | Descrição das Atividades e Funções de cada Local de Trabalho | Medidas Preventivas Aplicáveis e seu Acompanhamento | Funções Expostas | N. de Empregados do Setor |
|---|---|---|---|---|---|---|---|
| | | | | | | | |
| | | | | | | | |
| | | | | | | | |

*15. Métodos, técnica, aparelhagens e equipamentos utilizados para a elaboração do PPRA:*

Informar quais foram os métodos, técnicas, aparelhagens e equipamentos utilizados para a elaboração do Laudo Técnico.

EXEMPLOS:

*Agente Físico Calor*

As avaliações de calor foram realizadas seguindo os procedimentos descritos na Norma de Higiene Ocupacional — NHO-6 para avaliação da exposição ocupacional ao calor da Fundacentro e os parâmetros estabelecidos pelo Anexo 3, limites de tolerância para exposição ao calor, da Norma Regulamentadora n. 15 do MTE.

Para que o conjunto de medições fosse representativo das condições reais de exposição ocupacional do grupo de trabalhadores objeto de estudo, as avaliações cobriram todas as atividades operacionais e ambientais habituais que envolveram o trabalhador no exercício de suas funções.

Foi utilizado, para as avaliações de calor, um conjunto de 3 sondas, sendo um Termômetro de Globo, um Termômetro de Bulbo Seco e um Termômetro de Bulbo Úmido.

Modelo: TGD-200

Marca: INSTRUTHERM

Cálculo para limite IBUTG Médio Ponderado:

$$\overline{IBUTG} = \frac{IBUTGt \times Tt + IBUTGd \times Td}{60}$$

Sendo:

IBUTGt = valor do IBUTG no local de trabalho.

IBUTGd = valor do IBUTG no local de descanso.

Tt = soma dos tempos, em minutos, em que se permanece no local de trabalho.

Td = soma dos tempos, em minutos, em que se permanece no local de descanso.

Tt + Td = 60 minutos corridos.

Taxa de Metabolismo Média Ponderada:

$$M = \frac{Mt \times Tt + Md \times Td}{60}$$

Sendo:

Mt — taxa de metabolismo no local de trabalho.

Md — taxa de metabolismo no local de descanso.

*Agente Físico Frio*

As avaliações foram realizadas através de leitura direta em termômetro de bulbo seco e inspeções nas atividades e ambientes de trabalho no Interior de câmaras frigoríficas e câmaras de resfriamento, de acordo com a Portaria n. 3.214/78, NR 15, Anexo 9.

Equipamento: Termômetro de Bulbo Seco.

Marca: INSTRUTERM

*Agente Físico Ruído*

Poderá ser utilizado decibelímetro e/ou dosímetro; assim, escolher abaixo o equipamento utilizado:

*UTILIZANDO O DOSÍMETRO*

Foram identificados os grupos de trabalhadores que apresentavam iguais características de exposição, ou seja os grupos homogêneos de risco GHR. As avaliações foram realizadas cobrindo um ou mais trabalhadores cuja situação correspondia à exposição típica de cada grupo considerado.

A fim de avaliar a efetiva exposição dos trabalhadores ao agente físico ruído, foram realizadas dosimetrias durante a jornada de trabalho utilizando dosímetro digital Instrutherm, modelo DOS-450, previamente calibrado, operando em circuito de compensação "A", e circuito de resposta lenta "SLOW", com leitura próxima ao ouvido do empregado, considerando períodos de exposição a ruídos contínuos, de diferentes níveis.

Os parâmetros utilizados foram: Limite de 85 dB(A) e fator duplicativo de dose (q = 5), de acordo com o Decreto Presidencial n. 4.882 de 18 de Novembro de

2003 e a metodologia e os procedimentos de avaliação estabelecidos pela Fundação Jorge Duprat Figueiredo de Segurança e Medicina do Trabalho — FUNDACENTRO, na Norma de Higiene Ocupacional - NHO-1 — Avaliação da Exposição Ocupacional ao Ruído.

*UTILIZANDO O DECIBELÍMETRO*

Foram identificados os grupos de trabalhadores que apresentavam iguais características de exposição, ou seja, os grupos homogêneos de risco — GHR.

As avaliações foram realizadas cobrindo um ou mais trabalhadores cuja situação correspondia à exposição típica de cada grupo considerado.

O nível de pressão sonora médio foi obtido através de utilização de medidor de leitura instantânea, decibelímetro, que avaliou a exposição ao ruído contínuo ou intermitente estando ajustado de forma a operar no circuito de ponderação "A" e circuito de resposta lenta (slow).

*Equipamento: Decibelímetro Digital*

Modelo: DEC-430

Marca: INSTRUTERM

Escala: 35 a 100 dB

*Radiações ionizantes*

Nas atividades ou operações onde os funcionários estão sujeitos a radiações ionizantes, serão obedecidos os critérios constantes da Norma CNEN-NE 3.01: Diretrizes Básicas de Radioproteção, de julho de 1988, aprovada, em caráter experimental, pela resolução CNEN 12/88, ou daquela que venha substituí-la.

As áreas onde estão presentes as radiações ionizantes são alvo de leitura periódica, realizada por empresa do ramo, como relacionamos abaixo: (citar o nome empresa que faz a leitura das salas e dos dosímetros)

Os laudos de aferição das áreas em questão estão documentados na Segurança do Trabalho e Medicina do Trabalho, para quaisquer esclarecimentos que se fizerem necessários.

*Vibrações:*

Ocorrendo atividades e/ou operações que exponham os funcionários a vibrações localizadas ou de corpo inteiro, será realizada perícia visando comprovar a exposição, tomando-se por base os limites de tolerância definidos pela Organização Internacional para a Normatização — ISO — em suas normas ISO 2.631 e ISO/DIS 5.349 ou suas substitutas.

*Agentes Químicos*

Foi utilizado o método de coleta realizado através de amostrador gravimétrico individual junto à zona de respiração do operador, utilizando cassete duplo com ciclone M.S.A. A bomba de amostragem foi afixada na cintura do trabalhador, através de um cinto, em posição que não atrapalhou a sua operação rotineira. O responsável pela coleta acompanhou, durante toda a avaliação, o funcionamento da bomba.

QUANDO NÃO FOR NECESSÁRIA A REALIZAÇÃO DAS AVALIAÇÕES QÚIMICAS PODERÁ SER UTILIZADO O TEXTO A SEGUIR:

Tendo por base os quadros desenvolvidos pela American Industrial Hygiene Association — AIHA, os agentes químicos que eventualmente podem estar presentes nos locais de trabalho, mas que de acordo com a sua frequência e natureza não constituem nenhum incômodo e nem risco para a saúde ou integridade física do trabalhador, sendo assim, não foi necessária a realização de avaliações quantitativas das exposições.

*16. Controle dos riscos ambientais*

Envolve a adoção de medidas necessárias e suficientes para a eliminação ou redução dos riscos ambientais.

As medidas preventivas serão obrigatórias sempre que for atingido o nível de ação, incluindo o monitoramento periódico, informação aos trabalhadores e o controle médico.

O PPRA/DA será de abrangência e profundidade gradual às características dos riscos e das necessidades de controle, sendo que nos locais onde não sejam identificados riscos, se limitará ao registro e divulgação dos dados coletados em campo.

Quando detectada alguma exposição à saúde dos empregados, será comunicado ao Médico do Trabalho coordenador do PCMSO, para as devidas providências. Da mesma forma, toda vez que houver suspeita médica com relação à exposição ambiental, o Médico do Trabalho responsável pelo PCMSO acionará o profissional responsável pelo PPRA, para as avaliações e sugestões de controles necessários à eliminação, redução a níveis toleráveis de exposição e/ou aplicação de medidas de proteção aos empregados.

Deverão ainda ser propostas medidas necessárias e suficientes para a eliminação, minimização ou controle dos riscos ambientais sempre que for verificada uma ou mais das seguintes situações:

— Riscos potenciais na fase de antecipação.

— Quando forem constatados riscos evidentes à saúde na fase de reconhecimento.

— Quando os resultados das avaliações quantitativas forem superiores aos valores limites previstos na NR-15 ou na ACGIH (American Conference of Governmental Industrial Hygienists).

— Quando, após a avaliação quantitativa dos agentes, for constatada exposição acima dos Níveis de ação, quais sejam: para agentes químicos, metade dos Limites de Tolerância; para ruído, a dose de 0,5.

— Finalmente quando, através do controle médico da saúde, ficar caracterizado o nexo causal entre danos observados na saúde dos trabalhadores e a situação de trabalho a que eles ficam expostos. As medidas de controle a serem implantadas obedecerão a seguinte ordem hierárquica:

1 — Medidas de controle coletivo;

2 — Medidas de caráter administrativo ou de organização do trabalho; e

3 — Utilização de EPI.

As medidas de controle deverão ser previstas no Plano de Ação constante do PPRA/DA, após consenso com o responsável da instalação. Seguem alguns exemplos de medidas de controle a serem consideradas:

— Substituição do agente agressivo;

— Mudança ou alteração do processo ou operação;

— Enclausuramento da fonte;

— Segregação do processo ou operação;

— Modificação de projetos;

— Limitação do tempo de exposição;

— Utilização de equipamento de proteção individual;

— Outras.

De acordo com a NR-32, que trata dos estabelecimentos de saúde, subitem 32.2.4, as seguintes medidas de proteção deverão ser adotadas:

As medidas de proteção devem ser adotadas a partir do resultado da avaliação, previstas no PPRA, observando o disposto no item 32.2.2.

Em caso de exposição acidental ou incidental, medidas de proteção devem ser adotadas imediatamente, mesmo que não previstas no PPRA.

A manipulação em ambiente laboratorial deve seguir as orientações contidas na publicação do Ministério da Saúde — Diretrizes Gerais para o Trabalho em Contenção com Material Biológico, correspondentes aos respectivos microrganismos.

Todo local onde exista possibilidade de exposição ao agente biológico deve ter lavatório exclusivo para higiene das mãos provido de água corrente, sabonete líquido, toalha descartável e lixeira provida de sistema de abertura sem contato manual.

Os quartos ou enfermarias destinados ao isolamento de pacientes portadores de doenças infectocontagiosas devem conter lavatório em seu interior.

O uso de luvas não substitui o processo de lavagem das mãos, o que deve ocorrer, no mínimo, antes e depois do uso das mesmas.

Os trabalhadores com feridas ou lesões nos membros superiores só podem iniciar suas atividades após avaliação médica obrigatória com emissão de documento de liberação para o trabalho.

O empregador deve vedar:

a) a utilização de pias de trabalho para fins diversos dos previstos;

b) o ato de fumar, o uso de adornos e o manuseio de lentes de contato nos postos de trabalho;

c) o consumo de alimentos e bebidas nos postos de trabalho;

d) a guarda de alimentos em locais não destinados para este fim;

e) o uso de calçados abertos.

Todos os trabalhadores com possibilidade de exposição a agentes biológicos devem utilizar vestimenta de trabalho adequada e em condições de conforto.

A vestimenta deve ser fornecida sem ônus para o empregado.

Os trabalhadores não devem deixar o local de trabalho com os equipamentos de proteção individual e as vestimentas utilizadas em suas atividades laborais.

O empregador deve providenciar locais apropriados para fornecimento de vestimentas limpas e para deposição das usadas.

A higienização das vestimentas utilizadas nos centros cirúrgicos e obstétricos, serviços de tratamento intensivo, unidades de pacientes com doenças infectocontagiosas e quando houver contato direto da vestimenta com material orgânico, deve ser de responsabilidade do empregador.

Os Equipamentos de Proteção Individual — EPI, descartáveis ou não, deverão estar à disposição em número suficiente nos postos de trabalho, de forma que seja garantido o imediato fornecimento ou reposição.

O empregador deve:

a) garantir a conservação e a higienização dos materiais e instrumentos de trabalho;

b) providenciar recipientes e meios de transporte adequados para materiais infectantes, fluidos e tecidos orgânicos.

O empregador deve assegurar capacitação aos trabalhadores, antes do início das atividades e de forma continuada, devendo ser ministrada:

a) sempre que ocorra uma mudança das condições de exposição dos trabalhadores aos agentes biológicos;

b) durante a jornada de trabalho;

c) por profissionais de saúde familiarizados com os riscos inerentes aos agentes biológicos.

A capacitação deve ser adaptada à evolução do conhecimento e à identificação de novos riscos biológicos e deve incluir:

a) os dados disponíveis sobre riscos potenciais para a saúde;

b) medidas de controle que minimizem a exposição aos agentes;

c) normas e procedimentos de higiene;

d) utilização de equipamentos de proteção coletiva, individual e vestimentas de trabalho;

e) medidas para a prevenção de acidentes e incidentes;

f) medidas a serem adotadas pelos trabalhadores no caso de ocorrência de incidentes e acidentes.

O empregador deve comprovar para a inspeção do trabalho a realização da capacitação através de documentos que informem a data, o horário, a carga horária, o conteúdo ministrado, o nome e a formação ou capacitação profissional do instrutor e dos trabalhadores envolvidos.

Em todo local onde exista a possibilidade de exposição a agentes biológicos, devem ser fornecidas aos trabalhadores instruções escritas, em linguagem acessível, das rotinas realizadas no local de trabalho e medidas de prevenção de acidentes e de doenças relacionadas ao trabalho.

As instruções devem ser entregues ao trabalhador, mediante recibo, devendo este ficar à disposição da inspeção do trabalho.

Os trabalhadores devem comunicar imediatamente todo acidente ou incidente, com possível exposição a agentes biológicos, ao responsável pelo local de trabalho e, quando houver, ao serviço de segurança e saúde do trabalho e à CIPA.

O empregador deve informar, imediatamente, aos trabalhadores e aos seus representantes qualquer acidente ou incidente grave que possa provocar a disseminação de um agente biológico suscetível de causar doenças graves nos seres humanos, as suas causas e as medidas adotadas ou a serem adotadas para corrigir a situação.

Os colchões, colchonetes e demais almofadados devem ser revestidos de material lavável e impermeável, permitindo desinfecção e fácil higienização.

O revestimento não pode apresentar furos, rasgos, sulcos ou reentrâncias.

Os trabalhadores que utilizarem objetos perfurocortantes devem ser os responsáveis pelo seu descarte.

São vedados o reencape e a desconexão manual de agulhas.

Deve ser assegurado o uso de materiais perfurocortantes com dispositivo de segurança, conforme cronograma a ser estabelecido pela CTPN.

A todo trabalhador dos serviços de saúde deve ser fornecido, gratuitamente, programa de imunização ativa contra tétano, difteria, hepatite B e os estabelecidos no PCMSO.

Sempre que houver vacinas eficazes contra outros agentes biológicos a que os trabalhadores estão, ou poderão estar, expostos, o empregador deve fornecê-las gratuitamente.

O empregador deve fazer o controle da eficácia da vacinação sempre que for recomendado pelo Ministério da Saúde e seus órgãos, e providenciar, se necessário, seu reforço.

A vacinação deve obedecer às recomendações do Ministério da Saúde.

O empregador deve assegurar que os trabalhadores sejam informados das vantagens e dos efeitos colaterais, assim como dos riscos a que estarão expostos por falta ou recusa de vacinação, devendo, nestes casos, guardar documento comprobatório e mantê-lo disponível à inspeção do trabalho.

A vacinação deve ser registrada no prontuário clínico individual do trabalhador, previsto na NR-7.

Deve ser fornecido ao trabalhador comprovante das vacinas recebidas.

*Modelo de Carteira de Vacinação*

| Nome: | | | | |
|---|---|---|---|---|
| Data de nascimento: | | | | |
| Endereço: | | | | |
| Vacina / Dose | Dupla adulto | Hepatite B | M.M.R | OUTRAS |
| 1ª DOSE | Data:<br>Lote:<br>Rubrica: | Data:<br>Lote:<br>Rubrica: | Data:<br>Lote:<br>Rubrica: | Data:<br>Lote:<br>Rubrica: |
| 2ª DOSE | Data:<br>Lote:<br>Rubrica: | Data:<br>Lote:<br>Rubrica: | Data:<br>Lote:<br>Rubrica: | Data:<br>Lote:<br>Rubrica: |
| 3ª DOSE | Data:<br>Lote:<br>Rubrica: | Data:<br>Lote:<br>Rubrica: | Data:<br>Lote:<br>Rubrica: | Data:<br>Lote:<br>Rubrica: |
| REFORÇO | Data:<br>Lote:<br>Rubrica: | Data:<br>Lote:<br>Rubrica: | Data:<br>Lote:<br>Rubrica: | Data:<br>Lote:<br>Rubrica: |

*Modelo de Termo de Responsabilidade:*

| Nome do funcionário: |
|---|
| Local de trabalho: |
| Cargo/função |

Declaro para os devidos fins que me recuso a ser vacinada (o) contra __________________________________________________ e estou ciente de que este termo será anexado ao meu prontuário clínico individual bem como ao meu prontuário junto ao Departamento de Recursos Humanos.

Local e data: ________________________________________

Assinatura do funcionário (a): _________________________

Medicina do Trabalho _________________________________

C.C.I.H. _____________________________________________

*17. Medidas de proteção e existência e aplicação efetiva de EPI*

Informar a existência e aplicação efetiva de EPI a partir de 14 de dezembro de 1998, ou Equipamento de Proteção Coletiva (EPC), a partir de 14 de outubro de 1996, que neutralizem ou atenuem os efeitos da nocividade dos agentes em relação aos limites de tolerância estabelecidos, devendo constar também:

— Se a utilização do EPC ou do EPI reduzir a nocividade do agente nocivo de modo a atenuar ou a neutralizar seus efeitos em relação aos limites de tolerância legais estabelecidos;

— As especificações a respeito dos EPC e dos EPI utilizados, listando os Certificados de Aprovação (CA) e, respectivamente, os prazos de validade, a periodicidade das trocas e o controle de fornecimento aos trabalhadores;

— A Perícia médica poderá exigir a apresentação do monitoramento biológico do segurado quando houver dúvidas quanto a real eficiência da proteção individual do trabalhador;

A simples informação da existência de EPI ou de EPC, por si só, não descaracteriza o enquadramento da atividade. No caso de indicação de uso de EPI, deve ser analisada também a efetiva utilização dos mesmos durante toda a jornada de trabalho, bem como, analisadas as condições de conservação, higienização periódica e substituições a tempos regulares, na dependência da vida útil dos mesmos, cabendo à empresa explicitar essas informações no PPRA e no PPP.

Não caberá o enquadramento da atividade como especial se, independentemente da data de emissão, constar de Laudo Técnico, e a perícia do INSS acatar, que o uso do EPI ou de EPC atenua, reduz, neutraliza ou confere proteção eficaz ao trabalhador em relação à nocividade do agente, reduzindo seus efeitos a limites legais de tolerância.

Não haverá reconhecimento de atividade especial nos períodos em que houve a utilização de EPI, nas condições mencionadas no parágrafo anterior, ainda que a exigência de constar a informação sobre seu uso nos laudos técnicos tenha sido determinada a partir de 14 de dezembro de 1998, data da publicação da Lei n. 9.732, mesmo havendo a constatação de utilização em data anterior a essa.

### Exemplo de Planilha de Relação dos EPIs Utilizados

| Equipamentos de Proteção Individual | Número do Certificado de Aprovação (CA) | Periodicidade de Troca | Funções que Utilizam |
|---|---|---|---|
| | | | |
| | | | |
| | | | |
| | | | |

*Cálculo de Atenuação do Ruído com o uso do EPI*

Se houver o uso de protetor auditivo, realizar o seguinte cálculo:

Considerando a forma de utilização do equipamento pelos trabalhadores e os ensaios realizados, para a avaliação da eficácia do EPI utilizaremos o método simplificado, para a avaliação do nível de ruído a que os trabalhadores estão expostos, considerando o Nível de Redução de Ruído — NRRsf, obtido pelo uso do EPI, aplicando-se a fórmula com cálculo direto, conforme a Norma ANSI S.12.6-1997B.

NPSc = NPSa — NRRsf, onde:

NPSc = Nível de pressão sonora com proteção

NPSa = Nível de pressão sonora do ambiente

NRRsf = Nível de redução de ruído (subject fit)

CASO SEJA UTILIZADO O MÉTODO LONGO, UTILIZAR O SEGUINTE TEXTO:

Considerando a forma de utilização do equipamento pelos trabalhadores e os ensaios realizados, para a avaliação da eficácia do EPI estaremos utilizando os seguintes métodos:

*1 — Método Simplificado*

Para a avaliação do nível de ruído a que os trabalhadores estão expostos, considerando o Nível de Redução de Ruído — NRRsf, obtido pelo uso do EPI, aplicando-se a fórmula com cálculo direto, conforme a Norma ANSI S.12.6-1997B.

$NPSc = NPS_a - NRRs_f$

*2 — Método NIOSH*

O método do NRR (Noise Reduction Rate) permite resumir os dados de atenuação do protetor auricular em um único valor global, aplicando-se a seguinte fórmula:

NPSc = NPSA - (f x NRR-7)

onde:

NPSc = Nível de pressão sonora com proteção

NPSa = Nível de pressão sonora do ambiente

NRR = Nível de redução de ruído

f = Fator de redução (f = 0,75 para tipo concha, f=0,50 para tipo plug com material expandido e f = 0,3 para os outros tipos de protetores auditivos)

Efetuando o Cálculo do NPSc, para o tipo de proteção utilizada:

| Localização | Função | NPSa dB(A) | Número do CA do EPI | Nível de Redução de Ruído | NPSc dB(A) |
|---|---|---|---|---|---|
| | | | | | |
| | | | | | |
| | | | | | |
| | | | | | |

CASO NÃO HAJA NECESSIDADE DO USO DE EPI, PODERÁ SER UTILIZADO O SEGUINTE TEXTO:

Por não haver exposição a agentes nocivos, não há necessidade do uso de Equipamentos de Proteção Individual — EPI pelos empregados.

Uso de equipamentos de Proteção Individual e Coletiva de acordo com a NR-32:

São chamados de EPIs ou EPCs aqueles instrumentos destinados a proteger a saúde e a integridade física do trabalhador nas seguintes operações de risco de origem:

1. Biológica

2. Química

3. Física ou Mecânica

4. Radioativa

*Equipamentos de Proteção Individual*

São os equipamentos destinados ao uso em manipulações e procedimentos de amostras biológicas ou químicas, que possam produzir partículas podendo entrar pelas vias aéreas e causar infecção ou contaminar roupas, bancadas ou equipamentos.

EPIs mais utilizados nos estabelecimentos de saúde:

— Avental

— Calçados de proteção

— Pró-pés

— Luvas ou mangas

— Touca

— Protetores faciais

— Máscaras faciais

— Óculos de segurança

Avental: Forma uma barreira de proteção contra respingos de reagentes ou de outros agentes, protege de materiais ou objetos que possam provocar escoriações ou de produtos abrasivos ou perfurocortantes e são de uso obrigatório para procedimentos com materiais infecciosos, devem ter: mangas longas e punho com sanfona; devem estar abotoados durante os procedimentos; ter comprimentos abaixo do joelho; ser escolhidos de acordo com os agentes a que estiverem sendo submetidos; quando sujos ou contaminados, devem ser substituídos os retirados e nunca ser utilizados fora do Laboratório.

Tipos de aventais mais comuns:

— Algodão: é indispensável em todos os laboratórios;

— Descartável: utilizado em procedimentos com grande perigo de contaminação, deve ser usado por cima do avental de algodão;

— PVC para uso nos procedimentos em áreas úmidas, devem ser utilizados em cima do avental de algodão.

Como conservar ou descartar os aventais:

— Algodão: Identificar com nome e seção e lavar periodicamente.

— PVC: Manter sempre seco.

— Descartável: Em procedimento com materiais infecciosos, não descartar antes de autoclavar.

*Os calçados se dividem em dois grupos*

**Botas:** Devem ser utilizadas em áreas úmidas e nunca devem ser utilizadas fora do laboratório.

**Calçados fechados:** Devem ser confortáveis, sem salto e com solado antiderrapante.

Devem ser mantidos sempre limpos e secos e se possível manter um sapato para o uso exclusivo no laboratório.

**Pró-pé ou propé:** São usados em áreas limpas para prevenir a liberação de partículas e proteger contra a secreções, excreções ou outros fluídos dos seres vivos envolvidos e nos procedimentos cirúrgicos.

Quais os tipos mais utilizados:

— Falso tecido, para as áreas limpas;

— Tecido;

— Plástico, para procedimentos cirúrgicos.

Devem cobrir totalmente a superfície do calçado, prevenindo a contaminação e ser descartado ao sair do ambiente limpo.

Como descartá-los ou neutralizá-los: Quando em área limpa de laboratório, deverão ser autoclavados para um novo uso. Se desprezados, deverão ser considerados resíduos hospitalares. Usar o pro-pé de material plástico somente em casos onde não puderem ser substituídos, porque o material plástico é o maior poluidor ambiental e de difícil decomposição e, se submetido à incineração, libera poluentes na atmosfera.

**Luvas:** Protegem as mãos contra agentes/riscos: Físico ou Mecânico; Químicos; Biológicos; Riscos Radiativos.

As luvas devem sempre ser introduzidas com as mãos lavadas. Antes de utilizá-las, verificar se existem furos, rasgos ou deformações; devem ser colocadas por cima das mangas do avental.

Ao manipular diferentes animais, preferencialmente trocá-las ou promover a desinfecção com álcool 70% iodado, quando no trabalho com animais sadios.

Quais os tipos mais utilizados:

Estéril — Que podem ser do tipo; Nitrílica; Aramida; Couro ou PVC

Não Estéril: Normalmente é de Látex

O uso de luvas nitrílicas é importante como barreira contra reagentes químicos, podendo neste caso ser neutralizadas e utilizadas também para captura e manuseio de alguns animais silvestres, prevenindo contra mordeduras ou arranhões, devendo ser descartadas após o uso.

As luvas de látex são descartáveis, já as luvas Nitrílicas e de PVC devem ser mantidas secas, limpas.

**Touca:** É uma barreira de proteção que protege o material a ser manipulado contra a contaminação por cabelo humano e evita a autocontaminação.

Deve cobrir totalmente os cabelos e as orelhas. Os cabelos compridos devem ser presos antes da sua colocação.

Tipos mais comuns: Falso tecido (Descartáveis) e de Algodão.

**Protetores e Máscaras:** São EPIs que visam proteger a face e o aparelho respiratório, prevenindo contra agentes de risco físico, químico, biológico e radioativo. Protege também contra impacto e substâncias nocivas, tais como respingos, etc.

Tipos mais utilizados:

— Protetor facial de uso constante;

— Máscara respiratória de uso constante;

— Máscara facial descartável.

Em que situações usá-los:

— Protetor facial de uso constante: deve ser usado em casos de proteção contra riscos de impacto, respingos, substâncias nocivas e radiações e podem substituir os óculos de proteção. É fabricado em policarbonato.

— Máscara respiratória de uso constante: pode proteger total ou parcialmente. As máscaras semifaciais são recomendadas para casos em que a concentração de vapores tóxicos não ultrapasse 10 vezes o limite de exposição, devendo ser acompanhadas do uso de óculos de proteção. As máscaras de proteção total de face são utilizadas para ambientes em que a concentração pode atingir até 50 vezes o limite de exposição.

Máscara facial descartável: recobre parte do rosto, protegendo somente boca e nariz contra partículas suspensas no ar (aerossóis) e alguns respingos. É fabricada em falso tecido, pode ou não conter filtro.

Filtros e indicações de uso, de acordo com a cor do seu rótulo:

— Branco: Gases e ácidos

— Amarelo: Vapores orgânicos e gases ácidos

— Verde: Amônia

— Marrom: Vapores orgânicos, gases ácidos e amônia

— Vermelho: Universal

Como escolher cada tipo:

— Protetor facial — se precisar proteger todo o rosto, devendo ser ajustável.

— Máscara respiratória — para proteção contra substâncias químicas agressivas.

— Máscara facial — para proteção simples contra aerossóis e substâncias não agressivas.

A necessidade do uso de máscara e protetor deverá ser avaliada pelo usuário de acordo com os riscos a que estiver exposto.

**Óculos de Segurança:** Em geral, são utilizados juntamente com máscara facial, substituindo muitas vezes o protetor facial; devem ser fabricados de material rígido e leve como o polietileno, cobrindo a área dos olhos e laterais.

Devem ser utilizados quando houver necessidade de proteção para os olhos e laterais contra os agentes de risco existentes nos laboratórios, tais como: respingos, aerossóis, etc.

Quais os tipos mais comus:

— Lentes especiais contra impactos;

— Lentes de policarbonato para proteção contra substâncias químicas;

— Lentes de UV, para proteção contra luminosidade e radiação;

— Lentes de vidro corretivas ou não.

Os óculos devem ser mantidos sempre limpos e secos para que seja maior a sua durabilidade.

*Modelo de Ficha de Testes de EPIs:*

<table>
<tr><td>Data:</td><td colspan="2">Local dos testes:</td></tr>
<tr><td colspan="3">Descrição do EPI a ser testado / Quantas unidades:</td></tr>
<tr><td colspan="3">Fabricante / Número do CA:</td></tr>
<tr><td colspan="3">Funcionário(s) envolvido(s) nos testes:</td></tr>
<tr><td colspan="3">Detalhes do uso dos EPIs:</td></tr>
<tr><td colspan="3">Período em que os testes foram realizados:</td></tr>
<tr><td colspan="3">Avaliação dos usuários: ( ) aprovado(s) ( ) reprovado(s)<br>Comentários:</td></tr>
<tr><td colspan="3">SESMT — Análise e providências:</td></tr>
<tr><td colspan="3">CCIH — Análise e providências:</td></tr>
<tr><td>Data:</td><td>Visto CCIH:</td><td>Visto SESMT:</td></tr>
</table>

*Modelo de Comprovante de Entrega de EPI:*

*Declaro(amos) ter recebido o(s) Equipamento(s) de Proteção Individual(is) relacionado(s) abaixo, bem como ter recebido orientações quanto ao uso correto, guarda, higienização e conservação do(s) mesmo(s).*

*Estou(amos) cientes da obrigatoriedade do uso do(s) mesmo(s) e que devo(emos) comunicar ao superior qualquer alteração que o(s) torne(m) impróprio(s) para o uso.*

| Discriminação do equipamento: | Fabricante | N. do CA |
|---|---|---|
| | | |

| Nome do funcionário: | Cargo | Assinatura | Data do Recebimento |
|---|---|---|---|
| | | | |
| | | | |

| Visto da Segurança do Trabalho | Visto da C.C.I.H | Data: |
|---|---|---|
| | | |

*Equipamentos de Proteção Coletiva — EPC*

**Capela de Segurança Química:** Tem a função de capturar e eliminar vapores e gases nocivos ou tóxicos gerados no interior do equipamento.

A capela deve ser utilizada com uma abertura que forneça a velocidade linear ideal (30 mais ou menos 6 metros lineares/minutos), assegurar o funcionamento adequado do exaustor, antes de usá-la, verificar anualmente o certificado de segurança, reduzir o armazenamento a quantidades mínimas, colocando todos os materiais dentro da capela antes de iniciar o trabalho, limitar o movimento dos braços movendo-os de maneira retilínea para dentro e para fora, trabalhar a uma distância de, no mínimo, 20cm para dentro da capela, manter o painel frontal no ponto de segurança ou mais abaixo, elevar os equipamentos 5 cm acima da base da capela, não bloquear a lâmina de ar, não colocar equipamentos grandes dentro da capela, fechar a vidraça da capela quando não estiver em uso e manter a capela sempre limpa e organizada.

Práticas de Segurança: Limpar os derramamentos o mais rápido possível, fazer limpeza periódica, não usar a capela para guardar produtos químicos, manter a exaustão em funcionamento quando estiver manipulando ou mantendo produtos voláteis ou corrosivos, limitar os movimentos na área enquanto a capela estiver em uso, verificar a existência de fatores que possam interferir no bom funcionamento da capela, manter a capela ligada a um gerador, sempre que possível.

**Unidade de Contenção Própria:** Protege o operador contra as partículas de aerossóis emitidos pela manipulação de materiais biológicos, impede a disseminação dos agentes infecciosos para o meio ambiente e mantém a área de trabalho livre de contaminação. Absorve os vapores por filtros selecionados de acordo com a substância utilizada, não necessita de ductos de exaustão. É utilizada para citologia e histologia envolvendo produtos tais como: xilol, formol, tolueno, etanol. O seu maior problema é sabermos quando o filtro está saturado.

Utiliza Filtro Hepa: (High Efficiency Particulate Air) — Retém partículas de 0,3um com eficiência de 99,97%

**Cabine de Segurança Biológica:** As Cabines de Segurança Biológica podem ser de seis tipos: Classe I, Classe II A, Classe II B1, Classe II B2, Classe II B3 e Classe III.

Classe I: Protege o usuário, protege o meio ambiente, não protege o material, impede apenas o escape de agentes biológicos. É usada para proteção contra aerossóis emitidos por homogenizadores, centrífugas, etc.

Classe II: Protege o usuário, protege o meio ambiente, protege o material. É usada para manipulação de micro-organismo de classes de risco 1, 2 e 3.

Classe II Tipo A: Tem recirculação de 70% do ar. Exaustão de 30% do ar e exaustão para o ambiente interno ou externo. Não pode ser usada com produtos químicos tóxicos, inflamáveis ou radioativos.

Classe II Tipo B1: Recirculação de 30% do ar, exaustão de 70% do ar. Pode ser utilizada para manipulação de quantidades mínimas de produtos químicos perigosos e radioativos. O exaustor da cabine necessita ser conectado ao sistema de exaustão da edificação.

*Em caso de Acidente ou Incidentes com Risco/Materiais Biológicos:*

Como o principal objetivo deste documento é a prevenção dos acidentes referente aos riscos biológicos, prioritariamente os patogênicos de transmissão sanguínea, para os profissionais de saúde que atuam, principalmente na área clínica, deverão ser previstos os seguintes sistemas ou dispositivos de proteção:

— Adoção de medidas de prevenção com a implantação de novos equipamentos de segurança e proteção, tais como: ferramentas/equipamentos com dispositivos de segurança, capela, chuveiros etc.;

— Adoção de estratégias de imunizações;

— Utilização das profilaxias disponíveis e em investigação;

— Aplicar os sistemas de notificação e vigilância.

Conforme as estatísticas observadas, a equipe de enfermagem é uma das principais categorias profissionais sujeitas a exposições de risco/material biológico.

Esse índice elevado de exposições relaciona-se ao fato de o grupo ser o maior nos Serviços de Saúde, ter mais contato direto com os pacientes e também ao tipo e à frequência de procedimentos realizados por esses profissionais.

A frequência de exposições é maior entre atendentes, auxiliares e técnicos de enfermagem, quando comparados a profissionais de nível de instrução superior.

Os principais fatores envolvidos são:

— Restrições que a legislação acidentária progressivamente sofreu na conceituação do acidente e das doenças do trabalho;

— Restrições à concessão de benefícios;

— Evolução silenciosa e demorada das doenças, dificultando a percepção do nexo causal entre trabalho e o gravo;

— Falta do procedimento correto de notificação;

— Ausência de um departamento de saúde ocupacional;

— Pressão do medo de que a ocorrência de uma exposição possa refletir a falta de habilidade individual;

— Fato de a notificação ser um procedimento demorado e também complicado;

— Fato de que para algumas situações, tais como a exposições ao vírus da hepatite C (ou mesmo o HIV, antes das recentes publicações), não há medidas profiláticas eficazes;

— Despreparo dos profissionais de saúde para reconhecer o trabalho como possível agente causal para os agravos à saúde;

— Falta de informação dos trabalhadores sobre os riscos ocupacionais aos quais estão expostos; e

— Parcela ainda restrita de organizações de trabalhadores envolvidas em relação a esse assunto.

É difícil obter estimativas confiáveis da frequência de contato com sangue ou outros materiais biológicos entre os profissionais de saúde. Além da importante subnotificação das exposições por parte do profissional acidentado, a comparação entre os dados é difícil, já que as informações sobre as incidências de exposição são baseadas em diferentes tipos de estudos. Entre eles estão os estudos de casos autorrelatados, os estudos com questionários e entrevistas com os profissionais sobre as exposições ocorridas e a observação direta de procedimentos.

No PPRA dos serviços de saúde deve constar inventário de todos os produtos químicos, inclusive intermediários e resíduos, com indicação daqueles que impliquem riscos à segurança e saúde do trabalhador.

Os produtos químicos, inclusive intermediários e resíduos que impliquem riscos à segurança e saúde do trabalhador, devem ter uma ficha descritiva contendo, no mínimo, as seguintes informações:

a) as características e as formas de utilização do produto;

b) os riscos à segurança e saúde do trabalhador e ao meio ambiente, considerando as formas de utilização;

c) as medidas de proteção coletiva, individual e controle médico da saúde dos trabalhadores;

d) condições e local de estocagem;

e) procedimentos em situações de emergência.

*Modelo de Ficha Descritiva de Produtos Químicos, Intermediários e Resíduos:*

| Produtos químicos, interme-diário e resíduos | Caracte-rísticas e forma de utilização | Risco à segurança e saúde do trabalhador | Risco ao meio ambiente | Medidas de proteção coletiva e individual | Controle médico da saúde dos trabalha-dores | Condi-ções e locais de esto-cagem | Procedi-mentos em situação de emer-gência |
|---|---|---|---|---|---|---|---|
| | | | | | | | |
| | | | | | | | |
| | | | | | | | |
| | | | | | | | |
| | | | | | | | |
| | | | | | | | |

Observações: Uma cópia da ficha deve ser mantida nos locais onde o produto é utilizado.

Consideram-se medicamentos e drogas de risco aquelas que possam causar genotoxicidade, carcinogenicidade, teratogenicidade e toxicidade séria e seletiva sobre órgãos e sistemas.

Deve constar no PPRA a descrição dos riscos inerentes às atividades de recebimento, armazenamento, preparo, distribuição, administração dos medicamentos e das drogas de risco.

*Modelo de Ficha de Controle de Medicamentos e das Drogas de Risco*

| Nome do Medicamento ou Drogas de Risco | Descrição dos Riscos Quanto ao Recebimento | Descrição dos Riscos Quanto ao Armazenamento | Descrição dos Riscos Quanto ao Preparo | Descrição dos Riscos Quanto a Distribuição | Descrição dos Riscos Quanto a Administração |
|---|---|---|---|---|---|
| | | | | | |
| | | | | | |
| | | | | | |
| | | | | | |
| | | | | | |

*Modelo de Ficha de Informações de Produto Químico*

| Número da ONU: | Nome do produto: | Rótulo de risco: | Diamante de hummel: |
|---|---|---|---|
| Classe / Subclasse: | | | |
| Sinônimos: | | | |
| Família química: | | Aparência: | |
| Fabricante (s): | | | |
| Sugestão: para informações atualizadas recomenda-se a consulta às seguintes instituições: | | | |
| ABIQUIM — Associação Brasileira da Indústria Química/SAC 0800-118270<br>ANDEF — Associação Nacional de Defesa Vegetal/SAC 3081-5033 | | | |
| MEDIDAS DE SEGURANÇA: | | | |
| Cuidados básicos no manuseio: | | | |
| Uso de equipamento de proteção individual: | | | |
| RISCOS AO FOGO: | | | |
| Ações a serem tomadas no caso de combustão do produto: | | | |
| Agentes de extinção que não podem ser usados: | | | |
| ARMAZENAMENTO: | | | |
| Descrever brevemente como deve ser o local e acomodação do produto: | | | |

| INFORMAÇÕES TOXICOLÓGICAS: | | |
|---|---|---|
| Tipo de contato: vapor | Sintomas: | Primeiros Socorros: |
| Tipo de contato: líquido | Sintomas: | Primeiros Socorros: |
| RISCOS AO MEIO AMBIENTE: | | |
| Considerações sobre tratamento e disposição final: | | |
| Medidas de controle para derrame ou vazamento: | | |
| INFORMAÇÕES SOBRE TRANSPORTE: | | |
| Tipo de veículo/transporte interno: | | |
| OUTRAS INFORMAÇÕES/OBSERVAÇÕES ADICIONAIS | | |

Ficha aprovada por ______________________________ ______________

(nome) (assinatura)

Data: ___/___/______

*Modelo de Ficha de Registro de Acidente com Drogas Perigosas:*

| Data: | Local do acidente: | | |
|---|---|---|---|
| Nome do Medicamento: | | | |
| O produto derramado atingiu: | ( ) Cama do paciente<br>( ) Partes do corpo do paciente<br>( ) Partes do corpo do funcionário<br>( ) Piso<br>( ) Outros Quais? ____________________ | | |
| Funcionário(s) envolvido(s)/cargo: | | | |
| Detalhes do acidente: | | | |
| Providências imediatas: | | | |
| Funcionário(s) que realizou(aram) a limpeza: | | | |
| Utilizou(aram) o Kit de limpeza corretamente? | | | |
| SESMT — Análise e providências tomadas: | | | |
| Educação Continuada — Análise e providências tomadas: | | | |
| Material a ser reposto no kit / prazo de 24 horas | | | |
| Data: | Visto chefia imediata: | Visto educação continuada: | Visto SESMT |

*18. Nível de ação*

É o valor acima do qual deverão ser iniciadas as medidas preventivas de forma a minimizar a probabilidade de que as exposições a agentes ambientais ultrapassem os limites de exposição. Os níveis adotados são aqueles previstos na NR-9.

a) Agentes Químicos: Metade dos limites de exposição ocupacionais adotados.

b) Ruído: Dose de 0.5 (50% de dose) do limite de tolerância previsto para a jornada de trabalho.

*PRIORIZAÇÃO DAS MEDIDAS DE CONTROLE*

| Grau de Risco | Prioridade | Descrição |
|---|---|---|
| 0 a 1 | Baixa | A implantação da medida de controle não é necessária ou manter as medidas já existentes. |
| 2 | Média | A implantação de medida de controle é necessária, porém a prioridade é baixa. Manter as medidas já existentes. |
| 3 | Alta | A implantação de medida de controle é necessária e a prioridade é média, ou a melhoria das medidas já existe |
| 4 | Muito Alta | Medida de controle é necessária e a prioridade é alta. Devem ser adotadas medidas provisórias imediatamente. |

Pode-se também usar a Categoria de Risco das Normas de Higiene do Trabalho — NHTs da FUNDACENTRO, conforme tabela abaixo:

| Consideração Técnica da Exposição | Situação da Exposição |
|---|---|
| Abaixo de 50% do LT | Aceitável |
| 50% > LT < 100% | De atenção |
| Acima de 100% do LT | Crítica |
| Muito acima do LT ou IPVS | De emergência |

*19. Periodicidade, forma de avaliação e Revisão do PPRA*

O PPRA/DA será revisado sempre que necessário e pelo menos uma vez ao ano com o objetivo de avaliar o seu desenvolvimento e realizar os ajustes necessários, assim como o monitoramento ou reavaliação para verificação da eficácia das medidas de controle implementadas.

*20. Estabelecimento de plano de ação com metas, prioridades e cronograma*

De acordo com o levantamento de campo, foi elaborado um plano de ação contemplando atividades, metas e prioridades a serem implementadas de forma a eliminar, minimizar ou controlar os riscos ambientais.

O objetivo destas recomendações é a minimização ou a eliminação da exposição dos trabalhadores aos riscos ambientais.

O Plano deverá incluir todas as atividades identificadas nas fases de reconhecimento, avaliação ou definidas como medidas de controle. Os responsáveis e prazos de cada atividade deverão ser consensados com o responsável da instalação.

Devem ser relacionadas em cronograma, conforme modelo abaixo, as metas estabelecidas, bem como o planejamento para o cumprimento destas metas.

*Exemplos de Cronogramas:*

| Item | Atividades/ Medidas de Controle | Setor | Responsável | Programação para os Meses (Prazo) |
|---|---|---|---|---|
| 1 | | | | |
| 2 | | | | |
| 3 | | | | |
| 4 | | | | |

**Cronograma de Atividades Específico para PPRA NR-32**

| Implantação do PPRA | Jan. | Fev. | Mar. | Abr. | Maio | Jun. | Jul. | Ago. | Set. | Out. | Nov. | Dez. |
|---|---|---|---|---|---|---|---|---|---|---|---|---|
| Elaboração | | | | | | | | | | | | |
| Reconhecimento de risco | | | | | | | | | | | | |
| Descrição de função | | | | | | | | | | | | |
| Medições | | | | | | | | | | | | |
| Elaboração de planilhas | | | | | | | | | | | | |
| Comparação | | | | | | | | | | | | |
| Implementação do PPRA | | | | | | | | | | | | |
| Orientação sobre segurança do trabalho | | | | | | | | | | | | |

| Implantação do PPRA | Jan. | Fev. | Mar. | Abr. | Maio | Jun. | Jul. | Ago. | Set. | Out. | Nov. | Dez. |
|---|---|---|---|---|---|---|---|---|---|---|---|---|
| Recomendações | | | | | | | | | | | | |
| Implantação de EPI | | | | | | | | | | | | |
| Medidas de controle | | | | | | | | | | | | |
| Orientação sobre descarte de resíduos | | | | | | | | | | | | |
| Conscientização sobre descarte de perfurocortantes | | | | | | | | | | | | |

(Caso não haja medidas a serem implantadas, justificar).

Exemplo: De acordo com o levantamento ambiental, não há exposição dos empregados a agentes nocivos, sendo assim não é necessário o estabelecimento de medidas de controle.

### *21. Recomendações gerais*

Este campo deve ser utilizado para o registro de recomendações de natureza geral, adicionalmente aquelas previstas na NR-9, que podem ser importantes dentro do Programa de Prevenção de Acidentes do estabelecimento. Damos como exemplo os seguintes textos:

Recomendamos observar as medidas preventivas previstas no corpo do documento, a fim de controle, no intuito de preservarmos a saúde dos trabalhadores.

Ressaltamos ainda que não foram verificados outros agentes ambientais, além dos relacionados no corpo deste documento.

Verificamos que os postos de trabalho são bem arejados e organizados e de forma geral adequados ao trabalho pretendido, sem problemas de iluminação.

Visando evitar reflexos no monitor, é conveniente posicionar os microcomputadores perpendiculares as janelas, ou seja, não deve haver incidência direta de luz no monitor.

O sistema de ar condicionado deve receber manutenção preventiva, periodicamente, no sentido de não contribuir para elevação do ruído e contaminação do ambiente.

Verificar junto ao responsável técnico da empresa responsável pela manutenção se a mesma realiza os seguintes procedimentos:

• Limpeza das bandejas e serpentinas do condicionador a cada 15 dias. A bandeja deve ser tratada com tensoativo detergente, de ação contínua e bacteriostática, biodegradável, não tóxica, com troca a cada três meses;

• No ar condicionado de duto, não permitir o fechamento de tomada de ar externo;

• Providenciar filtros de classe G3 e F1;

• Limpeza dos dutos a cada seis meses;

Não permitir que se fume nos ambiente de trabalho fechado.

REQUISITOS BÁSICOS DE SEGURANÇA E MEDICINA DO TRABALHO PARA PRESTAÇÃO DE SERVIÇOS POR EMPRESAS CONTRATADAS

O presente item tem por objetivo determinar parâmetros de Segurança e Medicina do Trabalho com relação à prestação de serviços por empresas contratadas (doravante denominada Contratada) nas dependências da Empresa (doravante denominada Contratante), sempre atendendo ao cumprimento da Portaria n. 3.214/78 do Ministério do Trabalho e Emprego, e todas as suas atualizações, bem como as legislações complementares que regem a presente matéria. O cumprimento das legislações pertinentes a essa matéria estará sob a coordenação do Serviço Especializado em Segurança e Medicina do Trabalho (SESMT) da Contratante, quando houver.

A Contratada obriga-se a cumprir integralmente as presentes instruções no tocante à Segurança e Medicina do Trabalho, com o objetivo de proteger os funcionários de ambas as partes e demais bens e equipamentos próprios da Contratante, sem qualquer restrição à supervisão do SESMT.

A Contratada obriga-se a cumprir e respeitar as determinações do presente documento e as Normas de Segurança e Medicina do Trabalho vigentes no âmbito da Contratante, e em nenhuma hipótese poderá alegar desconhecimento das mesmas, ficando responsável pelos atos de seus empregados decorrentes da inobservância das mesmas.

A Contratada obriga-se a ter implementado PROGRAMA DE CONTROLE MÉDICO DE SAÚDE OCUPACIONAL — PCMSO — e o PROGRAMA DE PREVENÇÃO DE RISCOS AMBIENTAIS — PPRA — aos seus empregados de acordo com o que estabelece a NR-7 e NR-9 aprovadas pela Portaria n. 3.214, de 8 de junho de 1978 e redação dada pela Portaria n. 24 de 29.12.94.

A Contratada compromete-se a manter arquivado e à disposição, tanto da supervisão da Contratante como por parte de fiscalizações oficiais, cópia da carteira de vacinação e a primeira via do ATESTADO DE SAÚDE OCUPACIONAL — ASO — dos seus empregados que vierem a operar neste contrato conforme previsto na NR-7 da Portaria já referida no item acima.

A Contratada deverá encaminhar ao SESMT da Contratante uma relação contendo o nome e número total de funcionários que estarão operando no contrato, e a respectiva divisão por turnos de trabalho, especificando quantidade, sexo e idade dos mesmos. Quando ocorrer substituição, esta deverá ser igualmente informada.

A Contratada deverá providenciar crachá de identificação, de uso obrigatório, para todos os funcionários que estiverem prestando serviço nas instalações da Contratante, especificando o cargo ocupado pelos mesmos.

A Contratada deverá obrigatoriamente adotar as medidas de proteção previstas nas NRs, em especial as abaixo discriminadas:

NR-4 — Serviços Especializados em Engenharia de Segurança e em Medicina do Trabalho

NR-5 — Comissão Interna de Prevenção de Acidentes de Trabalho

NR-6 — Equipamentos de Proteção Individual

NR-7 — Programa de Controle Médico em Saúde Ocupacional

NR-9 — Programa de Prevenção de Riscos Ambientais

NR-10 — Instalações e serviços em eletricidade

NR-11 — Transporte, movimentação e armazenagem de materiais

NR-12 — Máquinas e equipamentos

NR-17 — Ergonomia

NR-18 — Condições e meio ambiente de trabalho na indústria da construção

NR-21— Trabalho a céu aberto

NR-23 — Proteção contra incêndios

NR-24 — Condições sanitárias e de conforto nos locais de trabalho

NR-26 — Sinalização de segurança

NR-32 — Segurança e Saúde no Trabalho em Serviços de Saúde

É proibido fumar em toda área interna da empresa, Decreto n. 2.018 de 1º.10.96 que regulamenta a Lei n. 9.294 de 15.7.96, nos termos do § 4º do art. 220 da Constituição.

É proibido abrir válvula dos hidrantes, retirar mangueiras ou usá-las para qualquer finalidade sem prévio conhecimento e anuência do SESMT.

Os extintores de incêndio não devem ser retirados de seus pontos fixos sob nenhuma alegação, sem prévio conhecimento e anuência do SESMT.

Quando for necessária alteração de *layout* (pequenas obras) da área útil ocupada pela Contratada, esta deverá comunicar previamente ao SESMT da Contratante.

A Contratada deverá providenciar os Equipamentos de proteção contra incêndios conforme determinação da NR-18, item 18.26 até 18.26.5 (Opcional no caso de canteiro de obras).

A Contratada deverá fornecer e obrigar ao uso todos os Equipamentos de Proteção Individual que se fizerem necessários para a execução das tarefas correspondentes.

Deverá observar os seguintes aspectos com relação à melhor adequação dos mesmos:

a) a seleção e adequação do EPI deverão seguir as recomendações da NR-6;

b) ser de boa qualidade;

c) possuir Certificado de Aprovação do Ministério do Trabalho e Certificado de Registro de Fabricante (que poderá ser solicitado pelo SESMT da Contratante a qualquer momento).

Os Equipamentos de Proteção Individual devem ser mantidos em perfeitas condições de uso e em bom estado de higienização, devendo ser armazenados em local próprio, longe de qualquer outro material. O referido equipamento deverá ser fornecido gratuitamente ao funcionário.

A Contratada deverá ter documentado a entrega dos referidos Equipamentos aos seus funcionários, bem como fazer orientação (vide item 8) sobre a obrigatoriedade de seu uso.

A Contratante reserva-se o direito de suspender o serviço, sem gerar qualquer ônus por tal interrupção, quando for detectada a falta do conjunto de EPIs necessários à execução do serviço.

É facultado à Contratante, através de seu SESMT, realizar inspeções periódicas nas instalações e execução de serviços da Contratada, com vistas a verificar o cumprimento das determinações legais bem como as recomendações constantes deste Documento, ou ainda recomendações de caráter geral, sempre com o objetivo de cumprir a legislação vigente e evitar Acidentes de Trabalho ou Doenças Profissionais.

A Contratante, através de seu SESMT, poderá suspender qualquer trabalho no qual se evidencie risco iminente, ameaçando a integridade física de funcionários de ambas as partes, ou ainda que possa resultar em prejuízo material de grande monta para a própria Contratante.

As irregularidades apontadas nas inspeções devem ser sanadas pela Contratada, sob pena de sofrer suspensão do trabalho até que as mesmas sejam sanadas.

Quando da ocorrência de Acidente de Trabalho, com funcionários da Contratada, em que fique caracterizado o afastamento, a mesma deverá emitir a CAT — Comunicação de Acidente de Trabalho.

Todo Acidente de Trabalho, com ou sem perda de tempo, deverá ser comunicado através de relatório ao SESMT da Contratante, da maneira mais detalhada possível, na data de ocorrência do mesmo.

Os funcionários da Contratada devem receber Treinamento de Segurança, seguido de acompanhamento e reciclagem (ênfase no uso de proteção individual e conhecimento de procedimentos operacionais) antes de iniciar as atividades nas dependências da Contratante, para que a qualidade dos serviços seja sempre a mesma e para evitar Acidentes de Trabalho.

A Contratada deverá apresentar cópia do Programa de Treinamento, mencionado no item anterior, bem como as atualizações que vier a fazer do mesmo.

A Contratada, que pelo número de funcionários não for obrigada a manter pessoal especializado em Segurança e Medicina do Trabalho, como previsto na NR-4, deverá designar profissional da área, para que uma vez por mês mantenha intercâmbio com o SESMT da Contratante, sobre as ocorrências e possíveis sugestões para o bom desenvolvimento do trabalho.

Qualquer interrupção ou suspensão dos trabalhos, motivados pela não observância das instruções constantes neste Documento, não exime a Contratada das obrigações contratuais e penalidades constantes das cláusulas contratuais referentes a multa e prazos.

A Contratada deverá atender ao disposto no Quadro I da NR-5, da Portaria n. 3.214/78, e encaminhar ao SESMT da Contratante cópia do edital de convocação e do calendário anual de reuniões da CIPA.

A Contratante reserva-se o direito de fazer outras exigências com respeito a Segurança e Medicina do Trabalho, sempre que julgue necessário, para a proteção de funcionários e bens materiais de sua propriedade.

A Contratada deve obedecer às legislações pertinentes ao destino de Resíduos Sólidos, em especial a RDC 306 da ANVISA, tendo inclusive o Plano de Gerenciamento de Resíduos de Serviços de Saúde — PGRSS próprio, caso seja da área de saúde.

A Contratante dispõe de Pronto Atendimento (Pronto Socorro) Médico de Urgência, estando apta para atender os empregados da Contratada nos casos de urgências. Os custos gerados por esse atendimento deverão ser negociados com a Administração da Contratante.

(item opcional caso a empresa possua o pronto atendimento e queira negociar com o prestador de serviço, para evitar deslocamentos desnecessários que possam comprometer a saúde do trabalhador).

### *22. Registro, manutenção e divulgação dos dados*

#### *Registro*

O Documento-Base do PPRA dever ser mantido arquivado no estabelecimento por um período mínimo de 20 anos, bem como aqueles inerentes ao tema, tais como os Laudos Técnicos de Avaliação de Riscos Ambientais, etc.

O Documento-Base deve ser apresentado à CIPA — Comissão Interna de Prevenção de Acidentes quando da sua emissão em uma de suas reuniões, devendo sua cópia ser anexada ao livro de atas desta comissão.

Os registros de dados deverão estar sempre disponíveis aos trabalhadores interessados ou seus representantes e para as autoridades competentes.

*Divulgação*

A divulgação dos dados pode ser feita de diversas maneiras dependendo do porte do estabelecimento, as mais comuns são:

— Treinamentos específicos;

— Reuniões setoriais;

— Via terminal de vídeo para consulta dos usuários;

— Reuniões de CIPA e SIPAT;

— Boletins e jornais internos;

— Programa de integração de novos empregados;

— Palestras avulsas.

*23. Planejamento anual, metas e prioridades*

São em linhas gerais os resultados que a empresa deseja atingir após a implantação do PPRA, conforme o cronograma anual de execuções de ações.

As recomendações existentes no cronograma devem ser verificadas durante a realização do PPRA e indicam um possível caminho a ser traçado, não excluindo a possibilidade da existência de outras que não foram mencionadas.

Citamos como exemplo:

— Medições periódicas da exposição ocupacional;

— Treinamento dos trabalhadores;

— Acompanhamento médico com monitoramento biológico apropriado.

*24. Exame, discussão do plano e conclusões finais*

O principal objetivo deste trabalho foi fornecer dados sobre a exposição ocupacional a que estão sujeitos os trabalhadores, servindo ainda como forma de auditoria anual ao Programa de Prevenção de Riscos Ambientais.

A responsabilidade técnica do presente documento que foi confeccionado pelo profissional abaixo assinado restringe-se exclusivamente às avaliações e recomendações realizadas pelo mesmo, ficando sob inteira responsabilidade da Empresa a implantação e acompanhamento das medidas de correção.

*Conclusões*

Apresentar neste campo as conclusões do Engenheiro de Segurança do Trabalho responsável pela elaboração do PPRA devendo conter informação clara e objetiva a respeito dos agentes nocivos, referentes à potencialidade de causar prejuízo à saúde ou à integridade física do trabalhador;

Para fins de Demonstração Ambiental em atendimento a legislação previdenciária, a atividade será considerada como especial se na conclusão constar que o trabalhador está exposto aos agentes nocivos prejudiciais à saúde ou integridade física constante no Anexo IV do Decreto n. 3.048/99, conforme abaixo.

(Caso não haja exposição a agentes nocivos prejudiciais à saúde ou integridade física constante no Anexo IV do Decreto n. 3.048/99, pode ser utilizado o seguinte texto)

Nas atividades e ambientes avaliados na empresa não há exposição a agentes nocivos constante no Anexo IV do Decreto n. 3.048/99 e Norma Regulamentadora n. 9 do MTE, com potencial de prejuízo à saúde ou a integridade física dos seus empregados, desde que mantidas as características ambientais encontradas na data da vistoria.

Podemos, assim, concluir que o desempenho das atividades relacionadas acima não deve ser considerado como tempo de atividade especial, não cabendo desta forma a conversão de tempo para aposentadoria especial.

*25. Critérios para a emissão do PPP e do enquadramento na GFIP*

Fazer o enquadramento de acordo com o descrito e avaliado no corpo do PPRA para cada função constante no quadro de atividades. Caso não haja risco ocupacional, marcar com sombreado 15% a tabela abaixo, no grau de risco 0 e 1.

| Grau de Risco | Categoria do Risco | Prioridade de Avaliação | Consideração Técnica da Exposição | Situação da Exposição | Emissão PPP (Analisar antes da atenuação por EPC/ EPI) | Enquadramento GFIP (Analisar após a atenuação por EPC/ EPI) |
|---|---|---|---|---|---|---|
| 0 e 1 | Insignificante ou Baixo | Baixa | Abaixo de 50% do LT | Aceitável | Não | 0 |
| 2 | Moderado | Média | 50% > LT < 100% | De atenção | Sim | 1 ou 5 |
| 3 | Alto ou Sério | Alta | Acima de 100% do LT | Crítica | Sim | 2, 3, 4, 6, 7, 8 |
| 4 | Muito Alto ou Crítico | Alta/ Baixa | Muito acima do LT ou IPVS | De emergência | Sim | 2, 3, 4, 6, 7, 8 |

*26. Enquadramento dos empregados com relação à GFIP*

Fazer o enquadramento no quadro abaixo de acordo com as informações do PPRA.

| Função | Risco | Avaliação Intensidade Concentração | Técnica Utilizada | Limite de Tolerância | EPC Eficaz (S/N) | EPI Eficaz (S/N) | CA n. | GFIP | Emissão PPP (S/N) |
|---|---|---|---|---|---|---|---|---|---|
| | | | | | | | | | |
| | | | | | | | | | |
| | | | | | | | | | |
| | | | | | | | | | |
| | | | | | | | | | |
| | | | | | | | | | |

Obs.: NA: NÃO APLICÁVEL

*27. Glossário e bibliografia*

PPRA/DA = Programa de Prevenção de Riscos Ambientais

PCMSO = Programa de Controle Médico de Saúde Ocupacional

MPS = Ministério da Previdência Social

MTE = Ministério do Trabalho e Emprego

PCA = Programa de Conservação Auditiva

PPR = Plano de Proteção Radiológica

PPR = Programa de Proteção Respiratória

PPP = Perfil Profissiográfico Previdenciário

CNEN = Comissão Nacional de Energia Nuclear

CCIH = Comissão de Controle de Infecção Hospitalar

*Bibliografia*

— Normas Regulamentadoras NR da Portaria n. 3.214/78 MTE — <www.mte.gov.br>

— Regulamento da Previdência Social — <www.mpas.gov.br>

— Regulamento Técnico de Manipulação de Drogas Antineoplásicas; Regulamento Técnico de Gerenciamento de Resíduos de Saúde; Regulamento Técnico para Projetos Físicos de Ampliação, Reforma e Adequação de Estabelecimentos de Saúde; Qualidade do ar interior; Calendário anual de Vacinação; Operações com Óxido de Etileno; Trabalho com óxido Etileno — <www.anvisa.gov.br>

— Risco Biológico — <www.riscobiologico.org.br

— Proteção Radiológica; Requisitos de Segurança para Serviços de Radioproteção;

— Requisitos de Radioproteção e Segurança de Radioterapia; Gerenciamento de Rejeitos Radioativos — CNEN — <www.cnen.gov.br>

— Gerenciamento de Resíduos — <www.mma.gov.br>

— Descarte de Pilhas e Baterias — <www.mma.gov.br>

— Segurança e Medicina do Trabalho, ed. Atlas, 2006, São Paulo — Foram feitas consultas diretas ao Ministério do Trabalho através do *site*: <http://www.mte.gov.br/sit/nrs/nrs_idx.htm>

*28. Data do documento e assinatura do profissional*

Colocar a data de realização do documento, que será a data do Documento-Base.

Os profissionais responsáveis pela elaboração do PPRA deverão assinar o PPRA neste campo incluindo o número de seu registro no respectivo conselho de classe ou no MTE, no caso de Técnico de Segurança do trabalho.

Rio de Janeiro, XX de XXXXXXXX de 200X.

Fulano de Tal
Engenheiro de Segurança do Trabalho

CREA / RJ — n. xxxxxxxxxx

## 6.6. Diretrizes para Elaboração do Programa de Gerenciamento de Riscos — PGR

**DIRETRIZES PARA ELABORAÇÃO DO PROGRAMA DE GERENCIAMENTO DE RISCOS**

*1. Objetivo:*

Este programa tem por objetivo disciplinar os preceitos a serem observados na organização e no ambiente de trabalho, de forma a tornar compatível o planejamento e o desenvolvimento da atividade mineira com a busca permanente da segurança e saúde dos trabalhadores.

*2. Campos de Aplicação*

Este programa se aplica a:

a) minerações subterrâneas;

b) minerações a céu aberto;

c) garimpos, no que couber;

d) beneficiamentos minerais e

e) pesquisa mineral.

*3. Das Responsabilidades da Empresa e do Permissionário de Lavra Garimpeira*

Cabe à empresa, ao Permissionário de Lavra Garimpeira e ao responsável pela mina a obrigação de zelar pelo estrito cumprimento do presente programa, prestando as informações que se fizerem necessárias aos órgãos fiscalizadores.

A empresa, o Permissionário de Lavra Garimpeira ou o responsável pela mina deve indicar aos órgãos fiscalizadores os técnicos responsáveis de cada setor.

Quando forem realizados trabalhos através de empresas contratadas pela empresa ou Permissionário de Lavra Garimpeira, no contrato deverá constar o nome do responsável pelo cumprimento da Norma Regulamentadora n. 22.

Toda mina e demais atividades referidas no item 2 devem estar sob supervisão técnica de profissional legalmente habilitado.

Compete ainda à empresa ou Permissionário de Lavra Garimpeira:

a) interromper todo e qualquer tipo de atividade que exponha os trabalhadores a condições de risco grave e iminente para sua saúde e segurança;

b) garantir a interrupção das tarefas, quando proposta pelos trabalhadores, em função da existência de risco grave e iminente, desde que confirmado o fato pelo superior hierárquico, que diligenciará as medidas cabíveis; e

c) fornecer às empresas contratadas as informações sobre os riscos potenciais nas áreas em que desenvolverão suas atividades.

A empresa ou Permissionário de Lavra Garimpeira coordenará a implementação das medidas relativas à segurança e saúde dos trabalhadores das empresas contratadas e proverá os meios e condições para que estas atuem em conformidade com este programa.

Cabe à empresa ou Permissionário de Lavra Garimpeira elaborar e implementar o Programa de Controle Médico e Saúde Ocupacional — PCMSO, conforme estabelecido na Norma Regulamentadora n. 7.

*4. Estrutura do PGR*

Cabe à empresa ou Permissionário de Lavra Garimpeira elaborar e implementar o Programa de Gerenciamento de Riscos — PGR, contemplando os aspectos da NR-22, incluindo, no mínimo, os relacionados a:

a) riscos físicos, químicos e biológicos;

b) atmosferas explosivas;

c) deficiências de oxigênio;

d) ventilação;

e) proteção respiratória, de acordo com a Instrução Normativa n. 1, de 11.4.94, da Secretaria de Segurança e Saúde no Trabalho;

f) investigação e análise de acidentes do trabalho;

g) ergonomia e organização do trabalho;

h) riscos decorrentes do trabalho em altura, em profundidade e em espaços confinados;

i) riscos decorrentes da utilização de energia elétrica, máquinas, equipamentos, veículos e trabalhos manuais;

j) equipamentos de proteção individual de uso obrigatório, observando-se no mínimo o constante na Norma Regulamentadora n. 6;

k) estabilidade do maciço;

l) plano de emergência; e

m) outros resultantes de modificações e introduções de novas tecnologias.

*5. Etapas Mínimas do PGR*

O Programa de Gerenciamento de Riscos — PGR deve incluir as seguintes etapas:

a) antecipação e identificação de fatores de risco, levando-se em conta, inclusive, as informações do Mapa de Risco elaborado pela CIPAMIN, quando houver;

b) avaliação dos fatores de risco e da exposição dos trabalhadores;

c) estabelecimento de prioridades, metas e cronograma;

d) acompanhamento das medidas de controle implementadas;

e) monitorização da exposição aos fatores de riscos;

f) registro e manutenção dos dados por, no mínimo, vinte anos; e

g) avaliação periódica do programa.

*6. Apresentação e Discussão do PGR*

O Programa de Gerenciamento de Riscos, suas alterações e complementações deverão ser apresentados e discutidos na CIPAMIN, para acompanhamento das medidas de controle.

*7. Níveis de Ação e de Controle do PGR*

O Programa de Gerenciamento de Riscos deve considerar os níveis de ação acima dos quais devem ser desenvolvidas ações preventivas, de forma a minimizar a probabilidade de ultrapassagem dos limites de exposição ocupacional, implementando-se medidas para o monitoramento periódico da exposição, informação dos trabalhadores e o controle médico, observadas as seguintes definições:

a) limites de exposição ocupacional são os valores de limites de tolerância previstos na Norma Regulamentadora n. 15 ou, na ausência destes, valores limites de exposição ocupacional adotados pela American Conference of Governmental Industrial Higyenists — ACGIH ou valores que venham a ser estabelecidos em negociação coletiva, desde que mais rigorosos que os acima referenciados;

b) níveis de ação para agentes químicos são os valores de concentração ambiental correspondentes à metade dos limites de exposição, conforme definidos na alínea *a* anterior; e

c) níveis de ação para ruído são os valores correspondentes à dose de zero vírgula cinco (dose superior a cinquenta por cento), conforme critério estabelecido na Norma Regulamentadora n. 15, Anexo I, item 6.

*8. Exigência do PGR*

Desobrigam-se da exigência do PPRA as empresas que implementarem o PGR.

## 6.7. Modelo de Programa de Condições e Meio Ambiente de Trabalho na Indústria da Construção — PCMAT

| MODELO DE PROGRAMA DE CONDIÇÕES E MEIO AMBIENTE DE TRABALHO NA INDÚSTRIA DA CONSTRUÇÃO — PCMAT |
|---|

*1. Introdução*

A nova visão da prevenção de risco de acidentes e doenças ocupacionais face ao atual processo de globalização e a introdução de novas tecnologias e a complexidade crescente dos riscos e seus efeitos é que além do simples cumprimento da legislação vigente, é necessário desenvolvermos integralmente a prevenção objetivando a melhoria da qualidade de vida.

Portanto, é importante a eliminação do risco, sua avaliação, seu controle na origem, adaptação do trabalho ao homem, organização do trabalho e prioridade da proteção coletiva sobre a individual, tendo em consideração a proteção do meio ambiente e dos recursos maturais.

A Portaria n. 4, publicada em 4 de julho de 1995, estabeleceu a obrigatoriedade de elaboração pelas empresas do Programa de Condições e Meio Ambiente de Trabalho na Indústria da Construção (PCMAT), configurando-se no principal avanço do novo texto da NR-18, que trata das Condições de Trabalho na Indústria da Construção.

A implementação do PCMAT permite um efetivo gerenciamento do ambiente de trabalho, do processo produtivo e de orientação aos trabalhadores, reduzindo-se assim o número de acidentes de trabalho e doenças ocupacionais.

Inúmeras atividades peculiares fazem parte da indústria da construção envolvendo uma variedade de riscos, razão pela qual as medidas preventivas são mais difíceis e complexas.

Destacamos como exemplo a questão da elevada rotatividade e a consequente pouca qualificação da mão de obra bem como da participação de empreiteiros.

Se, de um modo geral, os programas de segurança neste segmento industrial têm como prioridade a prevenção dos acidentes graves e fatais relacionados com quedas de alturas, soterramento, choque elétrico e derivados de máquinas e equipamentos sem proteção, é importante considerarmos também as questões ambientais, ergonômicas e educacionais, bem como os problemas de saúde existentes em consequência das deficientes condições de alimentação, habitação e transporte dos trabalhadores, além dos documentos integrantes do programa previsto na NR-18, item 18.3.4, tais como:

— Memorial sobre condições e meio ambiente de trabalho nas atividades e operações que ofereçam riscos de acidentes e doenças do trabalho, e suas respectivas medidas preventivas;

— Projeto de execução das proteções coletivas em conformidade com as etapas da obra;

— Especificação técnica das proteções coletivas e individuais utilizadas;

— Cronograma de implantação das medidas preventivas;

— *Layout* inicial do canteiro de obra, contemplando, inclusive, previsão do dimensionamento das áreas de vivência;

— Programa educativo contemplando a temática de prevenção de acidentes e doenças do trabalho, com carga horária.

Devemos planejar o PCMAT em função das principais etapas de desenvolvimento da obra desde o projeto até os serviços finais, considerando o risco de acidentes e doenças e as diversas categorias profissionais atuantes em cada etapa.

*2. Metodologia*

Para o desenvolvimento do PCMAT devemos sempre levar em conta o comprometimento da alta direção da empresa com o programa através do estabelecimento de uma Política de Segurança e Saúde, da análise criteriosa de antecipação e reconhecimento dos riscos, do perfil da mão de obra, abordando as questões sobre o nível de conhecimento do trabalhador na área de Segurança e Saúde, hábitos e costumes locais, escolaridade, dentre outras.

O desdobramento do programa faz com que surjam projetos que devem sempre estar vinculados a uma proposta de ação voltada para a melhoria das condições de trabalho com objetivos concretos que possam ser medidos quantitativa e ou qualitativamente; serem limitados no tempo de duração da obra e representarem, sempre, expansão, modernização ou aperfeiçoamento da ação desejada.

Em relação a seu conteúdo programático, dentre outras informações necessárias, os projetos devem indicar metas de natureza física e financeiras, a estratégia de execução, a integração interna e externa.

Os riscos de acidentes do trabalho devem ser priorizados, principalmente os relacionados com elevadores, lesões perfurantes, máquinas e equipamentos sem proteção, queda de altura, soterramento e choque elétrico.

As proteções coletivas devem ser bem dimensionadas e o equipamento de proteção individual deve ser especificado em função do local de trabalho.

O treinamento dirigido aos trabalhadores, tanto admissional quanto periódico, deve ter material institucional previamente elaborado voltado para a sua realidade e deve ser previsto treinamento específico dirigido ao Engenheiro de Obra, Mestre e Encarregados.

As máquinas, equipamentos e ferramentas diversas devem ter programa de manutenção preventiva que deve incluir a inspeção dos equipamentos no local, por pessoal especializado e regularmente e deve abranger verificação de sistemas elétrico, hidráulico, ventilação e proteção contra incêndio.

É importante a previsão de uma ferramentaria bem organizada.

As doenças do trabalho são aspectos importantes na elaboração do PCMAT, a interface com o PROGRAMA DE PREVENÇÃO DE RISCOS AMBIENTAIS — PPRA e com o PROGRAMA DE CONTROLE MÉDICO DE SAÚDE OCUPACIONAL — PCMSO definidos pelas NRs 9 e 7, respectivamente, bem como a análise ergonômica dos postos de trabalho, de acordo com a NR-17 ERGONOMIA.

Na etapa de reconhecimento de riscos causadores de doenças ocupacionais, além dos agentes físicos, químicos e biológicos devemos considerar as condições de trabalho na obra em função de fatores ambientais, tais como chuva, umidade, velocidade dos ventos e altitude.

Segue abaixo a metodologia para a elaboração da estrutura básica do PCMAT:

*3. Capa*

Deverá ser utilizada folha de papel timbrado da empresa ou do profissional que estiver realizando o trabalho, contendo o título "Programa de Condições e Meio Ambiente de Trabalho na Indústria da Construção", o nome da Empresa onde foi realizado o trabalho e a data da sua conclusão, que passará a ser a data do Documento-Base.

*4. Índice*

O índice deve figurar em uma folha própria, contendo o detalhamento do PCMAT e as respectivas páginas onde se encontram os assuntos.

*5. Informações da empresa:*

— Razão Social da Empresa:.......................................................................

— Endereço Completo:...............................................................................

— Nome da Pessoa de Contato:..................................................................

— Telefone:...........................................

— Data do contato:.................................

— N. de Empregados: Próprios:.......... Contratados:.........

— Existe na obra:

Instalações Sanitárias: SIM ☐ NÃO ☐

Vestiários: SIM ☐ NÃO ☐

Alojamento: SIM ☐ NÃO ☐

Local de refeições: SIM ☐ NÃO ☐

Cozinha: SIM ☐ NÃO ☐

Lavanderia: SIM ☐ NÃO ☐

Área de lazer: SIM ☐ NÃO ☐

Ambulatório: SIM ☐ NÃO ☐

*6. Diagnóstico da situação inicial:*

— Análise criteriosa dos projetos, cronograma da obra, métodos ou processos de trabalho;

— Definição dos recursos financeiros a serem alocados no programa;

— Descrição da obra, contendo informações sobre as etapas, o sistema construtivo e o número máximo de empregados;

— Relação das empresas intervenientes, tais como: empreiteiros, subempreiteiros, trabalhadores independentes e eventuais;

— Levantamento do perfil da mão de obra a ser utilizada;

— Condições geoclimáticas, tais como: precipitação pluviométrica, temperatura, capacidade de carga do terreno, altitude, umidade relativa do ar, direção dominante e velocidade dos ventos.

*7. Organização do canteiro de obra:*

— Dimensionamento e locação das áreas de vivência e arranjo físico, contendo os locais de armazenamento, escritórios, máquinas e equipamentos, material granular, extintores de incêndio e oficinas;

— Circulação de veículos e de pessoal;

— Sinalização de segurança;

— Transporte de pessoal;

— Escoamento de esgoto e águas pluviais;

— Abastecimento de água, eletricidade e telefonia.

*8 . Riscos ocupacionais:*

Inicialmente, deve-se fazer uma descrição sucinta das atividades existentes ou previstas e as correspondentes categorias profissionais.

Relacionar os projetos de execução e especificação técnica das proteções coletivas e das proteções individuais, especificando detalhadamente cada equipamento e definindo-se os seus locais de uso obrigatório.

Informar a existência dos riscos, conforme os itens abaixo.

8.1. Riscos de acidentes:

— Quedas de altura;

— Máquinas e equipamentos sem proteção;

— Instalações elétricas;

— Arranjo físico;

— Soterramento;

— Ferramentas inadequadas ou defeituosas;

— Incêndio ou explosão;

— Armazenamento inadequado;

— Transporte de trabalhadores;

— Animais peçonhentos;

— Objetos pontiagudos;

— Outras situações de risco.

8.2 . Riscos ambientais (PPRA):

— Agentes físicos:

Ruídos originados de máquinas pesadas, máquinas em geral, serras circulares, vibradores de concreto, betoneiras, marteletes, esmerilhadeiras, compressores e bate-estaca.

Vibrações de corpo inteiro, proveniente de máquinas pesadas, marteletes pneumáticos, vibradores de concreto e ferramentas manuais;

Radiações oriundas de operações de solda elétrica, solda oxiacetilênica e operações a céu aberto;

Temperatura extremas;

Pressões anormais.

— Agentes Químicos:

Poeiras provenientes da manipulação de cimento e cal, preparação de concreto ou argamassa, movimentação de terra em geral, serviços de demolição, polimento de pisos, ação dos ventos, corte de madeiras, movimentação em veículos e máquinas.

Operação de pintura e uso de solventes;

Uso de impermeabilizantes e substâncias químicas usadas para tratamentos especiais de superfícies;

Manuseio de álcalis tais como: Ácido Clorídrico e Hidróxido de Sódio;

Risco de asfixia por deficiência de oxigênio;

Asfixia química por inalação de gases tóxicos.

— Agentes Biológicos:

Bactérias, fungos, bacilos, parasitas, protozoários, vírus, entre outros, provenientes de escavação de valas e tubulões e ou obras de saneamento.

— Antecipação e reconhecimento;

— Avaliação;

— Medidas de controle e avaliação de sua eficácia através de proteção coletiva ou individual;

— Treinamento;

— Planejamento, contendo as metas, prioridades e cronograma de execução;

— Monitoramento da exposição aos riscos;

— Registro e divulgação dos dados.

8.3. Riscos Ergonômicos/Análise Ergonômica dos Postos de Trabalho:

— Esforço físico intenso;

— Levantamento e transporte manual de pesos;

— Trabalho em turno e noturno;

— Jornadas de trabalho prolongadas;

— Outras situações causadoras de *stress* físico e/ou psíquico;

— Recomendações.

*9. Treinamento:*

— Definição do conteúdo programático, carga horária e material institucional;

— Tipo: Introdutório, Gerencial e por Categoria Profissional;

— Periodicidade.

*10. Integração interna e externa:*

— Programa de qualidade da empresa;

— PCMSO (exames médicos, procedimentos de emergência, vacinação, alimentação, prevenção do alcoolismo, AIDS, doenças sexualmente transmissíveis, educação sanitária);

— Recursos Humanos e pessoal;

— Manutenção;

— Compras e Licitações;

— Planejamento;

— Instituições que atuam na área (DRT, FUNDACENTRO, SESI, SENAI, Sindicatos);

*11. Definição das responsabilidades gerenciais*

— Engenheiro responsável pela obra;

— Mestre, encarregado e trabalhadores;

— SESMT — Serviço Especializado em Engenharia de Segurança e Medicina do Trabalho;

— CIPA — Comissão Interna de Prevenção de Acidentes e seus membros;

— Setor administrativo.

*12. Controle e avaliação do programa*

— Principais indicadores;

— Cronograma geral de implantação;

— Auditoria.

*13. Conclusão*

Durante o processo construtivo devemos conhecer o planejamento, projeto, materiais, execução, uso e manutenção da edificação, considerando os métodos e processos de trabalho utilizados e principalmente o perfil do trabalhador.

O acompanhamento do programa é importante com o objetivo de se fazerem os ajustes necessários e reuniões periódicas devem ser previstas com todos os envolvidos para revisão, definição de prioridades para ações futuras, e o estabelecimento de novos objetivos.

A concepção do programa da forma proposta, determinando maior importância às medidas de controle coletivo e maior reconhecimento dos riscos no ambiente de trabalho, antecipa-se à tendência mundial de tratar as questões de segurança e saúde no trabalho de forma ampla e prioritária dentro do sistema gerencial da empresa.

O principal objetivo deste trabalho foi fornecer dados sobre a exposição ocupacional a que estão sujeitos os trabalhadores, servindo ainda como forma de auditoria anual ao PCMAT.

A responsabilidade técnica do presente documento que foi confeccionado pelo Eng. ................., CREA N. ....................., restringe-se exclusivamente às avaliações e recomendações realizadas pelo mesmo, ficando sob inteira responsabilidade da Empresa a implantação e acompanhamento das medidas de correção.

*14. Registro, manutenção e divulgação de dados*

O registro dos dados contidos no Documento-Base do PCMAT deve ser mantido arquivado pelo empregador por um período mínimo de 20 anos, bem como aqueles inerentes ao tema, como os Laudos Técnicos de Avaliação de Riscos Ambientais, etc.

O Documento-Base deve ser apresentado à CIPA — Comissão Interna de Prevenção de Acidentes durante uma de suas reuniões, devendo sua cópia ser anexada ao livro de atas desta comissão ou ao empregado designado para tal fim.

O registro de dados deverá estar sempre disponível aos trabalhadores interessados ou seus representantes e para as autoridades competentes.

*15. Bibliografia*

Devem ser informados todos os documentos, livros, apostilas e outros materiais consultados, durante a elaboração do PCMAT.

*16. Data do documento*

Datar e colocar a data de realização do documento, que será a data do PCMAT.

*17. Assinatura do profissional*

O profissional responsável pela elaboração do PCMAT deverá assinar o documento incluindo o número de seu registro no respectivo conselho de classe.

## 6.8. Roteiro Básico para Elaboração de um Programa de Controle Médico de Saúde Ocupacional — PCMSO

| ROTEIRO BÁSICO PARA ELABORAÇÃO DE UM PROGRAMA DE CONTROLE MÉDICO DE SAÚDE OCUPACIONAL — PCMSO |
|---|

*A) OBJETIVO:*

O objetivo deste programa é a prevenção, rastreamento e diagnóstico precoce dos agravos à saúde relacionados ao trabalho.

O PCMSO é parte integrante do conjunto mais amplo de iniciativas da empresa no campo da saúde dos seus empregados e está articulado com o disposto nas demais NRs.

*B) PLANEJAMENTO, DIRETRIZES E COMPOSIÇÃO:*

O PCMSO considera as questões incidentes sobre o indivíduo e coletividade de empregados, privilegiando o instrumental clínico-epidemiológico, utilizando-se de uma anamnese clínica e ocupacional registrada em ficha específica, cujo objetivo é a abordagem da relação entre saúde e trabalho.

O programa deve ser planejado e implantado com base nos riscos à saúde dos empregados da empresa.

*C) DESENVOLVIMENTO E ELABORAÇÃO DO PCMSO:*

AÇÕES PRIMÁRIAS: São as ações preventivas voltadas para a manutenção da saúde, são as noções e informações básicas que se destinam aos trabalhadores em geral.

Técnicas Utilizadas:

— Orientação individual

— Palestras, reuniões e discussões em grupo

— Exibição de vídeos e áudios

— Folhetos e cartazes

*Campos de Atuação*

— Higiene habitacional — Uso de água filtrada e encanada

— Higiene pessoal — Banho diário, higiene bucal e lavar as mãos

— Cuidados com a saúde

*Programas Adicionais*

— Programa de orientação alimentar

— Programa de controle do colesterol

— Programa de prevenção do *stress*

— Programa de prevenção a drogas

— Programa de prevenção à hipertensão

— Programa de prevenção à Aids

— Programa de prevenção ao Alcoolismo

— Programa de prevenção ao Fumo

— Programa de prevenção ao câncer de Mama

— Programa de prevenção ao câncer de próstata

*Equipamentos de prevenção de acidentes*

— Cabeça e Crânio — Capacete, capuz e boné

— Vias respiratórias — Máscaras e respiradores

— Ouvidos — Protetor Auricular tipo Concha e Plugues de Inserção

— Olhos — Óculos contra impactos, óculos contra poeiras e neblinas, óculos para soldadores, óculos contra gases e vapores

— Face — Máscara de Solda e Protetores com visor

— Mãos e Braços — Luvas, Mangas e dedeiras

— Pernas e Pés — Perneiras longas, sapatos de segurança, botas de borracha

— Tronco — Aventais e jaquetas

*Campanha de prevenção das doenças ocupacionais*

— Perda auditiva induzida por ruído

— Programa de prevenção Oftalmológico Ocupacional

— Lesões por Esforços Repetitivos — LER ou Distúrbios Osteomusculares Relacionados ao Trabalho — DORT

— Realização de Semanas Internas de Prevenção de Acidentes — SIPATs

AÇÕES SECUNDÁRIAS: São as medidas preventivas e curativas

*Programa de Prevenção de Riscos Ambientais — PPRA*

— Planejamento anual com o estabelecimento de metas, prioridade e cronograma

— Estratégia e metodologia de ação

— Forma de registro, manutenção e divulgação dos dados

— Prioridade e forma de avaliação do desenvolvimento do PPRA

*Estudo dos Riscos Ocupacionais — Mapa de Risco:*

Deve ser realizado através da identificação dos setores e população da empresa e a identificação dos Riscos Ocupacionais envolvendo:

— Riscos Físicos — Ruído, Vibrações, Radiação, Temperaturas (calor, frio, umidade)

— Riscos Químicos — Gases, Vapores, Poeiras, Fumos, Névoas, Neblinas e Produtos químicos em geral

— Riscos Biológicos — Vírus, Bactérias, Fungos, Protozoários, Parasitas e Bacilos

— Riscos Ergonômicos — Esforço intenso, exigência de postura inadequada, situação de *stress* físico e/ou psíquico, controle rígido da produtividade, imposições de ritmos excessivos, trabalho em turnos e noturnos, levantamento e transporte manual de peso, monotonia e repetitividade e jornada de trabalho prolongadas

— Riscos de Agentes de Acidentes — Arranjo físico inadequado, máquinas e equipamentos sem proteção, ferramentas inadequadas e/ou defeituosas, iluminação inadequada, probabilidade de incêndio ou explosão e armazenamento inadequado de produtos perigosos

*Planos de Ação de Saúde*

— Cumprimento da Legislação — NR-7

— Controle e redução do absenteísmo

— Redução de doenças relacionadas ou não ao trabalho ou aquelas que implicam processos trabalhistas

— Atendimento de emergência a acidentes de trabalho

— Prevenção de doenças ocupacionais

— Melhoria no ambiente de trabalho

— Atendimento médico assistencial de bom nível

*Componentes do prontuário*

— Ficha de exames médicos

— Ficha de resultados dos exames

— Registro epidemiológico

— Ficha de controle do Absenteísmo

— Cópia do Atestado de Saúde Ocupacional — ASO

Para cada exame médico realizado, o médico emitirá o ASO em duas vias: a 1ª via é arquivada no local de trabalho do empregado, à disposição da fiscalização do Ministério do Trabalho; a 2ª via será entregue ao empregado, mediante recibo na 1ª via.

*Resultados de Exames Médicos:*

Apto: é o indivíduo cujo exame indica que o mesmo está preparado fisicamente para a função a que se propõe e não possui limitações físicas que requerem considerações especiais, impedindo ou dificultando determinadas atividades;

Inapto: é o indivíduo que apresenta limitações físicas ao desempenho da função considerada, condições de saúde que possam ser agravadas pelo exercício dessa função, ou que constituam risco em potencial para si, para terceiros ou para o patrimônio da empresa;

É de responsabilidade do médico examinador orientar o funcionário/candidato, quanto à presença de anormalidades em seus exames e orientá-lo a procurar um médico ou serviço de sua livre escolha para complementação diagnóstica ou tratamento específico; não cabe ao médico notificar o candidato de sua admissão ou não, função essa de responsabilidade gerencial e administrativa da empresa.

*Prontuário*

Os dados obtidos nos exames médicos, incluindo a avaliação clínica, exames complementares ocupacionais e conclusões, serão registrados na ficha médica ocupacional, e ficarão arquivados com o médico do trabalho responsável pela gestão e operacionalização do programa da empresa.

*Intercorrências*

A verificação, através de exame clínico e/ou complementar, de exposição excessiva a agentes presentes no ambiente de trabalho ou doença ocupacional de um funcionário, deverá ser comunicada à Direção da empresa pelo médico coordenador ou pela chefia da unidade.

*Situações Especiais*

Temporários: Deverão seguir, se houver esta situação, a mesma rotina de exames que os funcionários efetivos, ficando a responsabilidade da execução dos exames a cargo da Agência Contratante.

Terceirizados: A empresa terceirizada é responsável pelos exames ocupacionais dos empregados, em consonância com este PCMSO.

Em ambos os casos, caberá à empresa comunicar à prestadora do serviço a existência desses funcionários para que esta proceda a auditagem dos exames, verificando se o atestado está em conformidade com a NR-7.

*Local de Guarda*

O PCMSO deverá ficar arquivado na empresa para atender às exigências legais caso seja solicitado numa eventual fiscalização.

*Fichas de Exames Médicos*

— Admissional — Menor, Feminino, Masculino, Empregados especiais

— Periódico — Clínico, Laboratorial e Radiológico

— Retorno ao trabalho — Apto ou Restrições

— Mudança de Função — Risco Ambiental anterior e Risco ambiental atual

— Demissional — Tipo de risco ambiente a que foi exposto, uso de EPIs, tempo de trabalho na função, funções anteriores, registro de acidentes do trabalho e avaliação do prontuário

O PCMSO deve incluir a realização obrigatória dos seguintes exames médicos:

*Exame Médico Admissional*

Deve ser realizado antes que o empregado assuma suas atividades. Constituído de avaliação clínica e ocupacional, podendo ser acompanhado de exames complementares (audiometria, toxicológicos, radiológicos, etc.), conforme os riscos inerentes à função do candidato.

*Os objetivos deste exame são:*

— avaliar se o trabalhador é capaz de desenvolver a atividade proposta com segurança e eficiência, isto é, procurar detectar problemas de saúde que predisponham a acidentes do trabalho e doenças profissionais;

— identificar alterações de saúde que possam ser agravadas pelo exercício da atividade laboral proposta;

— identificar alterações de saúde que necessitem de tratamento, correções ou trabalho de manutenção.

*Exame Médico Periódico*

Elaborado com o mesmo critério do exame admissional, porém segue intervalos mínimos de tempo abaixo discriminados:

— Para trabalhadores expostos a riscos ou situações de trabalho que impliquem o desencadeamento ou agravamento de doença ocupacional, ou ainda, para aqueles que sejam portadores de doenças crônicas, os exames devem ser repetidos anualmente ou com intervalos menores, a critério do médico coordenador, ou se notificado pelo médico agente da inspeção do trabalho, ou ainda, como resultado de negociação coletiva de trabalho;

— Para os demais trabalhadores:

1 — anualmente, quando menores de 18 e maiores de 45 anos de idade;

2 — a cada dois anos, para os trabalhadores entre 18 e 45 de idade.

Como medida de controle médico de saúde ocupacional dos empregados da empresa, o Coordenador do PCMSO pode determinar que os exames Periódicos sejam realizados com a periodicidade Anual.

*Os objetivos do Exame Médico Periódico são:*

— avaliar as repercussões da atividade de trabalho na saúde do funcionário;

— procurar diagnosticar precocemente as alterações de saúde relacionadas ou não com o trabalho;

— detectar precocemente desvios e falhas de medidas de controle ambiental.

*Exame de Retorno ao Trabalho*

Realizado após afastamento igual ou superior a 30 (trinta) dias, para avaliação e determinação da atual capacidade laboral do funcionário. Deve ser feito no primeiro dia da volta à atividade.

Os objetivos deste exame são:

— avaliar se o trabalhador, após recuperação de sua saúde, mantém a capacidade de desenvolver a mesma atividade laboral desenvolvida antes do afastamento, com segurança e eficiência, isto é, procurar detectar alterações de saúde (sequelas e/ou limitações físicas e/ou mentais) que predisponham a acidentes de trabalho e doenças profissionais;

— no caso de inaptidão à função anteriormente exercida, caracterizar as limitações físicas e/ou mentais de que o trabalhador é portador, visando orientar os profissionais de recursos humanos na reabilitação profissional deste trabalhador.

*Exame Médico de Mudança de Função*

Entende-se por mudança de função toda e qualquer alteração de atividade que implique a exposição a riscos diferentes daqueles a que estava exposto antes da mudança. Tem que ser, obrigatoriamente, realizado antes da data de mudança.

*Os objetivos deste exame são:*

— avaliar se o trabalhador é capaz de desenvolver a nova tarefa pela qual vai ser responsável, com segurança e eficiência, isto é, procurar detectar alterações de saúde que predisponham a acidentes de trabalho e doenças profissionais;

— identificar alterações de saúde que possam ser agravadas pelo exercício da nova atividade laboral;

— orientar o trabalhador sobre as Medidas Primárias de Saúde, com orientações e recomendações quanto aos novos riscos da atividade profissional a ser desenvolvida, e como promover e proteger sua saúde.

*Exame Médico Demissional*

Constando de avaliação similar àquela realizada no exame admissional e periódico, deve ser realizado até a data da homologação, desde que o último exame médico ocupacional tenha sido realizado há mais de 135 dias para empresas de risco 1 e 2.

*Os objetivos do Exame Médico Demissional são:*

— avaliar as repercussões da atividade laboral na saúde do trabalhador, diagnosticando as alterações de saúde relacionadas ou não com o trabalho;

— avaliar se o trabalhador está apto a desenvolver a sua função laboral com segurança e eficiência, isto é, procurar detectar alterações de saúde que predisponham a acidentes de trabalho e doenças profissionais;

— detectar alterações de saúde que, embora não relacionadas com o trabalho e não motivadoras de inaptidão, necessitem de tratamento médico especializado (ou término do mesmo) antes da demissão.

*Registros*

— Registro de atendimento médico

— Registro de atendimento ambulatorial

— Registro de absenteísmo

— Registro de levantamento epidemiológico

— Registro de controle de empregada gestante

— Resumo do prontuário médico

*Encaminhamento Médico*

— Solicitação de relatório médico

— Notificação ao Serviço de Segurança do Trabalho

*Acidentes do trabalho*

— Ficha de registro de acidentes do trabalho

— Ficha de registro de doença ocupacional

— Avaliação da incapacidade

*D) DAS RESPONSABILIDADES*

Compete ao Médico especialista em Medicina do Trabalho, com registro no Ministério do Trabalho, o papel de gestor, coordenador e executor do programa a partir da data de início. A validade desta competência é a mesma informada no Termo de Responsabilidade.

O termo de responsabilidade será emitido na implantação do programa e terá impressa a data da sua validade e será obrigatoriamente substituído por outro com a nova data de validade na época da sua renovação.

*E) DOS PRIMEIROS SOCORROS*

A empresa deverá estar equipada com material necessário à prestação de primeiros socorros, segundo características da atividade desenvolvida. Este material deve ser mantido em local adequado e sob a responsabilidade da pessoa treinada a prestar os primeiros socorros.

Recomendamos a aquisição dos materiais abaixo relacionados, que deverão compor a caixa de Primeiro Socorros da Empresa.

Este material deverá ser guardado em local previamente determinado e de conhecimento geral, sendo importante a conferência e testagem periódica do equipamento.

Os produtos poderão ser encontrados em farmácias e/ou lojas de material cirúrgico/hospitalar à livre escolha da empresa.

*Composição da Caixa de Primeiros Socorros:*

5 pacotes de gaze

1 pacote de algodão

1 rolo de esparadrapo comum

1 rolo de esparadrapo Micropore

1 caixa de Band-Aid

1 par de luvas estéreis

1 atadura de crepon 10 cm

1 Termômetro

1 Frasco de Polvidine Tópico — 100ml

1 Frasco de Soro Fisiológico — 500 ml

*F) RELATÓRIO ANUAL*

Será emitido pela empresa responsável pela operacionalização do PCMSO, discriminando os setores da unidade, o número e a natureza dos exames médicos (incluindo avaliações clínicas e exames complementares), estatísticas e resultados considerados anormais, assim como o planejamento para o próximo ano, tomando como base o modelo proposto pela Norma Regulamentadora n. 7.

A cópia do Relatório Anual deverá ser anexada ao livro de atas da Comissão Interna de Prevenção de Acidentes (CIPA), quando existente na unidade.

## 6.9. Modelo de Laudo Técnico de Condições Ambientais do Trabalho — LTCAT

LAUDO TÉCNICO DE CONDIÇÕES AMBIENTAIS
DO TRABALHO — LTCAT

NOME DA EMPRESA

*ÍNDICE:*

5 — CONDIÇÕES AMBIENTAIS DO LOCAL DE TRABALHO

6 — REGISTRO DOS AGENTES NOCIVOS

7 — DURAÇÃO DO TRABALHO QUE EXPÔS O TRABALHADOR AOS AGENTES NOCIVOS

8 — EXISTÊNCIA E APLICAÇÃO EFETIVA DE EPI

9 — MÉTODOS, TÉCNICA, APARELHAGENS E EQUIPAMENTOS UTILIZADOS PARA A ELABORAÇÃO DO LTCAT:

10 — CONCLUSÃO

11 — INFORMAÇÃO SE O SIGNATÁRIO DO LAUDO TÉCNICO É OU FOI CONTRATADO DA EMPRESA

12 — DATA E LOCAL DA INSPEÇÃO TÉCNICA E ASSINATURA DO PROFISSIONAL HABILITADO

*1 — PREMISSAS BÁSICAS:*

Esse Laudo Técnico tem por finalidade atender às exigências previstas nos Decretos, Ordens de Serviço e Instruções Normativas oriundas do Ministério da Previdência Social — MPS e do Instituto Nacional do Seguro Social — INSS.

A partir de 29 de abril de 1995, data da publicação da Lei n. 9.032, a caracterização de atividade como especial depende de comprovação do tempo de trabalho permanente, não ocasional nem intermitente, durante quinze, vinte ou vinte e cinco anos em atividade com efetiva exposição a agentes nocivos químicos, físicos, biológicos ou associação de agentes prejudiciais à saúde ou à integridade física, observada a carência exigida.

Qualquer que seja a data do requerimento dos benefícios, as atividades exercidas deverão ser analisadas da seguinte forma:

| PERÍODO TRABALHADO | ENQUADRAMENTO |
|---|---|
| De 5.9.60 a 28.4.95 | Quadro anexo ao Decreto n. 53.831, de 1964. Anexos I e II do RBPS, aprovado pelo Decreto n. 83.080, de 1979.<br>Formulário: CP/CTPS; LTCAT, obrigatoriamente para o agente físico ruído. |
| De 29.4.95 a 13.10.96 | Código 1.0.0 do Anexo ao Decreto n. 53.831, de 1964. Anexo I do Decreto n. 83.080, de 1979.<br>Formulário: LTCAT ou demais Demonstrações Ambientais, obrigatoriamente para o agente físico ruído. |
| De 14.10.96 a 5.3.97 | Código 1.0.0 do Anexo ao Decreto n. 53.831, de 1964. Anexo I do Decreto n. 83.080, de 1979.<br>Formulário: LTCAT ou demais Demonstrações Ambientais, para todos os agentes nocivos. |

| PERÍODO TRABALHADO | ENQUADRAMENTO |
|---|---|
| De 6.3.97 a 31.12.98 | Anexo IV do RBPS, aprovado pelo Decreto n. 2.172, de 1997. Formulário: LTCAT ou demais Demonstrações Ambientais, para todos os agentes nocivos. |
| De 1º.1.99 a 5.5.99 | Anexo IV do RBPS, aprovado pelo Decreto n. 2.172, de 1997. Formulário: LTCAT ou demais Demonstrações Ambientais, para todos os agentes nocivos, que deverão ser confrontados com as informações relativas ao CNIS para a homologação da contagem do tempo de serviço especial nos termos do art. 19 e § 2º do art. 68 do RBPS, com redação dada pelo Decreto n. 4.079, de 2002. |
| De 6.5.99 a 31.12.03 | Anexo IV do RBPS, aprovado pelo Decreto n. 3.048, de 1999. Formulário: LTCAT ou demais Demonstrações Ambientais, para todos os agentes nocivos, que deverão ser confrontados com as informações relativas ao CNIS para a homologação da contagem do tempo de serviço especial nos termos do art. 19 e § 2º do art. 68 do RBPS, com redação dada pelo Decreto n. 4.079, de 2002. |
| A partir de 1º.1.04 | Anexo IV do RBPS, aprovado pelo Decreto n. 3.048, de 1999. Formulário que deverá ser confrontado com as informações relativas ao CNIS para a homologação da contagem do tempo de serviço especial nos termos do art. 19 e § 2º do art. 68 do RBPS, com redação dada pelo Decreto n. 4.079, de 2002. |

Para os efeitos técnicos e legais, neste documento considera-se *trabalho permanente* aquele que é exercido de forma não ocasional nem intermitente, no qual a exposição do empregado, do trabalhador avulso ou do cooperado ao agente nocivo seja indissociável da produção do bem ou da prestação do serviço.

Aplica-se também o disposto acima aos períodos de descanso determinados pela legislação trabalhista, inclusive férias, aos de afastamento decorrentes de gozo de benefícios de auxílio-doença ou aposentadoria por invalidez acidentários, bem como aos de percepção de salário maternidade, desde que, à data do afastamento, o segurado estivesse exercendo atividade considerada especial.

Entende-se por *agentes nocivos* aqueles que possam trazer ou ocasionar danos à saúde ou integridade física do trabalhador nos ambientes de trabalho, em função de sua natureza, concentração, intensidade e fator de exposição aos seguintes agentes:

*Agentes Físicos*: O que determina o benefício é a efetiva exposição de modo habitual e permanente acima dos limites de tolerância especificados na legislação previdenciária, quando for o caso, para a exposição a ruídos e temperaturas anormais ou exposição a atividades, tais como: vibração, radiações ionizantes, pressão atmosférica anormal, que independem de limite de tolerância.

*Agentes Químicos:* O que determina o benefício é a presença do agente no processo produtivo e sua constatação no ambiente de trabalho em condições de causar dano à saúde ou a integridade física do trabalhador.

Para fins de reconhecimento como atividade especial, em razão da exposição a agentes químicos, considerado o RPS vigente à época dos períodos laborados, a avaliação deverá contemplar todas aquelas substâncias existentes no processo produtivo.

*Agentes Biológicos:* O que determina a concessão do benefício é a efetiva exposição aos agentes citados unicamente nas atividades relacionadas no Anexo IV do Decreto n. 3.048/99, nas formas de micro-organismos e parasitas infecciosos vivos e suas toxinas, tais como: Bactérias, Fungos, Parasitas, Bacilos, Vírus, etc.

O reconhecimento como atividade especial, em razão da exposição a agentes biológicos de natureza infectocontagiosa e em conformidade com o período de atividade, será determinado pela efetiva exposição do trabalhador aos agentes citados nos decretos respectivos.

*Associação de Agentes:* O reconhecimento de atividade como especial, em razão de associação de agentes, será determinado pela exposição aos agentes combinados exclusivamente nas tarefas especificadas, devendo ser analisado considerando os itens dos Anexos dos Regulamentos da Previdência Social, vigentes à época dos períodos laborados.

*2 — OBJETIVO:*

Este Laudo Técnico tem por objetivo avaliar as atividades desenvolvidas pelos empregados no exercício de todas as suas funções e/ou atividades, determinando se os mesmos estiveram expostos a agentes nocivos, com potencialidade de causar prejuízo à saúde ou a sua integridade física, em conformidade com os parâmetros estabelecidos na legislação vigente.

A caracterização da exposição foi realizada em conformidade com os parâmetros estabelecidos na legislação trabalhista vigente (Normas Regulamentadoras — NR's, da Portaria n. 3.214/78, do Ministério do Trabalho e Emprego), tendo sido realizada inspeção nos locais de trabalho do empregado e considerados os dados constantes nos diversos documentos apresentados pela empresa.

*3 — IDENTIFICAÇÃO DA EMPRESA*

Razão Social:

CNPJ N.:

CNAE:

Grau de Risco:

Endereço Completo:

Contato da Empresa:

Nome do informante/acompanhante:

Telefone:

Data da Vistoria:

*4 — DESCRIÇÃO DO SETOR DE TRABALHO E ATIVIDADES:*

Neste campo devem ser descritas de forma detalhada as atividades da empresa, os diversos setores de trabalho e as atividades desenvolvidas no seu dia a dia, conforme planilha abaixo.

Preencher em seguida o formulário de Informações para Avaliação de Atividades Ocupacionais (anexo 1), para as atividades operacionais, caso seja necessário.

| Setor | Posto de Trabalho/ Localização | Funções Existentes | N. de Empregados | Descrição das Atividades | Descrição do Local de Trabalho |
|---|---|---|---|---|---|
| | | | | | |
| | | | | | |
| | | | | | |
| | | | | | |

*5 — CONDIÇÕES AMBIENTAIS DO LOCAL DE TRABALHO:*

Neste campo devem ser informadas as atividades da empresa e os diversos ambientes de trabalho, avaliados de maneira pormenorizada os serviços realizados em cada setor e os materiais utilizados na execução destes trabalhos.

Completar a tabela com as demais características do ambiente de trabalho:

| Características do Ambiente de Trabalho | | | | | | | |
|---|---|---|---|---|---|---|---|
| Andar | Local/ Setor | Pé Direito | Paredes | Piso | Divisórias | Tipo de Iluminação | Tipo de Ventilação |
| | | | | | | | |
| | | | | | | | |
| | | | | | | | |

## *6 — REGISTRO E DURAÇÃO DO TRABALHO QUE EXPÔS O TRABALHADOR AOS AGENTES NOCIVOS:*

Informar a concentração, intensidade e tempo de exposição conforme o caso aos agentes nocivos.

Em se tratando de agentes químicos, deverá ser informado o nome da substância ativa, não sendo aceitas citações de nomes comerciais, devendo ser anexada a respectiva ficha toxicológica.

Exemplo de Planilha de Reconhecimento:

Setor:

Nome do informante:

Função:

| Local | Risco | Funções Expostas | N. de Empregados | Intensidade/ Concentração | Tipo/Tempo de Exposição | Limite de Tolerância | Descrição das Atividades Desempenhadas |
|---|---|---|---|---|---|---|---|
| | | | | | | | |
| | | | | | | | |

## *7 — MÉTODOS, TÉCNICA, APARELHAGENS E EQUIPAMENTOS UTILIZADOS PARA A ELABORAÇÃO DO LTCAT:*

Informar quais foram os métodos, técnicas, aparelhagens e equipamentos utilizados para a elaboração do Laudo Técnico.

EXEMPLOS:

*Agente Físico Calor*

As avaliações de calor foram realizadas seguindo os procedimentos descritos na Norma de Higiene Ocupacional — NHO-6 para avaliação da exposição ocupacional ao calor da Fundacentro e os parâmetros estabelecidos pelo Anexo 3, limites de tolerância para exposição ao calor, da Norma Regulamentadora 15 do MTE.

Foi utilizado, para as avaliações de calor, um conjunto de 3 sondas, sendo um Termômetro de Globo, um Termômetro de Bulbo Seco e um Termômetro de Bulbo Úmido.

Modelo: TGD-200

Marca: INSTRUTHERM

*Agente Físico Ruído*

Foram identificados os grupos de trabalhadores que apresentavam iguais características de exposição, ou seja, os grupos homogêneos de risco GHR.

As avaliações foram realizadas cobrindo um ou mais trabalhadores cuja situação correspondia à exposição típica de cada grupo considerado.

A fim de avaliar a efetiva exposição dos trabalhadores ao agente físico ruído, foram realizadas dosimetrias durante a jornada de trabalho utilizando dosímetro digital Instrutherm, modelo DOS-450, previamente calibrado, operando em circuito de compensação "A", e circuito de resposta lenta "SLOW", com leitura próxima ao ouvido do empregado, considerando períodos de exposição a ruídos contínuos, de diferentes níveis.

O nível de pressão sonora equivalente (Leq), para período de 8 horas de trabalho calculado de acordo com as instruções do dosímetro, será o mesmo que Level Average (Lavg) utilizando os seguintes parâmetros: Limite de 85 dB(A) e fator duplicativo de dose (q = 3), de acordo com o Decreto Presidencial n. 4.882 de 18 de novembro de 2003 e a metodologia e os procedimentos de avaliação estabelecidos pela Fundação Jorge Duprat Figueiredo de Segurança e Medicina do Trabalho — FUNDACENTRO.

*Utilizando o Decibelímetro*

Mesmo não tendo sido identificada nas etapas de antecipação e reconhecimento a presença de nenhum agente nocivo, previsto na legislação previdenciária, foi realizada a avaliação do agente físico ruído conforme abaixo:

Foram identificados os grupos de trabalhadores que apresentavam iguais características de exposição, ou seja, os grupos homogêneos de risco — GHR.

As avaliações foram realizadas cobrindo um ou mais trabalhadores cuja situação correspondia à exposição típica de cada grupo considerado.

O nível de pressão sonora médio foi obtido através de utilização de medidor de leitura instantânea, decibelímetro, que avaliou a exposição ao ruído contínuo ou intermitente estando ajustado de forma a operar no circuito de ponderação "A" e circuito de resposta lenta (slow).

*Equipamento: Decibelímetro Digital*

Modelo: DEC-430

Marca: INSTRUTERM

Escala: 35 a 100 dB

| Andar | Local | Ruído Médio dB(A) | Limite de Tolerância dB(A) |
|---|---|---|---|
| | | | |
| | | | |
| | | | |
| | | | |

*Agentes Químicos*

Método de coleta realizado através de amostrador gravimétrico individual junto à zona de respiração do operador, utilizando cassete duplo com ciclone MSA.

A bomba de amostragem foi afixada na cintura do trabalhador, através de um cinto, em posição que não atrapalhou a sua operação rotineira. O engenheiro responsável pela coleta acompanhou, durante toda a avaliação, o funcionamento da bomba.

Quando não for necessária a realização das avaliações químicas poderá ser utilizado o texto a seguir:

Tendo por base os quadros desenvolvidos pela American Industrial Hygiene Association — AIHA, os agentes químicos que eventualmente podem estar presentes nos locais de trabalho mas que de acordo com a sua frequência e natureza não constituem nenhum incômodo e nem risco para a saúde ou integridade física do trabalhador, sendo assim, não foi necessária a realização de avaliações quantitativas das exposições.

*Classificação do Grau de Risco:*

| Grau de Risco | Categoria | Significado |
|---|---|---|
| 0 | Insignificante | Fatores do ambiente ou elementos materiais que não constituem nenhum incômodo e nem risco para a saúde ou integridade física. |
| 1 | Baixo | Fatores do ambiente ou elementos materiais que constituem um incômodo sem ser uma fonte de risco para a saúde ou integridade física. |
| 2 | Moderado | Fatores do ambiente ou elementos materiais que constituem um incômodo podendo ser de baixo risco para a saúde ou integridade física. |
| 3 | Alto ou Sério | Fatores do ambiente ou elementos materiais que constituem um risco para a saúde e integridade física do trabalhador, cujos valores ou importâncias estão notavelmente próximos dos limites regulamentares. |
| 4 | Muito Alto ou Crítico | Fatores do ambiente ou elementos materiais que constituem um risco para a saúde e integridade física do trabalhador, com uma probabilidade de acidente ou doença, elevada. |

*Priorização de Avaliações Quantitativas*

| Grau de Risco | Prioridade | Descrição |
|---|---|---|
| 0 a 1 | Baixa | Não é necessária a realização de avaliações quantitativas das exposições |
| 2 | Média | A avaliação quantitativa pode ser necessária, porém não é prioritária. Será prioritária somente se for necessário para verificar a eficácia das medidas de controle e demonstrar que os riscos estão controlados. |
| 3 | Alta | Avaliação quantitativa prioritária para estimar as exposições e verificar a necessidade ou não de melhorar ou implantar medidas de controle. |
| | Baixa | Avaliação quantitativa não é prioritária, não é necessária a realização de avaliações quantitativas para se demonstrar a exposição excessiva e a necessidade de implantar ou melhorar as medidas de controle. |
| | Alta | A avaliação quantitativa somente será prioritária para o grau de risco 4 quando for relevante para planejamento das medidas de controle a serem adotadas ou para registro da exposição. |

### *8 — EXISTÊNCIA E APLICAÇÃO EFETIVA DE EPI*

Informar a existência e aplicação efetiva de EPI a partir de 14 de dezembro de 1998, ou Equipamento de Proteção Coletiva (EPC), a partir de 14 de outubro de 1996, que neutralizem ou atenuem os efeitos da nocividade dos agentes em relação aos limites de tolerância estabelecidos, devendo constar também:

— Se a utilização do EPC ou do EPI reduzir a nocividade do agente nocivo de modo a atenuar ou a neutralizar seus efeitos em relação aos limites de tolerância legais estabelecidos;

— As especificações a respeito dos EPC e dos EPI utilizados, listando os Certificados de Aprovação (CA) e, respectivamente, os prazos de validade, a periodicidade das trocas e o controle de fornecimento aos trabalhadores;

— A Perícia médica poderá exigir a apresentação do monitoramento biológico do segurado quando houver dúvidas quanto à real eficiência da proteção individual do trabalhador;

A simples informação da existência de EPI ou de EPC, por si só, não descaracteriza o enquadramento da atividade. No caso de indicação de uso de EPI, deve ser analisada também a efetiva utilização dos mesmos durante toda a jornada de trabalho, bem como analisadas as condições de conservação, higienização periódica e substituições a tempos regulares, na dependência da vida útil dos mesmos, cabendo à empresa explicitar essas informações no LTCAT/PPP.

Não caberá o enquadramento da atividade como especial se, independentemente da data de emissão, constar do Laudo Técnico, e a perícia do INSS acatar, que o uso do EPI ou de EPC atenua, reduz, neutraliza ou confere proteção eficaz ao trabalhador em relação à nocividade do agente, reduzindo seus efeitos a limites legais de tolerância.

Não haverá reconhecimento de atividade especial nos períodos em que houve a utilização de EPI, nas condições mencionadas no parágrafo anterior, ainda que a exigência de constar a informação sobre seu uso nos laudos técnicos tenha sido determinada a partir de 14 de dezembro de 1998, data da publicação da Lei n. 9.732, mesmo havendo a constatação de utilização em data anterior a essa.

*Exemplo de Planilha de Relação dos EPIs Utilizados*

| Equipamentos de Proteção Individual | Número do Certificado de Aprovação (CA) | Periodicidade de Troca | Funções que Utilizam |
|---|---|---|---|
| | | | |
| | | | |
| | | | |
| | | | |

*Cálculo de Atenuação do Ruído com o uso do EPI*

Considerando a forma de utilização do equipamento pelos trabalhadores e os ensaios realizados, para a avaliação da eficácia do EPI utilizaremos o método simplificado, para a avaliação do nível de ruído a que os trabalhadores estão expostos, considerando o Nível de Redução de Ruído — NRRsf, obtido pelo uso do EPI, aplicando-se a fórmula com cálculo direto, conforme a Norma ANSI S.12.6-1977B.

NPSc = NPSa - NRRsf, onde:

NPSc = Nível de pressão sonora com proteção

NPSa = Nível de pressão sonora do ambiente

NRRsf = Nível de redução de ruído (*subject fit*)

Efetuando o Cálculo do NPSc, para o tipo de proteção utilizada:

| Localização | Função | NPSa dB(A) | Número do CA do EPI | Nível de Redução de Ruído | NPSc dB(A) |
|---|---|---|---|---|---|
| | | | | | |
| | | | | | |
| | | | | | |
| | | | | | |

*9 — CONCLUSÃO:*

Apresentar neste campo a conclusão do Engenheiro de Segurança do Trabalho ou do Médico do Trabalho responsável pela elaboração do laudo técnico, devendo conter informação clara e objetiva a respeito dos agentes nocivos, referente à potencialidade de causar prejuízo à saúde ou à integridade física do trabalhador;

A atividade será considerada como especial se na conclusão do Laudo Técnico constar que o trabalhador está exposto aos agentes nocivos prejudiciais à saúde ou integridade física constante no Anexo IV do Decreto n. 3.048/99, conforme abaixo.

*Exemplos de Planilhas de Conclusão:*

| Função | Setor/Local | Riscos Existentes | Limite de Tolerância | Tipo de Exposição |
|---|---|---|---|---|
| | | | | |
| | | | | |
| | | | | |

| Função | Avaliação Intensidade/ Concentração | Técnica Utilizada | Proteção Eficaz por EPI/ EPC | Enquadra-mento |
|---|---|---|---|---|
| | | | | |
| | | | | |
| | | | | |

*10 — INFORMAÇÃO SE O SIGNATÁRIO DO LAUDO TÉCNICO É OU FOI CONTRATADO DA EMPRESA:*

Informar se à época da confecção do laudo o signatário do laudo Técnico é ou foi contratado da empresa, ou, em caso negativo, se existe documentação formal de sua contratação como profissional autônomo para a subscrição do laudo.

*11 — DATA E LOCAL DA INSPEÇÃO TÉCNICA E ASSINATURA DO PROFISSIONAL HABILITADO:*

Local, Dia, Mês e Ano.

Nome do Profissional:

Engenheiro de Segurança do Trabalho

CREA / XX — n. XXX.XXX — D

## Anexo 1
## INFORMAÇÕES PARA AVALIAÇÃO DE ATIVIDADES OCUPACIONAIS ADMINISTRATIVO OPERACIONAL

Razão Social: ______________________________

Nome do Segurado: ______________________________

Matrícula: ____________________ CTPS: __________ Série: ________

Setor: ______________________________

Cargo: ______________________________

Início das Atividades: ______________________________

Horário de Trabalho: __________________ Jornada Diária: __________

| Descrição das Tarefas Básicas | Duração Mensal (%) | Frequência |
|---|---|---|
| | | |
| | | |
| Total | 100 % | |

Frequência: D = Diário S = Semanal M = Mensal

Localidade — UF, Dia, Mês e Ano

______________________________
Nome e assinatura do gerente do órgão

______________________________
Nome e assinatura do empregado

## 6.10. Programa de Proteção Respiratória — PPR

**RECOMENDAÇÕES, SELEÇÃO E USO DE RESPIRADORES**

*APRESENTAÇÃO*

Esta publicação divulga práticas aceitáveis para usuários de respiradores; fornece informações e orientação sobre o modo apropriado de selecionar, usar e cuidar dos respiradores, além de conter os requisitos para o estabelecimento e melhoria de um PROGRAMA DE PROTEÇÃO RESPIRATÓRIA. As recomendações abrangem o uso de equipamento de proteção respiratória cuja finalidade é a de dar proteção contra a inalação de contaminantes nocivos do ar e contra a deficiência de oxigênio na atmosfera do ambiente de trabalho.

O conteúdo dos Anexos procura auxiliar a compreensão do texto principal e dar informações pormenorizadas de como cumprir alguns dos requisitos recomendados num programa de proteção respiratória. No Anexo 7 apresentamos a IN n. 1, de 11.4.94, que torna obrigatório as recomendações contidas nesta publicação.

Esta publicação é baseada na *ANSI Z88.2-1992 — AMERICAN NATIONAL STANDARD FOR RESPIRATORY PROTECTION e no CODE FEDERAL REGULATIONS, TITLE 29 1910.1001 Apendix C — Qualitative and Quantitative Fit Testing Procedures — Mandatory.*

*SUMÁRIO*

ANEXO 2 — MONITORAMENTO DOS RISCOS RESPIRATÓRIOS

ANEXO 3 — SUGESTÕES DE PROCEDIMENTOS PARA LIMPEZA E HIGIENIZAÇÃO DE RESPIRADORES

ANEXO 4 — RECOMENDAÇÕES PARA "VERIFICAÇÃO DA VEDAÇÃO NO LOCAL DE TRABALHO"

ANEXO 5 — PROCEDIMENTOS PARA REALIZAÇÃO DOS "ENSAIOS DE VEDAÇÃO" QUALITATIVOS E QUANTITATIVOS

I — Ensaio qualitativo com vapor de Acetato de Isoamila (óleo de banana)

II — Ensaio qualitativo com aerossol de solução de Sacarina

III — Ensaio qualitativo com fumos irritantes

IV — Procedimento para ensaio quantitativo de vedação

ANEXO 6 — AVALIAÇÃO MÉDICA DE TRABALHADORES CANDIDATOS À UTILIZAÇÃO DE EQUIPAMENTOS INDIVIDUAIS DE PROTEÇÃO RESPIRATÓRIA

ANEXO 7 — INSTRUÇÃO NORMATIVA N. 1, DE 11 DE ABRIL DE 1994

1. RECOMENDAÇÕES PARA IMPLANTAÇÃO DE UM PROGRAMA DE PROTEÇÃO RESPIRATÓRIA, SELEÇÃO E USO DE RESPIRADORES

1.1. OBJETIVO

Apresentar recomendações para a elaboração, implantação e administração de um programa de como selecionar e usar corretamente os equipamentos de proteção respiratória.

No Anexo 1 estão definidos os termos técnicos utilizados.

1.2. PRÁTICAS PERMITIDAS

No controle das doenças ocupacionais provocadas pela inalação de ar contaminado com poeiras, fumos, névoas, fumaças, gases e vapores, o objetivo principal deve ser minimizar a contaminação do local de trabalho. Isto deve ser alcançado, tanto quanto possível, pelas medidas de controle coletivo (por exemplo: enclausuramento, confinamento da operação, ventilação local ou geral, ou substituição de substâncias por outras menos tóxicas). Quando estas medidas de controle não são viáveis, ou enquanto estão sendo implantadas ou avaliadas, devem ser usados respiradores apropriados em conformidade com os requisitos apresentados a seguir.

1.3. RESPONSABILIDADES DO EMPREGADOR

1.3.1. Fornecer o respirador, quando necessário, para proteger a saúde do trabalhador.

1.3.2. Fornecer o respirador conveniente e apropriado para o fim desejado.

1.3.3. Ser responsável pelo estabelecimento e manutenção de um programa de uso de respiradores para proteção respiratória, cujo conteúdo mínimo está no item 2.

1.3.4. Permitir ao empregado que usa o respirador deixar a área de risco por qualquer motivo relacionado com o seu uso. Essas razões podem incluir, mas não se limitam às seguintes:

a) falha do respirador que altere a proteção proporcionada pelo mesmo;

b) mau funcionamento do respirador;

c) detecção de penetração de ar contaminado dentro do respirador;

d) aumento da resistência à respiração;

e) grande desconforto devido ao uso do respirador;

f) mal-estar sentido pelo usuário do respirador, tais como náusea, fraqueza, tosse, espirro, dificuldade para respirar, calafrio, tontura, vômito, febre;

g) lavar o rosto e a peça facial do respirador, sempre que necessário, para diminuir a irritação da pele;

h) trocar o filtro ou outros componentes, sempre que necessário;

i) descanso periódico em área não contaminada.

1.3.5. Investigar a causa do mau funcionamento do respirador e tomar providências para saná-la. Se o defeito for de fabricação, o empregador deverá comunicá-lo ao fabricante e à SSST (Secretaria de Segurança e Saúde no Trabalho).

1.4. RESPONSABILIDADES DO EMPREGADO

1.4.1. Usar o respirador fornecido de acordo com as instruções e treinamento recebidos.

1.4.2. Guardar o respirador, quando não estiver em uso, de modo conveniente para que não se danifique ou deforme.

1.4.3. Se observar que o respirador não está funcionando bem, deverá deixar imediatamente a área contaminada e comunicar o defeito à pessoa responsável indicada pelo empregador nos "Procedimentos operacionais escritos" (ver item 3).

Comunicar à pessoa responsável qualquer alteração do seu estado de saúde que possa influir na sua capacidade de usar o respirador de modo seguro.

1.5. PROGRAMA MÍNIMO ACEITÁVEL DE USO DE RESPIRADORES

1.5.1. Administração do programa

O empregador deve atribuir a uma só pessoa a responsabilidade e autoridade pelo programa de uso de respiradores. Essa pessoa deve possuir conhecimentos de proteção respiratória suficientes para administrar de modo apropriado o programa. A responsabilidade do administrador pelo programa inclui o monitoramento dos riscos respiratórios, a atualização dos registros e a realização das auditorias (ver item 2.3)

1.5.2. Procedimentos operacionais escritos

Em toda empresa onde os respiradores forem necessários devem existir procedimentos operacionais escritos cobrindo o programa completo de uso de respiradores. Além de existir, esses procedimentos devem estar sendo cumpridos.

1.5.3. Limitações fisiológicas e psicológicas dos usuários de respiradores

Cabe a um médico determinar se uma pessoa tem ou não condições médicas de usar um respirador. O conteúdo e a frequência desse exame médico estão especificados no Anexo 6. Com a finalidade de auxiliar o médico na sua avaliação, o administrador do programa deve informá-lo sobre:

a) tipo de respiradores para uso rotineiro e de emergências;

b) atividades típicas no trabalho; condições ambientais, frequência e duração da atividade que exige o uso do respirador;

c) substâncias contra as quais o respirador deve ser usado, incluindo a exposição provável a uma atmosfera com deficiência de oxigênio.

1.5.4. A seleção do tipo(s) de respirador(es) deve ser feita, considerando-se:

a) a natureza da operação ou processo perigoso;

b) o tipo de risco respiratório (incluindo as propriedades físicas, deficiência de oxigênio, efeitos fisiológicos sobre o organismo, concentração do material tóxico, ou nível de radioatividade, limites de exposição estabelecidos para os materiais tóxicos, concentração permitida para o aerossol radioativo, e a concentração IPVS estabelecida para o material tóxico);

c) a localização da área de risco em relação à área mais próxima que possui ar respirável;

d) o tempo durante o qual o respirador deve ser usado;

e) as atividades que os trabalhadores desenvolvem na área de risco;

f) as características e as limitações dos vários tipos de respirador;

g) o Fator de Proteção Atribuído para os diversos tipos de respirador conforme Tabela 1.

TABELA 1
FATORES DE PROTEÇÃO ATRIBUÍDOS

| TIPO DE RESPIRADOR | PEÇA SEMIFACIAL (a) | PEÇA FACIAL INTEIRA |
|---|---|---|
| PURIFICADOR DE AR | 10 | 100 |
| DE ADUÇÃO DE AR: | | |
| • MÁSCARA AUTÔNOMA (b) (DEMANDA) | 10 | 100 |
| • LINHA DE AR COMPRIMIDO (DEMANDA) | 10 | 100 |

| TIPO DE RESPIRADOR | TIPO DE COBERTURA DAS VIAS RESPIRATÓRIAS | | | |
|---|---|---|---|---|
| | PEÇA SEMIFACIAL | PEÇA FACIAL INTEIRA | CAPUZ CAPACETE | SEM VEDAÇÃO FACIAL (e) |
| PURIFICADOR DE AR MOTORIZADO | 50 | 1000(c) | 1000 | 25 |
| DE ADUÇÃO DE AR: | | | | |
| LINHA DE AR COMPRIMIDO | | | | |
| • DE DEMANDA COM PRESSÃO POSITIVA | 50 | 1000 | — | — |
| • FLUXO CONTÍNUO | 50 | 1000 | 1000 | 25 |
| MÁSCARA AUTÔNOMA (CIRCUITO ABERTO OU FECHADO) | | | | |
| • DE DEMANDA COM PRESSÃO POSITIVA | — | (d) | — | — |

Observações sobre a Tabela 1:

a) Inclui a peça quarto facial, a peça semifacial filtrante e as peças semifaciais de elastômeros.

b) A máscara autônoma de demanda não deve ser usada para situações de emergência, como de incêndios.

c) Os Fatores de Proteção apresentados são de respiradores com filtros P3 ou sorbentes (cartuchos químicos pequenos ou grandes). Com filtros classe P2, deve-se usar Fator de Proteção Atribuído 100, devido às limitações do filtro.

d) Embora os respiradores de pressão positiva sejam considerados os que proporcionam maior nível de proteção, alguns estudos que simulam as condições de trabalho concluíram que nem todos os usuários alcançaram o Fator de Proteção 10.000. Com base nesses dados, embora limitados, não se pode adotar um Fator de Proteção atribuído de 10.000 para esse tipo de respirador. Para planejamento de situações de emergência, onde as concentrações dos contaminantes possam ser estimadas, deve-se usar um Fator de Proteção Atribuído não maior que 10.000.

e) Ver definição no Anexo 1.

NOTA: O Fator de Proteção Atribuído não é aplicável para respiradores de fuga. Para combinação de respiradores, como por exemplo, respirador de linha de ar comprimido equipado com um filtro purificador de ar, o Fator de Proteção a ser utilizado é o do respirador que está em uso.

1.5.5. Treinamento

Cada usuário de respirador deve receber treinamento (e reciclagem), que deve incluir explanação e discussão sobre:

a) o risco respiratório e o efeito sobre o organismo humano s e o respirador não for usado de modo correto;

b) as medidas de controle coletivo e administrativo que estão sendo adotadas e a necessidade do uso de respiradores para proporcionar a proteção adequada;

c) as razões que levaram à seleção de um tipo particular de respirador;

d) o funcionamento, as características e limitações do respirador selecionado;

e) o modo de colocar o respirador e de verificar se ele está colocado corretamente no rosto;

f) o modo correto de usar o respirador durante a realização do trabalho;

g) os cuidados de manutenção, inspeção e guarda quando não estiver em uso;

h) o reconhecimento de situações de emergência e como enfrentá-las;

i) as exigências legais sobre o uso de respiradores para certas substâncias (ver Anexo 7).

1.5.6. Ensaio de vedação

Antes de ser fornecido um respirador para uma pessoa, ela deve ser submetida ao teste de vedação para verificar se aquele respirador proporciona boa vedação no seu rosto (ver item 7). Após este teste preliminar, toda vez que for colocar ou ajustar o respirador no rosto, ela deve fazer a verificação da vedação (ver Anexo 4).

### 1.5.7. Manutenção, inspeção e guarda

A manutenção deve ser realizada de acordo com as instruções do fabricante e obedecendo um procedimento que garante a cada usuário um respirador limpo, higienizado e em boas condições de uso. O usuário deve examinar o respirador antes de colocá-lo, para verificar-se está em boas condições de uso. O respirador deve ser guardado em local conveniente, limpo e higiênico (ver item 8).

### 1.5.8. Respiradores de fuga

Onde for distribuído respirador de fuga devido a riscos potenciais em uma emergência, os usuários dessa área de risco devem ser treinados no seu uso. As pessoas que não realizam tarefas nessa área, ou os visitantes, devem receber instruções breves sobre o seu uso. Para estas pessoas, não é obrigatório o treinamento detalhado e o exame médico para verificar sua compatibilidade com o respirador.

## 2. ADMINISTRAÇÃO DO PROGRAMA DE USO DE RESPIRADORES PARA PROTEÇÃO RESPIRATÓRIA

### 2.1. INTRODUÇÃO

A responsabilidade e autoridade pelo programa de uso de respiradores para proteção respiratória devem ser atribuídas a uma só pessoa. É preferível que seja da área de Higiene Industrial da própria empresa, da Medicina do Trabalho ou do departamento de Engenharia de Segurança. Nas empresas onde essas áreas ou departamentos não existem, o administrador do programa pode ser uma pessoa qualificada responsável pela supervisão da fábrica.

### 2.2. QUALIFICAÇÕES

Para assumir as responsabilidades da administração do programa, a pessoa deve ter conhecimentos de proteção respiratória, bem como conhecer e estar atualizada no que se refere às publicações e aos regulamentos legais vigentes relativos.

### 2.3. RESPONSABILIDADES

As responsabilidades do administrador do programa devem incluir:

a) medições, estimativas ou informações atualizadas sobre a concentração do contaminante na área de trabalho, antes de ser feita a seleção do respirador, e periodicamente durante o uso de respiradores, com a finalidade de garantir que o respirador apropriado está sendo usado;

b) seleção do tipo ou classe de respirador apropriado que proporcione proteção adequada para cada contaminante presente ou em potencial;

c) manutenção de registros e procedimentos escritos de tal maneira que o programa fique documentado e permita uma avaliação da sua eficácia;

d) avaliação da eficácia do programa, através de uma auditoria.

O programa, por mais abrangente que seja, é de "pouco valor se não for mantido e executado conforme foi planejado. Portanto, além de ter acompanhado o seu desenvolvimento, ele deve ser avaliado periodicamente para verificar se:

a) os procedimentos contidos no programa atendem os requisitos dos regulamentos legais vigentes aplicáveis e os padrões aceitáveis da indústria;

b) o programa executado reflete os procedimentos operacionais escritos.

Para ser objetiva, a auditoria deve ser realizada por uma pessoa conhecedora do assunto, não ligada ao programa nem ao seu administrador. A lista de pontos a serem verificados deve ser preparada e atualizada quando necessário, e deve abranger as seguintes áreas:

a) administração do programa;

b) treinamento;

c) avaliação médica;

d) ensaios de vedação;

e) amostragem do ar e classificação do risco;

f) seleção e distribuição do respirador;

g) uso;

h) limpeza, manutenção e inspeção;

i) fontes de ar respirável;

j) guarda dos respiradores;

k) prontidão para emergências;

l) problemas especiais.

A avaliação médica, quando realizada, pode incluir ensaios biológicos conduzidos periodicamente para verificar se o usuário do respirador está sendo protegido adequadamente. Os requisitos de um programa de avaliação médica devem ser determinados por um médico de saúde ocupacional. As falhas ou deficiências detectadas durante a auditoria devem ser corrigidas. A situação encontrada durante a auditoria deve ser documentada, inclusive os planos para correção das falhas observadas, bem como os prazos para sua correção.

## 3. PROCEDIMENTOS OPERACIONAIS ESCRITOS

O empregador deve estabelecer procedimentos operacionais para o uso correto dos respiradores em situações de rotina e de emergência. Cópias destes procedimentos devem estar disponíveis para que os usuários as possam ler. O empregador deve ler e revisar estes procedimentos periodicamente ou quando necessário. Devem conter os seguintes elementos:

## 3.1. PROCEDIMENTOS OPERACIONAIS PARA O USO ROTINEIRO DE RESPIRADORES

Os procedimentos operacionais para o uso de respiradores devem ser escritos e cobrirem o programa completo de uso de respiradores para proteção respiratória, além de incluir as informações necessárias para o seu uso correto, contendo no mínimo:

a) treinamento dos usuários;

b) ensaios de vedação;

c) distribuição dos respiradores;

d) limpeza, guarda e manutenção;

e) inspeção;

f) monitoramento do uso;

g) monitoramento do risco;

h) seleção;

i) política da empresa na área de proteção respiratória.

## 3.2. PROCEDIMENTOS OPERACIONAIS PARA USO EM SITUAÇÕES DE EMERGÊNCIA E DE SALVAMENTO

Embora não seja possível prever todas as situações de emergência e de salvamento para cada tipo de operação industrial, podem-se prever muitas condições nas quais será necessário o uso de respiradores. Pode-se chegar à escolha de respiradores apropriados para uma situação concreta pela análise cuidadosa dos riscos potenciais devidos a enganos na condução do processo industrial ou a defeitos ou falhas no funcionamento.

Os procedimentos escritos para emergência ou salvamento devem:

a) definir os prováveis respiradores a serem usados, considerando os materiais e as substâncias utilizadas, os equipamentos, a área de trabalho, o processo e as pessoas envolvidas em cada operação;

b) com base nesta análise preliminar, verificar se os respiradores disponíveis podem proporcionar a proteção adequada quando os usuários tiverem que entrar no ambiente da área potencialmente perigosa. Existem situações em que as limitações do respirador podem impedir que os usuários entrem em uma atmosfera IPVS (por exemplo, ambientes onde haja o risco potencial de atmosferas inflamáveis ou explosivas);

c) selecionar o respirador apropriado e distribuí-lo em quantidade adequada onde possa ser necessário para uso nas situações de emergência ou salvamento;

d) esses respiradores devem ser mantidos, inspecionados e guardados de modo que sejam facilmente acessíveis e estejam em condições de uso quando necessário.

O procedimento deve ser revisto por pessoa que esteja familiarizada com o processo em particular ou com a operação. Devem-se levar em conta as ocorrências passadas que exigiram o uso de respiradores para situações de emergência e de salvamento, e as consequências que resultaram do seu uso. Devem ser levadas em conta falhas do respirador, falta de energia, ocorrência de reações químicas não controláveis, fogo, explosão e falhas humanas. Também devem ser identificados os riscos potenciais que podem resultar do uso desses respiradores para emergência e resgate.

## 4. SELEÇÃO, LIMITAÇÕES E USO DE RESPIRADORES

### 4.1. FATORES QUE INFLUEM NA SELEÇÃO DE UM RESPIRADOR

#### 4.1.1. Atividade do usuário

Na seleção de um respirador deve ser levada em conta a atividade do usuário (por exemplo: se permanece continuamente na área de risco ou não, durante o turno de trabalho, ou se o trabalho é leve, médio ou pesado) e sua localização na área de risco.

#### 4.1.2. Condições de uso do respirador

É importante considerar na seleção o tempo durante o qual ele deve estar sendo usado. Cada tipo de respirador tem suas características que o tornam apropriado para uso rotineiro, não rotineiro, emergências ou resgate.

#### 4.1.3. Localização da área de risco

Na seleção deve-se levar em conta a localização da área de risco relativamente a áreas seguras que possuam ar respirável. Isto permite planejar a fuga na ocorrência de uma emergência, a entrada de pessoas para a realização dos serviços de manutenção ou reparos ou para as operações de resgate.

#### 4.1.4. Características e limitações dos respiradores

É muito importante levar em conta, também, as características físicas e funcionais dos respiradores, bem como as suas limitações.

#### 4.1.5. Características da tarefa

As condições do ambiente e o nível de esforço exigido de um usuário de um respirador podem reduzir drasticamente a vida útil do respirador. Por exemplo: em casos de extremo esforço, a autonomia de uma máscara autônoma fica reduzida pela metade, ou mais.

## 4.2. SELEÇÃO DE RESPIRADORES PARA USO ROTINEIRO

### 4.2.1. Uso de respiradores aprovados

Somente devem ser usados respiradores aprovados. Qualquer modificação, mesmo que pequena, pode afetar de modo significativo o desempenho do respirador.

4.2.2. A seleção de um respirador exige o conhecimento de cada operação, para determinar os riscos que possam estar presentes e, assim, selecionar o tipo ou a classe de respirador que proporcione a proteção adequada.

*4.2.2.1.* Etapas para identificação do risco

A natureza do risco respiratório deve ser determinada do seguinte modo:

a) determinar o(s) contaminante(s) que possa(m) estar presente(s) no ambiente de trabalho;

b) verificar se existe limite de tolerância, ou qualquer outro limite de exposição, ou estimar a toxidez dos contaminante(s). Verificar se existe a concentração IPVS;

c) verificar se existem regulamentos ou legislação específica para o(s) contaminante(s) (por exemplo: asbesto, sílica, etc.). Se existir, a seleção do respirador fica dependente dessas indicações;

d) se existir o risco potencial de deficiência de oxigênio, medir o teor de oxigênio no ambiente;

e) medir ou estimar a concentração do(s) contaminante(s) no ambiente;

f) determinar o estado físico do contaminante. Se for aerossol, determinar ou estimar o tamanho da partícula. Avaliar se a pressão de vapor da partícula será alta na máxima temperatura prevista no ambiente de trabalho;

g) verificar se o contaminante presente pode ser absorvido pela pele, produzir sensibilização da pele, ser irritante ou corrosivo para os olhos ou pele;

h) se o contaminante é vapor ou gás, verificar se é conhecida a concentração de odor, paladar ou de irritação da pele.

*4.2.2.2.* Etapas para seleção do respirador

O respirador apropriado deve ser selecionado conforme o seguinte procedimento:

a) se não for possível determinar qual o contaminante tóxico potencialmente presente no ambiente, ou a sua concentração, considerar a atmosfera IPVS. Continuar no item 4.3.;

b) se não existir limite de exposição ou valores de orientação disponíveis, e se não puder ser feita a estimativa da toxidez, considerar a atmosfera IPVS. Continuar no item 4.3.;

c) se existir limite de exposição ou orientação disponível para o contaminante, siga-a;

d) se a atmosfera for deficiente de oxigênio, o tipo de respirador selecionado dependerá da pressão parcial de oxigênio, da pressão ambiente e da concentração dos contaminantes que possam estar presentes. Continuar no item (e) e de 4.3.1. até 4.3.4.;

e) se a concentração medida ou estimada do contaminante for considerada IPVS, continuar no item 4.3;

f) dividir a concentração medida ou estimada de cada contaminante pelo limite de exposição ou valores de orientação para obter o Fator de Proteção Requerido. Se mais de uma substância estiver presente, considerar os efeitos sinérgicos. A partir da tabela 1, selecionar um respirador ou tipo de respirador que possua Fator de Proteção Atribuído maior que o Fator de Proteção Requerido. Se o respirador selecionado for do tipo purificador de ar, continuar no item (g);

g) se o contaminante for somente gás ou vapor, escolher um respirador com Fator de Proteção Atribuído maior que o Fator de Proteção Requerido. A concentração do contaminante no ambiente deve, contudo, ser menor que a concentração máxima de uso do filtro químico escolhido. Continuar no item (m). Se o contaminante for um aerossol, continuar no item (h);

h) se o contaminante for base de tinta, esmalte ou verniz, usar um respirador com filtro combinado: filtro químico contra vapores orgânicos e filtro mecânico classe P1;

i) se o contaminante for um agrotóxico, usar um respirador com filtro combinado: filtro químico contra vapores orgânicos e filtro mecânico classe P2;

j) se o contaminante for um aerossol mecanicamente gerado (por exemplo, poeiras e névoas), usar filtro classe P1(*);

k) se o contaminante for um aerossol termicamente gerado (por exemplo, fumos metálicos), usar filtro classe P2(*);

l) se o contaminante for do tipo aerossol que contenha asbesto ou sílica cristalizada, ver Anexo 7;

m) se o contaminante é um gás ou vapor com fracas propriedades de alerta, é recomendado o uso de respiradores de adução de ar. Se estes não puderem ser usados por causa da inexistência de uma fonte de ar respirável, ou por

---

(*) Se o aerossol for de substâncias altamente tóxicas ou de toxidez desconhecida, deverá ser selecionado um filtro classe P3, preferencialmente utilizado com uma peça facial inteira.

causa da necessidade de mobilidade do trabalhador, o respirador purificador de ar poderá ser usado, somente quando:

• o respirador possuir um indicador confiável de fim de vida útil que alerte o usuário antes de o contaminante começar a atravessar o filtro;

• existir um plano de troca de filtro que leve em conta a vida útil do filtro, bem como a desorpção (a não ser que a substituição seja diária), a concentração esperada, o modo de usar e o tempo de exposição forem estabelecidos, e que o contaminante não possua um Limite de Tolerância — Valor Teto.

4.3. SELEÇÃO DE RESPIRADORES PARA USO EM ATMOSFERAS IPVS, ESPAÇOS CONFINADOS OU ATMOSFERAS COM PRESSÃO REDUZIDA

4.3.1. Atmosferas IPVS

Um local é considerado IPVS quando:

a) a concentração é conhecida ou se suspeita que esteja acima do limite de exposição IPVS;

b) é um espaço confinado com teor de oxigênio menor que o normal (20,9% em volume), a menos que a causa da redução do teor de oxigênio seja conhecida e controlada;

c) o teor de oxigênio é menor que 12,5%, ao nível do mar; ou

d) a pressão atmosférica do local é menor que 450mmHg (equivalente a 4240m de altitude) ou qualquer combinação de redução na porcentagem de oxigênio e pressão reduzida que leve a uma pressão parcial de oxigênio menor que 95mmHg.

4.3.2. Respiradores para uso em condições IPVS na pressão atmosférica normal

O respirador que deve ser usado em condições IPVS provocadas pela presença de contaminantes tóxicos ou pela redução do teor de oxigênio como descrito nas condições a, b e c em 4.3.1., é a máscara autônoma, ou uma combinação de um respirador de linha de ar comprimido com cilindro auxiliar para escape.

4.3.3. Considerações sobre os espaços confinados

Os espaços confinados são causa de numerosas mortes e de sérias lesões. Portanto, qualquer espaço confinado com menos que 20,9% de oxigênio deve ser considerado IPVS, a menos que a causa da redução do teor de oxigênio seja conhecida e controlada. Esta restrição é imposta porque qualquer redução do teor de oxigênio é, no mínimo, uma prova de que o local é mal ventilado.

Pode ser possível entrar sem o uso de respiradores em espaço confinado que contenha de 16% até 20,9% em volume de oxigênio ao nível do mar, somente quando se conhece e compreende a causa da redução do teor de oxigênio e se tem certeza de que não existem áreas mal ventiladas nas quais o teor de oxigênio possa estar abaixo da referida faixa. Não se conhecendo a causa do baixo teor de oxigênio, e se ela não for controlada, a atmosfera do espaço confinado deve ser considerada IPVS.

4.3.4. Pressão atmosférica reduzida

A pressão atmosférica, quando é reduzida, pode levar a pressão parcial de oxigênio $ppO_2$ a valores baixos, mesmo mantendo a concentração em 20,9%. Por isso, quando se realizam trabalhos em pressão atmosférica reduzida, deve-se definir a concentração de oxigênio em termos de pressão parcial de oxigênio e não em porcentagem em volume.

*4.3.4.1.* Definição de deficiência de oxigênio IPVS envolvendo pressão atmosférica reduzida

Deve ser considerada uma condição IPVS, quando a pressão parcial de oxigênio é igual ou menor que 95mmHg. Essa deficiência de oxigênio pode ser causada: pela redução da pressão atmosférica até 450mmHg (equivalente a uma altitude de 4240m), ou pela combinação da diminuição da porcentagem de oxigênio e da pressão atmosférica. A tabela 2 indica as condições em que devem ser usadas as máscaras autônomas e os respiradores de linha de ar comprimido combinados com cilindro auxiliar para escape.

*4.3.4.2.* Definição de deficiência de oxigênio não IPVS

Um ambiente onde a pressão parcial de oxigênio está entre 95 e 122mmHg deve ser considerado uma atmosfera com deficiência de oxigênio, mas não IPVS. Esse ambiente pode afetar de modo adverso pessoas com pequena tolerância a níveis reduzidos de oxigênio, ou pessoas não aclimatadas desempenhando tarefas que requeiram grande acuidade mental ou tarefas muito pesadas. Nestas condições deve-se usar respiradores de adução de ar com a finalidade de atenuar esses efeitos. A tabela 2 indica as condições nas quais é recomendado o uso desses respiradores.

Deve ser considerada qualquer condição médica adversa que afete a tolerância de um indivíduo a níveis reduzidos de oxigênio. Para esses indivíduos pode ser recomendável o uso de respiradores de adução de ar a partir da pressão parcial de oxigênio mais elevada que os valores indicados. Esta decisão deve ser tomada durante o exame médico que antecede a atribuição daquela tarefa.

TABELA 2
EFEITOS COMBINADOS: ALTITUDE E PORCENTAGEM DE OXIGÊNIO

| ALTITUDE (m) | PRESSÃO (mmHg) | OXIGÊNIO NO AMBIENTE (%) | PPO2 (mmHg) | TEOR DE OXIGÊNIO ABAIXO DO QUAL É EXIGIDO O USO DE RESP. DE ADUÇÃO DE AR | | TEOR DE OXIGÊNIO ABAIXO DO QUAL É EXIGIDA MÁSCARA AUTÔNOMA OU COMBINAÇÃO LINHA DE AR COM CILINDRO AUXILIAR | |
|---|---|---|---|---|---|---|---|
| | | | | $O_2$ % | $PPO_2$ mmHg | $O_2$ % | $PPO_2$ mmHg |
| NÍVEL DO MAR | 760 | 20,9 | 160 | 16 | 122 | 12,5 | 95 |
| 757 | 694 | 20,9 | 145 | 17,5 | 122 | 13,7 | 95 |
| 1500 | 632 | 20,9 | 133 | 19,3 | 122 | 15 | 95 |
| 2270 | 575 | 20,9 | 121 | <20,9 | = | 16,5 | 95 |
| 3030 | 523 | 20,9 | 110 | <20,9(b) | = | 18,2 | 95 |
| 3287 | 474 | 20,9 | 99 | (b) | = | <20,9 | = |
| 4240 | 450 | 20,9 | 94 | (b) | = | <20,9 | = |

Observações sobre a Tabela 2:

a) $ppO_2$ = 95mmHg que dita a necessidade de máscara autônoma ou combinação linha de ar/máscara autônoma admite que a saúde do usuário seja normal. Deve ser levada em consideração qualquer condição médica que afete desfavoravelmente os indivíduos com intolerância à redução do teor de $O_2$. Para estes indivíduos, é maior a $ppO_2$ a partir da qual é necessário o uso de máscara autônoma. Esta é uma decisão do médico.

b) Observe que em altitudes maiores que 3030 m, um respirador de adução de ar ou autônomos que forneça ar com 20,9% de oxigênio não consegue atingir o $ppO_2$ de 122 mmHg. Portanto, nos casos em que se exige o uso de respirador porque o teor de $O_2$ está abaixo de 20,9%, deve-se escolher um respirador especial, aprovado, do tipo de adução de ar que forneça oxigênio enriquecido ou máscara autônoma de circuito fechado. A 3030 m de altitude deve-se usar ar com no mínimo 23% de $O_2$ e a 4240m o ar deve conter 27% de $O_2$.

4.4. OPERAÇÕES DE JATEAMENTO

Deve-se selecionar respiradores especificamente aprovados para esse fim. O jateamento em espaços confinados pode gerar níveis de contaminação que ultrapassem a capacidade de qualquer respirador, exigindo a adoção de outros recursos para diminuir o Fator de Proteção Requerido abaixo do Fator de Proteção Atribuído para aquele respirador. Deve-se estar atento ao máximo nível de ruído permitido dentro do capuz (85 dBA) e à obrigatoriedade do uso de ar respirável.

## 5. OUTROS FATORES QUE AFETAM A SELEÇÃO DE UM RESPIRADOR

### 5.1. PELOS FACIAIS

Um respirador com cobertura das vias respiratórias de qualquer tipo, seja de pressão positiva ou negativa, não deve ser usado por pessoas cujos pelos faciais (barba, bigode, costeletas ou cabelos) possam interferir no funcionamento das válvulas, ou prejudicar a vedação na área de contato com o rosto.

### 5.2. NECESSIDADE DE COMUNICAÇÃO

Na escolha de certos tipos de respiradores deve-se levar em conta o nível de ruído do ambiente e a necessidade de comunicação. Falar em voz alta pode provocar deslocamento de algumas peças faciais.

### 5.3. VISÃO

5.3.1. Quando o usuário necessitar usar lentes corretivas, óculos de segurança, protetor facial, óculos de soldador ou outros tipos de proteção ocular ou facial, eles não deverão prejudicar a vedação.

5.3.2. Quando a peça facial for inteira ou do tipo que exija selagem perfeita, deverão ser usados óculos sem tiras ou hastes que passem na área de vedação do respirador, seja de pressão negativa ou positiva.

5.3.3. Somente é permitido o uso de lentes de contato quando o usuário do respirador está perfeitamente acostumado ao uso desse tipo de lente. Com lentes de contato colocadas, o trabalhador deve ensaiar o uso do respirador.

### 5.4. PROBLEMAS DE VEDAÇÃO NOS RESPIRADORES

5.4.1. Não devem ser usados gorros ou bonés com abas que interfiram com a vedação da peça facial no rosto.

5.4.2. Os tirantes dos respiradores não devem passar sobre partes duras dos capacetes.

5.4.3. O uso de outros equipamentos de proteção individual, como capacetes ou máscara de soldador, não deve interferir na vedação da peça facial.

### 5.5. USO DE RESPIRADORES EM BAIXAS TEMPERATURAS

O desempenho do respirador pode ficar prejudicado quando este é usado em baixa temperatura e isso deve ser levado em conta na seleção (lentes ou visores podem embaçar e o congelamento pode prejudicar a vedação das válvulas).

A máscara autônoma aprovada para operar abaixo de 0°C deve possuir pinça nasal, mascarilha interna ou outro meio que evite esses inconvenientes.

A umidade do ar comprimido deve estar dentro das especificações (ver NBR-12543), e devem ser observados outros detalhes:

• checar todas as conexões que possam ser afetadas pela baixa temperatura;

• no frio, guardar com cuidado todos os componentes elastoméricos (peça facial, traqueia, etc.), de modo que não se deformem e prejudiquem a vedação no rosto. Outros componentes devem manter a elasticidade mesmo em baixa temperatura: guarnições, gaxetas, diafragmas e anéis óring.

Em temperatura muito baixa, as válvulas do respirador podem congelar abertas ou fechadas devido à presença de umidade. Alguns respiradores de adução de ar usam o tubo Vortex para aquecer o ar que chega à peça facial.

5.6. USO DE RESPIRADORES EM ALTAS TEMPERATURAS

Além de influir no desempenho de um respirador, o calor provoca o *stress* térmico que é agravado pelo uso desse EPI. Por estas razões, na seleção do respirador deve-se levar em conta esses fatores, e o médico deve aprovar a escolha.

Pode-se reduzir a contribuição ao *stress* devido ao respirador, usando respirador leve, de baixa resistência a respiração e com espaço morto o menor possível. O ar exalado que permanece no espaço morto do respirador é inalado no ciclo seguinte. Reduzindo o espaço morto, reduz-se o teor de gás carbônico no ar inalado, que é o maior responsável pelo *stress* devido ao uso de respirador. É recomendável o uso de respirador purificador de ar motorizado, respirador de adução de ar do tipo fluxo contínuo, respirador com peça semifacial no lugar de facial inteira, se possível, e o uso de peça facial inteira com mascarilha interna (independente do modo de operação).

O uso do tubo Vortex reduz a temperatura do ar fornecido a peça facial. A guarda de respirador em ambiente em alta temperatura facilita a deterioração da peça facial e de componentes elastoméricos, criando deformações permanentes. Nessas condições a inspeção deve ser frequente.

6. TREINAMENTO

6.1. TREINAMENTO PARA EMPREGADOS

Com a finalidade de garantir o uso correto de equipamentos de proteção respiratória, devem receber treinamento (e reciclagem periódica): o supervisor, os usuários e a pessoa que distribui o respirador, e as equipes de emergência e salvamento.

O treinamento deve ser dado por uma pessoa qualificada (conforme a legislação vigente no MTb) devendo ser registrados, por escrito, os nomes das pessoas que foram treinadas e as datas do treinamento.

6.1.1. Supervisor

O supervisor, isto é, aquele que tem a responsabilidade de acompanhar a realização do trabalho de uma ou mais pessoas que necessitam usar respirador, deve receber treinamento adequado, que inclua, no mínimo, os seguintes tópicos:

• conhecimentos básicos sobre práticas de proteção respiratória;

• natureza e extensão dos riscos respiratórios a que as pessoas que estão sob sua supervisão poderão ficar expostas;

• reconhecimento e resolução dos problemas que ocorrem com os usuários de respiradores;

• princípios e critérios de seleção de respiradores usados pelas pessoas que estão sob sua supervisão;

• treinamento para usuários de respiradores;

• verificação, ensaio de vedação e distribuição dos respiradores;

• inspeção dos respiradores;

• uso e monitoramento do uso de respiradores;

• manutenção e guarda dos respiradores;

• regulamentos e legislação relativos ao uso dos respiradores;

6.1.2. Pessoa que distribui o respirador

A pessoa indicada para distribuir os respiradores deve receber treinamento adequado, a fim de se garantir que o trabalhador receba o respirador adequado para a tarefa, definido pelos procedimentos operacionais escritos.

6.1.3. Usuário do respirador

Para garantir o uso correto do respirador todo usuário deve receber um treinamento mínimo, que deve incluir obrigatoriamente os seguintes itens:

• a necessidade do uso da proteção respiratória;

• a natureza, extensão e os efeitos dos riscos respiratórios encontrados no ambiente de trabalho;

• a necessidade de informar o seu supervisor de qualquer problema que tenha ocorrido consigo devido ao uso do respirador, ou com seus colegas de trabalho;

• explicação do porque de a proteção coletiva não estar sendo realizada, ou não ser adequada, e o que está sendo feito para diminuir ou eliminar a necessidade de uso de respiradores;

• explicação do porque de ter sido escolhido aquele tipo de respirador contra aquele risco respiratório;

• explicação sobre a operação, capacidade e as limitações do respirador selecionado;

• instruções sobre inspeção e colocação dos respiradores. Deve incluir a necessidade de ser verificada a vedação cada vez que o respirador é colocado ou ajustado;

- explicações de como manter e guardar o respirador;
- instruções sobre procedimentos em caso de emergências e uso de respiradores em situação de escape.

6.1.4. Equipamentos de emergência e salvamento

Devem ser criadas pelo empregador e treinadas sobre o uso de respiradores equipes de atendimento para casos de emergência e de salvamento, como brigadas de incêndio. Deve ser estabelecido um programa conveniente de treinamento que inclua a simulação de emergências para assegurar a eficiência e familiaridade dos membros da equipe no uso de respiradores durante as tarefas realizadas nas operações de emergência e salvamento.

6.2. FREQUÊNCIA DO TREINAMENTO

Todo usuário deve receber treinamento inicial quando é designado para uma atividade que exija o uso de respirador, e a cada 12 meses o treinamento deve ser repetido.

6.3. REGISTROS

Para cada usuário deve ser mantido registro no qual conste a data, o tipo de treinamento recebido, a avaliação do resultado obtido (se cabível) e o nome do instrutor.

7. ENSAIOS DE VEDAÇÃO

Todo usuário de respirador deve ser submetido inicialmente a um ensaio quantitativo ou qualitativo de vedação para determinar se o respirador se ajusta bem ao rosto.

Os ensaios de vedação considerados aceitáveis estão descritos no Anexo 5.

7.1. REQUISITOS DE UM ENSAIO DE VEDAÇÃO

7.1.1. Critérios aceitáveis

Se o ensaio de vedação utilizado for quantitativo, o valor do fator de vedação para os respiradores de pressão negativa que se pretende fornecer ao usuário deve ser de no mínimo 10 (dez) vezes maior que o Fator de Proteção Atribuído.

Se o ensaio for qualitativo, somente devem ser utilizados os métodos recomendados (ver Anexo 5), pois garantem, no mínimo, um fator de vedação 10 (dez) vezes maior que o Fator de Proteção Atribuído.

7.1.2. Respiradores de pressão positiva

Os respiradores que são do tipo com cobertura das vias respiratórias com vedação facial devem ser colocados na posição "pressão negativa" e ensaiados qualitativa ou quantitativamente. A finalidade deste teste é garantir que o respirador se ajuste bem no rosto, evitando com isso que, operando na posição "pressão positiva", ocorram vazamentos que reduzam a autonomia. Deve ser obtido fator de vedação de no mínimo 100.

7.1.3. Peça facial

Quando, para a realização do ensaio de vedação, a cobertura das vias respiratórias com vedação facial for modificada:

- a modificação não deverá aumentar significativamente o peso, de modo que afete o equilíbrio ou que interfira nos ajustes;
- o fluxo de ar não deverá sofrer restrições;
- a peça facial modificada deverá ser testada preliminarmente na cabeça de manequim ou equivalente para verificar vazamentos;
- a peça facial modificada somente deverá ser usada durante a realização do ensaio de vedação.

7.1.4. Frequência

O ensaio de vedação deve ser realizado para cada usuário de respirador com cobertura das vias respiratórias com vedação facial, no mínimo uma vez a cada 12 meses.

7.1.5. Repetição do ensaio

O ensaio de vedação deve ser repetido toda vez que o usuário tenha uma alteração de condição que possa interferir com a vedação facial, como por exemplo: mudança de 10% ou mais no peso, cicatrizes na área de vedação, alteração na arcada dentária (perda de dente, próteses, etc.), cirurgia reconstrutiva, etc.

7.1.6. Equipamento de Proteção

O ensaio de vedação deve ser realizado com a pessoa equipada com todos os EPIs que deve usar para a realização do seu trabalho e que possam interferir na vedação: óculos, proteção facial, máscara de soldador, etc. O respirador deve ser ensaiado com o filtro que será usado.

7.1.7. Limpeza

Os respiradores usados nos ensaios de vedação devem ser limpos de acordo com as indicações do item 8.1.

7.2. PROBLEMAS DE VEDAÇÃO E ALTERNATIVAS

Não deve ser permitido o uso de respirador por pessoa com cicatriz, ossos da face excessivamente protuberantes, fronte côncava, rugas profundas na face, ausência de dentes ou de dentadura, ou configuração facial que impeça a vedação.

Se não for possível conseguir vedação satisfatória com um respirador que exija vedação na face, são recomendadas as alternativas:

- fornecer à pessoa um respirador do tipo que não exija vedação perfeita na face (capacete ou capuz), mas que possua Fator de Proteção Atribuído apropriado para o risco previsto;
- transferir a pessoa para outra atividade que não exija o uso de respirador.

## 7.3. CONSIDERAÇÕES SOBRE O ENSAIO DE VEDAÇÃO

### 7.3.1. Número de respiradores

É praticamente impossível que um só tamanho e modelo de respirador se adapte bem em todos os tipos e tamanhos de face de um grupo de pessoas. É aconselhável que se tenha à disposição delas um número apropriado de tamanhos e modelos, para que seja escolhido o mais apropriado para cada uma.

### 7.3.2. Aceitação pelo usuário

O conforto é um fator importante na aceitação de uso de um respirador. Outros fatores que influem são: resistência à respiração, diminuição da visão, dificuldade de comunicação e peso do respirador. Os respiradores com maior aceitação são usados durante mais tempo, proporcionando maior proteção. A aceitação de um dado respirador pelo usuário deve ser levada em conta durante a seleção do respirador, uma vez que isso pode determinar o uso correto do mesmo. Se o ensaio de vedação mostrar que a vedação é satisfatória com dois ou mais modelos de respiradores, a escolha deve ser do usuário.

## 7.4. REGISTROS DOS ENSAIOS DE VEDAÇÃO

Os registros escritos dos ensaios de vedação devem conter as seguintes informações:

- procedimentos escritos sobre o programa de ensaios de vedação, incluindo critérios de aceitação/rejeição;
- tipo de ensaio de vedação adotado;
- equipamento e instrumentação usados para realização do ensaio;
- calibração, manutenção e reparos dos equipamentos e instrumentos usados, quando aplicável;
- nome ou identificação do operador do ensaio;
- identificação completa do respirador ensaiado (modelo, tamanho, etc.);
- nome ou identificação da pessoa que usou o respirador;
- data do ensaio;
- resultado do ensaio de vedação, incluindo: fator de vedação obtido (quando o ensaio é quantitativo), aceitação/rejeição (quando o ensaio é qualitativo), observações ou dificuldades na colocação do respirador (uso de lentes de contato ou óculos, dentaduras, cicatrizes, etc.).

## 8. MANUTENÇÃO, INSPEÇÃO E GUARDA

O programa de manutenção deve incluir os itens:

a) limpeza e higienização;

b) inspeção de defeitos;

c) manutenção e reparos;

d) guarda;

e) garantia de qualidade do ar respirável.

### 8.1. LIMPEZA E HIGIENIZAÇÃO

O respirador usado por uma só pessoa deve ser limpo e higienizado frequentemente. Os usados por mais de uma pessoa devem estar limpos e higienizados antes do uso por pessoas diferentes. Os respiradores de emergência devem ser limpos e higienizados após cada uso (informações sobre limpeza e higienização no Anexo 3).

### 8.2. INSPEÇÃO

Com a finalidade de verificar se o respirador está em boas condições, o usuário deve inspecioná-lo imediatamente antes de cada uso. Após cada limpeza e higienização, cada respirador deve ser inspecionado para verificar se está em condições apropriadas de uso, se necessita de substituição de partes, reparos, ou se deve ser jogado fora. Os respiradores guardados para emergências ou resgate devem ser inspecionados no mínimo uma vez por mês.

A inspeção deve incluir: verificação de vazamento nas conexões; condições da cobertura das vias respiratórias, dos tirantes, válvulas, traqueias, tubos, correias, mangueiras, filtros, indicador do fim de vida útil, componentes elétricos e datas de vencimento em prateleira; funcionamento dos reguladores, alarmes ou outros dispositivos de alerta. Todo componente de borracha ou de outro elastômero deve ser inspecionado para verificar a sua elasticidade e sinais de deterioração. Os cilindros de ar comprimido ou oxigênio devem ser inspecionados para assegurar que estejam totalmente carregados de acordo com as instruções do fabricante. Para os respiradores de emergência e resgate deve ser mantido registro com as datas de cada inspeção. Os que não satisfazem os critérios da inspeção devem ser imediatamente retirados de uso, enviados para reparo ou substituídos.

### 8.3. SUBSTITUIÇÃO DE PARTES E REPAROS

Somente pessoas treinadas na manutenção e montagem de respirador devem fazer a substituição de peças ou realizar reparos. Somente devem ser usadas as peças de substituição indicadas. O ajuste ou reparo de válvulas de admissão, reguladores e alarmes somente deve ser efetuado pelo fabricante ou técnico por ele treinado. Os instrumentos para ajuste de válvulas, regulador ou alarme devem ser calibrados contra padrões, no mínimo, a cada três anos.

### 8.4. GUARDA

Os respiradores devem ser guardados de modo que estejam protegidos contra agentes físicos e químicos tais como: vibração, choque, luz solar, calor, frio extremo, umidade excessiva ou agentes químicos agressivos. Devem ser guardados de modo que as partes de borracha ou outro elastômero não se deformem. Não devem ser colocados em gavetas, caixa de ferramentas, a menos que estejam protegidos contra contaminação, distorção ou outros danos. Os de emergência e resgate que permanecem na área de trabalho devem ser facilmente acessíveis durante todo o tempo e devem estar em armários ou estojos marcados de modo que sua identificação seja imediata.

8.5. QUALIDADE DO AR PARA AS MÁSCARAS AUTÔNOMAS E OS RESPIRADORES DE LINHA DE AR COMPRIMIDO

8.5.1. O ar comprimido gasoso utilizado nos respiradores de adução de ar deve ser de alta pureza e satisfazer, no mínimo, os requisitos indicados na Norma Brasileira NBR-12.543.

8.5.2. Riscos do uso de oxigênio

O ar comprimido pode conter baixa contaminação de óleo devido aos equipamentos usados. Se num orifício contaminado por óleo/graxa passar oxigênio em alta pressão, pode ocorrer explosão ou fogo. Portanto, oxigênio gasoso comprimido não deve ser usado em respiradores de linha de ar ou em máscaras autônomas de circuito aberto que tenham usado previamente ar comprimido. Concentrações de oxigênio acima de 23,5% somente devem ser usadas em equipamentos projetados para operarem com oxigênio.

8.5.3. Ponto de orvalho

O ponto de orvalho do ar usado para recarga do cilindro da máscara autônoma deve ser de - 54°C ou menos (menos que 25 ppm de vapor de água). As máscaras autônomas que serão usadas abaixo de - 32°C devem ser carregadas com ar com ponto de orvalho de -73°C ou menos.

8.5.4. Ar respirável de cilindros ou de compressores de ar.

O ar respirável pode provir de cilindros ou de compressores de ar.

*8.5.4.1.* Os cilindros devem ser ensaiados e mantidos de acordo com a legislação aplicável (por exemplo CFR Title 49 Part 173 e Part 175). Alguns ensaios estão indicados na Tabela 3.

TABELA 3
GUIA PARA AMOSTRAGEM PERIÓDICA NA COMPRA DE AR RESPIRÁVEL

| MÉTODO DE PREPARAÇÃO DE AR | ANÁLISE RECOMENDADA |
|---|---|
| Compressão: o fornecedor não enche os cilindros com outros gases | Verificar em 10% dos cilindros de cada lote o teor de CO (ppm) e odor |
| Compressão: o fornecedor enche os cilindros com outros gases | Verificar em todos os cilindros a % de $O_2$; verificar em 10% dos cilindros de cada lote o teor de CO (ppm) e odor |
| Reconstituição | Verificar em todos os cilindros a % de $O_2$; verificar em 10% dos cilindros de cada lote o teor de CO (ppm) e odor |

*8.5.4.2.* O compressor deve ser construído de modo a evitar a entrada de ar contaminado. Para todos os compressores, inclusive os portáteis, a localização da tomada de ar deve merecer cuidados especiais, bem como monitorada para garantir a qualidade do ar que alimenta o compressor. Quando necessário, o sistema deve possuir filtro com sorbente na própria linha para garantir a qualidade do ar respirável. A manutenção e revisão do compressor e do filtro deve ser periódica e realizada por pessoa treinada, obedecendo as recomendações do fabricante.

*8.5.4.3.* Como parte dos testes iniciais de aceitação do compressor, e antes do início do seu uso, deve-se fazer uma amostragem representativa do ar que sai, para verificação de sua concordância com os requisitos dos itens 8.5.1 e 8.5.4. Para garantir a qualidade do ar e verificar qualquer ponto de contaminação no sistema de distribuição, deve-se também retirar amostra do ar nos diversos pontos de uso do ar. As amostras devem ser retiradas periodicamente conforme programa existente. Na tabela 4 estão indicadas algumas recomendações:

TABELA 4
AMOSTRAGEM PERIÓDICA DO AR COMPRIMIDO

| TIPO/AMOSTRA | TIPO DE COMPRESSOR | | |
|---|---|---|---|
| | LUBRIFICADO A ÓLEO | NÃO LUBRIFICADO A ÓLEO | ACOPLADO A MOTOR DE COMBUSTÃO |
| Vapor de água | X | X | X |
| Monóxido de Carbono | X | — | X |
| Hidrocarbonetos condensados | X | — | X |
| Dióxido de Carbono | X | — | X |
| Odor | X | X | X |

NOTAS

a) Quando usar o compressor de ar, é importante localizar bem a aspiração do ar, bem como monitorar a sua qualidade.

b) Não é indicada a frequência da verificação da qualidade do ar devido à grande variedade de tipos de compressor e de condições ambientais.

c) Não é necessário o monitoramento contínuo da temperatura do ar e do teor de CO.

d) Para compressores não lubrificados a óleo operados a menos que 2,2 bar não é necessária a determinação do vapor de água.

e) Esses requisitos são aplicáveis para sistemas projetados para uso de ar respirável. Outros respiradores de adução de ar necessitam de uma avaliação caso a caso para ser fixada a frequência e o tipo de teste.

*8.5.4.4.* O ponto de orvalho do ar respirável deve ser mais baixo que a menor temperatura ambiente na qual vai ser usado o regulador ou a válvula de controle do respirador de adução de ar.

*8.5.4.5.* A conexão do respirador de adução de ar com a linha de suprimento deve ser incompatível com as utilizadas para outros gases não respiráveis. As tomadas de ar respirável devem estar convenientemente identificadas.

*8.5.4.6.* Os cilindros de ar respirável devem ser marcados de acordo com a Norma Brasileira apropriada.

ANEXOS

1. DEFINIÇÕES
2. MONITORAMENTO DOS RISCOS RESPIRATÓRIOS
3. PROCEDIMENTOS RECOMENDADOS PARA LIMPEZA E HIGIENIZAÇÃO DOS RESPIRADORES
4. RECOMENDAÇÕES PARA A "VERIFICAÇÃO DA VEDAÇÃO" NO LOCAL DE TRABALHO
5. PROCEDIMENTOS PARA REALIZAÇÃO DOS "ENSAIOS DE VEDAÇÃO" (QUALITATIVOS E QUANTITATIVOS)
6. AVALIAÇÃO MÉDICA
7. INSTRUÇÃO NORMATIVA N. 1, DE 11 DE ABRIL DE 1994.

## ANEXO 1 — DEFINIÇÕES

Para fins desta Publicação são definidos os seguintes termos:

*1. Aerossol:* partículas sólidas ou líquidas suspensas no ar.

*2. Ar respirável:* ar adequado para a respiração. Deve obedecer aos requisitos especificados na Norma Brasileira NBR-12.543.

*3. Atmosfera perigosa:* atmosfera que contém um ou mais contaminantes em concentração superior ao Limite de Exposição, ou que seja deficiente de oxigênio.

*4. Cobertura das vias respiratórias:* parte de um respirador que cobre as vias respiratórias do usuário. Pode ser uma peça facial, capacete, capuz, roupa inflável e bocal com pinça nasal.

*5. Cobertura das vias respiratórias com vedação facial:* tipo de cobertura das vias respiratórias projetada para proporcionar vedação completa na face. A peça semifacial (inclusive a quarto facial e a peça facial filtrante) cobre o nariz e a boca; a facial inteira cobre o nariz, a boca e os olhos.

*6. Cobertura das vias respiratórias sem vedação facial:* tipo de cobertura das vias respiratórias projetada para proporcionar vedação parcial na face. Não cobre o pescoço e os ombros, podendo ou não proporcionar proteção da cabeça contra impacto e penetração.

*7. Contaminante:* substância ou material perigoso, irritante ou incômodo.

*8. Capacete:* capuz que oferece também proteção contra impacto e penetração.

*9. Capuz:* tipo de cobertura das vias respiratórias que cobre completamente a cabeça, o pescoço, podendo cobrir parte dos ombros.

*10. Diâmetro aerodinâmico médio mássico:* ponto na distribuição de tamanho das partículas, na qual a metade da massa das partículas tem diâmetro menor que o diâmetro aerodinâmico médio mássico, e a outra metade tem diâmetro maior.

*11. Ensaio de vedação:* é o uso de certas substâncias com a finalidade de avaliar a vedação de um respirador específico em um dado indivíduo.

*12. Ensaio de vedação qualitativo:* ensaio do tipo aprova/reprova baseado na resposta sensorial à substância utilizada no ensaio.

*13. Ensaio de vedação quantitativo:* ensaio que utiliza instrumento para a medida da concentração da substância empregada no ensaio, dentro e fora do respirador.

*14. Espaço confinado:* espaço fechado com as seguintes características: a) sua principal função não é a ocupação humana; b) possui entrada e saída de pequenas dimensões. Exemplos de espaços confinados: tanques, silos, vasos, poços, redes de esgoto, tubulações, carros-tanque, caldeiras, fossas sépticas e cavernas. Tanques e estruturas em construção, enquanto não fechadas completamente, não podem ser considerados espaços confinados. Entrada e saída de pequenas dimensões significa que para passar é necessário o uso das mãos ou contorção do corpo.

*15. Fator de Proteção Atribuído:* nível de proteção que se espera alcançar no ambiente de trabalho, quando um trabalhador treinado usa um respirador (ou classe de respirador) em bom estado e ajustado de modo correto.

*16. Fator de Proteção Requerido:* é o quociente entre a concentração do contaminante presente e o seu limite de exposição.

*17. Fator de Vedação:* medida quantitativa da vedação obtida pelo uso de um respirador específico por um dado indivíduo. É o quociente entre a concentração da substância utilizada no ensaio, fora e dentro do respirador.

*18. Filtro:* é dispositivo destinado a reter impurezas específicas contidas no ar.

*19. Fracas propriedades de alerta:* característica de substâncias cujo odor, sabor ou efeitos irritantes não são detectáveis ou não são persistentes em concetração abaixo do limite de exposição.

*20. Fumos:* aerodispersoides, gerados termicamente, constituídos por partículas sólidas formadas por condensação, de vapores metálicos ou reação química.

*21. Gás:* fluido aeriforme que se encontra no estado gasoso, na temperatura e pressão ambiente.

*22. Higienização:* remoção de contaminantes e inibição da ação de agentes causadores de infecções ou doenças.

*23. IPVS (Imediatamente perigoso à vida ou à saúde):* qualquer atmosfera que apresente risco imediato à vida ou produza imediato efeito debilitante irreversível à saúde.

*24. Limite de exposição:* máxima concentração permitida de um contaminante no ar ao qual um indivíduo pode estar exposto. Pode ser o Limite de Tolerância — Média Ponderada, Limite de Tolerância — Valor Teto, ou limites de curta exposição.

*25. Limite de Tolerância — Média Ponderada:* a concentração média de um contaminante no ambiente durante um tempo especificado.

*26. Limite de Tolerância — Valor Teto:* representa a concentração máxima que não pode ser excedida em momento algum da jornada de trabalho.

*27. Máscara autônoma:* aparelho autônomo de proteção respiratória de ar comprimido no qual o usuário transporta o próprio suprimento de ar respirável que é independente da atmosfera ambiente. Pode ser de circuito aberto ou fechado.

*28. Peça facial:* parte do respirador que cobre as vias respiratórias, podendo ou não proteger os olhos.

*29. Peça semifacial filtrante:* peça semifacial constituída total ou parcialmente de materiais filtrantes. O mesmo que máscara descartável.

*30. Poeira:* aerodispersoides, gerados termicamente, constituído por partículas sólidas formadas por ruptura mecânica de um sólido.

*31. Respirador:* equipamento de proteção respiratória que visa a proteção do usuário contra a inalação de contaminantes. O mesmo que máscara.

*32. Respirador de adução de ar:* equipamento constituído de peça facial interligada por meio de mangueira ao sistema de fornecimento de ar, que pode ser obtido por simples depressão respiratória, forçado por meio de ventoinha ou similar, e ar comprimido proveniente de compressor ou de cilindros de ar comprimido.

*33. Respirador aprovado:* equipamento tido como bom; após ensaio que demonstre o atendimento aos requisitos mínimos exigidos pela norma correspondente. Deve possuir o certificado de aprovação.

*34. Respirador de demanda:* respirador independente da atmosfera ambiente, que fornece ar respirável à peça facial somente quando a pressão dentro da peça facial fica negativa devido à inalação.

*35. Respirador de demanda com pressão positiva:* respirador no qual o ar respirável é admitida na peça facial quando a pressão positiva dentro da mesma é reduzida devido à inalação.

*36. Respirador de fluxo contínuo:* respirador independente da atmosfera ambiente, que fornece um fluxo contínuo de ar respirável ao usuário.

*37. Respirador de fuga:* aparelho que protege o usuário contra a inalação de atmosferas perigosas em situações de emergência, com risco à vida ou à saúde, durante o escape.

*38. Respirador de linha de ar comprimido:* respirador no qual o ar respirável provém de um compressor ou de uma bateria de cilindros.

*39. Respirador purificador de ar:* respirador no qual o ar ambiente passa através de um filtro para remoção do contaminante antes de ser inalado.

*40. Respirador purificador de ar motorizado:* é um respirador purificador de ar equipado com ventoinha para forçar o ar ambiente até a cobertura das vias respiratórias.

*41. Respirador de pressão negativa:* respirador no qual a pressão na zona próxima ao nariz ou boca fica negativa em relação ao ambiente externo durante a fase de inalação.

*42. Respirador de pressão positiva:* respirador no qual a pressão na zona próxima ao nariz ou boca fica positiva em relação ao ambiente externo durante a fase de inalação.

*43. Usuário:* todo indivíduo que use equipamento de proteção respiratória independente da natureza da sua relação de trabalho com o fornecedor da mesma.

*44. Vapor:* fase gasosa de uma substância que em condições ambientes de temperatura e pressão, é líquida ou sólida.

*45. Verificação da vedação:* teste realizado pelo próprio usuário com a finalidade de verificar se o respirador está adaptado corretamente no rosto.

## ANEXO 2 — MONITORAMENTO DOS RISCOS RESPIRATÓRIOS

O nível de exposição a que está submetido um usuário de respirador é conhecido graças ao uso de instrumentos que medem a concentração dos contaminantes ou do oxigênio no ar. Para conhecer o risco potencial ou efetivo a que estará exposto o usuário do respirador, devem ser coletadas amostras e feitas análises convenientes, ou cálculos apropriados para determinar a concentração média ponderada, e quando cabível, a concentração de curta exposição. A concentração de uma substância no ar pode ser influenciada por mudanças nas operações do processo, alterações da velocidade e direção do vento, mudanças da temperatura ambiente entre o dia e a noite, e pela estação do ano. Por essas razões, ao se traçar um programa para monitoramento dos riscos respiratórios, esses fatores devem ser levados em conta. Para que a determinação da concentração do contaminante no local de trabalho seja precisa, é essencial que o volume de ar amostrado contenha a quantidade suficiente da substância responsável pelo risco. O volume de ar a ser coletado, ou a duração da amostragem, depende dos seguintes fatores:

- concentração estimada da substância no ar;
- sensibilidade do instrumento e procedimentos de amostragem;
- valores estabelecidos para a concentração média ponderada no tempo e limite de exposição para curta duração.

Embora se reconheçam as dificuldades para medir ou calcular a concentração da substância tóxica no ambiente numa emergência, deve-se colocar todo empenho para estimá-la.

É recomendável o uso do monitoramento contínuo com alarme, a fim de alertar o usuário de respiradores, em caso do aparecimento súbito de altas concentrações da substância tóxica.

## ANEXO 3
## PROCEDIMENTOS RECOMENDADOS PARA LIMPEZA E HIGIENIZAÇÃO DE RESPIRADORES

Além dos procedimentos recomendados pelo fabricante, são sugeridos os seguintes:

a) antes de limpar e higienizar, remover, quando necessário: filtros mecânicos e químicos, diafragma de voz, membrana das válvulas e qualquer outro componente recomendado pelo fabricante;

b) lavar a cobertura das vias respiratórias com uma solução normal de limpeza e higienização (no máximo a 43°C); usar escova para remover a sujeira. Não usar escova com fios metálicos;

c) enxaguar com água morna (no máximo 43°C);

d) escoar a água e secar com ar seco;

e) limpar e higienizar todas as partes retiradas do respirador conforme indicação do fabricante;

f) secar as partes retiradas do respirador. Se necessário, remover com um pano que não solte fiapos qualquer material estranho depositado sobre as membranas e sede das válvulas;

g) inspecionar as peças e substituir aquelas com defeito;

h) montar as partes no respirador;

i) recolocar os filtros;

j) fazer uma inspeção visual e, onde possível, verificar o funcionamento de alguns componentes;

k) para guardar, colocar o respirador na embalagem apropriada.

Para a limpeza podem ser usadas máquinas de uso industrial e doméstico adaptadas convenientemente (suportes internos para montar os respiradores no lugar).

Têm sido usadas com sucesso máquinas de limpeza por ultrassom, máquinas de lavar roupa, de lavar louça e secadores de roupa. Devem ser tomadas precauções para evitar quedas ou agitação, bem como a exposição a temperaturas acima das recomendadas pelo fabricante (geralmente, 43°C no máximo).

Para higienização são recomendáveis os compostos quaternários de amônia, encontrados no mercado que têm ação bactericida.

Agentes de limpeza e higienização muito concentrados e diversos solventes podem danificar os componentes de borracha e de outros elastômeros.

Outro procedimento alternativo é lavar os respiradores com uma solução detergente e depois imergi-lo na solução higienizante. Algumas soluções higienizantes se mostraram eficientes:

a) solução de hipoclorito (50 ppm de cloro), 2 minutos de imersão;

b) solução aquosa de iodo (50 ppm de iodo), 2 minutos de imersão;

c) solução aquosa do composto quaternário de amônia (200 ppm de sal quaternário em água com dureza total menor que 500 ppm), 2 minutos de imersão.

A concentração do composto quartenário irá depender da dureza da água. Se o composto quaternário não for completamente removido do respirador, pelo enxague com água, ele poderá provocar irritação da pele (dermatite).

As soluções de hipoclorito e iodo são instáveis e perdem o seu efeito com o tempo. Elas podem causar deterioração dos componentes de borracha ou de outros elastômeros e corroem componentes metálicos. Os tempos de imersão são os indicados acima e, após a higienização, os respiradores devem ser enxaguados com bastante água limpa.

Os respiradores podem ficar contaminados com substâncias tóxicas. Se a contaminação for leve, os procedimentos normais de limpeza são suficientes, por outro lado, às vezes são necessários procedimentos especiais de descontaminação antes de se efetuar a limpeza e higienização.

## ANEXO 4
## RECOMENDAÇÕES PARA A "VERIFICAÇÃO DA VEDAÇÃO" NO LOCAL DE TRABALHO

*NOTA:* Convém observar a diferença entre as expressões: "VERIFICAÇÃO DE VEDAÇÃO" E "ENSAIO DE VEDAÇÃO" empregados nesta publicação. A "VERIFICAÇÃO DE VEDAÇÃO" é um ensaio rápido feito pelo próprio usuário antes de entrar na área de risco, ou na própria área, sem o uso de nenhum agente químico. O "ENSAIO DE VEDAÇÃO" é feito numa sala, fora da área de risco, onde uma pessoa espalha um agente químico ao redor do rosto do usuário e observa as suas respostas.

Toda vez que o usuário colocar o respirador antes de entrar na área de risco ou ajustá-lo quando já estiver no local, deve-se verificar a vedação para garantir que ele está ajustado corretamente na face.

Essa "verificação de vedação" não substitui os "ensaios de vedação" qualitativos ou quantitativos.

São recomendados dois procedimentos durante a fase de treinamento, os usuários devem ficar familiarizados com eles.

1. "Verificação da vedação" pelo teste de pressão negativa

Este procedimento pode ser usado com os respiradores purificadores de ar ou de adução de ar, equipados com coberturas das vias respiratórias com contato facial. É difícil fazer esta verificação nos respiradores sem válvula. As aberturas de entrada de ar (filtros) são bloqueadas completamente pela palma da mão ou pela colocação de um selo na entrada do filtro químico de tamanho médio ou grande, ou estrangulando do traqueia ou mangueira. O usuário deve inalar suavemente e segurar a respiração. Se a peça facial aderir ao rosto, pode-se afirmar que a vedação de peça facial é satisfatória.

2. "Verificação de vedação" pelo teste de pressão positivo

Este teste pode ser usado em respiradores com cobertura das vias respiratórias com contato facial e que contenham válvula de inalação e de exalação. Pode ser difícil ou impossível realizar ensaio nos que não possuem válvulas. A válvula de exalação, ou traqueia, ou ambas são bloqueadas, e o usuário deve exalar suavemente. A vedação será considerada satisfatória quando o usuário sentir ligeira pressão dentro da peça facial e não conseguir detectar nenhuma fuga de ar na zona de vedação entre a peça facial e o rosto. Em alguns respiradores será necessário remover temporariamente a cobertura da válvula de exalação antes do teste.

## ANEXO 5
## PROCEDIMENTOS PARA REALIZAÇÃO DOS "ENSAIOS DE VEDAÇÃO" QUALITATIVOS E QUANTITATIVOS

*NOTA:* Convém observar a diferença entre as expressões: "VERIFICAÇÃO DE VEDAÇÃO" E "ENSAIO DE VEDAÇÃO" empregadas nesta publicação.

A "VERIFICAÇÃO DE VEDAÇÃO" é um ensaio rápido feito pelo próprio usuário antes de entrar na área de risco, ou na própria área, sem o uso de nenhum agente químico. O "ENSAIO DE VEDAÇÃO" é feito numa sala, fora da área de risco onde uma pessoa espalha um agente químico ao redor do rosto do usuário e observa as suas respostas.

*I. ENSAIO QUALITATIVO COM VAPOR DE ACETATO DE ISOAMILA (óleo de banana)*

*A. Ensaio preliminar de sensibilidade olfativa*

1. São necessários 3 frascos de vidro com capacidade para 1 litro e com tampa.

2. Para preparar as soluções usar água destilada, a aproximadamente 25°C;

3. Para preparar a solução padrão de acetato de isoamila (também chamado de acetato de isopentila): adicionar 1 ml do acetato puro em 800 ml de água destilado contido no frasco de vidro; agitar durante 30 segundos. Esta solução pode ser usada, no máximo, durante uma semana.

4. O ensaio preliminar de sensibilidade olfativa deve ser realizado numa sala separada da que é utilizada para o "ensaio de vedação". Ambas as salas devem ser bem ventiladas, mas não interligadas ao mesmo sistema de circulação de ar.

5. Preparar a solução para o teste de odor num segundo frasco, colocando com o auxílio de uma pipeta limpa 0,4 ml de solução padrão em 500 ml de água destilada e agitando durante 30 segundos. Deixar em repouso por 2 ou 3 minutos para que a concentração dos vapores acima da solução atinja o equilíbrio. Esta solução somente pode ser usada durante um dia.

6. Preparar no terceiro frasco uma "prova em branco" na qual se adiciona somente 500 ml de água destilada.

7. Identificar, com o número 1, o frasco com a solução para o teste de odor e com o número 2, o frasco para a prova em branco. Se a etiqueta de identificação estiver colocada na tampa, ela deve ser periodicamente trocada, para garantir a confiabilidade do ensaio.

8. Na frente dos dois frascos deve ser colocado um aviso contendo as instruções: "Este ensaio tem por finalidade saber se você consegue sentir o cheiro de banana em concentrações baixas. Os dois frascos na sua frente contêm água, um deles contém pequena quantidade de óleo de banana. Verifique se a tampa do frasco está bem ajustada e agite cada frasco por 2 segundos. Tire a tampa dos dois frascos, uma de cada vez, e cheire a boca do frasco. Mostre para a pessoa encarregada do ensaio qual o frasco contém o óleo de banana".

9. As misturas usadas no teste de odor devem ser preparadas em área separada daquela onde se realiza esse teste, para evitar a fadiga olfativa da pessoa.

10. Se a pessoa submetida ao ensaio não conseguir identificar o frasco que contém o óleo de banana, ela não poderá ser submetida ao teste com óleo de banana para o "ensaio de vedação" do respirador.

11. Se a pessoa conseguir identificar corretamente o frasco que contém o óleo de banana, ela poderá continuar no processo de seleção do respirador que se adapte bem ao seu rosto.

*B. Escolha do respirador pelo usuário*

1. Deve ser permitido à pessoa escolher o respirador mais confortável (entre vários tamanhos e fabricantes diferentes).

2. A escolha deve ser realizada numa sala diferente daquela onde se realiza o ensaio de vedação para evitar a fadiga olfativa. Deve-se mostrar ao usuário, antes de definir a opção, como se coloca e se posiciona na face, como se ajusta a tensão dos tirantes. A sala deve ter espelho para auxiliá-lo na colocação correta. Estas instruções não constituem o treinamento formal sobre o uso que todo trabalhador deve receber, mas é somente uma revisão.

3. A pessoa deve compreender que o empregador está procurando escolher o respirador que lhe proporcione mais conforto, e que se for usado de modo correto lhe proporcionará a proteção adequada.

4. A pessoa deve colocar os respiradores no rosto e eliminar aqueles que não dão um ajuste confortável. Normalmente se começa com um semifacial, e se nenhum der boa vedação, deve-se experimentar a peça facial inteira.

5. As peças faciais mais confortáveis são separadas, e aquela que preliminarmente se mostrou mais confortável deve ser colocada e usada por no mínimo 5 minutos. Todos os ajustes devem ser realizados pelo próprio usuário sem assistência ou ajuda da pessoa que conduz o ensaio ou de outra pessoa. A avaliação do conforto pode ser feita discutindo os pontos indicados no parágrafo 6, apresentado a seguir. Se a pessoa não está habituada a usar aquele tipo de respirador, deve ser orientada para colocar o respirador algumas vezes e fazer os ajustes dos tirantes toda vez, de modo que encontre a tensão correta dos tirantes.

6. A avaliação do conforto deve incluir a discussão com o usuário dos seguintes pontos, dando a ele, porém, o tempo adequado para que possa fazer as suas observações:

- posicionamento do respirador no nariz;
- compatibilidade com EPI para proteção ocular;
- facilidade para falar;
- posicionamento do respirador na face.

7. Para auxiliar a verificação de que o ajuste do respirador é satisfatório ou não, devem ser usados alguns critérios:

• ajuste no queixo bem feito;

• tensão dos tirantes;

• ajuste correto no nariz;

• tendência a escorregar;

• auto-observação no espelho.

8. A pessoa deve verificar a vedação pelo teste convencional de pressão negativa e positiva (ver Anexo 4). Antes de realizar essa verificação a pessoa deve fazer com que o respirador se acomode ao rosto, movimentando rapidamente a cabeça para os lados e de cima para baixo, enquanto respira profundamente.

9. A pessoa está, agora, pronta para realizar o ensaio de vedação.

10. Depois de realizar o ensaio de vedação deve ser perguntado novamente à pessoa sobre o conforto do respirador. Se for considerado desconfortável, deve-se experimentar outro tipo ou modelo.

11. Deve ser dado ao usuário, a qualquer tempo, a oportunidade de selecionar outra peça facial, se aquela escolhida se mostrar muito desconfortável.

*C. "Ensaio de Vedação" no respirador escolhido*

1. A câmara de ensaio deve ser semelhante a um tambor de 200 l com a boca para baixo. É formada por um plástico transparente suportado por um aro com diâmetro de 60cm e com o topo da câmara a 15 cm acima da cabeça da pessoa. No centro do topo da câmara, pelo lado interno, deve existir um pequeno gancho.

2. Em cada respirador que vai ser ensaiado deve ser colocado um filtro químico contra vapores orgânicos. Os filtros devem ser trocados no mínimo semanalmente.

3. Em uma sala diferente da utilizada para o ensaio preliminar de sensibilidade olfativa, a pessoa deve selecionar, colocar no rosto e ajustar corretamente o respirador. Esta sala deve estar separada da outra citada, ser bem ventilada (exaustão geral ou por capela do laboratório), para evitar a contaminação de todo o ambiente.

4. Pelo lado de dentro da câmara deve existir uma cópia do procedimento dos exercícios e do trecho que vai ser lido.

a) Respire normalmente.

b) Respire profundamente. Esteja consciente de que sua respiração seja profunda e regular.

c) Vire a cabeça completamente para um lado e para o outro. Inale em cada lado. Esteja certo de que os movimentos foram completos. Não deixe o respirador bater nos ombros.

d) Movimente a cabeça para cima e para baixo. Inale enquanto a cabeça estiver voltada para cima (olhando para o teto). Esteja certo de que os movimentos foram completos. Não deixe o respirador bater no peito.

e) Durante alguns minutos, leia em voz normal o trecho indicado.

f) Ande sem sair do lugar.

g) Respire normalmente.

Texto para leitura: (aproximadamente 8 linhas completas).

5. Antes de realizar o ensaio de vedação cada pessoa deve usar o respirador pelo menos 10 minutos:

6. Depois de entrar na câmara a pessoa deve receber e pendurar no gancho do topo um pedaço de papel toalha (13 x 15cm) ou um outro absorvente poroso; dobrado na metade e umedecido com 0,75ml de acetato de isoamila puro.

7. Aguardar dois minutos antes de iniciar os exercícios do ensaio de vedação para garantir que o vapor espalhe pela câmara. Durante esse tempo é conveniente explicar para a pessoa o ensaio de vedação, a importância da cooperação, a necessidade dos movimentos da cabeça, ou demonstrar alguns dos exercícios.

8. Executar durante 1 minuto cada exercício especificado no § 4º.

9. Durante a realização do ensaio, se a pessoa sentir o cheiro de banana o ensaio deverá ser suspenso. Imediatamente a pessoa deverá deixar a câmara e a sala para evitar a fadiga olfativa. O respirador não está vedando o suficiente, o ensaio falhou, ou seja, o uso do respirador não foi aprovado.

10. Se o ensaio falhou, a pessoa deve voltar para a sala onde foi feita a escolha do respirador, retirar o que estava usando, repetir o ensaio preliminar de acuidade olfativa, escolher e colocar outro respirador, voltar para a sala de ensaio de vedação e recomeçar o procedimento descrito no § 4º até o § 8º. O procedimento continua até que se encontre o respirador que se ajuste bem naquela pessoa. Se o ensaio de acuidade ao odor realizado neste parágrafo falhou, aguardar 5 minutos antes de repeti-lo, pois, geralmente, após esse tempo, a sensibilidade volta.

11. Se nenhuma peça semifacial deu resultado satisfatório a pessoa deve tentar uma peça facial inteira.

12. Quando um respirador for considerado aprovado neste ensaio, a pessoa antes de deixar a câmara deve levantar ligeiramente a aba de vedação para provocar vazamento, e com isso assegurar que a pessoa não sentirá o cheiro de banana devido à fadiga olfativa, mas sim por causa da boa vedação.

13. Quando a pessoa deixar a câmara deve remover o papel absorvente e entregá-lo a quem conduz o episódio. Para manter a área livre do cheiro de

banana nos ensaios subsequentes, os papéis usados devem ser colocados em saco hermético.

14. Convém que sejam selecionadas pelo menos duas peças faciais e que a pessoa possa usá-las por uma semana para que escolha a mais confortável.

15. Pessoas que tenham sido aprovadas neste ensaio podem usar respiradores com peça semifacial, em ambiente com concentração de até 10 vezes o limite de tolerância.

16. O ensaio não deve ser realizado se a pessoa estiver com barba ou pelos faciais crescidos na área de vedação do respirador.

17. Se o cabelo crescido ou o corte do cabelo interferirem com a vedação, devem ser alterados ou removidos, de modo a eliminar a interferência e permitir ajuste satisfatório. Se for impossível alcançar um bom ajuste, deve ser usado um respirador com pressão positiva (motorizado, linha de ar ou autônomo).

18. Se a pessoa sentir dificuldade para respirar durante a realização do ensaio de vedação, deverá ser encaminhada a um médico especialista em moléstias pulmonares para verificar se tem condições de executar o trabalho previsto.

19. O ensaio qualitativo deve ser realizado no mínimo a cada 12 meses.

20. Como a vedação do respirador pode ser afetada, deve-se imediatamente repetir o ensaio qualitativo quando a pessoa tenha:

• alteração no peso de 10 kg ou mais;

• cicatrizes significantes na área facial de vedação;

• mudanças significantes na arcada dentária: extrações múltiplas sem prótese, colocação de dentadura;

• cirurgia plástica ou reconstrutiva;

• qualquer outra condição que interfira na vedação.

*D. Registros dos Resultados*

Deve ser mantido por três anos um registro resumido com os resultados dos ensaios, contendo:

1. Nome da pessoa.
2. Data do ensaio.
3. Nome da pessoa que conduziu o ensaio.
4. Respiradores selecionados (fabricante, modelo, tamanho, número do CA).
5. Substância usada no ensaio de vedação.

II. ENSAIO QUALITATIVO COM AEROSSOL DE SOLUÇÃO DE SACARINA:

*A. Escolha do respirador pelo usuário*

O respirador deve ser escolhido de acordo com os procedimentos descritos no item B do ensaio com vapor de acetato de isoamila, com exceção de que o respirador deve estar agora com filtro mecânico.

*B. Ensaio preliminar de acuidade de paladar*

1. Para realizar o ensaio preliminar de sensibilidade do paladar e o ensaio de vedação, deve-se usar um capuz que cubra a cabeça e os ombros. Deve ter diâmetro aproximado de 30cm, altura de 40cm e pelo menos a parte frontal livre para não interferir com os movimentos da cabeça do usuário quando com o respirador.

2. Na frente do capuz, na altura do nariz e da boca do usuário, deve existir um orifício com diâmetro aproximado de 20mm para acomodar o bico nebulizador.

3. Antes da realização do ensaio preliminar e do ensaio de vedação a pessoa deve receber uma explicação sobre todo o conteúdo e procedimentos.

4. Durante o ensaio preliminar de acuidade de paladar a pessoa deve colocar o capuz e respirar com a boca, com a língua estendida.

5. Usando um nebulizador (DeVilbiss Modelo 40 para inalação de medicamentos ou equivalente), a pessoa que conduz o ensaio deve nebulizar a solução de sacarina para o ensaio preliminar dentro do capuz. Este nebulizador deve estar identificado perfeitamente para poder ser distinguido do usado com solução para o ensaio de vedação.

6. A solução para o ensaio preliminar é preparada dissolvendo 0,83g de sacarina sódica (pró-análise) em água. Pode ser preparada colocando 1 ml da solução usada para o ensaio de vedação (ver § 7º do item C) em 100ml de água.

7. Para gerar o aerossol o bulbo do nebulizador deverá ser apertado firmemente, de modo que uma parede do bulbo encoste na outra e deixando se expandir totalmente.

8. Dar 10 bombadas rapidamente e perguntar a pessoa que está com o capuz se está sentindo o gosto da sacarina.

9. Se a resposta for negativa, bombear rapidamente mais 10 vezes e repetir a pergunta.

10. Se a segunda resposta for negativa, bombear rapidamente mais 10 vezes e repetir a pergunta.

11. A pessoa que conduz o ensaio deve anotar o número de bombadas necessárias para conseguir uma resposta positiva.

12. Se com 30 bombadas (§ 10) a pessoa não sentir o sabor da sacarina, o ensaio de vedação com sacarina não pode ser usado com ela.

13. Se a pessoa conseguir sentir o sabor, deve-se pedir a ela que procure se lembrar dele, porque vai ser usado no ensaio de vedação.

14. Usando corretamente o nebulizador é suficiente 1ml da solução colocada no bulbo para realizar o ensaio preliminar.

15. O nebulizador deve ser bem lavado, deixado secar e enchido novamente, no mínimo, pelo menos a cada quatro horas.

*C. "Ensaio de Vedação" no respirador escolhido*

1. A pessoa deve colocar e ajustar o respirador sem a assistência de ninguém.

2. O capuz empregado no ensaio é o mesmo descrito no item B-2.

3. A pessoa deve usar o respirador pelo menos durante 10 minutos antes de realizar o ensaio.

4. A pessoa deve colocar o capuz quando já estiver usando o respirador equipado com filtro mecânico.

5. Pelo menos durante 15 minutos antes do ensaio de vedação a pessoa não deve comer, beber (água pura é permitida) ou mascar goma.

6. Usar um segundo nebulizador, igual ao primeiro, para nebulizar a solução dentro do capuz. Deve estar marcado de modo visível para distingui-lo do usado durante o ensaio preliminar.

7. Preparar a solução para o ensaio de vedação dissolvendo 83g de sacarina em 100ml de água morna.

8. Como antes, a pessoa deve respirar com a boca aberta e língua para fora.

9. Colocar o bico do nebulizador no orifício do capuz e nebulizar a solução para o ensaio de vedação, usando a mesma técnica empregada no ensaio preliminar de acuidade de paladar, e o mesmo número de bombadas necessárias para obter a resposta naquele ensaio (ver §§ B-8 até B-10).

10. Após a geração do aerossol, ler as instruções para a pessoa que usa o respirador. Cada exercício deve ser realizado durante um minuto.

a) Respire normalmente.

b) Respire profundamente. Esteja consciente que sua respiração seja profunda e regular.

c) Vire a cabeça completamente para um lado e para outro. Inale em cada lado. Esteja certo de que os movimentos foram completos. Não deixe o respirador bater nos ombros.

d) Movimente a cabeça para cima e para baixo. Inale enquanto a cabeça estiver voltada para cima (olhando para o teto). Esteja certo de que os movimentos foram completos. Não deixe o respirador bater no peito.

e) Durante alguns minutos leia em voz normal o trecho indicado.

f) Ande sem sair do lugar.

g) Respire normalmente.

Texto para leitura: (aproximadamente 8 linhas completas).

11. No início de cada exercício, bombear o nebulizador a metade do número de vezes empregada no parágrafo C-9.

12. A pessoa deve avisar o operador do ensaio o instante em que sentir o gosto de sacarina.

13. Se o gosto de sacarina for detectado, a vedação não foi satisfatória e deve--se procurar outro respirador.

14. Convém que sejam selecionadas pelo menos duas peças faciais e que a pessoa possa usá-las por uma semana para que escolha a mais confortável.

15. Pessoas que tenham sido aprovadas neste ensaio podem usar respiradores com peça semifacial, em ambiente com concentração de até 10 vezes o limite de tolerância.

16. O ensaio não deve ser realizado se a pessoa estiver com barba ou pelos faciais crescidos na área de vedação do respirador.

17. Se o cabelo crescido ou o corte do cabelo interferirem com a vedação, devem ser alterados ou removidos, de modo a eliminar a interferência e permitir ajuste satisfatório. Se for impossível alcançar um bom ajuste, deve ser usado um respirador com pressão positiva (motorizado, linha de ar ou autônomo).

18. Se a pessoa sentir dificuldade para respirar durante a realização do ensaio de vedação, deverá ser encaminhada a um médico especialista em moléstias pulmonares para verificar se tem condições de executar o trabalho previsto.

19. O ensaio qualitativo deve ser realizado no mínimo a cada 12 meses.

20. Como a vedação do respirador pode ser afetada, deve-se imediatamente repetir o ensaio qualitativo quando a pessoa tenha:

• alteração no peso de 10kg ou mais;

• cicatrizes significativas na área facial de vedação;

• mudanças significativas na arcada dentária: extrações múltiplas sem prótese, colocação de dentadura;

• cirurgia plástica ou reconstrutiva;

• qualquer outra condição que interfira na vedação.

*D. Registros dos resultados*

Deve ser mantido por três anos um registro resumido dos resultados dos ensaios, contendo:

1. Nome da pessoa.

2. Data do ensaio.

3. Nome da pessoa que conduziu o ensaio.

4. Respiradores selecionados (fabricante, modelo, tamanho, número do CA).

5. Substância usada no ensaio de vedação.

## III — ENSAIO QUALITATIVO COM FUMOS IRRITANTES

*A. Escolha do respirador pelo usuário*

Os respiradores devem ser escolhidos de acordo com o descrito no item B do ensaio com acetato de isoamila, com exceção de que o respirador deve estar equipado com um filtro mecânico classe P3.

*B. Ensaio de vedação no respirador escolhido*

1. Deve-se deixar a pessoa que vai ser submetida ao ensaio sentir o cheiro de baixas concentrações do agente de teste, para familiarizar-se com o odor característico.

2. A pessoa deve usar o respirador pelo menos durante 10 minutos antes de realizar o ensaio.

3. O condutor do ensaio deve rever com a pessoa que vai usar o respirador o procedimento completo do ensaio.

4. A pessoa deve fazer a "Verificação de vedação" pelos métodos convencionais de pressão positiva e negativa. Se esta verificação mostrar vazamentos, deve ser escolhido outro respirador.

5. Quebrar as duas extremidades do tubo de fumaça para teste de ventilação contendo cloreto estânico ou tetracloreto de titânio. Colocar um tubo curto em uma extremidade do tubo de fumaça e ligar a outra extremidade do tubo de fumaça a sucção de uma bomba para ar, de baixa pressão, ajustada para um fluxo de 2ml/min (ou um bulbo de borracha com válvulas direcionais).

6. Avisar que os fumos podem irritar os olhos e que, portanto, convém que fiquem fechados durante a realização do ensaio.

7. O condutor do ensaio deve dirigir a corrente de fumos irritantes para a zona de vedação do respirador. Deve-se iniciar o ensaio com a extremidade da mangueira afastada 30cm da peça facial e movimentando sempre a mangueira ao redor de todo o perímetro da peça facial, aproximar do rosto, gradualmente com incrementos de 3cm.

8. A pessoa deve ser avisada para realizar cada exercício durante um minuto, enquanto está submetida aos fumos irritantes:

a) Respire normalmente.

b) Respire profundamente. Esteja consciente que sua respiração seja profunda e regular.

c) Vire a cabeça completamente para um lado e para outro. Inale em cada lado. Esteja certo de que os movimentos foram completos. Não deixe o respirador bater nos ombros.

d) Movimente a cabeça para cima e para baixo. Inale enquanto a cabeça estiver voltada para cima (olhando para o teto). Esteja certo de que os movimentos foram completos. Não deixe o respirador bater no peito.

e) fale alto, devagar, por alguns minutos, mantendo os olhos fechados, repetindo as palavras que o condutor do ensaio pronuncia, quando faz a leitura de um pequeno texto.

Texto para leitura: (aproximadamente 8 linhas completas)

f) Ande sem sair do lugar.

g) Respire normalmente.

9. Se a pessoa sentir o cheiro irritante, a passagem de ar pelo tubo de fumaça deverá ser suspensa e o respirador rejeitado. Escolher outro para novo ensaio.

10. Quando o respirador for considerado aprovado (a pessoa não sentiu cheiro irritante), deve-se deixar a pessoa sentir o cheiro irritante do agente de teste para verificar se ele reage a esse estímulo. Se ela não sentir o cheiro, o ensaio de vedação deverá ser considerado sem valor.

11. As etapas B4, B9 e B10 deste procedimento devem ser realizadas num local com exaustão apropriada para evitar a contaminação da sala de teste pelo agente irritante.

12. Convém que sejam selecionadas pelo menos duas peças faciais e que a pessoa possa usá-las por uma semana para que escolha a mais confortável.

13. Pessoas que tenham sido aprovadas neste ensaio podem usar respiradores com peça semifacial, em ambiente com concentração de até 10 vezes o limite de tolerância.

14. O ensaio não deve ser realizado se a pessoa estiver com barba ou pelos faciais crescidos na área de vedação do respirador.

15. Se o cabelo crescido ou o corte do cabelo interferirem com a vedação, devem ser alterados ou removidos, de modo a eliminar a interferência e permitir ajuste satisfatório. Se for impossível alcançar um bom ajuste, deve ser usado um respirador com pressão positiva (motorizado, linha de ar ou autônomo).

16. Se a pessoa sentir dificuldades para respirar durante a realização do ensaio de vedação, deverá ser encaminhada a um médico especialista em moléstias pulmonares para verificar se tem condições de executar o trabalho previsto.

17. O ensaio qualitativo deve ser realizado no mínimo a cada 12 meses.

18. Como a vedação do respirador pode ser afetada, deve-se imediatamente repetir o ensaio qualitativo quando a pessoa tenha:

- alteração no peso de 10kg ou mais;
- cicatrizes significantes na área facial de vedação;
- mudanças significantes na arcada dentária: extrações múltiplas sem prótese, colocação de dentadura;
- cirurgia plástica ou reconstrutiva;
- qualquer outra condição que interfira na vedação.

*C. Registros dos resultados*

Deve ser mantido por três anos um registro resumido dos resultados dos ensaios, contendo:

1. Nome da pessoa.
2. Data do ensaio.
3. Nome da pessoa que conduziu o ensaio.
4. Respiradores selecionados (fabricante, modelo, tamanho, número do CA).
5. Substância usada no ensaio de vedação.

IV. PROCEDIMENTOS PARA ENSAIO QUANTITATIVO DE VEDAÇÃO

*1.* Introdução

a) Este método somente é aplicável para os respiradores purificadores de ar não motorizados.

b) O empregador deve designar uma pessoa que assuma toda a responsabilidade pelo programa de ensaio quantitativo de vedação.

*2.* Definições

a) Ensaio de vedação quantitativo: é uma medida da eficiência da vedação alcançada pelo uso de um respirador ao impedir a penetração da atmosfera ambiente pela zona de contato da peça facial com o rosto. O resultado do ensaio é expresso pelo quociente entre a concentração do agente de ensaio na câmara e a concentração do agente de ensaio dentro da peça facial quando o elemento filtrante normalmente utilizado é substituído por um filtro mecânico classe P3.

b) Agente de ensaio: contaminante introduzido na câmara de ensaio de modo que se possa comparar a sua concentração na câmara e dentro do respirador.

c) Posição normal: significa que a pessoa está de pé em posição ereta com os braços estendidos ao longo do corpo e olhando para a frente.

d) Fator de vedação: quociente entre a concentração do agente de ensaio na câmara e a concentração do agente de ensaio dentro da peça facial ou cobertura das vias respiratórias.

*3.* Equipamento

a) Ensaio quantitativo de vedação: podem ser usados os sistemas usuais de geração, diluição e medida que empregam aerossol de óleo de milho, de cloreto de sódio ou de outras substâncias.

b) Câmara de ensaio: deve ser suficientemente grande para permitir a realização dos exercícios sem interferir com a distribuição do agente de ensaio ou com o equipamento de medição e evitar que o agente se espalhe pelo ambiente da sala e que mantenha a concentração uniforme.

c) O filtro normal usado no respirador deve ser substituído por um filtro mecânico classe P3 do mesmo fabricante.

d) O resultado das concentrações medidas deve ser registrado automaticamente num instrumento capaz de detectar fator de vedação de no mínimo 2000.

e) Deve-se evitar que a concentração do agente dentro do respirador ultrapasse o limite de exposição. Para isso, pode ser necessário alterar a concentração da câmara.

f) A sonda de amostragem deve ser construída e colocada no respirador de modo que não ocorram vazamentos no ponto de inserção, e que não interfira na vedação do mesmo.

g) A câmara deve permitir que se acompanhe o ensaio e observe o usuário do respirador, durante a sua realização.

h) A concentração do agente dentro da câmara deve ser constante, com variação máxima de 10% durante a realização do ensaio.

i) O tempo de resposta dos instrumentos utilizados, incluindo o registrador, deve ser menor que 2 segundos.

j) O diâmetro e comprimento dos tubos de amostragem devem obedecer às recomendações do fabricante.

k) O ar que sai da câmara de ensaio deve passar por um filtro classe P3 antes de ser lançado na sala.

l) Quando se usa como agente o cloreto de sódio, a umidade relativa da câmara deve ser, no máximo, 50%.

*4.* Preparação para o ensaio

a) O ensaio deve começar pelas peças semifaciais. Devem estar disponíveis respiradores de mais de um fabricante.

• Verificação de vedação pelo teste de pressão positiva: com a válvula de exalação bloqueada, a pressão provocada por uma exalação suave não deve provocar vazamentos na área de contato com a face.

• Verificação de vedação pelo teste de pressão negativa: com as entradas de ar bloqueadas pela palma da mão, a pressão provocada por uma inalação suave deve-se manter constante, por alguns segundos.

b) Depois de ter ajustado corretamente o respirador, a pessoa deve usá-lo, pelo menos, durante 5 minutos, antes de realizar um dos ensaios de vedação descritos a seguir e executando exercícios contidos no item 5.

• Ensaio com Acetato de Isoamila: com filtro contra vapores orgânicos colocado no respirador, o usuário deve responder se sente o cheiro de banana quando o agente de ensaio é dirigido às partes mais vulneráveis de vazamento na zona de vedação. Deve ser verificado, antes e depois do ensaio, se o usuário detecta o cheiro do acetato de isoamila.

• Ensaio com fumos irritantes: com filtro mecânico classe P3 colocado no respirador, o usuário com os olhos fechados durante todo o ensaio, deve responder se sente o cheiro irritante do agente de ensaio (cloreto estânico ou tetracloreto de titânio usados nos ensaios de ventilação), quando ele é dirigido para as partes mais vulneráveis de ventilação.

c) Somente quando o respirador for aprovado no ensaio de vedação descrito no item 4b é que a pessoa poderá ser submetida ao ensaio de vedação quantitativa.

d) Antes de a pessoa entrar na câmara a concentração do agente de ensaio dentro dela deve estar razoavelmente constante.

e) A concentração do agente dentro do respirador deve ser medida imediatamente após a entrada do indivíduo na câmara, com a finalidade de confirmar que os picos medidos estão abaixo de 5% para as peças semifaciais, e de 1% para as peças inteiras.

f) Antes de iniciar o ensaio confirmar se a concentração, dentro da câmara, está constante. Os tirantes não devem estar apertados demais, mas ajustados com a tensão normal de uso.

*5.* Exercícios

Antes de entrar na câmara a pessoa deve receber instruções completas sobre qual será a sua participação nos ensaios. Deve realizar, na sequência indicada, todos os seguintes exercícios:

a) Respiração normal: durante um minuto, em posição normal, sem falar, respirar normalmente.

b) Respiração profunda: durante um minuto, em posição normal, respirar profundamente, mas sem provocar hiperventilação.

c) Virar a cabeça: em posição normal, girar completa e lentamente a cabeça de um lado para outro, manter a cabeça por 5 segundos em cada posição extrema e realizar, no mínimo, 3 ciclos completos.

d) Levantar e abaixar a cabeça: em posição normal, levantar e abaixar a cabeça completa e lentamente, mantendo-a em cada posição extrema por 5 segundos. Repetir, no mínimo, 3 ciclos completos.

e) Leitura: a pessoa deve ler vagarosamente um texto em voz alta, de modo que o condutor do ensaio ou outra a pessoa possa ouvir claramente.

f) Caretas: a pessoa deve fazer caretas, sorrir, ficar carrancuda, etc., de modo a usar os músculos faciais durante 15 segundos, no mínimo.

g) Curvar-se: a pessoa deve curvar-se para tocar os sapatos com as mãos e retornar à posição normal. Repetir a operação durante 30 segundos, no mínimo.

h) Andar: andar sem sair do lugar durante 30 segundos no mínimo.

i) Respiração normal: como no parágrafo 5.a.

Texto para leitura (aproximadamente 5 linhas completas).

*6.* O ensaio deve ser suspenso quando ocorrer um pico de penetração do agente de ensaio maior que 5% para os respiradores com peça semifacial e 1% para os de peça facial inteira. A pessoa pode reajustar o respirador e repetir o exercício. Se dois ensaios em três forem suspensos, o ensaio de vedação reprovou o uso daquele respirador para aquela pessoa.

*7.* Cálculo do fator de vedação.

a) O fator de vedação determinado pelo ensaio quantitativo de vedação é igual à concentração do agente de ensaio na câmara dividido pela concentração média dos picos medidos dentro do respirador.

b) A concentração do agente de ensaio na câmara é a média aritmética da concentração no início e no fim do ensaio.

c) A concentração média dos picos dentro do respirador é a média dos picos obtidos nos nove exercícios. Em cada exercício, o valor do pico é calculado pela média dos picos obtidos em cada inalação.

d) A média dos picos em um exercício pode ser determinada graficamente, se não houver grande variação.

*8.* Interpretação dos resultados

O valor do Fator de Vedação medido deve ser igual ao menor dos três fatores de proteção obtidos nos três ensaios realizados.

*9.* Outros requisitos

a) Não deve ser permitido a uma pessoa usar um respirador com peça semifacial ou facial inteira, se não forem alcançados, no mínimo, os fatores de vedação 100 e 1000, respectivamente. Se o cabelo crescido ou barba interferirem na vedação, eles devem ser cortados para eliminar os vazamentos. Se a vedação não for satisfatória, deve-se fornecer respiradores de pressão positiva, tais como: purificadores de ar motorizados, de adução de ar ou máscaras autônomas.

b) O ensaio não deve ser realizado se os pelos faciais interferirem com a vedação.

c) Se a pessoa sentir dificuldades para respirar durante a realização do ensaio de vedação deve ser encaminhada a um médico especialista em moléstias pulmonares para verificar se tem condições de executar o trabalho previsto.

d) Deve ser dada a oportunidade de a pessoa usar o respirador escolhido por uma semana. Se não mostrar vedação aceitável durante o uso, a pessoa poderá solicitar outro ensaio de vedação quantitativo, o qual deverá ser realizado imediatamente.

e) Deve ser fornecida, ao trabalhador, uma ficha do fator de vedação contendo:

• Nome;

• Data do ensaio de vedação;

• Fator de proteção obtido com cada respirador ensaiado (nome do fabricante, modelo e número do CA);

• Nome e assinatura da pessoa que conduziu o ensaio.

f) Os filtros mecânicos usados nos ensaios de vedação devem ser substituídos semanalmente, ou sempre que a resistência à respiração tenha aumentado ou, ainda, quando o agente de ensaio tenha alterado a sua integridade. Os filtros contra vapores orgânicos devem ser trocados diariamente ou antes, se permitirem a passagem do agente.

*10.* O ensaio quantitativo deve ser repetido imediatamente quando ocorrer:

• alteração no peso de 10 kg ou mais;

• cicatrizes significantes na área facial de vedação;

• mudanças significantes na arcada dentária: extrações múltiplas sem prótese, colocação de dentadura;

• cirurgia plástica ou reconstrutiva;

• qualquer outra condição que interfira na vedação.

*11.* Registros dos resultados

Deve ser mantido por três anos um registro resumido dos resultados dos ensaios, o qual deve constar:

• Nome da pessoa;

• Data do ensaio;

• Nome da pessoa que conduziu o ensaio;

• Fator de vedação obtido com cada respirador ensaiado (fabricante, modelo, tamanho e número do CA).

## ANEXO 6
## AVALIAÇÃO MÉDICA DE TRABALHADORES CANDIDATOS À UTILIZAÇÃO DE EQUIPAMENTOS INDIVIDUAIS DE PROTEÇÃO RESPIRATÓRIA

A utilização de proteção respiratória individual contra inalantes deve ser adotada apenas após a avaliação dos seguintes parâmetros:

1. Características físicas do ambiente de trabalho, notadamente a temperatura, umidade e pressões parciais de O2 e necessidade de utilização de outros EPIs.

2. Demandas físicas específicas das atividades a que o usuário está alocado.

3. Tempo de uso em relação à jornada de trabalho (uso contínuo durante a jornada ou não).

Estas informações devem ser encaminhadas ao médico examinador pelo responsável pela área de higiene e segurança do local em questão. Com estes dados o examinador procederá a entrevista, exame clínico e, se necessário, funcional do candidato ao uso do EPI. As condições abaixo listadas exigem uma avaliação cuidadosa:

• Deformidades faciais: A presença de deformidades faciais ósseas ou cicatrizes extensas pode impedir um ajuste facial adequado do respirador e impedir sua utilização. O uso de próteses dentárias também deve ser adequado, pois a ausência de próteses nos maxilares inferior ou superior causa deformidades faciais.

• Pelos faciais: A barba impede um ajuste facial adequado.

• Doenças pulmonares: candidatos à utilização de EPR com doenças pulmonares obstrutivas e restritivas previamente diagnosticadas e sintomáticos não devem utilizá-los. A presença isolada de sintomas, notadamente a dispneia de esforços, exige uma avaliação cuidadosa, incluindo avaliação funcional respiratória. A asma brônquica, com crises esporádicas, pode não excluir a utilização de respiradores, com a devida orientação ao usuário.

• Doenças cardiovasculares: A insuficiência coronariana crônica, as arritmias, notadamente as arritmias verticulares, e os usuários com infarto prévio não devem utilizar EPR mecânica com pressão negativa.

• Doenças neurológicas: A epilepsia controlada, isto é, ausência de crises nos últimos 12 meses e bom controle farmacológico não contraindica a utilização de EPR.

• Alterações psíquicas: Candidatos apresentando claustrofobia não devem utilizar EPR. A ansiedade pode ser também um fator limitante, dependendo de sua magnitude.

A avaliação médica específica dos usuários de EPR deve ser renovada anualmente, juntamente com o exame periódico. Na ocorrência de queixas relacionadas ao sistema respiratório, é necessário que se atente para a conveniência de uso continuado do EPR em relação aos achados clínicos.

## APÊNDICE: AVALIAÇÃO DA FUNÇÃO PULMONAR

Os testes de função pulmonar recomendados para os candidatos à utilização de EPR, com queixas respiratórias prévias, são basicamente o Volume Expiratório Forçado no 1º segundo (VEF1), a Capacidade Vital Forçada (CVF), a relação VEF1/CVF e a Ventilação Voluntária Máxima (VVM). Critérios para exclusão de uso de equipamento de proteção respiratória com filtros mecânicos com pressão negativa são um ou mais dos itens abaixo:

1. VEF1/CVF menor que o limite inferior de normalidade e VEF1 menor que 80% do previsto

2. VEF1/CVF normal com CVF menor que 70% do previsto

3. VVM menor que 75% do previsto

Estes testes deverão ser feitos sempre por técnicos treinados e equipamentos que estejam em conformidade com as normas da American Thoracic Society (American Thoracic Society. Standardization of spirometry — 1987 update. Am. Rev. Respir. Dis. 1987;136:1285-98)

## ANEXO 7
## MINISTÉRIO DO TRABALHO. SECRETARIA DE SEGURANÇA E SAÚDE NO TRABALHO. INSTRUÇÃO NORMATIVA N. 1, DE 11 DE ABRIL DE 1994

A Secretaria de Segurança e Saúde no Trabalho, no uso de suas atribuições e,

CONSIDERANDO a necessidade de um controle eficaz dos ambientes de trabalho por parte das empresas, como condição a uma adequada política de segurança e saúde para os trabalhadores;

CONSIDERANDO que, quando as medidas de proteção coletiva adotadas no ambiente de trabalho não forem suficientes para controlar os riscos existentes, ou estiverem sendo implantadas, ou ainda em caráter emergêncial, o empregador deverá adotar, dentre outras, aquelas referentes à proteção individual que garantam condições adequadas de trabalho;

CONSIDERANDO as dúvidas suscitadas em relação à adequada proteção dada aos trabalhadores quando da adoção de equipamentos de proteção respiratória por parte das empresas;

CONSIDERANDO a necessidade de disciplinar a utilização desses equipamentos, dentro de critérios e procedimentos adequados, quando adotados pelas empresas;

CONSIDERANDO os arts. 166 e 167 da Consolidação das Leis do Trabalho — CLT;

CONSIDERANDO a Norma Regulamentadora n. 6 da Portaria n. 3.214, de 8.6.78, e alterações posteriores resolve:

Baixar a presente Instrução Normativa — IN estabelecendo Regulamento Técnico sobre o uso de equipamentos para proteção respiratória.

Art. 1º O empregador deverá adotar um conjunto de medidas com a finalidade de adequar a utilização dos equipamentos de proteção respiratória — EPR, quando necessário para complementar as medidas de proteção coletiva implementadas, ou enquanto as mesmas estiverem sendo implantadas, com a finalidade de garantir uma completa proteção ao trabalhador contra os riscos existentes nos ambientes de trabalho.

§ 1º As medidas previstas neste artigo deverão observar os seguintes princípios:

I. o estabelecimento de procedimentos escritos abordando, no mínimo;

a) os critérios para a seleção dos equipamentos;

b) o uso adequado dos mesmos levando em conta o tipo de atividade e as características individuais do trabalhador;

c) a orientação ao trabalhador para deixar a área de risco por motivos relacionados ao equipamento;

II. a indicação do equipamento de acordo com os riscos aos quais o trabalhador está exposto;

III. a instrução e o treinamento do usuário sobre o uso e as limitações do EPR;

IV. o uso individual dos equipamentos, salvo em situações específicas, de acordo com a finalidade dos mesmos;

V. a guarda, a conservação e a higienização adequada;

VI. o monitoramento apropriado e periódico das áreas de trabalho e dos riscos ambientais a que estão expostos os trabalhadores;

VII. o fornecimento somente a pessoas fisicamente capacitadas a realizar suas tarefas utilizando os equipamentos;

VIII. o uso somente de respiradores aprovados e indicados para as condições em que os mesmos forem utilizados;

IX. a adoção da proteção respiratória individual após a avaliação prévia dos seguintes parâmetros:

a) características físicas do ambiente de trabalho;

b) necessidade de utilização de outros EPI;

c) demandas físicas específicas das atividades de que o usuário está encarregado;

d) tempo de uso em relação à jornada de trabalho;

e) características específicas de trabalho tendo em vista possibilidade da existência de atmosfera imediatamente perigosa à vida ou à saúde;

X. a realização de exame médico no candidato ao uso do EPR, quando por recomendação médica, levando em conta, dentre outras, as disposições do inciso anterior, sem prejuízo dos exames previstos na NR-7;

§ 2º Para a adequada observância dos princípios previstos neste artigo, o empregador deverá seguir, além do disposto nas Normas Regulamentadoras de Segurança e Saúde no Trabalho, no que couber, as recomendações da Fundação Jorge Duprat Figueiredo de Segurança e Medicina do Trabalho — FUNDACENTRO contidas na publicação intitulada "PROGRAMA DE PROTEÇÃO RESPIRATÓRIA — RECOMENDAÇÕES, SELEÇÃO E USO DE RESPIRADORES" e também as Normas Brasileiras, quando houver, expedidas no âmbito do Conselho Nacional de Metrologia, Normalização e Qualidade Industrial — CONMETRO.

Art. 2º A seleção das EPR deverá observar, dentre outros, os valores dos fatores de proteção — FP atribuídos contidos no Quadro I anexo à presente IN.

Parágrafo único. Em atmosferas contendo sílica e asbesto, além dos requisitos estabelecidos neste artigo, o empregador deverá observar, na seleção do respirador adequado, as indicações dos quadros II e III anexo à presente IN.

Art. 3º Os EPR somente poderão ser comercializados acompanhados de instruções impressas contendo, no mínimo, as seguintes informações:

I. a finalidade a que se destina;

I. a proteção oferecida ao usuário;

II. as restrições ao seu uso;

III. a sua vida útil;

IV. orientação sobre guarda, conservação e higienização.

Parágrafo único. As instruções referidas neste artigo deverão acompanhar a menor unidade comercializada de equipamentos.

Art. 4º Esta IN entra em vigor 120 dias após a data de sua publicação, ficando revogada a IN SSST/MTb n. 1, de 13 de julho de 1993.

## QUADRO I — FATORES DE PROTEÇÃO ATRIBUÍDOS PARA EPR (5)

| TIPO DE RESPIRADOR | PEÇA SEMIFACIAL (a) | PEÇA FACIAL INTEIRA |
|---|---|---|
| PURIFICADOR DE AR | 10 | 100 |
| DE ADUÇÃO DE AR: | | |
| • MÁSCARA AUTÔNOMA (2) (DEMANDA) | 10 | 100 |
| • LINHA DE AR COMPRIMIDO (DEMANDA) | 10 | 100 |

| TIPO DE RESPIRADOR | TIPO DE COBERTURA DAS VIAS RESPIRATÓRIAS | | | |
|---|---|---|---|---|
| | PEÇA SEMIFACIAL | PEÇA FACIAL INTEIRA | CAPUZ CAPACETE | SEM VEDAÇÃO FACIAL (e) |
| PURIFICADOR DE AR MOTORIZADO | 50 | 1000(3) | 1000 | 25 |
| DE ADUÇÃO DE AR: | | | | |
| LINHA DE AR COMPRIMIDO | | | | |
| • DE DEMANDA COM PRESSÃO POSITIVA | 50 | 1000 | — | — |
| • FLUXO CONTÍNUO | 50 | 1000 | 1000 | 25 |
| MÁSCARA AUTÔNOMA (CIRCUITO ABERTO OU FECHADO) | | | | |
| • DE DEMANDA COM PRESSÃO POSITIVA | — | (4) | — | — |

NOTAS

1. Inclui a peça quarto facial, a peça semifacial filtrante e as peças semifaciais de elastômeros.
2. A máscara autônoma de demanda não deve ser usada para situações de emergência como incêndios.
3. Os fatores de proteção apresentados são de respiradores com filtros P3 ou sorbentes (cartuchos químicos pequenos ou grandes). Com filtros classe P2, deve-se usar fator de proteção atribuído 100 devido às limitações do filtro.
4. Em situações de emergência, onde as concentrações dos contaminantes possam ser estimadas, deve-se usar um fator de proteção atribuído não maior que 10.000.
5. O fator de proteção atribuído não é aplicável para respiradores de fuga.

## QUADRO II — RECOMENDAÇÕES DE EPR PARA SÍLICA CRISTALIZADA

| CONCENTRAÇÃO AMBIENTAL | EQUIPAMENTO |
|---|---|
| Até 10 vezes o limite de tolerância | Respirador com peça semifacial ou peça semifacial filtrante<br>Filtros P1, P2 ou P3, de acordo com o diâmetro aerodinâmico das partículas (1) |
| Até 50 vezes o limite de tolerância | Respirador com peça facial inteira com filtro P2 ou P3 (1)<br>Respirador motorizado com peça semifacial e filtro P2<br>Linha de ar fluxo contínuo e peça semifacial<br>Linha de ar de demanda e peça semifacial com pressão positiva |

| CONCENTRAÇÃO AMBIENTAL | EQUIPAMENTO |
|---|---|
| Até 100 vezes o limite de tolerância | Respirador com peça facial inteira com filtro P2 ou P3 (1)<br>Linha de ar de demanda com peça facial inteira<br>Máscara autônoma de demanda |
| Até 1000 vezes o limite de tolerância | Respirador motorizado com peça facial inteira e filtro P3<br>Capuz ou capacete motorizado e filtro P3<br>Linha de ar fluxo contínuo e peça facial inteira<br>Linha de ar de demanda e peça facial inteira com pressão positiva<br>Máscara autônoma de pressão positiva |
| Maior que 1000 vezes o limite de tolerância | Linha de ar de demanda e peça facial inteira com pressão positiva e cilindro de fuga<br>Máscara autônoma de pressão positiva |

NOTA

1. Para diâmetro aerodinâmico médio mássico maior ou igual a 2 micra pode-se usar filtros classe P1, P2 ou P3. Para diâmetro menor que 2 micra deve-se usar o de classe P3.

## QUADRO III — RECOMENDAÇÕES DE EPI PARA ASBESTO

| | |
|---|---|
| Até 2 fibras/cm$^3$ | Respirador com peça semifacial com filtro P2 ou peça semifacial filtrante |
| Até 10 fibras/cm$^3$ | Respirador com peça semifacial com filtro P3<br>Respirador motorizado com peça semifacial e filtros P2<br>Linha de ar de demanda com peça semifacial e pressão positiva |
| Até 100 fibras/cm$^3$ | Respirador com peça facial inteira com filtro P3<br>Linha de ar de fluxo contínuo com peça facial inteira<br>Linha de ar de demanda<br>Máscara autônoma de demanda |
| Até 200 fibras/cm$^3$ | Respirador motorizado com peça facial inteira e filtro P3<br>Linha de ar fluxo contínuo com peça facial inteira<br>Linha de ar de demanda com peça facial inteira e pressão positiva<br>Capuz ou capacete motorizado com filtro P3<br>Linha de ar fluxo contínuo com capuz ou capacete |
| Maior que 200 fibras/cm$^3$ | Linha de ar fluxo contínuo com peça facial inteira e cilindro de escape<br>Linha de ar de demanda com peça facial inteira, pressão positiva e cilindro de escape<br>Máscara autônoma de demanda com pressão positiva |

## 6.11. Programas de Conservação Auditiva — PCA

Modelo I:

SUMÁRIO DE UM PCA — PROGRAMA DE CONSERVAÇÃO AUDITIVA CONFORME PORTARIA N. 19, DE 9.4.1998

EMPRESA :

CGC:

AV:

BAIRRO:

Cidade:

Estado:

CEP:

ATIVIDADE :

CÓDIGO:

NÚMERO DE FUNCIONÁRIOS:

GRAU DE RISCO:

1. Introdução

2. Informações Preliminares

3. Embasamento legal

3.1. Os Conceitos do Risco da Perda Auditiva

3.2. As Características Físicas do Som

3.3. A Perda Auditiva e o Ruído

3.4. TTS — Temporary Threshold Shift

3.5. PTS — Permanent Threshold Shift

3.6. O Exame Audiométrico

a) De Referência

b) Sequencial

c) Admissional

d) Demissional

e) Na Troca de Função

f) Periodicidade

g) Reteste de Avaliação

3.7. PAIR — Perda Auditiva Induzida por Ruído

a) Conceito

b) Características

3.8. Fatores de Risco

a) Ambientais

b) Metabólicos e Bioquímicos

c) Demais Fatores Característicos

3.9. Diagnóstico

a) Exame Clínico Ocupacional

b) Exame Físico e de Otoscopia

c) Exame Audiométrico

4. PCA — Conceito e Objetivos

5. Estrutura do PCA

5.1. Auditoria da Presente Situação e Soluções

5.2. Avaliação de Exposição ao Ruído

5.3. Controles de Engenharia e Administrativos

a) Controles de Engenharia

b) Controles Administrativos

5.4. Avaliação Audiométrica de Exposição

a) Exame Audiométrico de Referência

b) Para Funcionários em Atividade

c) Para Funcionários sendo Admitidos

d) Exame Audiométrico Sequencial

5.5. Especificações de EPI

5.6. Treinamento, Educação e Motivação do Pessoal

5.7. Fiscalização de Uso dos Protetores Auriculares

5.8. Conservação de Registros

5.9. Avaliação de Eficácia e Eficiência do Programa

6. Considerações Finais

7. Responsabilidade Técnica

8. Fotos dos Ambientes de Trabalho

9. Resultados dos Levantamentos Audiométricos dos Funcionários

10. Modelos de Fichas

10.1. Do Questionário de Avaliação

10.2. De Fiscalização, Auditoria e Acompanhamento

10.3. De Entrega de Protetor Auricular

10.4. De Treinamento de Funcionários

*ÊNFASE AOS ASPECTOS DE ENGENHARIA DE SEGURANÇA DO TRABALHO*

Os controles de Engenharia são definidos como toda a contribuição que possa ser dada para a redução pretendida, seja através de medidas tomadas em relação ao equipamento ou ao meio ambiente.

Para os setores com ruído acima de 80dB(A), deverão ser tomadas algumas das soluções isoladamente, realizar a tomada de nível de pressão sonora (NPS), o ruído, e caso não tenha ocorrido a redução de forma suficiente, deve-se realizar mais outra opção das soluções propostas (genéricas):

a) Criar um programa de organização de trabalho;

b) Enclausuramento da máquina, através de anteparos;

c) Criar um sistema de abafamento do ruído no sistema de exaustão do ambiente;

d) Alterar as características acústicas do ambiente com a introdução de materiais absorventes acústicos nos forros e nas paredes;

e) Confeccionar cortinas (anteparos) para separar os ambientes ruidosos dos demais;

f) Instalação de portas para separar os ambientes;

g) Alterar os exaustores do tipo axial por centrífugo (que é mais silencioso);

h) Utilizar Protetores Auriculares tipo plugue em conjunto com os protetores tipo concha.

Lembramos que cada situação é praticamente singular e própria, devendo ser avaliada no próprio local por pessoa especializada, constituindo este resumo um mero exemplo simplificado.

*Deve-se ter o acompanhamento técnico por profissional habilitado*

*1. Objetivos*

Estabelecer diretrizes e parâmetros mínimos para avaliação e o acompanhamento da audição do trabalhador através da realização de Exames audiológicos de referencia e sequenciais. Fornecer subsídios para a adoção de programas que visem a prevenção da perda auditiva induzida por níveis de pressão sonora elevados e conservação da saúde auditiva dos trabalhadores.

*Definições e Caracterização*

Entende-se por perda auditiva por níveis de pressão sonora elevados as alterações dos limiares auditivos, do tipo sensorioneural, decorrentes da exposição sistemática a níveis de pressão sonora elevados. Tem como características principais a irreversibilidade e a progressão gradual com o tempo de exposição ao risco. A sua história natural mostra, inicialmente, o acometimento dos limiares auditivos em uma ou mais frequências da faixa de 3000 a 6000 Hz. As frequências mais altas e mais baixas poderão levar mais tempo para serem afetadas. Uma vez cessada a exposição, não haverá progressão da redução auditiva.

Entende-se por exames audiológicos de referência e sequenciais o conjunto de procedimentos necessários para a avaliação da audição do trabalhador ao longo de tempo de exposição ao risco, incluindo:

a. Anamnese clínico-ocupacional

b. Exame otológico

c. Exame audiométrico realizado segundo os termos previstos nesta norma técnica.

d. Outros exames audiológicos complementares solicitados a critério médico.

Princípios e procedimentos básicos para a realização do exame audiométrico:

Devem ser submetidos a exame audiométrico de referência e sequenciais, no mínimo, todos os trabalhadores que exerçam ou exercerão suas atividades em ambientes cujos níveis de pressão sonora ultrapassem os limites de tolerância estabelecidos nos Anexos 1 e 2 da NR 15 da Portaria n. 3.214/78 do Ministério do Trabalho, independentemente do uso de protetor auditivo.

O audiômetro será submetido a procedimentos de verificação e Controle periódico de seu funcionamento.

A aferição será anual e a calibração acústica deverá ser realizada sempre que a aferição acústica indicar alteração e, obrigatoriamente, a cada 5 anos.

Aferição biológica é recomendada precedendo a realização dos exames audiométricos. Em caso de alteração, submeter o equipamento à aferição acústica.

Os procedimentos constantes dos itens 3.2.1 e 3.2.2 devem seguir o preconizado na Norma ISO 8253-1, e os resultados devem ser incluídos em um certificado de aferição e/ou calibração que acompanhará o equipamento.

O exame audiométrico será executado por profissional habilitado, ou seja, médico ou fonoaudiólogo, conforme resoluções dos respectivos conselhos federais profissionais.

Periodicidade dos exames audiométricos:

O exame audiométrico será realizado, no mínimo, no momento da admissão, no sexto mês após a mesma, anualmente a partir de então e na demissão.

No momento da demissão, do mesmo modo como previsto para a avaliação clínica no item 7.4.3.5 da NR-7 poderá ser aceito o resultado de um exame audiométrico realizado até:

a — 135 (cento e trinta e cinco) dias retroativos em relação à data do exame médico demissional de trabalhador de empresa classificada em grau de risco 1 ou 2.

b — 90 (noventa) dias retroativos em relação à data do exame médico demissional de trabalhador de empresa classificada em grau de risco 3 ou 4.

O intervalo entre os exames audiométricos poderá ser reduzido a critério de médico coordenador do PCMSO ou por notificação do médico agente de inspeção do trabalho, ou mediante negociação coletiva de trabalho.

O resultado do exame audiométrico deve ser registrado em uma ficha que contenha no mínimo:

A — Nome, idade e número de registro de identidade do trabalhador.

B — Nome da empresa e a função do trabalhador.

C — Tempo de repouso auditivo cumprido para a realização do exame audiométrico.

D — Nome do fabricante, modelo e data da ultima aferição acústica do audiômetro.

E — Traçado audiométrico e símbolos, conforme o modelo constante do Anexo 1.

F — Nome, número de registro no conselho regional e assinatura do profissional responsável pelo exame audiométrico.

*Tipos de exames audiométricos*

O trabalhador deverá ser submetido a exame audiométrico de referência e a exame audiométrico sequencial na forma abaixo descrita:

Exame audiométrico de referência, aquele com o qual os exames sequenciais serão comparados e cujas diretrizes constam dos subitens abaixo, deve ser realizado:

a — Quando não se possua um exame audiométrico de referência prévia.

b — Quando algum exame audiométrico sequencial apresentar alteração significativa em relação ao de referência, conforme descrito nos itens 4.2.1, 4.2.2 e 4.2.3 desta norma técnica.

O exame audiométrico será realizado em cabina audiométrica, cujos níveis de pressão sonora não ultrapassem os níveis máximos permitidos, de acordo com a norma ISO 8253.1.

Nas empresas em que existir ambiente acusticamente tratado que atenda a norma ISO 8253.1 a cabina audiométrica poderá ser dispensada.

O trabalhador permanecerá em repouso auditivo por um período mínimo de 14 horas até o momento de realização do exame audiométrico.

O responsável pelo exame audiométrico inspecionará o meato acústico externo de ambas as orelhas e anotará os dados na ficha de registro. Se identificada alguma anormalidade, encaminhar ao médico responsável.

*Vias, frequências e outros testes complementares*

O exame audiométrico será realizado, sempre, pela via aérea nas frequências de 500, 1000, 2000, 3000, 4000, 6000 e 8000 Hz.

No caso de alteração detectada pelo teste pela via aérea ou segundo a avaliação do profissional responsável pela execução do exame, o mesmo será feito também pela via óssea, nas frequências de 500, 1000, 2000, 3000 e 4000 Hz.

Segundo a avaliação do profissional responsável, no momento da realização do exame, poderão ser determinados os limiares de reconhecimento de fala (LRF).

Exame audiométrico sequencial, aquele que será comparado com o de referência, aplica-se a todo trabalhador que já possua um exame audiométrico de referência prévio, nos moldes previstos no item 3.6.1. As seguintes diretrizes mínimas devem ser obedecidas:

Na impossibilidade da realização do exame audiométrico nas condições previstas no item 3.6.1.1, o responsável pela execução do exame avaliará a viabilidade de sua realização em um ambiente silencioso, através do exame audiométrico em 2 (dois) indivíduos cujos limiares auditivos detectados em exame audiométrico de referência atuais, sejam conhecidos. Diferença de limiar auditivo, em qualquer um dos 2 (dois) indivíduos examinados, acima de 5 dB (NA) (nível de audição em decibel) inviabiliza a realização do exame no local escolhido.

O responsável pela execução do exame audiométrico inspecionará o meato acústico externo de ambas as orelhas e anotará os achados na ficha de registro.

O exame audiométrico será feito pelas vias aéreas nas frequências de 500, 1000, 2000, 3000, 4000, 6000 e 8000 Hz.

*Interpretação dos resultados do exame audiométrico com finalidade de prevenção*

A interpretação dos resultados do exame audiométrico deve seguir os seguintes parâmetros:

São considerados dentro dos limites aceitáveis, para efeito desta norma técnica de caráter preventivo, os casos cujos audiogramas mostram limiares auditivos menores ou iguais a 25 dB (NA) em todas as frequências examinadas.

São considerados sugestivos de perda auditiva induzida por níveis de pressão sonora elevados os casos cujos audiogramas nas frequências de 3.000 e/ou 4.000 e/ou 6000 Hz apresentam limiares auditivos acima de 25 dB (NA) e mais elevados do que nas outras frequências testadas, estando estas comprometidas ou não, tanto no teste da via aérea quanto da via óssea, em um ou ambos os lados.

São considerados não sugestivos de perda auditiva induzida por níveis de pressão sonora elevados os casos cujos audiogramas não se enquadram nas descrições contidas nos itens 4.1.1 e 4.1.2 acima.

A interpretação dos resultados do exame audiométrico sequencial deve seguir os seguintes parâmetros:

São considerados sugestivos de desencadeamento de perda auditiva induzida por níveis ele pressão sonora elevados os casos em que os limiares auditivos em todas as frequências testadas no exame audiométrico de referência e no sequencial permanecem menores ou iguais a 25 dB (NA), mas a comparação do audiograma sequencial com o de referência mostra uma evolução dentro dos moldes definidos no item 2.1 desta norma, e preenche um dos critérios abaixo.

a. Diferença entre as médias aritméticas dos limiares auditivos no grupo de frequências de 3000, 4000 ou 6000 Hz iguala ou ultrapassa 10 dB (NA).

b. A piora em pelo menos uma das frequências de 3000, 4000 ou 6000 Hz iguala ou ultrapassa 15 dB (NA).

São considerados sugestivos de agravamento de perda auditiva induzida por níveis de pressão sonora elevados os casos já confirmados em exame audiométrico de referência, conforme o item 4.1.2 e nos quais a comparação de exame audiométrico sequencial com o exame de referência mostra uma evolução dentro dos moldes definidos no item 2.1 desta norma e preenche um dos critérios abaixo:

a. A diferença entre as médias aritméticas dos limiares auditivos no grupo de frequência de 500, 1000 e 2000 Hz, ou no grupo de frequências de 3000, 4000 ou 6000 Hz, iguala ou ultrapassa 10 dB (NA).

b. A piora em uma frequência isolada iguala ou ultrapassa 15 dB (NA).

Para fins desta norma técnica o exame audiométrico de referência permanece o mesmo até o momento em que algum dos exames audiométricos sequenciais for preenchido algum dos critérios apresentados em 4.2.1, 4.2.2. ou 4.2.3. Uma vez preenchido algum destes critérios, deve-se marcar um novo exame audiométrico, dentro dos moldes previstos no item 3.6.1 desta norma técnica, que será, a partir de então, o novo exame audiométrico de referência. Os exames anteriores passam a constituir a histórico evolutivo da audição do trabalhador.

*Diagnóstico da perda auditiva induzida por níveis de pressão sonora elevados e definição da aptidão para o trabalho:*

Diagnóstico conclusivo, o diagnóstico diferencial e a definição da aptidão para o trabalho, na suspeita de perda auditiva induzida por níveis de pressão sonora elevados, estão a cargo do médico coordenador do PCMSO de cada empresa ou do médico encarregado pelo mesmo para realizar o exame médico, dentro dos moldes previstos na NR-7 ou, na ausência deles, do médico que assiste ao trabalhador.

A perda auditiva induzida por níveis de pressão sonora elevados, por si só, não é indicativa de inaptidão para o trabalho, devendo-se levar em consideração, na análise de cada caso, além do traçado audiométrico ou da evolução sequencial de exames audiométricos, os seguintes fatores:

a. A história clínica e ocupacional do trabalhador.

b. O resultado da otoscopia e de outros testes audiológicos complementares.

c. A idade do trabalhador.

d. O tempo de exposição pregressa e atual a níveis de pressão sonora elevados.

e. Os níveis de pressão sonora a que o trabalhador estará, está ou esteve exposto no exercício do trabalho.

f. A demanda auditiva do trabalho ou da função.

g. A exposição ocupacional a níveis de pressão sonora elevados.

h. A exposição ocupacional a outro(s) agente(s) de risco ao sistema auditivo.

i. A exposição não ocupacional a outro(s) agente(s) de risco ao sistema auditivo.

j. A capacitação profissional do trabalhador examinado.

k. Os programas de conservação auditiva aos quais tem ou terá acesso o trabalhador.

*Condutas Preventivas*

Em presença de trabalhador cujo exame audiométrico de referência se enquadre no item 4.1.2. ou algum dos exames audiométricos sequenciais se enquadre no item 4.2.1. ou 4.2.2. ou 4.2.3., o médico coordenador do PCMSO, ou o encarregado pelo mesmo do exame médico deverá:

a — Definir a aptidão do trabalhador para a função, com base nos fatores ressaltados no item 5.2 desta norma técnica.

b — Incluir o caso no relatório anual do PCMSO.

c — Participar da implantação, aprimoramento e controle de programas de prevenção da progressão da perda auditiva do trabalhador acometido e de outros expostos ao risco, levando-se em consideração o disposto no item 9.3.6 da NR-9.

d — Disponibilizar cópias dos exames audiométricos aos trabalhadores.

e — Orientar as Empresas quanto à necessidade de fazer com que todos os funcionários usem necessariamente os EPIs (PROTETORES AURICULARES).

f — Em presença de trabalhador cujo exame audiométrico de referência se enquadre no item 4.1.3 ou algum dos exames audiométricos sequenciais se enquadre nos itens 4.2.1 a, 4.2.1 b, 4.2.2 a, 4.2.2 b, 4.2.3 a ou 4.2.3 b, mas cuja evolução foge dos moldes definidos no item 2.1 desta norma técnica, o médico coordenador do PCMSO, ou o encarregado pelo mesmo do exame médico deverá:

Verificar a possibilidade da presença concomitante de mais de um tipo de agressão ao sistema auditivo.

Orientar e encaminhar o trabalhador para avaliação especializada.

Definir sobre a aptidão do trabalhador para a função.

Participar da implantação, aprimoramento e controle de programas de prevenção da progressão da perda auditiva do trabalhador acometido e de outros expostos ao risco, levando-se em consideração o disposto no item 9.3.6 da NR-9.

Disponibilizar cópias dos exames audiométricos aos trabalhadores.

Local e Data.

________________________________________

Responsável Técnico

*Modelo II*

Apresentação:

A elaboração do "Programa de Conservação Auditiva" deve ser baseada nas "Políticas de Conservação Auditiva" da companhia, considerando ainda as exigências legais, bem como as necessidades específicas da própria companhia sobre o assunto.

*Mapeamento de Ruído:*

O Setor de Segurança do Trabalho deve fazer anualmente o *Mapeamento de Ruído* em toda a Área/Setor da Fábrica/Unidade.

A avaliação deve ser feita com o objetivo de detectar o NPS (Nível de Pressão Sonora) em dB(A) em uma determinada área, através de dosímetro/ decibelímetro, e em um período de aproximadamente 15 minutos. O executante da avaliação deve ficar circulando pela área que está sendo avaliada durante o período de medição.

Os dados da avaliação devem ser colocados na planilha de "Avaliação de Ruído", bem como preencher corretamente todos os campos aplicáveis.

Os campos "Medidas Preventivas/Controle" e "Prazo de Correção ou Controle" devem ser preenchidos posteriormente após análise dos resultados pelo setor de Segurança do Trabalho e discussão com as áreas/setores envolvidos.

A programação do mapeamento deve constar na planilha "Plano Anual de Monitoramento de Higiene Industrial".

| Avaliação de Ruído<br>Mapeamento de Área/Setor | | | Data<br>__/__/___ | Técnico em Segurança |
|---|---|---|---|---|
| Departamento: | | | | N. de Funcionários Envolvidos: |
| Turno Revezamento: | | | | Horário Fixo: |
| Área/<br>Setor | Lav<br>dB(A) | Nível<br>Exigido | Medidas Preventivas/<br>Controle | Prazo de Correção ou Controle |
| | | | | |
| | | | | |
| | | | | |
| Descrição da Atividade da Área/Setor: | | | | |
| Obs.: | | | | |
| Equipamento Utilizado na Avaliação: | | | | Calibrador: |

*Análise da Exposição Ocupacional ao Ruído*

A partir da Análise do Mapeamento de Ruído na planilha "Avaliação de Ruído", o Setor de Segurança do Trabalho deve tomar as seguintes providências:

Enviar ao Setor Pessoal e ao Setor Médico uma cópia da planilha de "Avaliação de Ruído" cuja Lav (nível médio integrado de ruído) for maior ou igual a 80dB(A);

Em áreas onde o Lav encontrado for entre 75dB(A) e 79,99dB(A), executar mais três avaliações para certificar-se de que os valores não se alteram para mais;

Solicitar que o Setor Pessoal, a partir da planilha "Avaliação de Ruído", faça o levantamento dos nomes de todos os funcionários que trabalham em áreas/setores onde o ruído é igual ou maior que 80dB(A), e que envie cópia ao Setor Médico, ao Setor de Segurança do Trabalho e ao Setor de Treinamento para que esses funcionários sejam incluídos no "Programa de Conservação Auditiva";

A partir da lista de nomes fornecida pelo Setor Pessoal, o Setor de Segurança do Trabalho em conjunto com o Setor de Treinamento devem programar o treinamento anual de "Proteção Auditiva", conforme "Programa de Treinamento", abordando os itens abaixo:

a) Conhecendo o risco;

b) Como funciona a orelha;

c) Efeitos do barulho para a saúde;

— efeitos no trabalho

— efeitos ao organismo

— efeitos audição

d) Sinais de perda auditiva;

e) Prevenindo a perda auditiva;

f) Como se proteger do barulho;

g) Como identificar um bom protetor auditivo;

h) Como colocar corretamente;

i) Cuidados e recomendações de uso.

Programar avaliação anual de dosimetria de ruído a todos os funcionários que trabalhem em áreas/setores onde o ruído for igual ou maior que 80dB(A), a partir do levantamento dos nomes feito pelo Setor Pessoal na planilha de mapeamento "Avaliação de Ruído";

A dosimetria de ruído deve ser feita com dosímetro, de uso pessoal do trabalhador, programado (configurado) segundo Lei n. 6.514, NR-15;

A programação anual de dosimetria deve constar na planilha "Plano Anual de Monitoramento de Higiene Industrial";

Coordenar as discussões e propostas de implantação de "Medidas Preventivas/ Controle" junto à Gerência de cada área envolvida, Engenharia e Manutenção;

Programar e acompanhar a execução das medidas preventivas a serem tomadas através da planilha "Plano de Ação Anual";

Registrar na planilha de mapeamento de ruído "Avaliação de Ruído", as medidas implantadas, bem como a situação no campo "Prazo de Correção ou Controle";

*Implantar*, *orientar* e *fiscalizar* o uso obrigatório de protetores auriculares nas áreas envolvidas, e dar opção de escolha para que os funcionários usem o tipo a que mais se adaptam.

*Verificações antes da Audiometria:*

Verificar se o funcionário não está gripado, acometido de outra moléstia ou em uso de sedativo.

Fazer otoscopia para observação do conduto e do tímpano. Em caso de excesso de cerúmen encaminhar para lavagem antes do teste.

Verifique se o funcionário ficou fora da exposição ao ruído por pelo menos 14 horas, antes de fazer a audiometria.

*Anamnese:* Esclarecer os seguintes itens:

a) Se tem antecedentes familiares para disacusia;

b) Se teve acidentes com traumatismos ou explosões que justifique a perda auditiva;

c) Se tem ou teve alguma virose ou infecção que levaram a essa disacusia;

d) Se tomou algum medicamento ototóxico, mesmo que seja para outra infecção que não seja da orelha;

e) Se tem *hobbies* barulhentos;

f) Se já trabalhou exposto a ruído em outros lugares sem protetor auricular e por quanto tempo;

g) Se tem conhecimento da perda auditiva e se lhe causa dificuldade de discriminação auditiva;

h) Se tem infecção dentária;

i) Se faz uso contínuo de bebidas alcoólicas;

j) Se faz uso constantemente de protetor auricular.

Verificar se a calibração do audiômetro está dentro do prazo de validade de um (1) ano e se está conforme norma ISO 389.

Verifique se o laudo de isolamento acústico da cabine audiométrica tipo fixa está conforme normas ANSI 53.1 ou ISO 82.531 em dB, e se tem no máximo três (3) anos.

*Audiometria*

Todos os funcionários que trabalham em locais onde NPS (Nível de Pressão Sonora) for igual ou maior que 80dB(A), conforme levantamento executado pelo Setor Pessoal a partir da planilha de mapeamento "Avaliação de Ruído", devem fazer exames audiométricos nos seguintes casos:

a) Na admissão;

b) Seis (6) meses após a admissão;

c) Anualmente;

d) Em períodos menores que os acima descritos a critério do Médico do Trabalho;

e) Na demissão.

O audiograma deve ser realizado por profissional especializado — Fonoaudióloga/Médico do Trabalho credenciado ou Otorrino.

O resultado da audiometria deve ser anotado no documento "Exame Audiométrico", bem como devem-se preencher corretamente todos os campos aplicáveis.

O documento "Exame Audiométrico" deve ser usado para *anotações e conclusões* referentes ao exame audiométrico executado.

Entregar ao funcionário uma cópia do audiograma.

## EXAME AUDIOMÉTRICO

**UNIDADE:**

**Nome:** ______________________ **Idade:** ________ **Matrícula:** ____________ **Data:** ___/___/___

**Local de Trabalho:** ______________________ **Tempo de Trabalho:** ____________

**Função:** ______________________________________________

**Audiômetro: Fabricante:** ____________ **Modelo:** ________ **Última Calibração:** ___/___/___

**Cabine Audiométrica:** **Fixa:** ☐ **Último Laudo:** ___/___/___ **Discriminação Vocal:** **OE:**______ **OD:**______

☐ **orelha direita** ☐ **orelha esquerda**

| | 250 | 500 | 1000 | 2000 | 3000 | 4000 | 6000 | 8000 |
|---|---|---|---|---|---|---|---|---|
| -10 | | | | | | | | |
| 0 | | | | | | | | |
| 10 | | | | | | | | |
| 20 | | | | | | | | |
| 30 | | | | | | | | |
| 40 | | | | | | | | |
| 50 | | | | | | | | |
| 60 | | | | | | | | |
| 70 | | | | | | | | |
| 80 | | | | | | | | |
| 90 | | | | | | | | |
| 100 | | | | | | | | |

Frequência testada

**OBS.:** ______________________________________________

| | Ouv. direito cor vermelha | Ouv. esquerdo cor azul |
|---|---|---|
| Respostas presentes:<br>Via da Condução Aérea<br>Via da Condução Óssea | O—<br>< | X - - -<br>> |
| Respostas ausentes:<br>Via da Condução Aérea<br>Via da Condução Óssea | O ↙<br>< ↓ | X ↘<br>> ↓ |

Fonoaudióloga ____________ CRFA:

Médico do Trabalho ____________ CRM:

Ciente do funcionário ____________

Data:___/___/___

*Anamnese*

| Esclarecer os seguintes itens: | SIM | NÃO |
|---|---|---|
| a) Se tem antecedentes familiares para disacusia? | ( ) | ( ) |
| b) Se teve acidentes com traumatismos ou explosões que justifiquem a perda auditiva? | ( ) | ( ) |
| c) Se tem ou teve alguma virose ou infecção que levaram a essa disacusia? | ( ) | ( ) |
| d) Se tomou algum medicamento ototóxico, mesmo que seja para outra infecção que não seja da orelha? | ( ) | ( ) |
| e) Se tem *hobbies* barulhentos? | ( ) | ( ) |
| f) Se já trabalhou exposto a ruído em outros lugares sem protetor auricular e por quanto tempo? | ( ) | ( ) |
| g) Se tem conhecimento da perda auditiva e se lhe causa dificuldade de discriminação auditiva? | ( ) | ( ) |
| h) Se tem infecção dentária? | ( ) | ( ) |
| i) Se faz uso contínuo de bebidas alcoólicas? | ( ) | ( ) |
| j) Se faz uso constantemente de protetor auricular? | ( ) | ( ) |

Conclusão:______________________________________________

_______________________________________________________

_______________________________________________________

*Esquema para classificação da Audiometria*

A classificação da audiometria deve ser de acordo com os procedimentos abaixo:

1. Considerar como *Diagrama Básico* (diagrama de referência) o de 1997;

2. Aplicar os cálculos abaixo usando as frequências 2K, 3K e 4K para as duas orelhas;

Valores ($K_1$) retirados do *Diagrama Básico* (referência)

$$\Sigma_1 = \frac{2K_1 + 3K_1 + 4K_1}{3}$$

Valores ($K_2$) retirados do *Diagrama Sequencial* (periódico)

$$\Sigma_2 = \frac{2K_2 + 3K_2 + 4K_2}{3}$$

$$\Sigma_2 - \Sigma_1 \leq 25dB(A)$$

3. Aplicar os cálculos abaixo usando as frequências 3K, 4K, e 6K para as duas orelhas;

Valores retirados do *Diagrama Sequencial* (periódico)

$$\Sigma_2 = \frac{3K_2 + 4K_2 + 6K_2 \leq 35\ dB(A)}{3}$$

4. Verificar se a perda na frequência de 3KHz menor que 40dB(A) nas duas orelhas;

5. Verificar se a perda nas frequências 4KHz ou 6KHz menor que 45dB(A) nas duas orelhas.

6. Caso todos os itens de 2 a 5 tiverem resultado *menores* que o esperado, o Médico do Trabalho responsável pelo PCMSO deve tomar a seguintes providências:

a) Repetir a audiometria anualmente;

b) Repetir a audiometria em menores períodos a seu critério.

7. Caso um ou mais dos itens de 2 a 5 tiver resultado *maior* que o esperado, o Médico do Trabalho responsável pelo PCMSO deve tomar as seguintes providências:

a) Repetir a audiometria no máximo após 30 dias:

— Se não confirmado o diagnóstico, proceder conforme item 6;

— Se confirmado o diagnóstico, proceder de acordo com os itens b e c.

b) Enviar uma cópia completa, frente e verso, do *Exame Audiométrico* sem identificação do funcionário ao Coordenador Corporativo de Saúde e Segurança no Trabalho, que o encaminhará para comissão do *PCA* para análise e parecer técnico;

c) Seguir as recomendações adiante descritas em "Avaliação de Audiometria e Providência".

*Avaliação de Audiometrias e Providências*

Os casos que satisfaçam as condições descritas no item 7 do "Esquema para Classificação de Audiometria", devem ser tratados pelo Médico do Trabalho responsável pelo *PCMSO*, como segue:

Comunicar ao *Responsável pela Segurança na Unidade*;

1. Pedir exames laboratoriais *em função* da anamnese; *Hemograma, VHS, Mucoproteínas, Ureia, Creatinina, Glicemia, H.Glicosilada, Colesterol, Triglicérides, Ácido Úrico, Urina I, Cultura da Urina, ASLO, FAN e Látex; Radiografia do Tórax AP*;

2. Fazer análise clínica dos exames e encaminhar o funcionário, imediatamente após um período de folga com as cópias dos exames, a um otorrinolaringologista, de preferência especializado no setor auditivo e fonoaudiologia, solicitando um laudo com parecer técnico do especialista onde conste a provável causa etiológica, bem como a conduta mais adequada a ser seguida, a qual deve ser anexada à folha do funcionário;

3. Nos casos em que se caracteriza a perda auditiva por ruído no local do trabalho, submeter o funcionário aos seguintes acompanhamentos; *Exames Clínicos e Laboratoriais, conforme item 2 e audiograma a cada seis (6) meses*;

4. Nos casos em que a perda auditiva se estabiliza, *continuar aplicando as recomendações do item 4*;

5. Nos casos em que a perda auditiva progride, tomar as seguintes medidas: *Continuar aplicando as recomendações do item 4 a cada três (3) meses e comunicar por escrito ao Gerente e ao Diretor da área, e ao Engenheiro de Segurança do Trabalho*;

6. Nos casos em que houver uma causa distinta do trauma acústico profissional, o funcionário deve: *Continuar recebendo as recomendações do item 4 com a periodicidade em função da necessidade de cada caso*;

7. Estabelecer novos períodos para exames audiométricos considerando a necessidade de cada caso.

*Procedimentos antes da emissão da CAT*

Caso o Médico do Trabalho Coordenador do PCMSO da Unidade entender a necessidade da emissão da CAT, as seguintes condições devem ser atendidas:

1. O Médico do Trabalho Coordenador do PCMSO da Unidade deve embasar tecnicamente sua conclusão e enviar cópia completa, frente e verso, do "Exame Audiométrico" sem identificação do funcionário, ao Coordenador Corporativo de Saúde e Segurança do Trabalho;

2. O Coordenador Corporativo de Saúde e Segurança do Trabalho deve enviar o(s) documento(s) do PCA para que avaliem o caso e emitam o parecer técnico por escrito, em 15 dias, ao coordenador;

3. O Coordenador deve apresentar o parecer ao médico do trabalho e Diretor da Unidade;

4. Entende-se como data do diagnóstico a data do recebimento do parecer técnico.

*Emissão da CAT*

Caso o parecer confirme o diagnóstico do médico do trabalho da Unidade, o Departamento pessoal deve emitir a Comunicação de Acidente de Trabalho (CAT).

## 6.12. Análise Preliminar de Riscos — APR

A Análise Preliminar de Riscos — APR determina a gravidade e frequência dos riscos, através da seguinte classificação:

**Grau de Risco I — Desprezível**

A exposição não irá resultar em uma consequência maior ao funcionário, nem irá produzir danos funcionais ou lesões, ou contribuir com um risco ao funcionário, no desempenho de suas funções.

Prioridade: Caráter Médio Prazo: Até 270 (duzentos e setenta) dias.

Prioridade: Caráter Longo Prazo: Até de 365 (trezentos e sessenta e cinco) dias.

**Grau de Risco II — Marginal ou Limítrofe**

A exposição irá afetar o funcionário em uma certa extensão, porém, sem envolver danos maiores ou lesões, podendo ser compensado ou controlado adequadamente.

Prioridade: Caráter Curto Prazo: até 90 (noventa) dias.

**Grau de Risco III — Crítico**

A exposição irá afetar o funcionário causando lesões, danos substanciais, ou irá resultar em um risco inaceitável, necessitando de ações corretivas imediatas.

Prioridade: Caráter Imediato: no máximo 30 (trinta) dias.

**Grau de Risco IV — Catastrófico**

A exposição irá produzir severa consequência ao funcionário, resultando em sua incapacidade produtiva total, lesões ou morte.

Prioridade: Caráter Urgente: Eliminação assim que for identificado.

| IDENTIFICAÇÃO DE EFEITOS | | |
|---|---|---|
| ANÁLISE PRELIMINAR DE RISCO | | |
| Fase: Atendimento à Legislação — PPRA — NR-9 | | |
| Análise: Local operacional — Etapas do Processo Industrial | | |
| Funções: indicadas em documentação existente na empresa. | | |
| **Risco** | **Efeito** | **Classificação do Risco** |
| Ruído | Perda auditiva, *stress,* desconforto acústico e fadiga | Desprezível |
| Iluminação Deficiente | Desconforto visual | Desprezível |
| Corpos Estranhos nos Olhos | Lesão com perda parcial ou total: temporária ou permanente | Desprezível |
| Poeiras Minerais | Doenças pulmonares | Desprezível |
| Vapores Orgânicos | Doenças pulmonares, irritação dos olhos e pele | Não encontrado durante as avaliações ambientais |
| Queda de mesmo nível | Incapacidade parcial ou total: temporária ou permanente | Desprezível |
| Probabilidade de Incêndio ou Explosão | Lesão com perda parcial ou total: temporária ou permanente | Desprezível |
| Choque elétrico | Queimaduras, lesões diversas e morte | Desprezível |
| Agentes Ergonô-micos | Dores lombares, câimbras, *stress* | Crítico |
| Temperaturas Extremas (Calor) | Desconforto térmico, prostração térmica, câimbras | Marginal ou limítrofe |
| Manuseio de Produtos químicos | Irritação de olhos, pele, queimadu-ras, problemas respiratórios | Não encontrado durante as avaliações ambientais |
| Sinalização de segurança | Acidentes diversos | Desprezível |
| Trabalho em espaço confinado | Acidentes diversos | Não Aplicável |

Modelo 1

<table>
<tr><td colspan="4">ANÁLISE PRELIMINAR DE RISCOS</td></tr>
<tr><td colspan="3">Nome da Empresa:</td><td rowspan="2">DATA<br>__/__/____</td></tr>
<tr><td colspan="3">Endereço:</td></tr>
<tr><td rowspan="2">Ambiente de Trabalho:<br>Cargo/Função:</td><td>Interno:</td><td>Externo:</td><td rowspan="3">FICHA<br>N. ______</td></tr>
<tr><td></td><td>N. de Funcionários</td></tr>
<tr><td colspan="3">DESCRIÇÃO/ATIVIDADE DO CARGO</td></tr>
<tr><td colspan="4">Descrever neste campo todas as atividades realizadas pelo empregado</td></tr>
</table>

| EXPOSIÇÃO DOS RISCOS | MEDIDA DE CONTROLE | OBSERVAÇÃO |
|---|---|---|
| Informar neste campo se o empregado está sujeito a riscos físicos, químicos ou biológicos ou a eventuais riscos de acidentes ergonômicos, detalhando o melhor possível o tipo do risco | Informar as medidas de controle indicadas | |

Modelo 2

## APR — Análise Preliminar de Riscos

Setor: Serviço Médico

| Riscos | Tarefa Associada e sua fonte | N. de pessoas Envolvidas | Efeito | Cat. de Riscos | Medidas de Prevenção/ Controle |
|---|---|---|---|---|---|
| Químico<br><br>Produtos Químicos | Éter, álcool iodado e mercúrio cromo. | 4 | Alergias cutâneas e escamações. | III | Utilização de luva de látex. Estabelecer medidas organizacionais garantindo o uso adequado do EPI. A área deve ser mantida limpa e organizada. |
| Biológico<br><br>Fungos<br>Vírus<br>Bactérias | Todos esses fatores são provenientes do contato com o paciente durante seu atendimento. | 2 | Doenças fúngicas (micoses), bacterianas (tuberculose) e viróticas (gripe e HIV) | III | Utilização de luva de látex, esterilização dos materiais médicos e higienização dos mesmos. Estabelecer medidas organizacionais garantindo o uso adequado do EPI. A área deve ser mantida limpa e organizada. |

Setor: Usinagem

| Riscos | Tarefa Associada e sua fonte | N. de pessoas Envolvidas | Efeito | Cat. de Riscos | Medidas de Prevenção/ Controle |
|---|---|---|---|---|---|
| Físico<br>Ruído | Operação com ar comprimido, as máquinas, as ferramentas e os ventiladores. | 34 | Hipoacusia neurossensorial (surdez), hipertensão arterial sistêmica, insônia, aumento na secreção ácida do estômago. | III | Utilização de Protetores Auriculares por todos os empregados do setor. Estabelecer medidas organizacionais garantindo o uso adequado de EPI. A área deve ser mantida limpa e organizada. |
| Calor | Máquinas e radiação solar (incidência sobre o telhado). | | Problemas dermatológicos (urticárias e pruridos), câibras, fadiga e desidratação. | | Pintura do telhado, instalação de ventiladores, devidamente direcionados e aberturas de áreas na Fábrica para passagem de ar (ventilação natural) |
| Químico<br>Produtos Químicos | Óleo solúvel devido ao processo de refrigeração das peças durante a usinagem e o contato com redutor e querosene para sua posterior limpeza. | 5 | Dermatoses Irritativas e Dermatites de Contato | II | Utilização de cremes protetores Óleo-Resistentes, Luva Nítrilica (fechada) ou de PVC. Estabelecer medidas organizacionais garantindo o uso adequado de EPI. A área deve ser mantida limpa e organizada. |

Modelo 3

<table>
<tr><td colspan="7">ANÁLISE PRELIMINAR DE RISCOS</td></tr>
<tr><td colspan="6">Setor</td><td>DATA<br>__/__/__</td></tr>
<tr><td>Identificação do risco</td><td>N. de expostos</td><td>Tipo de exposição</td><td>Físicos</td><td>Químicos</td><td>Biológicos</td><td></td></tr>
<tr><td>Fontes geradoras</td><td></td><td></td><td></td><td></td><td></td><td></td></tr>
<tr><td>Local das fontes geradoras</td><td></td><td></td><td></td><td></td><td></td><td></td></tr>
<tr><td>Trajetória</td><td></td><td></td><td></td><td></td><td></td><td></td></tr>
<tr><td>Meio de propagação</td><td></td><td></td><td></td><td></td><td></td><td></td></tr>
<tr><td>Categoria de risco</td><td></td><td></td><td></td><td></td><td></td><td></td></tr>
<tr><td>Medidas de controle existentes</td><td></td><td></td><td></td><td></td><td></td><td></td></tr>
<tr><td>Observações</td><td></td><td></td><td></td><td></td><td></td><td></td></tr>
</table>

Modelo 4

ANÁLISE PRELIMINAR DE RISCO — APR

<table>
<tr><td colspan="5">EMPRESA:</td><td colspan="3">APR N.:</td></tr>
<tr><td colspan="5">Fase: ( ) Projeto ( ) Operação</td><td colspan="3">Elaborada por:</td></tr>
<tr><td colspan="5">Setor:</td><td colspan="3">N. de pessoas: ( ) Por turno<br>( ) Horário<br>Operacional ( ) Administrativo ( )</td></tr>
<tr><td>Função</td><td>Risco</td><td>Causa/ Fonte</td><td>Efeito</td><td>CR</td><td>Medidas de Controle</td><td>E/F</td><td>Observações</td></tr>
<tr><td></td><td></td><td></td><td></td><td></td><td></td><td></td><td></td></tr>
<tr><td></td><td></td><td></td><td></td><td></td><td></td><td></td><td></td></tr>
<tr><td></td><td></td><td></td><td></td><td></td><td></td><td></td><td></td></tr>
</table>

*Função: Descrever de forma resumida as funções existentes no setor em análise*

Risco: Agente Físico, Químico ou Biológico (alínea *a*, item 9.3.3, da NR-9), ou incluir ainda os Agentes Ergonômicos e de Acidentes, se for o caso;

Causa/Fonte: Especifica a origem da presença do Risco ou a Fonte que o produz (alíneas *b* e *c*, item 9.3.3, da NR-9);

Efeito: Este dado depende das informações da literatura Técnica existente sobre o assunto. Inclui os danos à saúde, ou queixas existentes (Alínea *f* e *g*, item 9.3.3, da NR-9).

Categoria de Risco: No item 6.5.6, existem algumas sugestões. Estabelecer um critério é importante para definição das prioridades básicas do PPRA;

Medidas de Controle: Especifica os Controles existentes. Pode incluir medidas básicas de controle a serem estudadas, ou adotadas imediatamente (alínea *h*, item 9.3.3, da NR-9). As mais comuns são:

a) Uso de Equipamento de Proteção Individual. O uso deste item deve atender o item 9.3.5.5, alíneas *a, b, c, d* da NR-9;

b) Substituição de matéria-prima e/ou insumo;

c) Alteração; modificação do processo;

d) Enclausuramento/isolamento da fonte ou do trabalhador;

e) Sistema de ventilação geral ou pontual, diluidora e/ou exaustora.

E/F: medida de controle existente (E) ou futura (F), a ser implementada/ estudada;

Observações: qualquer detalhe que seja relevante para o programa, inclusive trajetória do agente.

## 6.13. Sistemas de gestão de riscos e tabela de tolerância

### Categorias de Frequência dos Cenários

| CATEGORIA | | FREQUÊNCIA | CARACTERÍSTICAS |
|---|---|---|---|
| A | EXTREMAMENTE REMOTA | < 1 em $10^5$ anos | Conceitualmente possível, mas extremamente improvável de ocorrer durante a vida útil do empreendimento. Não há referências históricas nos principais bancos de dados. |
| B | REMOTA | 1 em $10^2$ a 1 em $10^5$ anos | Não esperado ocorrer durante a vida útil do empreendimento, apesar de já poder ter ocorrido em algum lugar no mundo. |

| CATEGORIA | | FREQUÊNCIA | CARACTERÍSTICAS |
|---|---|---|---|
| C | POUCO PROVÁVEL | 1 em 30 a 1 em $10^2$ anos | Possível de ocorrer até uma vez durante a vida útil do empreendimento. |
| D | PROVÁVEL | 1 por ano a 1 em 30 anos | Esperado ocorrer mais de uma vez durante a vida útil do empreendimento. |
| E | FREQUENTE | > 1 por ano | Esperado ocorrer muitas vezes durante a vida útil do empreendimento. |

## Categorias de Risco

| CATEGORIA DE RISCO | DESCRIÇÃO |
|---|---|
| TOLERÁVEL (T) | O risco é considerado tolerável. Não há necessidade de medidas adicionais. |
| MODERADO (M) | O risco é considerado tolerável quando mantido sob controle. Controles adicionais devem ser avaliados e implementados aplicando-se uma análise para avaliar as alternativas disponíveis, de forma a se obter uma redução adicional dos riscos. |
| NÃO TOLERÁVEL (NT) | O risco é considerado não tolerável com os controles existentes. Métodos alternativos devem ser considerados para reduzir a probabilidade de ocorrência e, adicionalmente, as consequências. |

| SEVERIDADE | | | | | | CATEGORIAS DE FREQUÊNCIA | | | | |
|---|---|---|---|---|---|---|---|---|---|---|
| Categoria | | Descrição/Características | | | | A Extremamente Remota | B Remota | C Pouco Provável | D Provável | E Frequente |
| | | Segurança Pessoal | Segurança das Instalações | Meio Ambiente | Imagem | Conceitualmente possível, mas extremamente improvável na vida útil. Não há referências históricas. | Não esperado ocorrer durante a vida útil do empreendimento, apesar de já ter ocorrido no mundo. | Possível de ocorrer até uma vez durante a vida útil do empreendimento. | Esperado ocorrer mais de uma vez durante a vida útil do empreendimento. | Esperado ocorrer muitas vezes durante a vida útil do empreendimento. |
| IV | Catastrófica | Provoca morte ou lesões em uma ou mais pessoas intra ou extramuros. | Danos irreparáveis a equipamentos ou instalações (reparação lenta ou impossível). | Danos devidos a situações ou valores considerados acima dos níveis máximos aceitáveis. | Impacto nacional ou internacional. | M | M | NT | NT | NT |
| III | Crítica | Lesões de gravidade moderada em pessoa intramuros. Lesões leves em pessoas extramuros. | Danos severos a equipamentos ou instalações. | Danos devidos a situações ou valores considerados aceitáveis níveis entre níveis médio e máximo. | Impacto regional | M | M | M | NT | M |

| SEVERIDADE | | | | | | CATEGORIAS DE FREQUÊNCIA | | | | |
|---|---|---|---|---|---|---|---|---|---|---|
| Categoria | | Descrição/Características | | | | A Extremamente Remota | B Remota | C Pouco Provável | D Provável | E Frequente |
| II | Marginal | .Lesões leves em empregados e terceiros. Ausência de lesões extra-muros. | Danos leves aos equipamentos ou instalações (os danos são controláveis e/ou de baixo custo de reparo). | Danos devido a situações ou valores considerados aceitáveis entre níveis mínimo e médio. | Impacto local. | T | T | M | M | M |
| I | Desprezível | Sem lesões, ou no máximo, casos de primeiros socorros, sem afastamento. | Sem danos ou danos insignificantes aos equipamentos ou instalações. | Sem danos ou com danos mínimos ao meio ambiente. | Sem impacto. | T | T | T | T | M |

## 6.14. Técnicas de identificação de perigos, análise e avaliação de riscos

A classificação do risco é um fator crítico em qualquer situação de Gerenciamento da Segurança, mas as técnicas que agora estão sendo disponibilizadas, auxiliadas pela crescente disponibilidade dos Bancos de Dados, permitirão, de agora em diante, a determinação dos riscos com uma exatidão cada vez maior. Qualquer risco poderá então ser calculado e otimizado para o bem da comunidade.

### *1. INTRODUÇÃO*

O conforto e desenvolvimento trazidos pela industrialização produziram também um aumento considerável no número de acidentes, ou ainda das anormalidades durante um processo devido à obsolescência de equipamentos, máquinas cada vez mais sofisticadas, etc.

Com a preocupação e a necessidade de dar maior atenção ao ser humano, principal bem de uma organização, além de buscar uma maior eficiência, nasceram primeiramente o Controle de Danos, o Controle Total de Perdas e por último a Engenharia de Segurança de Sistemas.

Esta última, surgida com o crescimento e necessidade de segurança total em áreas como aeronáutica, aeroespacial e nuclear, trouxe valiosos instrumentos para a solução de problemas ligados à segurança. Com a difusão dos conceitos de perigo, risco e confiabilidade, as metodologias e técnicas aplicadas pela segurança de sistemas, inicialmente utilizadas somente nas áreas militar e espacial, tiveram a partir da década de 70 uma aplicação quase que universal na solução de problemas de engenharia em geral.

As principais técnicas difundidas pela Engenharia de Segurança de Sistemas classificadas segundo a finalidade a que se propõem são descritas neste capítulo.

### *2. TÉCNICAS DE IDENTIFICAÇÃO DE PERIGOS*

#### 2.1. TÉCNICA DE INCIDENTES CRÍTICOS (TIC)

A Técnica de Incidentes Críticos, também conhecida em português como "Confissionário" e em inglês como "Incident Recall", é uma análise operacional, qualitativa, de aplicação na fase operacional de sistemas, cujos procedimentos envolvem o fator humano em qualquer grau. É um método para identificar erros e condições inseguras que contribuem para a ocorrência de acidentes com lesões reais e potenciais, onde se utiliza uma amostra aleatória estratificada de observadores-participantes, selecionados dentro de uma população.

A TIC possui grande potencial, principalmente naquelas situações em que se deseja identificar perigos sem a utilização de técnicas mais sofisticadas e, ainda, quando o tempo é restrito. A técnica tem como objetivo a detecção de incidentes críticos e o tratamento dos riscos que os mesmos representam.

Os observadores-participantes são selecionados dentre os principais departamentos da empresa, procurando representar as diversas operações da mesma dentro das diferentes categorias de risco. Um entrevistador os interroga e os incita a recordar e descrever os incidentes críticos, ou seja, os atos inseguros que tenham cometido ou observado, e ainda condições inseguras que tenham lhes chamado a atenção. Os observadores-participantes devem ser estimulados a descrever tantos incidentes críticos quantos possam recordar, sendo necessário para tal colocar a pessoa à vontade procurando, entretanto, controlar as divagações. A existência de um setor de apoio psicológico seria de grande utilidade durante a aplicação da técnica.

Os incidentes pertinentes, descritos pelos entrevistados, devem ser transcritos e classificados em categorias de risco, definindo a partir daí as áreas-problema, bem como a priorização das ações para a posterior distribuição dos recursos disponíveis, tanto para a correção das situações existentes como para prevenção de problemas futuros.

A técnica deve ser aplicada periodicamente, reciclando os observadores-participantes a fim de detectar novas áreas-problema, e ainda para aferir a eficiência das medidas já implementadas.

Estudos realizados revelam que a TIC detecta fatores causais, em termos de erros e condições inseguras, que conduzem tanto a acidentes com lesão como a acidentes sem lesão, e ainda, identifica as origens de acidentes potencialmente com lesão.

Assim sendo, a técnica descrita, por analisar os incidentes críticos, permite a identificação e exame dos possíveis problemas de acidentes antes do fato, ao invés de depois dele, tanto em termos das consequências com danos à propriedade como na produção de lesões.

## 2.2. *WHAT-IF* (WI)

O procedimento What-If é uma técnica de análise geral, qualitativa, cuja aplicação é bastante simples e útil para uma abordagem em primeira instância na detecção exaustiva de riscos, tanto na fase de processo, projeto ou pré-operacional, não sendo sua utilização unicamente limitada às empresas de processo.

A finalidade do What-If é testar possíveis omissões em projetos, procedimentos e normas e ainda aferir comportamento, capacitação pessoal e etc., nos ambientes de trabalho, com o objetivo de proceder a identificação e tratamento de riscos.

A técnica se desenvolve através de reuniões de questionamento entre duas equipes. Os questionamentos englobam procedimentos, instalações, processo da situação analisada. A equipe questionadora é a conhecedora e familiarizada com o sistema a ser analisado, devendo a mesma formular uma série de quesitos com antecedência, com a simples finalidade de guia para a discussão. Para a aplicação o What-If utiliza-se de uma sistemática técnico-administrativa que inclui princípios de dinâmica de grupo, devendo ser utilizado periodicamente. A utilização periódica do procedimento é o que garante o bom resultado do mesmo no que se refere à revisão de riscos do processo.

Da aplicação do What-If resultam uma revisão de um largo espectro de riscos, bem como a geração de possíveis soluções para os problemas levantados, além disso, estabelece um consenso entre as áreas de atuação como produção, processo e segurança quanto à forma mais segura de operacionalizar a planta. O relatório do procedimento fornece também um material de fácil entendimento que serve como fonte de treinamento e base para revisões futuras.

Nas culturas empresarias mais eficientes no controle de riscos, os procedimentos dos departamentos técnicos e as equipes de análise produzem revisões rápida e eficientemente. Os mesmos autores sugerem, ainda, alguns passos básicos quando da sua aplicação:

a) Formação do comitê de revisão: montagens das equipes e seus integrantes;

b) Planejamento prévio: planejamento das atividades e pontos a serem abordados na aplicação da técnica;

c) Reunião Organizacional: com a finalidade de discutir procedimentos, programação de novas reuniões, definição de metas para as tarefas e informação aos integrantes sobre o funcionamento do sistema sob análise;

d) Reunião de revisão de processo: para os integrantes ainda não familiarizados com o sistema em estudo;

e) Reunião de formulação de questões: formulação de questões "O QUE — SE...", começando do início do processo e continuando ao longo do mesmo, passo a passo, até o produto acabado colocado na planta do cliente;

f) Reunião de respostas às questões (formulação consensual): em sequência à reunião de formulação das questões, cabe a responsabilidade individual para o desenvolvimento de respostas escritas às questões. As respostas serão analisadas durante a reunião de resposta às questões, sendo cada resposta categorizada como: — resposta aceita pelo grupo tal como submetida; — resposta aceita após discussão e/ou modificação; — aceitação postergada, em dependência de investigação adicional. O consenso grupal é a ponta chave desta etapa, em que a análise de riscos tende a se fortalecer;

g) Relatório de revisão dos riscos do processo: o objetivo é documentar os riscos identificados na revisão, bem como registrar as ações recomendadas para eliminação ou controle dos mesmos.

## *3. TÉCNICAS DE ANÁLISE DE RISCOS*

### 3.1. ANÁLISE PRELIMINAR DE RISCOS (APR) — *Preliminary Hazard Analysis* (PHA)

Também chamada de Análise Preliminar de Perigos (APP).

Análise Preliminar de Riscos (APR) consiste no estudo, durante a fase de concepção ou desenvolvimento prematuro de um novo sistema, com o fim de se determinarem os riscos que poderão estar presentes na sua fase operacional.

A APR é, portanto, uma análise inicial "qualitativa", desenvolvida na fase de projeto e desenvolvimento de qualquer processo, produto ou sistema, possuindo especial importância na investigação de sistemas novos de alta inovação e/ou pouco conhecidos, ou seja, quando a experiência em riscos na sua operação é carente ou deficiente. Apesar das características básicas de análise inicial, é muito útil como ferramenta de revisão geral de segurança em sistemas já operacionais, revelando aspectos que às vezes passam desapercebidos.

A APR teve seu desenvolvimento na área militar, sendo aplicada primeiramente como revisão nos novos sistemas de mísseis. A necessidade, neste caso, era o fato de que tais sistemas possuíam características de alto risco, já que os mísseis haviam sido desenvolvidos para operarem com combustíveis líquidos perigosos. Assim, a APR foi aplicada com o intuito de verificar a possibilidade de não utilização de materiais e procedimentos de alto risco ou, no caso de tais materiais e procedimentos serem inevitáveis, no mínimo estudar e implantar medidas preventivas.

Para ter-se uma ideia da necessidade de segurança, na época, de setenta e dois silos de lançamento do míssil intercontinental Atlas, quatro deles foram destruídos quase que sucessivamente. Sem contar as perdas com o fator humano, as perdas financeiras estimadas eram de US$ 12 milhões para cada uma destas unidades perdidas.

A APR não é uma técnica aprofundada de análise de riscos e geralmente precede outras técnicas mais detalhadas de análise, já que seu objetivo é determinar os riscos e as medidas preventivas antes da fase operacional. No estágio em que é desenvolvida podem existir ainda poucos detalhes finais de projeto e, neste caso, a falta de informações quanto aos procedimentos é ainda maior, já que os mesmos são geralmente definidos mais tarde.

Os princípios e metodologias da APR consistem em proceder-se uma revisão geral dos aspectos de segurança de forma padronizada, descrevendo todos os riscos e fazendo sua categorização de acordo com a norma internacional (MIL-STD-882). A partir da descrição dos riscos são identificadas as causas (agentes) e efeitos (consequências) dos mesmos, o que permitirá a busca e elaboração de ações e medidas de prevenção ou correção das possíveis falhas detectadas.

A priorização das ações é determinada pela categorização dos riscos, ou seja, quanto mais prejudicial ou maior for o risco, mais rapidamente deve ser solucionado.

Desta forma, a APR tem sua importância maior no que se refere à determinação de uma série de medidas de controle e prevenção de riscos desde o início operacional do sistema, o que permite revisões de projeto em tempo hábil, no sentido de dar maior segurança, além de definir responsabilidades no que se refere ao controle de riscos.

O desenvolvimento de uma APR passa por algumas etapas básicas, a saber:

a) Revisão de problemas conhecidos: Consiste na busca de analogia ou similaridade com outros sistemas, para determinação de riscos que poderão estar presentes no sistema que está sendo desenvolvido, tomando como base a experiência passada.

b) Revisão da missão a que se destina: Atentar para os objetivos, exigências de desempenho, principais funções e procedimentos, ambientes onde se darão as operações, etc. Enfim, consiste em estabelecer os limites de atuação e delimitar o sistema que a missão irá abranger: a que se destina, o que e quem envolve e como será desenvolvida.

c) Determinação dos riscos principais: Identificar os riscos potenciais com potencialidade para causar lesões diretas e imediatas, perda de função (valor), danos a equipamentos e perda de materiais.

d) Determinação dos riscos iniciais e contribuintes: Elaborar séries de riscos, determinando, para cada risco principal detectado, os riscos iniciais e contribuintes associados.

e) Revisão dos meios de eliminação ou controle de riscos: Elaborar um *brainstorming* dos meios possíveis de eliminação e controle de riscos, a fim de estabelecer as melhores opções, desde que compatíveis com as exigências do sistema.

f) Analisar os métodos de restrição de danos: Pesquisar os métodos possíveis que sejam mais eficientes para restrição geral, ou seja, para a limitação dos danos gerados caso ocorra perda de controle sobre os riscos.

g) Indicação de quem levará a cabo as ações corretivas e/ou preventivas: Indicar claramente os responsáveis pela execução de ações preventivas e/ou corretivas, designando também, para cada unidade, as atividades a desenvolver.

A APR tem grande utilidade no seu campo de atuação, porém, como já foi enfatizado, necessita ser complementada por técnicas mais detalhadas e apuradas. Em sistemas que sejam já bastante conhecidos, cuja experiência acumulada conduz a um grande número de informações sobre riscos, esta técnica pode ser colocada em *by-pass* e, neste caso, partir-se diretamente para aplicação de outras técnicas mais específicas.

### 3.2. ANÁLISE DE MODOS DE FALHA E EFEITOS (AMFE) — *Failure Modes and Effects Analysis* (FMEA)

A Análise de Modos de Falha e Efeitos é uma análise detalhada, podendo ser qualitativa ou quantitativa, que permite analisar as maneiras pelas quais um equipamento ou sistema pode falhar e os efeitos que poderão advir, estimando ainda as taxas de falha e propiciando o estabelecimento de mudanças e alternativas que possibilitem uma diminuição das probabilidades de falha, aumentando a confiabilidade do sistema.

De acordo com Hammer (1993), a confiabilidade é definida como a probabilidade de uma missão ser concluída com sucesso dentro de um tempo específico e sob condições específicas. A AMFE foi desenvolvida por engenheiros de confiabilidade para permitir aos mesmos, determinar a confiabilidade de produtos complexos. Para isto é necessário o estabelecimento de como e quão frequentemente os componentes do produto podem falhar, sendo então a análise estendida para avaliar os efeitos de tais falhas.

Apesar de sua utilização ser geral, a AMFE é mais aplicável às indústrias de processo, principalmente quando o sistema em estudo possui instrumentos de controle, levantando necessidades adicionais e defeitos de projeto, definindo configurações seguras para os mesmos quando ocorrem falhas de componentes críticos ou suprimentos. A técnica auxilia ainda na determinação e encadeamento dos procedimentos para contingências operacionais, quando o sistema é colocado em risco e a probabilidade de erro devido a ações não estruturadas é alta, dependendo da ação correta dos operadores.

A AMFE é realizada primeiramente de forma qualitativa, quer na revisão sistemática dos modos de falha do componente, na determinação de seus efeitos em outros componentes e ainda na determinação dos componentes cujas falhas têm efeito crítico na operação do sistema, sempre procurando garantir danos mínimos ao sistema como um todo. Posteriormente, pode-se proceder à análise quantitativa para estabelecer a confiabilidade ou probabilidade de falha do sistema ou subsistema, através do cálculo de probabilidades de falhas de montagens, subsistemas e sistemas, a partir das probabilidades individuais de falha de seus componentes, bem como na determinação de como poderiam ser reduzidas estas probabilidades, inclusive pelo uso de componentes com confiabilidade alta ou pela verificação de redundâncias de projeto.

Para proceder ao desenvolvimento da AMFE ou de qualquer outra técnica, é primordial que se conheça e compreenda o sistema em que se está atuando e qual a função e objetivos do mesmo, as restrições sob as quais irá operar, além dos limites que podem representar sucesso ou falha. O bom conhecimento do sistema em que se atua é o primeiro passo para o sucesso na aplicação de qualquer técnica, seja ela de identificação de perigos, análise ou avaliação de riscos.

Conhecido o sistema e suas especificidades, pode-se dar seguimento à análise, cabendo à empresa idealizar o modelo que melhor se adapte a ela. O quadro 5.2. mostra esquematicamente um modelo para aplicação da AMFE.

Um procedimento proposto para o preenchimento das várias colunas é o seguinte:

a) Dividir o sistema em subsistemas que podem ser efetivamente controlados;

b) Traçar diagramas de blocos funcionais do sistema e subsistemas, para determinar os inter-relacionamentos existentes;

c) Preparar um *chek-list* dos componentes de cada subsistema e sua função específica;

d) Determinar, através da análise de projetos e diagramas, os modos possíveis de falha que possam afetar outros componentes. Os modos básicos de falha devem ser agrupados em quatro categorias:

I — falha em operar no instante prescrito;

II — falha em cessar de operar no instante prescrito;

III — operação prematura;

IV — falha em operação;

e) Indicar os efeitos de cada falha sobre outros componentes e como esta afeta a operação do mesmo;

f) Estimar a gravidade de cada falha específica de acordo com as categorias de risco, para possibilitar a priorização de alternativas;

g) Indicar os métodos usados para detecção de cada falha específica;

h) Formular possíveis ações de compensação e reparos que podem ser adotadas para eliminar ou controlar cada falha específica e seus efeitos;

i) Determinar as probabilidades de ocorrência de cada falha específica para possibilitar a análise quantitativa.

Como descrito, a AMFE analisa de forma geral os modos de falha de um produto. Porém, em um produto podem existir certos componentes ou conjunto deles que sejam especificamente críticos para a missão a que se destina o produto ou para a segurança do operador. Portanto, de acordo com

Hammer (1993), a estes componentes críticos deve ser dada especial atenção, sendo mais completamente analisados do que outros. A análise, similar à AMFE, que se preocupa com a análise detalhada destes componentes críticos, é conhecida como Análise de Criticalidade e Modos de Falha (FMECA — Failure Modes an Criticality Analysis).

Tanto a AMFE como a FMECA são bastante eficientes quando aplicadas a sistemas mais simples e de falhas mais singelas, porém, quando a complexidade é maior, recomenda-se o uso de outras técnicas, como por exemplo a Análise de Árvore de Falhas.

### 3.3. ANÁLISE DE OPERABILIDADE DE PERIGOS — *HAZard and OPerability Studies* (HAZOP)

O estudo de identificação de perigos e operabilidade conhecido como HAZOP é uma técnica de análise qualitativa desenvolvida com o intuito de examinar as linhas de processo, identificando perigos e prevenindo problemas. Porém, atualmente, a metodologia é aplicada também para equipamentos do processo e até para sistemas.

O método HAZOP é principalmente indicado quando da implantação de novos processos na fase de projeto ou na modificaçãos de processos já existentes. O ideal na realização do HAZOP é que o estudo seja desenvolvido antes mesmo da fase de detalhamento e construção do projeto, evitando com isso que modificações tenham que ser feitas, quer no detalhamento ou ainda nas instalações, quando o resultado do HAZOP for conhecido. Vale ressaltar que o HAZOP é conveniente para projetos e modificações tanto grandes quanto pequenas. Às vezes, muitos acidentes ocorrem porque se subestima os efeitos secundários de pequenos detalhes ou modificações, que à primeira vista parecem insignificantes e é impossível, antes de se fazer uma análise completa, saber se existem efeitos secundários graves e difíceis de prever. Além disso, o caráter de trabalho em equipe que o HAZOP apresenta, onde pessoas de funções diferentes dentro da organização trabalham em conjunto, faz com que a criatividade individual seja estimulada, os esquecimentos evitados e a compreensão dos problemas das diferentes áreas e interfaces do sistema seja atingida. Uma pessoa, mesmo competente, trabalhando sozinha, frequentemente está sujeita a erros por desconhecer os aspectos alheios a sua área de trabalho. Assim, o desenvolvimento do HAZOP alia a experiência e competência individuais às vantagens indiscutíveis do trabalho em equipe.

Em termos gerais, pode-se dizer que o HAZOP é bastante semelhante à AMFE, contudo, a análise realizada pelo primeiro método é feita através de palavras-chaves que guiam o raciocínio dos grupos de estudo multidisciplinares, fixando a atenção nos perigos mais significativos para o sistema. As palavras-chaves ou palavras-guias são aplicadas às variáveis identificadas no processo (pressão, temperatura, fluxo, composição, nível, etc.) gerando os desvios, que nada mais são do que os perigos a serem examinados.

A técnica HAZOP permite que as pessoas liberem sua imaginação, pensando em todos os modos pelos quais um evento indesejado ou problema operacional possa ocorrer. Para evitar que algum detalhe seja omitido, a reflexão deve ser executada de maneira sistemática, analisando cada circuito, linha por linha, para cada tipo de desvio passível de ocorrer nos parâmetros de funcionamento. Para cada linha analisada é aplicada a série de palavras-guias, identificando os desvios que podem ocorrer caso a condição proposta pela palavra-guia ocorra.

Identificadas as palavras-guias e os desvios respectivos, pode-se partir para a elaboração das alternativas cabíveis para que o problema não ocorra ou seja mínimo. Convém, no entanto, analisar as alternativas quanto a seu custo e operacionalidade.

No HAZOP "a operabilidade é tão importante quanto a identificação de perigos".

Geralmente neste tipo de estudo são detectados mais problemas operacionais do que identificados perigos. Este não é um ponto negativo, muito pelo contrário, aumenta sua importância, pois a diminuição dos riscos está muito ligada à eliminação de problemas operacionais. A eliminação dos problemas operacionais recai numa consequente diminuição do erro humano, descrescendo assim o nível de risco, porém, é impossível eliminar qualquer perigo que seja, sem antes ter conhecimento do mesmo, o que pode ser detectado pelo HAZOP.

## *4. TÉCNICAS DE AVALIAÇÃO DE RISCOS*

### 4.1. ANÁLISE DE ÁRVORE DE EVENTOS (AAE) — *Event Tree Analysis* (ETA)

A Análise da Árvore de Eventos (AAE) é um método lógico-indutivo para identificar as várias e possíveis consequências resultantes de um certo evento inicial.

Conforme Esteves (198-?), a técnica busca determinar as frequências das consequências decorrentes dos eventos indesejáveis, utilizando encadeamentos lógicos a cada etapa de atuação do sistema.

Nas aplicações de análise de risco, o evento inicial da árvore de eventos é, em geral, a falha de um componente ou subsistema, sendo os eventos subsequentes determinados pelas características do sistema.

Para o traçado da árvore de eventos as seguintes etapas devem ser seguidas:

a) Definir o evento inicial que pode conduzir ao acidente;

b) Definir os sistemas de segurança (ações) que podem amortecer o efeito do evento inicial;

c) Combinar em uma árvore lógica de decisões as várias sequências de acontecimentos que podem surgir a partir do evento inicial;

d) Uma vez construída a árvore de eventos, calcular as probabilidades associadas a cada ramo do sistema que conduz a alguma falha (acidente).

A árvore de eventos deve ser lida da esquerda para a direita. Na esquerda começa-se com o evento inicial e segue-se com os demais eventos sequenciais. A linha superior é NÃO e significa que o evento não ocorre, a linha inferior é SIM e significa que o evento realmente ocorre.

Um exemplo fictício para proceder a análise quantitativa pode ser tomado como o esquema que investiga a probabilidade de descarrilhamento de vagões ou locomotivas, dado que existe um defeito nos trilhos.

O descarrilhamento pode ser causado por qualquer uma das falhas assinaladas e, portanto, a probabilidade de que um defeito nos trilhos produza descarrilhamento é a soma simples das possibilidades.

## 4.2. ANÁLISE POR DIAGRAMA DE BLOCOS (ADB)

A análise por diagrama de blocos se utiliza de um fluxograma em blocos do sistema, calculando as probabilidades de sucesso ou falha do mesmo, pela análise das probabilidades de sucesso ou falha de cada bloco. A técnica é útil para identificar o comportamento lógico de um sistema constituído por poucos componentes.

Dependendo do sistema a análise pode ser feita em série ou em paralelo.

a) Exemplo de uma ADB para um sistema em série:

Exemplo da ADB em série

Os valores P(A), P(B) e P(C) representam as probabilidades de sucesso, ou seja, a confiabilidade de cada componente (bloco) do sistema.

Desta forma, a probabilidade de sucesso ou a confiabilidade do sistema como um todo é dada por:

$P = P(A) \times P(B) \times P(C)$

Por consequência, a probabilidade de falha (insucesso) é:

$Q = (1- P) = (1 - ) = 1 - P(A) \times P(B) \times P(C)$

b) Exemplo de uma ADB para um sistema em paralelo:

Exemplo da ADB em paralelo

A probabilidade de sucesso para o esquema será dada por:

$P = 1 - [(1 - P(A)) \times (1 - P(B))]$

A probabilidade de falha para um sistema em paralelo é, então, representada por:

$$Q = (1 - P) = [(1 - P(A)) \times (1 - P(B))]$$

Definidas as probabilidades de falha, pode-se determinar o risco de cada sistema, juntando com estas as perdas previstas devido à ocorrência das mesmas.

## 4.3. ANÁLISE DE CAUSAS E CONSEQUÊNCIAS (ACC)

A Análise das Causas e Consequências (AAC) de falhas se utiliza das mesmas técnicas de construção da AAE e da Análise da Árvore de Falhas (AAF) que será vista detalhadamente a seguir.

Como descrito em Henley e Kumamoto (1981), o procedimento para construção de um diagrama de consequências inicia por um evento inicial, posteriormente cada evento desenvolvido é questionado:

— Em que condições o evento induz a outros eventos?;

— Quais as alternativas ou condições que levam a diferentes eventos?;

— Que outros componentes o evento afeta? Ele afeta mais do que um componente?;

— Quais os outros eventos que este evento causa?.

De acordo com estes autores, "a tecnologia causa-consequência é um casamento da árvore de falhas (mostra as causas) e a árvore de eventos (mostra as consequências), todas elas tendo sua sequência natural de ocorrência".

Trata-se de uma técnica que permite avaliar qualitativa e quantitativamente as consequências dos eventos catastróficos de ampla repercussão e verificar a vulnerabilidade do meio ambiente, da comunidade e de terceiros em geral.

O processo consiste, sucintamente, em escolher um evento crítico, partindo-se para um lado, com a discretização das consequências e para outro, determinando as causas. A estruturação, a exemplo da árvore de falhas, também é feita através de símbolos.

## 4.4. ANÁLISE DE ÁRVORE DE FALHAS (AAF) — *Fault Tree Analysis* (FTA)

A Análise de Árvore de Falhas — AAF foi primeiramente concebida por H.A.Watson dos Laboratórios Bell Telephone em 1961, a pedido da Força Aérea Americana para avaliação do sistema de controle do Míssil Balístico Minuteman.

A AAF é um método excelente para o estudo dos fatores que poderiam causar um evento indesejável (falha) e encontra sua melhor aplicação no estudo de situações complexas. Ela determina as frequências de eventos indesejáveis (topo) a partir da combinação lógica das falhas dos diversos componentes do sistema.

O principal conceito na AAF é a transformação de um sistema físico em um diagrama lógico estruturado (a árvore de falhas), onde são especificadas as causas que levam à ocorrência de um específico evento indesejado de interesse, chamado evento topo.

O evento indesejado recebe o nome de evento topo por uma razão bem lógica, já que na montagem da árvore de falhas o mesmo é colocado no nível mais alto. A partir deste nível o sistema é dissecado de cima para baixo, enumerando todas as causas ou combinações delas que levam ao evento indesejado. Os eventos do nível inferior recebem o nome de eventos básicos ou primários, pois são eles que dão origem a todos os eventos de nível mais alto.

A AAF é uma técnica dedutiva que se focaliza em um acidente particular e fornece um método para determinar as causas deste acidente, é um modelo gráfico que dispõe várias combinações de falhas de equipamentos e erros humanos que possam resultar em um acidente. Consideram o método como "uma técnica de pensamento-reverso, ou seja, o analista começa com um acidente ou evento indesejável que deve ser evitado e identifica as causas imediatas do evento, cada uma examinada até que o analista tenha identificado as causas básicas de cada evento".

Portanto, é certo supor que a árvore de falhas é um diagrama que mostra a inter-relação lógica entre estas causas básicas e o acidente.

A diagramação lógica da árvore de falhas é feita utilizando-se símbolos e comportas lógicas, indicando o relacionamento entre os eventos considerados. As duas unidades básicas ou comportas lógicas envolvidas são os operadores "E" e "OU", que indicam o relacionamento casual entre eventos dos níveis inferiores que levam ao evento topo. As combinações sequenciais destes eventos formam os diversos ramos da árvore.

A AAF pode ser executada em quatro etapas básicas: definição do sistema, construção da árvore de falhas, avaliação qualitativa e avaliação quantitativa.

Embora tenha sido desenvolvida com o principal intuito de determinar probabilidades, como técnica quantitativa, é muito comumente usada também por seu aspecto qualitativo porque, desta forma e de maneira sistemática, os vários fatores, em qualquer situação a ser investigada, podem ser visualizados. Segundo Hammer (1993), os resultados da análise quantitativa são desejáveis para muitos usos, contudo, para proceder à análise quantitativa, deve ser realizada primeiramente a análise qualitativa, sendo que muitos analistas creem que, deste modo, obter resultados quantitativos não requer muitos esforços adicionais.

Assim, a avaliação qualitativa pode ser usada para analisar e determinar que combinações de falhas de componentes, erros operacionais ou outros defeitos podem causar o evento topo. Já a avaliação quantitativa é utilizada para determinar a probabilidade de falha no sistema pelo conhecimento das probabilidades de ocorrência de cada evento em particular.

Desta forma, o método de AAF pode ser desenvolvido através das seguintes etapas:

a) Seleção do evento indesejável ou falha, cuja probabilidade de ocorrência deve ser determinada;

b) Revisão dos fatores intervenientes: ambiente, dados do projeto, exigências do sistema, etc., determinando as condições, eventos particulares ou falhas que possam vir a contribuir para ocorrência do evento topo selecionado;

c) Montagem, através da diagramação sistemática, dos eventos contribuintes e falhas levantados na etapa anterior, mostrando o inter-relacionamento entre estes eventos e falhas, em relação ao evento topo. O processo inicia com os eventos que poderiam, diretamente, causar tal fato, formando o primeiro nível — o nível básico. À medida que se retrocede, passo a passo, até o evento topo, são adicionadas as combinações de eventos e falhas contribuintes. Desenhada a árvore de falhas, o relacionamento entre os eventos é feito através das comportas lógicas;

d) Através de Álgebra Booleana são desenvolvidas as expressões matemáticas adequadas, que representam as entradas da árvore de falhas. Cada comporta lógica tem implícita uma operação matemática, podendo ser traduzidas, em última análise, por ações de adição ou multiplicação;

e) Determinação da probabilidade de falha de cada componente, ou seja, a probabilidade de ocorrência do evento topo será investigada pela combinação das probabilidades de ocorrência dos eventos que lhe deram origem.

Para proceder ao estudo quantitativo da AAF, é necessário conhecer e relembrar algumas definições da Álgebra de Boole. A Álgebra Booleana foi desenvolvida pelo matemático George Boole para o estudo da lógica. Suas regras e expressões em símbolos matemáticos permitem simplificar problemas complexos. É principalmente usada em áreas de computadores e outras montagens eletromecânicas e também em análise de probabilidades, em estudos que envolvem decisões e, mais recentemente, em segurança de sistemas.

Para a árvore de falhas, as probabilidades dos eventos, calculadas obedecendo-se às determinações das comportas lógicas, resultam em:

E = A intersec. D

D = B união C

E = A intersec. B união C

P(E) = P(A intersec. B união C)

Figura 5.4 — Esquema de uma árvore de falhas

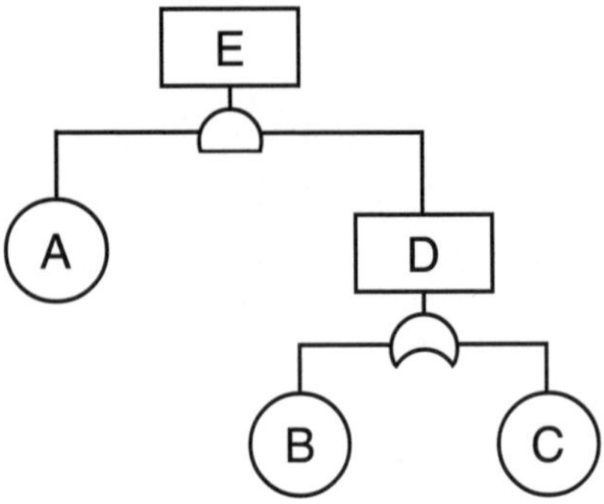


A AAF não necessariamente precisa ser levada até a análise quantitativa, entretanto, mesmo ao se aplicar o procedimento de simples diagramação da árvore, é possível a obtenção de um grande número de informações e conhecimento muito mais completo do sistema ou situação em estudo, propiciando uma visão bastante clara da questão e das possibilidades imediatas de ação no que se refere à correção e prevenção de condições indesejadas.

O uso da árvore de falhas pode trazer, ainda, outras vantagens e facilidades, quais sejam: a determinação da sequência mais crítica ou provável de eventos, dentre os ramos da árvore, que levam ao evento topo; a identificação de falhas singulares ou localizadas importantes no processo; o descobrimento de elementos sensores (alternativas de solução) cujo desenvolvimento possa reduzir a probabilidade do contratempo em estudo. Geralmente, existem certas sequências de eventos centenas de vezes mais prováveis na ocorrência do evento topo do que outras e, portanto, é relativamente fácil encontrar a principal combinação ou combinações de eventos que precisam ser prevenidas, para que a probabilidade de ocorrência do evento topo diminua.

Além dos aspectos citados, a AAF encontra aplicação para inúmeros outros usos, como: solução de problemas diversos de manutenção, cálculo de confiabilidade, investigação de acidentes, decisões administrativas, estimativas de riscos, etc.

## 4.5. MANAGEMENT OVERSIGHT AND RISK TREE (MORT)

O método conhecido como MORT é uma técnica que usa um raciocínio semelhante ao da AAF, desenvolvendo uma árvore lógica, só que com a particularidade de ser aplicado à estrutura organizacional e gerencial da empresa, ilustrando erros ou ações inadequadas de administração.

O método pode ser também usado para esquematizar ações administrativas que possam ter contribuído para um acidente, o qual já tenha ocorrido. Nesta árvore cada evento é uma ação do operador ou administrador, sendo que as falhas de equipamentos ou condições ambientais não são consideradas.

## 6.15. Modelo de Laudo Técnico de Impugnação ao Nexo Técnico Previdenciário

Os três pilares de sustentação de uma boa defesa, com a finalidade de impugnação de registros de acidentes ou doenças feitos diretamente pela Previdência tendo por base um dos nexos previdenciários, quando não ocorre a emissão de uma Comunicação de Acidentes do Trabalho — CAT, por parte da empresa, devem seguir as seguintes orientações:

I — A empresa deve reconhecer a existência do problema, conhecendo perfeitamente a nova legislação, o mais rápido possível.

II — A empresa deve ter sempre pronta a documentação necessária e os profissionais especializados para preparar a defesa.

III — A empresa deve agir a tempo a fim de atender os prazos e evitar o aumento da alíquota do seu seguro contra acidentes do trabalho — RAT/SAT e do seu Fator Acidentário de Prevenção — FAP.

Quando disponível a empresa deve apresentar juntamente com o Laudo Técnico as seguintes documentações:

I — Prontuário funcional do empregado.

II — Descrição detalhada das atividades desempenhadas pelo empregado, relatando toda a sua vida laboral no emprego atual.

III — Programa de Prevenção de Riscos Ambientais — PPRA e do Laudo Técnico de Riscos Ergonômicos — LTRE e do Perfil Profissiográfico Previdenciário — PPP, se disponíveis.

IV — Programa de Conservação da Audição — PCA e do Programa de Proteção Respiratória — PPR, quando existirem.

V — Programa de Controle Médico e Saúde Ocupacional — PCMSO, do Atestado de Saúde Ocupacional — ASO e dos exames médicos periódicos.

VI — Análise Preliminar de Risco — APR da função, enquadrada na Matriz de Tolerabilidade dos Riscos — MTR e das Permissões de Trabalho — PT.

VII — Relação de treinamentos realizados para a função específica, Ordens de Serviço e cópia dos Diálogos Diário de Segurança — DDS, caso existam.

VIII — Atas de reuniões da Comissão Interna de Prevenção de Acidentes — CIPA, da Semana Interna de Prevenção de Acidentes — SIPAT e dos Relatórios de Investigação de Acidentes do Trabalho — RIAT.

IX — Notas fiscais de aquisição dos Equipamentos de Proteção Individual — EPIs e as fichas de controle de entrega assinadas pelos empregados.

X — Composição do Serviço Especializado em Segurança e Medicina do Trabalho — SESMT, demonstrar também que a empresa investe em melhorias de máquinas, equipamentos, processos e em Equipamentos de Proteção Coletiva — EPCs.

## MODELO DE LAUDO TÉCNICO DE IMPUGNAÇÃO AO NEXO TÉCNICO PREVIDENCIÁRIO

Fulano de Tal, Engenheiro de Segurança do Trabalho inscrito no CREA-RJ sob o n. XXXXXXXXXX, referente ao auxílio-doença concedido como sendo por acidente do trabalho registrado pelo INSS, vem apresentar as informações e documentações necessárias, solicitando a revisão do benefício concedido e a respectiva reversão da espécie do benefício de B-91 para B-31.

Tal solicitação tem por base o Decreto n. 3.048 de 6 de maio de 1999, art. 305, alterado pelo Decreto n. 6.957 de 9 de setembro de 2009, com o seguinte teor: "Das decisões do INSS nos processos de interesse dos beneficiários e das controvérsias relativas à apuração do FAP caberá recurso para o CRPS, conforme disposto neste Regulamento e no Regimento Interno do Conselho".

Deve-se também levar em conta o previsto no art. 337 do citado Decreto, onde está definido que o acidente do trabalho será caracterizado tecnicamente pela perícia médica do INSS, mediante a identificação do nexo entre o trabalho e o agravo, estando previsto no seu § 6º que a perícia médica do INSS deixará de aplicar o nexo entre o trabalho e o agravo quando não se verificar nexo técnico epidemiológico entre a atividade da empresa e a entidade mórbida motivadora da incapacidade. Constando ainda no seu § 7º que a empresa poderá requerer ao INSS a não aplicação do nexo técnico epidemiológico ao caso concreto mediante a demonstração de inexistência de correspondente nexo entre o trabalho e o agravo.

Também o referido parágrafo deve ser combinado com o § 10, onde está definido que, juntamente com o requerimento de que tratam os §§ 8º e 9º, a empresa formulará as alegações que entender necessárias e apresentará as provas que possuir demonstrando a inexistência de nexo entre o trabalho e o agravo.

Finalmente no art. 337, § 11, é informado que a documentação probatória poderá trazer, entre outros meios de prova, evidências técnicas circunstanciadas e tempestivas à exposição do segurado, podendo ser produzidas no âmbito de programas de gestão de risco, a cargo da empresa, que possuam responsável técnico legalmente habilitado.

Desta forma apresentamos, a seguir, o Laudo Técnico de Impugnação ao Nexo Técnico Previdenciário atribuído a moléstia sofrida pela funcionária *(Fulano de Tal, NIT n. XXXXXXXXXXX)*, pelos seguintes fatos e motivos.

Após acurada análise no histórico profissional da empregada constante nos registros da Empresa, bem como tendo em vista as atividades desempenhadas pela mesma no exercício de suas funções, verificamos que a empregada exercia o cargo de *(descrever o título do cargo)* desempenhando as seguintes atividades:

— *(descrever detalhadamente as atividades que realmente o empregado realizava).*

Com base em vistoria realizada *in loco* nos postos de trabalho onde eram desempenhadas suas atividades, foi possível verificar que as atividades desempenhadas pelo empregado não o deixavam sujeito a qualquer exposição de forma permanente e/ou contínua de riscos ou agentes nocivos que pudesse originar a doença profissional relatada:

— *(descrever a doença e o CID informado pelo INSS).*

Tais fatos, inclusive, são corroborados pelo PPRA e pelo PCMSO juntados em anexo, onde foi verificado que não foi reconhecida a presença de qualquer risco físico, químico, biológico, ergonômico ou de acidentes que pudesse estar relacionado às queixas de saúde apresentadas pelo empregado.

Foram também avaliados/medidos todos os agentes físicos quantitativos e feita a inspeção nos postos de trabalho em relação aos agente qualitativos, onde o empregado exerceu as suas atividades, não tendo sido encontrado nenhum agente que estivesse acima do nível de ação (50% da dose), ou que a sua presença pudesse ser nociva para a sua saúde.

No laudo de avaliação dos riscos ergonômicos não está registrada a utilização de forma excessiva de qualquer parte do corpo que pudesse caracterizar uma exposição aos agentes ergonômicos de forma nociva a sua saúde, bem como os mobiliários/utensílios utilizados e as rotinas de trabalho são normais.

Informamos ainda que, quando necessário, a empresa fornece os equipamentos de proteção individual, com os devidos certificados de aprovação do Ministério do Trabalho e Emprego, necessários para a realização das tarefas do empregado, além de treinar os empregados quanto ao seu uso.

Periodicamente, quando necessário, é realizado o Programa de Conservação da Audição — PCA e o Programa de Proteção Respiratória — PPR, a fim de se verificar a eficácia dos equipamentos fornecidos, além da realização dos exames médicos complementares, indicados para a função para se confirmar a higidez da saúde dos empregados.

Outrossim, de acordo com a Instrução Normativa INSS/PRES n. 31, de 10 de setembro de 2008, que dispõe sobre procedimentos e rotinas referentes ao Nexo Técnico Previdenciário, e dá outras providências, verificamos, no seu art. 3º, que o nexo técnico previdenciário poderá ser de natureza causal ou não, havendo três espécies:

I — nexo técnico profissional ou do trabalho, fundamentado nas associações entre patologias e exposições constantes das listas A e B do anexo II do Decreto n. 3.048/1999.

II — nexo técnico por doença equiparada a acidente de trabalho ou nexo técnico individual, decorrente de acidentes de trabalho típicos ou de trajeto, bem como de condições especiais em que o trabalho é realizado e com ele relacionado diretamente, nos termos do § 2º do art. 20 da Lei n. 8.213/1991.

III — nexo técnico epidemiológico previdenciário, aplicável quando houver significância estatística da associação entre o código da Classificação Internacional de Doenças — CID, e o da Classificação Nacional de Atividade Econômica — CNAE, na parte inserida pelo Decreto n. 6.042/2007, na lista B do anexo II do Decreto n. 3.048/1999.

Para a moléstia relatada se caracterizar como fruto da atividade laboral seria necessária a ocorrência da associação entre a patologia verificada e a exposição laboral ou a doença equiparada a acidente de trabalho ou nexo técnico individual, decorrente de acidentes de trabalho típico ou de trajeto, bem como de condições especiais em que o trabalho foi realizado e com ele relacionado diretamente, e finalmente com significância estatística da associação entre o código da Classificação Internacional de Doenças — CID, e o da Classificação Nacional de Atividade Econômica — CNAE, o que de fato não ocorreu no caso concreto.

Por fim, não existem nos arquivos da Empresa quaisquer registros de ocorrência de acidente de trabalho da citada funcionária.

Considerando as informações acima e a documentação anexa, onde podemos verificar que o empregado não esteve exposto de forma permanente a qualquer um dos riscos ocupacionais e que as avaliações dos riscos feitas através do documento de Análise Preliminar de Risco — APR, combinado com a classificação final do nível de risco das suas atividades pela Matriz de Tolerabilidade dos Riscos — MTR, podemos concluir de forma técnica que não existe qualquer relação entre as atividades desempenhadas pelo empregado na empresa e as lesões indicadas pelo CID, como tendo nexo com as suas atividades laborais.

Isto posto, é possível asseverar que a moléstia apresentada pelo funcionário não foi originada de seu labor, razão pela qual não poderia ter sido realizado o enquadramento com Nexo Técnico ou NTEP, considerando a espécie do benefício como sendo B-91.

Sendo o que cabia informar, subscrevo-me, mui respeitosamente,

______________________________

XXXXXXXXXXXXXX

Engenheiro de Segurança do Trabalho
CREA-RJ n. XXXXXXXXXX
Responsável Técnico Legalmente Habilitado

*Produção Gráfica e Editoração Eletrônica:* **RLUX**
*Capa:* **FÁBIO GIGLIO**
*Impressão:* **HR GRÁFICA E EDITORA**